Les Iles Oubliées

LES
ILES OUBLIÉES

AUX BALÉARES, EN CORSE ET EN SARDAIGNE. — PAGES D'ALBUM.

GASTON VUILLIER

LES
ILES OUBLIÉES

LES BALÉARES

LA CORSE ET LA SARDAIGNE

Impressions de Voyage

ILLUSTRÉES PAR L'AUTEUR

PARIS
LIBRAIRIE HACHETTE ET Cie
79, BOULEVARD SAINT-GERMAIN, 79

1893

AU LECTEUR

Quand les hasards de l'année terrible m'eurent jeté en Algérie, il m'arriva fréquemment de traverser la Méditerranée, d'Afrique en France ou de France en Afrique.

Souvent, au lendemain du départ de Marseille, d'Alger ou d'Oran, j'apercevais à l'horizon la vaporeuse esquisse de l'île de Majorque.

Une nuit, par une tempête noire, le rocher de Formentera se dressa tout à coup, comme un fantôme, à l'avant du navire, et ce fut presque notre dernière heure.

Puis j'entrevoyais Minorque et ses caps infatigablement fouettés par les vents, battus par les flots; ou je distinguais les cimes neigeuses de la Corse dans les pâleurs d'un éther diaphane; ou je suivais du regard la longue, la monotone et morne ondulation des rivages de la Sardaigne.

Et dès lors, ces îles mystérieuses, lointaines, indécises, entrevues comme dans un flottant mirage, ne quittèrent plus ma rêverie.

Ainsi perdu dans un songe sans fond et sans forme, je ne savais de ces îles vaguement apparues que ce qu'on en apprend à l'école. Je n'avais pas oublié que les armées romaines recrutaient des frondeurs aux Baléares, que les Arabes, conquérants de cet archipel, y avaient apporté le secret, depuis longtemps perdu, de faïences rares à reflets d'or, d'azur et de feu.

Je n'ignorais pas non plus que des rois régnèrent à Majorque et que les Aragonais très chrétiens avaient arraché des mains musulmanes ces îles d'entre France, Espagne, Afrique, Italie.

La Corse étant française, je connaissais mieux sa nature, sa beauté, ses sauvageries, j'étais plein de récits de vendettas, d'histoires de bandits et la *Colomba* de Prosper Mérimée m'avait profondément remué.

Mais j'ignorais tout, absolument tout de la pauvre Sardaigne abandonnée, perdue dans une obscurité profonde.

Un jour vint où ma vie fut assombrie, et, m'enfuyant vers la paix lumineuse, je partis pour les *Iles oubliées*.

Ce fut un enchantement.

Palma me révéla des merveilles d'art, des monuments superbes, des sensations inoubliées. Les splendeurs des sierras et des barrancos, l'urbanité, la simplicité des Majorquins me charmèrent, et j'errai comme en un rêve dans cette île caressée du plus doux climat.

Minorque est moins belle, mais elle a conservé la forte empreinte des Aragonais et des Catalans.

Ibiza et Formentera sommeillent, endormies depuis cinq cents ans, leur somnolence est bercée par des psalmodies gutturales qui sont un héritage des Maures; elles ne s'éveillent que pour l'amour et pour les coups de couteau.

En Corse, à travers les forêts monumentales, j'entendis les *lamenti* des ancêtres, je frémis avec la mort, je courus dans la lande parmi les bandits, et, dans des solitudes où rampent les nuées, je m'assis à l'humble foyer des bergers augures, poètes des sommets, récitant le Tasse ou l'Arioste en s'accompagnant d'instruments dont les pasteurs et les rapsodes jouaient dès la plus vieille antiquité.

La Sardaigne fut une vision éblouissante; dans cette terre inconnue des Italiens eux-mêmes, où les costumes d'autrefois ont conservé leur originale beauté, je coudoyai familièrement le pourpoint de velours, et le moyen âge passa chaque jour à mes côtés comme si le monde n'avait pas tourné depuis quatre ou cinq siècles.

J'avais l'inestimable honneur d'être cher à M. Émile Templier. Grâce à cet homme si ferme, si juste et si bon qu'aucun de ceux qui ont vécu dans son intimité n'oubliera jamais, j'ai pu conter à tout venant mes impressions sur les Baléares, sur la Corse et sur la Sardaigne.

En souvenir de l'amitié que me témoigna M. Émile Templier et du profond attachement qui me liait à lui, c'est à sa mémoire que je dédie mes *Iles oubliées*.

Gaston VUILLIER.

Paris, août 1892.

LES
ILES BALÉARES

« PALMA DE MALLORCA. »

CHAPITRE PREMIER

Une nuit en mer. — *Palma de Mallorca.* — *Gran corrida.* — *San Alonso.* — *L'Ayuntamiento.* — Visite au cadavre d'un roi. — La cathédrale. — Églises de *San Francisco* et de *Monte-Sion.* — Souvenirs de Ramon Lull. — La *Lonja.* — Le climat. — Les Moscade. — Bellver. — Raxa. — Demeures des chevaliers majorquins.

MAJORQUINE.

Barcelone, à bord de la *Cataluña*, cinq heures du soir, octobre 1888. — On lève les amarres, le pilote commande, le navire doucement évolue, il franchit la passe.

La mer est légèrement houleuse, le vent souffle du sud-est.

Le soleil se couche parmi des nuages sanglants; ses rayons colorent encore la grande ville, flambant sur le sommet des édifices, sur les mâts des vaisseaux mouillés dans les eaux mortes du port, illuminant les clochers octogones de Santa Maria del Mar et la grande figure de Christophe Colomb dont la statue, dressée sur une immense colonne, domine la baie, indiquant du geste les espaces infinis.

Je quittais Barcelone en pleine Exposition, j'avais passé deux jours dans cette ville brillante; une foule animée se pressait dans les rues pleines de cris et de chants.

La nuit tombe tandis que nous gagnons la haute mer, et, appuyé aux bastingages du navire, je suis des yeux le sillage phosphorescent, route lumineuse qui va s'évanouir dans l'ombre mystérieuse des côtes d'Espagne où quelques vagues clartés indiquent à peine la ville que nous venons de quitter. Je demeurai sur le pont une partie de la nuit; je pus voir la lune se lever, et j'admirai longuement ses reflets argentés miroitant sur l'eau sombre, tandis que les vers du poète catalan Jacinto Verdaguer me revenaient à la mémoire :

> Oh! qu'elle est belle la mer,
> Qu'elle est belle en la nuit sereine!
> De tant regarder le ciel bleu,
> Ses yeux à la fin bleuissent.
> Là descendent, chaque nuit,
> Avec la lune les étoiles,
> Et sur son sein qui bat d'amour
> Les vagues se bercent.
>
> (*Canigou*, ch. VI.)

Un peu avant l'aube, après une houle légère dans le golfe, j'ouvris les yeux, et, à travers l'obscurité, par le hublot de ma cabine j'aperçus les côtes dentelées de la grande île de Majorque, *Balearis major*, comme la désignaient les Romains.

Il faisait nuit encore; la haute silhouette de l'île se profilait vaguement sur le ciel pâle; les étoiles brillaient d'une douce lueur, et le navire, dans le silence de la nuit, poursuivait lentement sa route.

Sur le pont, où je monte bientôt, le matelot de quart me dit que dans trois heures seulement nous arriverons à Palma.

Nous atteignons la Dragonera, îlot rocheux, escarpé, au sommet duquel se dresse un phare. Nous passons dans l'étroit chenal (le Friou) qui sépare ce rocher de la terre; de hautes falaises nous environnent de toutes parts.

Parfois se détachent de la côte des promontoires taillés à pic d'une hauteur considérable, formant entre eux des criques aux formes capricieuses, au fond desquelles on peut distinguer quelques habitations, cabanes de pêcheurs perdues dans ce désert rocheux.

La navigation est périlleuse dans cette passe, qu'on ne peut franchir par les mauvais temps, car elle est semée de récifs dangereux. La côte sud-ouest, que nous suivons jusqu'au cap Calanguera, est très accidentée, aride, pleine de déchirures et de précipices.

Nous entrons dans la baie de Palma au moment où le soleil se lève, inondant de rayons la capitale de Majorque, ses cathédrales, ses édifices, ses monuments d'aspect arabe, ombragés de palmiers; et ses maisons blanches étincellent au loin sur un fond de montagnes noyées de vapeurs, tandis que des moulins à vent alignés le long de la côte s'agitent de toute la vitesse de leurs grands bras mouvants.

— Nous sommes dans le port: les quais offrent une animation extraordinaire : on est venu voir arriver *el vapor*; c'est une des grandes distractions des habitants.

Des barques entourent le navire ; de légères *galeras* [1] se précipitent au grand galop des mules ou des chevaux ; tout ce monde s'agite en pleine lumière, sous un ciel bleu, devant le merveilleux décor de la ville embrasée de soleil.

Aussitôt débarqué, je prends place dans une galera, qui rapidement m'amène à la *fonda*.

Je venais de quitter le midi de la France, où, après un été maussade et capricieux, avare de soleil, j'avais vu les premiers jours d'octobre froids et sombres. A Palma je retrouvais la chaleur et le ciel éclatant des belles journées d'été. Ce fut donc avec bonheur que je me hâtai de quitter ma chambre pour jouir de cette belle matinée et voir un peu l'aspect intérieur de la ville.

Les rues, étroites et faites pour garantir de la chaleur, sont extrêmement animées ; c'est dimanche, les cloches sonnent, et les Majorquins, les Majorquines, les gens du peuple, les soldats, se pressent dans les rues, la plupart se rendant à la messe. Les pavés sont jonchés de feuillage, les maisons sont pavoisées, des draperies rouges frangées d'or sont étalées aux fenêtres, et des illuminations se préparent pour le soir.

On va fêter la canonisation de san Alonso Rodriguez, béatifié il y a cent ans.

Mais une affiche m'arrête :

PLAZA DE TOROS DE PALMA

GRAN CORRIDA

LA SEÑORA MAZANTINA CAPEARÁ, BANDERILLARÁ

Y MATARÁ UNO DE LOS TOROS

A Palma on sait varier les plaisirs : la course de taureaux se fera entre la messe et la procession. Vers trois heures de l'après-midi j'occupais une tribune.... Sur les gradins en pierre de l'immense cirque, une populace impatiente, pleine de grondements et de clameurs, grouillait dans un ruissellement de soleil. Plus haut, dans les places choisies, les éventails pailletés d'or, agités sans cesse, éblouissaient.

Mais bientôt, après les préliminaires de toutes les courses, les portes du toril s'ouvrirent, le taureau parut, et une jeune femme, la señora Mazantina, vint, ainsi que l'annonçait l'affiche, remplir le périlleux office de toreador.

Je n'ai jamais autant senti mon cœur se soulever d'indignation qu'en présence du spectacle barbare auquel j'assistais. Cette foule, enivrée à la vue du sang, gesticulait, poussant des cris de fauves, tandis que la pauvre bête beuglait

---

1. Voitures de place.

de douleur à chaque *banderilla* entrant dans sa chair ; et cette femme, très pâle sous ses cheveux noirs, accoutrée d'oripeaux, cherchait à prendre des airs de bravoure qui contrastaient avec son émoi ; cédant enfin à je ne sais quel sentiment d'orgueil étranger à son sexe, elle se dressait sur son cheval pour percer du fer de sa lance le taureau affolé.

Lorsque trois de ces bêtes frappées de mort par l'*espada* eurent, traînées par des mules, fait le tour de l'arène aux acclamations de la foule, un quatrième et dernier taureau s'avança.

Après une suite d'exercices déjà répétés, de coups sanglants de *banderillas* enfoncées dans ses flancs, la señora Mazantina vint pour le tuer. L'épée, tenue par une main tremblante, dévia, et le taureau fondit sur la malheureuse femme : en un clin d'œil ils roulèrent tous deux dans la poussière. C'en était assez, je m'élançai dehors, écœuré d'un tel spectacle.

J'appris, le soir même, que la señora blessée avait été emportée évanouie : le taureau mourant n'avait plus eu assez de force pour la frapper grièvement.

Comme je quitte la *Plaza de Toros*, les cloches de toutes les églises ou chapelles de Palma (on m'a affirmé qu'il y en avait trente-six) sonnent à toute volée pour annoncer que la procession en l'honneur de san Alonso Rodriguez sort de l'église.

Je me mêle à la foule : la plupart de ceux qui la composent, après avoir assisté à un spectacle barbare, vont dévotement s'agenouiller sur le passage de Dieu qui leur apprend à être bons et humains.

Les rues sont à cette heure toutes de pourpre, de verdure, de lumière et d'or, encombrées de reposoirs fleuris, de tableaux représentant le saint que l'on fête ; peintures grossières mais respectueusement entourées de lampions et de cierges et largement encadrées de feuillages verts. Les drapeaux, les tentures, sont encore plus nombreux que ce matin ; les fenêtres en sont voilées, les portes disparaissent sous des gerbes de palmes. On marche sur une épaisse jonchée de plantes aromatiques. On entend les chants, les fanfares ; un frémissement parcourt la foule ; elle se recueille, se range aux deux côtés de la rue : la procession arrive !

De grandes figures de saints apparaissent d'abord par-dessus la tête des graves *maceros* (massiers) de l'*Ayuntamiento* qui précèdent le cortège. Ces figures, d'une sculpture invraisemblable, peintes de couleurs vives, se dressent sur des socles et sont portées chacune sur les épaules de quatre hommes ; elles émergent triomphalement du milieu des riches décorations de la rue. Plusieurs tiennent un symbole religieux, plus généralement une poignée de fleurs artificielles.

Puis vient san Alonso Rodriguez, représenté en cire, grandeur naturelle, dans une châsse vitrée, avec le faciès verdâtre d'un cadavre et les mains maigres et pâles, aux tons d'ivoire, jointes sur sa poitrine.

LES « MACEROS DEL AYUNTAMIENTO ».

SAN ALONSO.

Les belles et coquettes Majorquines, le rosaire aux doigts, se signent dévotement d'un air de componction qui m'amuse beaucoup, car je les vois aussitôt jeter à la dérobée de piquants regards aux jeunes hommes qui les entourent.

Ce défilé dure longtemps; il y a des dévots, des théories de jeunes filles, des confréries; un nombre considérable de prêtres précèdent l'évêque qui arrive à la fin du cortège.

Une musique excellente broche très heureusement sur le tout.

Cette première journée à Palma a été si bien remplie que je n'ai d'autre désir, le soir après mon dîner, que de gagner ma chambre et de me coucher. Je ne m'endormis point, cependant, sans songer un peu aux motifs qui faisaient que ce pays, dont le caractère particulier devrait séduire, était si peu connu, alors que 160 kilomètres seulement le séparent du continent européen. Il ne me fut point difficile de m'en expliquer les motifs.

Les ports des Baléares, dont le commerce est relativement peu important, ne sont point des lieux d'escale pour les grands navires qui traversent la Méditerranée. Il est même rare que par les tempêtes, fréquentes dans ces parages, ces navires profitent de l'abri que leur offrent les baies sûres de Palma et de Port-Mahon.

Il faut donc venir tout exprès pour visiter ces îles, et les seuls points de contact qu'elles ont avec l'Espagne, par les vapeurs, sont les ports de Barcelone et de Valence. Je ne parle point des balancelles par lesquelles se fait avec la côte française un petit commerce de vins et d'oranges, car il ne viendra jamais à l'esprit d'un voyageur de s'y embarquer.

J'eus l'occasion, le lendemain de mon arrivée, de rencontrer un homme charmant ayant habité Paris longtemps et qui s'offrit, avec une bonne grâce parfaite, de me faire visiter les monuments de Palma.

Je ne pouvais être mieux accompagné. *El señor* Sellarés est très épris de l'art dans toutes ses manifestations et connaît mieux que personne ce qu'un artiste peut voir d'intéressant dans la ville qu'il habite.

Nous allons ensemble visiter l'*Ayuntamiento* ou *Casa consistorial*, et en passant il me montre un étalage en plein vent où se débite la viande des taureaux tués la veille. Cette chair, d'un rouge vineux, n'a certes rien d'appétissant, mais il paraît qu'elle est fort estimée des pauvres, qui l'achètent à vil prix.

L'Ayuntamiento est un beau monument qui rappelle le style florentin par la proéminence extraordinaire du toit. La façade, avec ses fenêtres à frontons coupés et le luxe de son architecture qui semble appartenir au xvie siècle, est d'un beau caractère; le toit s'avance en auvent de 3 mètres environ, soutenu par des caissons à rosace d'une grande richesse et par de longues cariatides couchées qui semblent porter leur fardeau avec effort et douleur. Cet auvent en bois sculpté était autrefois doré et peint de brillantes couleurs : il devait alors ajouter un grand aspect de richesse à l'édifice. Aujourd'hui les boiseries sont devenues fauves, et cette modification leur donne une expression grave plus en harmonie peut-être avec l'état actuel de la façade.

A l'intérieur, dans la salle des séances, de grands fauteuils à gros clous de cuivre sont rangés en demi-cercle ; au-dessus du siège du président on remarque le portrait de la régente actuelle, œuvre d'un peintre majorquin.

Le long des murs, une série de peintures représente les hommes illustres de Majorque, parmi lesquels, par un artiste du temps, le roi don Jayme Ier, *el Conquistador*, celui dont Ruy Gomez dit à Charles-Quint dans *Hernani* :

> Voilà. . . . .
> Don Jayme, dit le Fort; un jour, sur son passage,
> Il arrêta Zamet et cent Maures tout seul.

Dans une salle voisine on admire un superbe tableau de Van Dyck, le *Martyre de saint Sébastien*. Je ne remarquai point le portrait d'Annibal, qu'on m'a dit, plus tard, se trouver dans cette galerie.

Les Majorquins racontent qu'Hamilcar, passant d'Afrique en Catalogne, s'arrêta sur une pointe de l'île, près d'un temple dédié à Lucine, où sa femme, alors enceinte et qui l'accompagnait, donna le jour à Annibal.

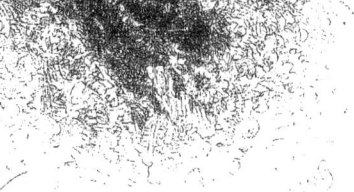

UNE DAME DE PALMA.

Au moment où nous sortons de l'Ayuntamiento, un roulement prolongé de tambours se fait entendre. « Ce sont, me dit Sellarès, *los tamboreros de la sala* (les tambours de la salle)» ; salle signifie par extension l'Ayuntamiento.

Ils remplissent l'emploi de tambours de ville, de crieurs publics, marchent en tête des processions et ont, en outre, d'autres attributions de moindre importance.

Leur costume est assez singulier: il se compose d'un vêtement bleu, d'une toque de même couleur et d'un pantalon rouge; toutes les coutures sont ornées d'une passementerie rouge, et les armes de la ville de Palma sont brodées d'or sur leur poitrine. Le baudrier est en peau blanche.

Le *tamborero mayor* (tambour-major) est également vêtu de bleu, mais ce

L' « AYUNTAMIENTO » OU « CASA CONSISTORIAL ».

vêtement est brodé d'or sur toutes les coutures; le pantalon est également rouge.

J'omettais qu'il rentre spécialement dans leurs attributions de proclamer les décisions de l'Ayuntamiento.

Au 1ᵉʳ janvier de chaque année, ils donnent des sérénades. On entend en effet ce jour-là, devant les maisons habitées par les notables de Palma, des roulements formidables qui se prolongent sans interruption jusqu'au moment où il leur est remis une étrenne : un *douro* généralement. Malheur aux familles qui tardent à acquitter le tribut : le bruit devient tellement assourdissant qu'elles sont obligées de se hâter si elles désirent conserver leurs tympans !...

Autrefois la ville était en possession du casque, de la selle et de l'étendard du roi don Jayme Iᵉʳ, el Conquistador. Le 31 décembre, anniversaire du jour de la grande victoire qui mit fin à la domination des Maures, le portrait de don Jayme était exposé sous un dais devant la façade de l'Ayuntamiento, surmonté de l'étendard et entouré des vieux portraits encadrés des hommes éminents de Majorque.

La nuit, des feux de joie allumés sur la place et des lampions éclairaient cette exhibition.

Ce même jour, était également exposé, au-dessus de la porte d'un apothicaire, un gros lézard empaillé, d'environ deux pieds de long : ce monstre, dit la tradition, ravageait autrefois l'île, dépeuplant les habitations voisines du marais qui lui servait de retraite. Un des ancêtres de l'apothicaire délivra Majorque de ce fléau; l'exposition de la dépouille du *monstre* se faisait en mémoire du bienfaisant exploit, qui se perpétuait ainsi dans la famille par une prérogative dont elle se montra fière presque jusqu'à nos jours. Depuis quelques années les restes du terrible saurien ont disparu.

UN « TAMBORILERO ».

L'étendard, le casque et la selle de don Jayme el Conquistador ont été transportés en 1830 à l'arsenal de Madrid.

Mais la hampe est demeurée à Palma, et tous les ans, toujours au 31 décembre, elle est pieusement ornée de feuillages variés, de rubans multicolores, et les magistrats municipaux l'apportent gravement, en corps, à la cathédrale.

Dès que ce glorieux débris pénètre dans la basilique, une décharge d'artillerie se fait entendre, et, aussitôt après, la musique joue la marche royale ; puis le clergé de toutes les paroisses réunies chante un *Te Deum* ; à la sortie, nouvelle salve d'artillerie, nouvelle marche royale ; la foule s'écoule ensuite lentement.

Jadis cette cérémonie se célébrait encore avec un plus grand éclat. Une procession se rendait hors de la ville, où l'accostait un groupe de cavaliers richement vêtus, qui l'escortait jusqu'à l'église. Cette partie de la cérémonie se nommait la *colcada* (cavalcade).

Nous étions à la veille de la Toussaint. Depuis mon arrivée je voyais, dans les rez-de-chaussée des maisons, des femmes et des jeunes filles occupées fiévreusement à enfiler des grains de rosaire à des ficelles : ces grains, énormes et de couleurs variées, étaient tantôt en sucre ou fruits confits, et tantôt en pâtes sucrées. A l'endroit où se suspend habituellement la croix bénite, on voyait un poisson en sucre orné de dessins, un cœur en pâte de coing, une croix d'honneur même, en chocolat.

Il est d'usage constant à Palma et dans les bourgades et villages de l'île de donner aux enfants pour le jour de la Toussaint un de ces rosaires, dans le but sans doute de les initier aux douceurs du chapelet. Je voulus offrir un de ces ornements comestibles et sacrés à la fois au petit Francisco, fils de Sellarès, mais le père se récria, l'enfant ayant, l'année d'avant, avalé son rosaire entier en une seule journée, ce qui lui avait occasionné de violentes coliques. Quelques jours après, tous les gamins de Pollensa, garçons et filles, se promenaient avec leur rosaire traînant jusqu'à terre, tout fiers de porter un si bel ornement, qu'ils relevaient de temps en temps pour le lécher un peu à la dérobée.

« Je vous montrerai ce soir une bien étrange chose dans la cathédrale », me dit un jour Sellarès.

J'avais été frappé, à mon entrée dans le port, par l'aspect de cet édifice imposant et grandiose vu de la mer, et j'avais déjà manifesté le désir de le visiter dans la journée. Mon aimable compagnon avait toujours trouvé des raisons pour en retarder la visite. Nous arrivons pourtant à la cathédrale un soir.

L'immense nef est plongée dans l'obscurité ; des Marjorquines vaguement entrevues, agenouillées sur les dalles, égrènent leur rosaire, ne s'arrêtant que pour agiter silencieusement leur éventail ; quelques hommes aussi sont là, priant avec ferveur. Puis les chants cessent, les cierges s'éteignent peu à peu, et les chanoines s'en vont silencieux, disparaissant un à un, dans l'ombre des hauts piliers.

Quelqu'un alors s'approche de nous, et murmure : « Venez ».

Nous le suivons : un prêtre ainsi qu'un ami de Sellarès se joignent à nous. J'avoue que j'étais extrêmement intrigué.

On allume des torches, et nous nous trouvons bientôt devant un sarcophage en marbre noir surmonté d'un sceptre, d'une épée et d'une couronne royale.

Sur un des côtés je lis gravée dans le marbre l'inscription suivante :

AQUÍ REPOSA EL CADÁVER DEL SERENÍSIMO
SEÑOR DON JAYME DE ARAGON II
REY DE MALLORCA
QUE MERECE LA MAS PIA Y LAUDABLE
MEMORIA EN LOS ANNALES. FALLECIÓ
EN 28 DE MAYO DE 1311

« Ouvrez », dit Sellarès à voix basse. Une clef pénètre dans le marbre, un des petits côtés est enlevé : un cercueil est là, on le tire au dehors.

Le cadavre du roi est sous nos yeux, drapé d'hermine, la bouche grande ouverte et l'orbite profondément creusé.

De larges gouttes de cire tombées des cierges paraissent des larmes figées sur sa face farouche ; on dirait que ce cadavre souffre des regards qui viennent troubler son dernier sommeil.

A la lueur des torches, la couronne étincelle, et l'épée flamboie comme s'il restait encore des rayons glorieux dans ces débris funèbres d'une royauté.

Après quelques instants de ce spectacle on repousse le cercueil dans le tombeau, on donne un tour de clef et nous retraversons l'immense nef, où nos pas résonnent sur les dalles, puis nous revoyons les étoiles dans le ciel d'un bleu profond et les maisons blanches argentées par les clartés de la lune.

« Eh bien, me dit Sellarès quand nous eûmes quitté les sombres voûtes, à quoi pensez-vous ?

— Je pense, lui dis-je, à ceux qui meurent ignorés dans le pli d'une colline et dont la dépouille dort dans l'ombre éternelle sans que nul regard puisse analyser les horreurs que la mort a gravées sur leur visage. Et ne croyez-vous pas qu'il y ait de la tristesse à songer que ce roi qui fut grand, qui commanda ces mers et dont le pouvoir, franchissant des abîmes, s'étendait sur tout l'Aragon, est à la merci du premier sacristain venu, qui, pour quelques sous, livre à la curiosité de tous sa triste dépouille ? » Il y a quelques années, me dit un prêtre qui nous accompagnait, les vêtements royaux, rongés par le temps, laissaient voir le cadavre presque entièrement nu. La reine Isabelle d'Espagne ayant été témoin de cette profanation en demeura tout attristée et désira voir le corps recouvert. Aujourd'hui une hermine nouvelle cache sa nudité. On

VISITE NOCTURNE AU CADAVRE DU ROI JAYME.

a même dû mettre un verre sur ce cercueil afin d'empêcher les mains sacrilèges de certains voyageurs d'arracher des lambeaux de vêtements, des morceaux de la peau du visage du roi et même des dents, qu'ils emportaient en souvenir de leur visite.

A *la iglesia de la Sangre* on est admis aussi à voir le cadavre d'un moine fondateur de l'hôpital, en meilleur état de conservation que celui du roi Jayme.

Pour ma part l'exhibition à laquelle je venais d'assister me suffisait et je remerciai le jeune ecclésiastique qui m'offrait de m'accompagner à cette sépulture.

Je revis la cathédrale quelques jours après, le matin ; l'aspect en était sombre, comme il en est, du reste, de toutes les églises espagnoles, et seule la hardiesse des piliers prismatiques, d'une grande simplicité, qui par deux rangs de sept soutiennent la voûte, frappa mes yeux. Le chœur occupe le centre de la nef et en détruit peut-être un peu la beauté. Il est formé d'une enceinte très simple et massive ; à l'un des

LA CATHÉDRALE ET LE « PALACIO REAL ».

coins est une chaire qui, par sa forme allongée et carrée, ressemble plutôt à une tribune.

Derrière le grand autel, un ancien retable en bois sculpté et doré se trouve relégué dans l'ombre. C'est un chef-d'œuvre gothique en parfait état de conservation. Les statues des saints et des saintes qui le composent sont peintes et dorées dans le goût des enluminures des vieux missels.

Comme l'argent manquait à un moment pour continuer la construction de l'église, les nobles eurent le privilège de faire graver leurs armoiries sur les clefs de voûte moyennant le don de cent livres majorquines, et de cinquante pour les clefs des bas-côtés.

Ce revenu basé sur la vanité dut être très important, à en juger par la quantité des blasons qui existent.

Ce fut en 1601, après quatre cents ans seulement, que fut achevé l'édifice que la piété de don Jayme el Conquistador avait dédié à la vierge Marie, pour accomplir un vœu fait par lui en pleine mer pendant une affreuse tempête ayant mis en grand péril la flotte qui venait conquérir l'île. Au xiv° siècle le travail manuel était bien peu rétribué à Palma : les maîtres maçons occupés à la construction de la cathédrale ne gagnaient que huit sols par jour, et le salaire des simples ouvriers et des femmes était encore beaucoup plus minime.

On ne peut trouver un ensemble de lignes mieux distribué et une finesse d'exécution plus surprenante que dans le portail qui fait face à la mer. Jamais l'art gothique, a-t-on dit, n'était apparu plus savant, plus correct, plus expressif. Statues, dais en pierres ciselées comme des dentelles, draperies fouillées, guirlandes de fleurs délicates, attributs, enlacements capricieux, festons, colonnes, feuilles, grandes figures de saints docteurs, tout concourt à réaliser un ensemble merveilleux et à faire de ce portail un chef-d'œuvre.

Il est fâcheux qu'on ait été dans la nécessité de murer la porte d'entrée, à cause des coups de vent violents qui s'y engouffraient, renversant les tableaux et les vases sacrés.

Parmi les richesses du trésor on remarque six chandeliers d'argent d'une grandeur extraordinaire; ils ont chacun sept branches, le pied est soutenu par... des satyres. On montre encore un morceau de la vraie croix, trois épines de la couronne du Christ, un pan de sa tunique, des morceaux du voile et de la chemise de la Vierge et un bras de saint Sébastien. On rapporte que ces précieuses reliques furent déposées là en 1512 par un archidiacre de Rhodes, Manuel Suria. Dans le palais épiscopal qui touche à la cathédrale sont les portraits de tous les prélats qui ont occupé le siège de Majorque.

Le *Palacio Real* de Palma, proche voisin de la cathédrale, est une habitation

LE PORTAIL DE LA MER.

seigneuriale très caractéristique. On prétend qu'il est de construction romaine et mauresque ; certains détails de son architecture ont troublé des savants qui, en présence de ces anomalies de construction, ne se prononcent pas. Un ange gothique surmonte le monument et, du haut des nues, regarde la mer.

Parmi les nombreuses églises de Palma, je ne dois pas oublier de citer celles de Sainte-Eulalie et de Sainte-Magie, à cause du privilège dont elles ont longtemps joui de servir d'asile aux criminels qui s'y réfugiaient. Il n'y a pas bien des années encore qu'elles ont cessé d'être des lieux inviolables.

Le portail de l'église de Monte-Sion est d'une ornementation somptueuse. Le style en pourrait paraître un peu lourd et chargé dans nos pays sombres ; mais sous les ardents rayons du soleil de Majorque, où chaque petite ombre devient incisive, les détails s'allègent singulièrement, et l'on demeure frappé de la finesse des sculptures et de la richesse de l'ensemble.

L'église San Francisco renferme le tombeau où sont conservés les restes du grand Ramon Lull, le célèbre mystique, honneur de Majorque, sa patrie, qui fut à la fois écrivain fécond, théologien, physicien et architecte.

Cette sépulture est un des monuments funéraires les plus remarquables de la dernière période de l'art gothique.

Ramon Lull naquit à Palma en 1235 ; il montra de bonne heure des dispositions pour le métier des armes et entra au service de l'infant don Jayme, en qualité de page. Plus tard, après une jeunesse dissipée, ses parents, espérant mettre un frein à ses désordres, lui persuadèrent de se marier. Mais sa conduite ne s'en trouva pas modifiée et leur espoir fut déçu. Il arriva même à pousser l'oubli de toute convenance jusqu'à entrer un dimanche à cheval dans l'église de Sainte-Eulalie, pour voir une dame dont il était éperdument amoureux.

Une autre de ses aventures mérite d'être rappelée, à cause de son souvenir à la fois étrange et poétique.

Comme il était épris d'une jeune fille, il devint chimiste par amour.

Cette jeune fille, tout en l'adorant, résistait à ses obsessions. Et comme il la pressait, ne pouvant connaître les motifs de sa rigueur, elle arracha les vêtements qui couvraient sa poitrine et découvrit son sein rongé par un affreux cancer.

Ramon Lull se voua alors à des études spéciales et finit, dit-on, par trouver un spécifique pour guérir ce mal. Là s'arrête la légende.

PORTAIL DE L'ÉGLISE DE « MONTE-SION ».

Il se résolut plus tard à abandonner le monde pour se vouer à l'étude et à la pénitence, et vendit son patrimoine, dont il réserva une part pour sa femme et ses enfants. Après avoir effectué un voyage en Catalogne pour visiter le sanctuaire de Monserrate et ensuite celui de Santiago de Compostelle, il revint à Majorque et se retira sur le sommet du mont de Randa, se donnant sans trêve à l'étude et à la méditation. Il composa sur cette hauteur différents livres qui lui valurent l'honneur d'être appelé auprès du roi Jacques II, alors à Montpellier. Ce roi lui confia la création d'un collège dans lequel treize religieux franciscains étudièrent la langue arabe, qu'il avait apprise lui-même d'un de ses esclaves.

Ce collège, établi à Miramar, dans l'île même, en vertu d'une dotation royale, n'eut pas une longue durée et ne servit probablement pas l'œuvre de la conversion des Infidèles, en vue de laquelle il avait été fondé.

Ramon Lull se rendit successivement à Gênes pour traduire un livre arabe, à Tunis pour prêcher l'Évangile et controverser avec les docteurs mahométans. Après avoir couru péril de mort, il fut chassé de ce royaume et s'embarqua pour Naples.

Il visita Rome, puis Paris où il traita avec le roi l'œuvre de la conversion des Infidèles, qui était devenue le but de sa vie, toujours enseignant en public et toujours écrivant. Il prêcha dans le Levant et en Afrique. A Bougie il fut blessé, puis lapidé finalement par les habitants aux portes de la ville.

Quelques pêcheurs génois recueillirent son cadavre, et partirent, faisant route vers leur patrie. Mais quand ils crurent entrer au port de Gênes, il se trouva qu'ils étaient devant Majorque. Ils résolurent alors de poursuivre de nouveau le but de leur voyage; mais le bateau, retenu par une force mystérieuse, n'avançait pas malgré leurs efforts et en dépit du vent favorable qui enflait les voiles. Descendus à terre, ils racontèrent ce prodige, et comprirent enfin qu'ils devaient remettre à ce sol le corps de Ramon Lull. Alors, reprenant leur voyage, ils l'accomplirent sans obstacle.

TOMBEAU DE RAMON LULL.

Il avait été décidé que le cadavre serait déposé à l'église de Santa Eulalia, où reposaient les cendres de ses ancêtres; mais, les religieux de San Francisco l'ayant réclamé comme appartenant à leur communauté, il fut placé en grande pompe dans la sacristie du couvent et plus tard transporté dans la sépulture qu'il occupe aujourd'hui.

Telle fut l'existence étrange et singulièrement mouvementée de ce grand esprit, pour lequel les habitants des Baléares ont un culte véritable.

La nef de l'église San Francisco est large, élégante et de belles proportions; il est fâcheux qu'une restauration complète ait dénaturé les anciens autels.

La principale porte d'entrée peut être citée comme une œuvre des plus brillantes de l'architecture au dix-septième siècle.

Le couvent de San Francisco, le plus vaste de Palma, attenant à l'église, se composait autrefois de deux cloîtres, qu'occupaient cent cinquante religieux. Plus tard ce couvent devint la résidence du gouvernement politique supérieur. Sa destination a bien changé : il est actuellement transformé en prison. Au moment où

CLOÎTRE DE « SAN FRANCISCO ».

nous entrons dans le préau, des *presidarios* (prisonniers) se promènent par groupes, fumant des cigarettes; d'autres s'occupent à tresser des nattes de sparterie. Mais, comme je suis étonné de leur nombre, Sellarès s'empresse de me dire qu'ils sont envoyés là d'Espagne : car on ne voit point de malfaiteurs à Majorque, de même qu'on n'y rencontre pas d'animaux féroces, ni de reptiles venimeux.

Le voyageur peut parcourir cette île de nuit comme de jour dans tous les sens, dans les lieux les plus sauvages, les plus déserts : non seulement il ne sera exposé à rencontrer aucun malfaiteur, mais il recevra partout l'accueil le plus hospitalier.

Le cloître de San Francisco est l'unique œuvre gothique de ce genre qu'on trouve aux Baléares ; il est admirable par le goût original de son architecture, son élégance et sa grandeur; dans ses principales proportions, son style s'éloigne des formes connues.

L'étendue du préau est immense, comme je l'ai déjà dit : quatre galeries très larges le circonscrivent : aucune construction intermédiaire ne vient interrompre ses lignes de colonnes, qui s'élèvent si minces, si élancées, qu'on pourrait croire les travées fermées par une ciselure délicate. Leurs archivoltes sont découpées d'un élégant feston à cinq lobes qui les couronne d'un dessin délicat : les arceaux de la galerie orientale sont trilobés seulement, au lieu d'être à cinq lobes comme dans les autres.

PORTAIL DE « SAN FRANCISCO ».

Ces galeries ne sont point voûtées, mais recouvertes d'une toiture en bois, en avancement considérable sur le délicat appui qui la supporte : cet auvent est sans doute du quatorzième siècle. On ne peut rien imaginer de plus gracieux que ce cloître.

Les murs des galeries renferment un grand nombre de pierres sépulcrales.

— Dans la partie basse de la ville, contre les quais, l'édifice de la *Lonja* (ancienne Bourse) élève sa masse rectangulaire, dont les murailles se mirent dans les eaux calmes du port : quatre tours octogones en flanquent les angles. Le couronnement de l'édifice est composé d'une série de fenêtres carrées finement ornées que surmontent des créneaux à dentelures. Une jolie et délicate corniche court au-dessus du couronnement, un talus régulier sert de base à tout l'édifice, et des contreforts ouvragés en mode de tourelles divisent ses faces en compartiments verticaux. Le portail se compose d'une arcade assez profonde, un pilier divise l'entrée, mais sa niche a perdu la Vierge qui l'occupait autrefois.

Un ange de grandes proportions, et qui n'est pas du meilleur goût, orne le tympan : cette partie seule paraît se ressentir des approches de la décadence de l'art gothique.

En somme, la Lonja est un édifice superbe; on le cite comme un des monuments gothiques les plus beaux de l'Espagne.

Sa disposition intérieure se distingue par un de ces tours de force qui étaient une des prédilections des artistes du moyen âge : c'est une salle unique d'une grande étendue dont la voûte surbaissée est soutenue par six colonnes seulement, minces et cannelées en spirale. Cette salle a été utilisée pour les bals masqués qui se donnent pendant le carnaval, et M. Grasset de Saint-Sauveur affirme y avoir vu réunies sans confusion plus de 1 200 personnes. Ce monument reste comme un grand souvenir de ce que furent la navigation et le commerce de Majorque avant que Christophe Colomb eût, par la découverte de l'Amérique, modifié l'importance de tous les ports de mer en Europe.

Le roi don Jayme Ier, el Conquistador, avait décidé la construction de l'édifice et en avait désigné lui-même l'emplacement; là se rassemblaient les marchands, qu'il protégeait beaucoup. Les îles Baléares furent pendant longtemps un des centres de commerce les plus florissants du monde entier : cette prospérité était due non à l'industrie locale ni aux richesses propres des habitants, mais à la situation géographique, particulièrement favorable, de ces îles voisines des côtes d'Afrique, d'Italie, de France et d'Espagne.

Sous le règne paisible de don Jayme Ier, le commerce de Majorque prit une extension singulière, et le port de Palma ne cessa d'être encombré de vaisseaux. Au xve siècle les comptoirs des Génois aux Baléares étaient si nombreux et si considérables, qu'ils eurent une Bourse particulière à Palma. Ils habitaient la partie de la ville qu'occupent aujourd'hui les descendants des juifs convertis au christianisme.

On retrouve dans les archives de Majorque des règlements somptuaires de cette époque qui témoignent des progrès du luxe et de l'opulence des habitants. Une de ces ordonnances fixe le poids des chaînes d'or qui, alors comme aujourd'hui, faisaient partie de la parure des femmes.

Majorque fut un des grands marchés de l'Europe et un des principaux entrepôts des richesses de l'Inde et de l'Afrique; il n'y avait pas de familles

LA « LONJA ».

nobles (et elles étaient nombreuses) qui n'armât au moins une galère à ses frais.

La découverte du cap de Bonne-Espérance fit changer la direction des produits asiatiques, et l'expulsion des Maures d'Espagne contribua beaucoup à ruiner la prospérité des Baléares. Cette expulsion eut les mêmes conséquences pour cette île que la révocation de l'édit de Nantes pour la France, mesure qui, en proscrivant les protestants, enrichit de notre industrie les peuples voisins.

Aujourd'hui les relations commerciales des Baléares ne s'étendent pas au delà des côtes d'Espagne, d'Afrique et de France, dans la Méditerranée, et les articles d'exportation sont les huiles, les amandes, les oranges et citrons, les câpres qui vont à Marseille, les vins à Cette, les porcs et les légumes à Barcelone.

Majorque est l'île la plus grande et de beaucoup la plus fertile du groupe des Baléares; la terre en est si féconde, le climat si doux et les sites en sont tellement beaux que les anciens les avaient nommées les *Eudemones* ou les îles des Bons Génies et les Aphrodisiades ou Terres de l'Amour; la population y est relativement deux fois plus nombreuse qu'en Espagne.

Majorque offre une superficie de 3395 kilomètres carrés. Palma compte environ 60 000 habitants; et l'île entière 210 000.

On fait remonter la fondation de la capitale à plus d'un siècle avant l'ère chrétienne; elle est attribuée à Quintus Cæcilius Metellus, surnommé le Baléarique. On prétend que lorsqu'il voulut débarquer sur le rivage, il fut obligé de faire tendre des peaux au-dessus du pont de chaque navire pour abriter l'équipage contre les projectiles des frondeurs.

Les auteurs anciens attribuaient aux habitants des Baléares une grande adresse à se servir de la fronde. Dameto, historien de Majorque, a même écrit, vers 1734, que l'adresse et la force qu'ils déployaient dans le maniement de cette arme étaient telles que les balles de plomb dont ils faisaient usage se fondaient dans les airs par la violence avec laquelle elles étaient lancées !...

L'histoire de Palma est très mouvementée et marquée par des désastres considérables.

Lors de la conquête de l'île par don Jayme, cette ville soutint un long siège avec courage et finalement fut mise à sac. Le pillage dura huit jours.

INTÉRIEUR DE LA « LONJA ».

Le conquérant l'agrandit, l'embellit et, en dehors des beaux monuments dont j'ai parlé, il éleva une citadelle et fortifia le port. Une ère de grande prospérité s'ouvrit alors. Mais bientôt deux pestes successives ravagèrent cette cité et la dépeuplèrent à tel point que le gouverneur exempta d'impôts les étrangers qui eurent le courage de venir l'habiter.

En 1391 les juifs, en grand nombre, y furent égorgés ; à la faveur du trouble, les maisons furent pillées, et le trésor forcé.

Au siècle suivant, la *Riera*, torrent qui passe dans Palma, grossit démesurément, détruisant 1600 maisons et noyant 5500 personnes.

En 1475 la peste éclata de nouveau et exerça de grands ravages.

Puis ce furent les *pagesos* (paysans propriétaires) qui, écrasés d'impôts, maltraités par la noblesse, se soulevèrent à l'exemple des artisans de Valence et mirent le siège devant la ville, après avoir coupé les conduites d'eau.

Pendant ce temps les gens du peuple s'insurgèrent à leur tour et pillèrent les maisons de leurs seigneurs.

Après deux années de luttes sanglantes, le roi Alonso envoya secourir la noblesse ; les rebelles furent vaincus, mais la ville, ne pouvant plus payer des impôts excessifs, vit consommer sa ruine.

Malgré les pestes, les famines, les inondations, les guerres intérieures, Palma avait conservé cependant une certaine puissance sur mer.

Elle résistait aux attaques fréquentes des corsaires, et l'on voyait encore des citoyens militaires refuser d'être anoblis. Mais au XVIᵉ siècle elle était tellement déchue de sa grandeur qu'il ne se trouva pas même un seul vaisseau pour repousser une incursion des pirates.

Le climat de Majorque est plus doux que celui de Valence, qui se trouve à peu près sur la même latitude, à cause de la mer qui l'entoure et qui a le privilège d'égaliser les températures. Cependant, suivant les expositions, il varie notablement. On trouve sur la chaîne de montagnes qui s'étend du nord-est au sud-ouest et borde un côté de l'île, une fraîcheur relative, alors que la plaine est brûlante.

Miguel de Vargas rapporte qu'en rade de Palma, durant le terrible hiver de 1784, le thermomètre Réaumur se trouva une seule fois à 6 degrés au-dessus de la glace, dans un jour de janvier; que d'autres jours il monta à 16, et que le plus souvent il se maintint à 11.

Pour ma part j'y ai passé les derniers jours d'octobre et le mois de novembre entier habillé comme je le suis en juillet et août à Paris, j'ai même eu quelquefois un peu chaud; mais, la plupart du temps, l'atmosphère était si douce que je ne la sentais pas.

L'ami Sellarès, qui me voyait constamment pressé de visiter ce que la ville offre d'intéressant — et ce n'est pas

LE « CASTILLO DE BELLVER » ET LE « TERRENO ».

peu dire — me répétait quelquefois : « Lorsque vous aurez mangé quatre ou cinq douzaines d'*encimadas*, vous commencerez à être au diapason de Majorque. Je vous trouve encore trop Parisien, nerveux, ardent à tout. Voyez comme nous sommes à Palma : nous avons toujours le temps, nous nous hâtons lentement, suivant l'expression d'un de vos poètes. Aussi nous nous portons bien : notre existence se passe sans efforts, nos besoins sont modestes, et nous devenons vieux après avoir longtemps joui du soleil et des merveilles de notre île. »

L'*encimada*, dont Sellarès évoquait ainsi les propriétés calmantes, est un gâteau dont la pâte a quelques rapports avec celle de nos feuilletages, mais elle est tout imprégnée de graisse. On sert généralement ce gâteau avec le chocolat. J'ai trouvé ce mets d'une digestion difficile : il aide peut-être un peu à la torpeur physique et intellectuelle que procure déjà la chaleur du climat.

Mon séjour à Majorque ne pouvait se prolonger assez pour que j'obtinsse tous les bienfaits que mon ami attendait de la pâtisserie majorquine. Je le priai donc un jour de m'accompagner au fameux pin des Moncade, et je reconnais qu'il était extrêmement actif toutes les fois qu'il pouvait m'obliger ou simplement m'être agréable.

J'avais retenu une galera; ces voitures de Palma sont très légères et fort gracieuses, avec leur attelage de mules, et c'est chose charmante que de les voir aller à toute vitesse, tantôt montant les côtes et tantôt les descendant toujours à la même allure.

Nous suivons les quais, puis par une route poudreuse nous arrivons au Terreno, sorte de quartier ou de faubourg composé de maisons de campagne où les habitants vont en villégiature l'été; chaque maison y est entourée d'un petit jardin ombragé de figuiers et agrémenté de fleurs. Un bois épais de pins d'Alep enveloppe le Terreno et accompagne le sentier qui monte jusqu'au sombre castillo de Bellver, que je visitai le lendemain. Les flots viennent mourir dans les rochers qui forment la base de la colline du Terreno, d'où l'on peut à la fois jouir du beau panorama de la ville, de l'immense baie et des côtes lointaines. Par un temps clair on peut même apercevoir sur la ligne du ciel, en fine silhouette, le rocher de Cabrera de lugubre souvenir. Toute cette population profite des bains de mer pendant les chaleurs de l'été, et les hommes ont la facilité d'aller vaquer en ville à leurs occupations; des voitures et des tramways, dont le trajet dure à peine un quart d'heure, assurent le service de Palma au Terreno. Il existe également, vers l'est, un lieu, nommé Molinar de Levante, semé de maisons de campagne, mais sa situation est moins agréable, et la population qui le fréquente n'est pas aussi choisie.

Après avoir traversé cette petite ville, déserte à ce moment de l'année, la route suit la mer par les capricieuses lignes de la côte. Nous ne cessons de voir les vagues arriver doucement et s'évanouir en franges d'argent sur des criques sablonneuses ou, plus loin, caresser de petits récifs fauves. Dans certaines échancrures, des canots de plaisance sont tirés sur la grève.

Les herbes odorantes croissent partout, romarin, cytise, myrte, lavande, et de jolies bruyères de toutes les gammes du rose balancent au vent de mer leurs grandes tiges souples. Ici les bruyères sont vraiment des arbustes.

À mesure que nous allons, les ondulations du chemin font souvent disparaître Palma, qui, par instants seulement, montre à travers les pins, comme une apparition lumineuse, ses blanches maisons et ses beaux édifices.

Après deux heures de trajet, passées bien vite à contempler la vaste mer, la baie, les bois touffus pleins de senteurs résineuses et les jolies herbes du chemin, le cocher arrête le véhicule, descend de son siège et, avec une politesse inconnue à ses congénères de Paris, ouvre la portière et nous demande, tenant son chapeau à la main, que nous lui fassions la faveur de descendre de voiture.

Le pin des Moncade est là dans une sorte de lande bordée par la mer. C'est en cet endroit que don Jayme le Conquérant, débarqua avec ses compagnons d'armes et livra, le 12 septembre 1229, le premier combat aux Infidèles. C'est là que les Moncade, deux frères d'une illustre famille et lieutenants du roi, trouvèrent la mort dans cette journée.

Voici comment M. Frédéric Donnadieu a raconté, dans la *Revue félibréenne*, la consécration, qui eut lieu le 5 mai 1887, d'un monument de foi religieuse et patriotique élevé à côté du pin géant :

« Là donc se rendit, des villages voisins de Calvia et d'Andraitx, un nombreux concours de peuple. Un autel fait d'une planche et de deux pierres recouvertes de draperies blanches, ayant pour toute décoration de vertes guirlandes de laurier et de buis, entremêlées de roses rouges, s'appuyait à l'arbre même, seul survivant des scènes passées. — A deux pas de l'arbre historique, une croix de fer portant entre ses bras les pals sanglants, *las barras*, armes de Catalogne, se dressait depuis la veille sur un piédestal de pierre, où l'on n'avait pas eu le temps de graver les deux dates commémoratives qui doivent y figurer : 12 septembre 1229 et 5 mai 1887. Le poète de l'*Atlantide* et de *Canigou*, ayant pour assistants Mossen Collell et l'abbé Rous, célébra l'office divin, au milieu du recueillement de cette foule de paysans, de bourgeois, de poètes et d'artistes, que l'étrangeté de la scène, la ferveur religieuse, la grandeur des souvenirs, l'azur profond du ciel à travers les branches ondoyantes des grands pins murmurants, et la rumeur prochaine de la mer invisible, impressionnaient diversement. Les larmes étaient près de couler de tous les yeux, lorsque, la bénédiction de la croix terminée, et l'absoute dite, Mossen Collell, debout près du piédestal, lut, d'une voix attendrie, le passage de la *Chronique catalane* relatif à la mort des Moncade. »

« C'était, dit Mossen Collell, dans sa courte mais topique relation de la *Veu del Montserrat* du 14 mai 1887, c'était la seule oraison funèbre qui convînt à cette heure et en ce lieu. La parole sobre, concise, ingénue et presque enfantine du Conquérant allait jusqu'au cœur, et chacun, pour un instant, voyait le bon roi pleurer sur les corps inanimés de Guillem et Ramon de Moncade. »

Les dépouilles des Moncade furent amenées à Palma et déposées dans l'église du Sépulcre, qui était une mosquée sous la domination arabe ; plus tard on les transporta en Catalogne.

Au retour, nous prenons une route qui s'enfonce dans les bois, sur les flancs de la montagne, et nous visitons le château de Bendinat, qui appartient au comte de Montenegro.

Après la grande bataille où les Moncade trouvèrent la mort, comme le roi don Jayme n'avait pris aucun aliment de toute la journée, don Nuño, son lieutenant, le conduisit à une maison de campagne, où il mangea avec beaucoup d'appétit. C'était à l'endroit même où s'élève aujourd'hui le château, qui, depuis, s'est appelé Bendinat, par contraction des mots *be hem dinat* (nous avons bien dîné) que le roi prononça après son repas. D'aucuns prétendent que, les aliments étant peu abondants et de mauvaise qualité, c'est par ironie qu'il avait prononcé ces paroles.

Nous rentrons à Palma par le même chemin que nous avons suivi le matin, bercés par la rumeur de la mer, tandis que le soleil baisse à l'horizon et que s'éteignent un à un, lentement, les hauts clochers, les édifices rougis par les flammes du couchant, et que la lune, toute pâle, se lève sur les flots.

— Un matin nous prenons la direction du castillo de Bellver, longeant les quais, traversant une partie du Terreno, que nous quittons bientôt, pour suivre la pente escarpée d'une colline dont les flancs sont couverts d'une épaisse forêt de pins d'Alep.

Un riche habitant de Palma, dans sa ferveur généreuse, a élevé sous ces ombrages une chapelle où sont conservés les restes de san Alonso Rodriguez. La tradition rapporte que ce saint, accablé de fatigue, gravissait péniblement un jour le sentier, lorsque, à cet endroit même, la sainte Vierge lui apparut dans un éblouissement de lumière et essuya longuement ses tempes baignées de sueur. Cette légende est représentée dans un des tableaux qui ornent l'intérieur de la chapelle.

Nous arrivons bientôt au castillo, ancienne forteresse du moyen âge, où François Arago fut emprisonné pendant deux mois dans la tour de *l'homenaje* à la suite de circonstances intéressantes à rapporter.

En 1808, l'illustre astronome se rendit à Majorque, dans le but de poursuivre ses travaux sur la mesure du méridien terrestre. Comme il faisait allumer des feux pour son usage sur un mont élevé qui domine Bellver, les habitants de Palma, fort intrigués d'abord, s'imaginèrent bientôt qu'il communiquait par ce moyen avec l'escadre française, et, comme nous étions en guerre avec l'Espagne, le peuple, irrité, se dirigea vers la montagne pour le mettre à mort.

Arago, averti par un homme dévoué, descendit vers Palma. Il rencontra dans le trajet ceux qui en voulaient à sa vie ; mais comme il parlait très bien la langue du pays, il ne fut point reconnu. Tandis qu'il demandait asile et protection au commandant du bateau affecté par le gouvernement espagnol à la commission chargée de la mesure du méridien, les Majorquins apprirent qu'il s'était réfugié à bord, et les quais se couvrirent d'une foule menaçante. Le commandant, ne répondant plus de sa vie, lui donna un canot, avec lequel il gagna la côte. Il put ensuite atteindre la forteresse de Bellver, et c'est par miracle qu'il échappa aux forcenés qui le traquaient.

Après deux mois d'emprisonnement, Arago prit la fuite : une barque de pêcheurs le conduisit à Alger, où d'autres vicissitudes l'attendaient.

Le château de Bellver, construit en vue de défendre l'entrée du port de Palma, est un curieux reste de l'architecture militaire au moyen âge. Ses hautes murailles sont flanquées à l'extérieur de quatre tours et d'autant de tourelles. L'intérieur se compose d'une enceinte circulaire pourvue de deux étages et de deux galeries superposées. La galerie inférieure à plein cintre rappelle de loin les amphithéâtres romains, dit M. J.-B. Laurens ; celle de l'étage supérieur, au contraire, ressemble par ses ogives élancées et ses baies trifoliées aux plus élégants cloîtres du xve siècle.

Deux ponts relient à la forteresse la fameuse tour isolée et massive de *l'homenaje* ou de l'hommage, dans laquelle François Arago fut enfermé. Cette tour avait déjà servi de prison d'État à plusieurs personnages, parmi lesquels Jovellanos, ancien ministre de Charles IV, poète dramatique. Pendant les loisirs de sa captivité, cet illustre prisonnier écrivit les faits dont avaient été témoins ces vieilles murailles, des meurtres, des combats, des trahisons, drames mystérieux dans lesquels on retrouvait toujours des chrétiens s'égorgeant entre eux.

Ce château a été la tombe de l'infortuné général de Lacy, qui y fut fusillé.

Du haut des tours du castillo de Bellver, le coup d'œil sur la baie de Palma est admirable.

— Avant de reprendre, avec mon excellent guide et ami et señor Sellarès, la visite des beaux monuments de la ville, nous nous rendons au palais du comte de Montenegro.

Les collections qui se trouvent dans cette antique et grave demeure ont été formées par le cardinal Antonio Despuig, ami intime de Pie VI et oncle du comte.

Nous parcourons les grandes salles ornées de tableaux de presque toutes les écoles et dont quelques-uns sont des merveilles. Je garde le souvenir, entre autres, d'un Ribera représentant un saint illuminé, farouche de couleur, étrange de clarté et donnant la sensation forte d'un ancien moine espagnol visionnaire.

Nous remarquons des tapisseries, des armes, et nous montons ensuite par un étroit escalier dans l'immense salle de la bibliothèque, où le cardinal avait réuni tout ce qu'il avait pu trouver de remarquable en bibliographie dans les pays d'Espagne, d'Italie et de France. La partie relative aux arts de l'antiquité et à la numismatique est fort complète, dit-on.

C'est dans cette salle que George Sand se trouva mêlée à un accident dont elle garde la responsabilité aux yeux des Majorquins.

Dans son livre *Un Hiver à Majorque*, elle signale une découverte fort curieuse sur les origines des Bonaparte, que l'on doit à M. Tastu, mari de Mme Amable Tastu, la muse charmante.

« L'amateur de blason y trouvera encore, dit-il, un armorial où sont dessinés avec leurs couleurs les écus d'armes de la noblesse espagnole, y compris ceux des familles aragonaises, majorquines, roussillonnaises et languedociennes. Le manuscrit, qui paraît être du xvi⁰ siècle, a appartenu à la famille Dameto, alliée aux Despuig et aux Montenegro. En le feuilletant, nous y avons trouvé l'écu de la famille des *Bonapart*, d'où descendait notre grand Napoléon. » (Notes de M. Tastu.)

Visitant les ruines du couvent de Saint-Dominique à Palma, George Sand retrouva la tombe armoriée des Bonapart, dont les armoiries étaient : partie d'azur, chargé de six étoiles d'or, à six pointes, deux, deux et deux, et de gueules, au lion d'or léopardé, au chef d'or, chargé d'un aigle naissant de sable.

En 1411, Hugo Bonapart, natif de Majorque, passa dans l'île de Corse en qualité de régent ou gouverneur pour le roi Martin d'Aragon.

George Sand ajoute : « Jamais écu fut-il plus fier et plus symbolique que celui de ces chevaliers majorquins? Ce lion dans l'attitude du combat, le ciel parsemé d'étoiles d'où cherche à se dégager l'aigle prophétique, n'est-ce pas comme l'hiéroglyphe mystérieux d'une destinée peu commune? Napoléon, qui aimait la poésie des étoiles avec une sorte de superstition et qui donnait l'aigle pour blason à la France, avait-il donc connaissance de son écu majorquin, et, n'ayant pu remonter jusqu'à la source présumée des Bonapart provençaux, gardait-il le silence sur ses aïeux espagnols?... »

Les notes de M. Tastu sur les collections du comte de Montenegro continuent ainsi :

« On trouve encore dans cette bibliothèque la belle carte nautique du Majorquin Valsequa, manuscrit de 1439, chef-d'œuvre de calligraphie et de dessin topographique, sur lequel le miniaturiste a exercé son précieux travail.

« Cette carte avait appartenu à Amérie Vespuce, qui l'avait achetée fort cher, comme l'atteste une légende en écriture du temps, placée sur le dos de ladite carte : « *Questa ampla pelle di geographia fù pagata da Amerigo Vespucci CXXX ducati di oro* « *di marco.* »

« En transcrivant cette note, raconte George Sand, les cheveux me dressent à la tête, car une scène affreuse se retrace à ma pensée. Nous étions dans cette même bibliothèque de Montenegro, et le chapelain déroulait devant nous cette même carte nautique, ce monument si précieux et si rare, acheté par Amérie Vespuce 130 ducats d'or, et Dieu sait combien par l'amateur d'antiquités le cardinal Despuig,... lorsqu'un des quarante ou cinquante domestiques de la maison imagina de poser un encrier de liège sur un des coins du parchemin pour le tenir ouvert sur la table. L'encrier était plein, mais plein jusqu'aux bords!

« Le parchemin, habitué à être roulé, et poussé peut-être en cet instant par quelque malin esprit, fit un effort, un craquement, un saut, et revint sur lui-même

ESCALIER DE « BAXA ».

entraînant l'encrier, qui disparut dans le rouleau, bondissant et vainqueur de toute contrainte. Ce fut un cri général : le chapelain devint plus pâle que le parchemin.

« On déroula lentement la carte, se flattant encore d'une vaine espérance ! Hélas ! l'encrier était vide ! La carte était inondée, et les jolis petits souverains peints en miniature voguaient littéralement sur une mer plus noire que le Pont-Euxin.

« Alors chacun perdit la tête. Je crois que le chapelain s'évanouit. Les valets accoururent avec des seaux d'eau, comme s'il se fût agi d'un incendie, et, à grands coups d'éponge et de balai, se mirent à nettoyer la carte, emportant pêle-mêle rois, mers, îles et continents ! »

— Comme suite à notre visite aux collections que renferme le palais du comte de Montenegro, nous allons, quelques jours après, en excursion à l'*alqueria* (maison de campagne) de Raxa, où se trouve un musée d'antiquités appartenant au même propriétaire.

Un gigantesque micocoulier couvre de son ombre la cour d'honneur. Les membres du félibrige visitant cette demeure l'année d'avant se crurent reportés subitement dans le midi de notre France, où ces arbres ombragent des fermes qui souvent ressemblent à de vieux manoirs, et la chanson de *Magali* vint doucement passer dans leur mémoire avec le souvenir de Mireille.

La situation de l'alqueria, dans une vallée toute fleurie, couverte d'arbres fruitiers et entourée de montagnes, est charmante. Au temps des Maures son nom était Araxa. Tout auprès se trouve une propriété ayant appartenu à un Arabe illustre, Beni Atzar, dont elle porte encore le nom.

Au moment de la conquête de Majorque, le roi récompensa les services du fameux comte de Ampurias P. Ponce Hugo par le don de la propriété de Raxa. Après être passée, depuis cette époque lointaine, en plusieurs mains, elle échut aux

Despuig, illustre race des comtes de Montenegro et de Montoro, qui la possèdent à l'heure actuelle.

Le cardinal Despuig ajouta au blason de sa famille la pourpre cardinalice, l'ordre de Charles III d'Espagne, dont il fut grand-croix, et le patriarcat d'Antioche. Il acheta en Italie au peintre écossais Hamilton, qui y pratiquait des fouilles, un temple que Domitien avait élevé à Égérie, et poursuivit les travaux à ses frais. De 1767 à 1787 il eut le bonheur de découvrir la plus grande partie des sculptures précieuses qui ornent le musée actuel.

C'est dans l'alqueria de Raxa que je vis aussi la fameuse carte nautique d'Améric Vespuce sur laquelle George Sand est accusée d'avoir renversé l'encrier : elle est encadrée, protégée par un verre et accrochée au mur.

Je parcourus les jardins, je remarquai l'escalier principal, conçu dans le goût italien, décoré de statues, de vases et de fragments antiques et dont des cyprès noirs et des pins au vert sombre faisaient ressortir la blancheur.

— Lorsque je me réveillais la nuit à Palma, dans ma chambre de la fonda, souvent j'entendais de la musique dont les lointains accords m'arrivaient comme en rêve. C'était l'harmonie monotone de la guitare, sur laquelle, à intervalles éloignés, s'élevait un chant simple comme une mélopée arabe.

Plus avant dans la nuit, s'élevait la voix lointaine ou rapprochée des *serenos* ou veilleurs qui, sur la tonalité du plain-chant, faisaient entendre une mélodie vieille de plusieurs siècles. Je la transcris telle que M. J.-B. Laurens l'a notée. La première phrase de ce chant est sûrement de tradition mauresque, les mahométans commençant toujours leurs discours par une louange à Dieu.

A-la-ba-do se a Di-os las do-ce de la no-che no-bla-do

Les serenos, au nombre d'une cinquantaine environ à Palma, parcourent la ville toute la nuit, chantant les heures et signalant l'aspect du temps. Les malades et les voyageurs attardés ont recours à eux. Ils s'empressent d'aller chercher un médecin pour les premiers et aident les autres à trouver un gîte. Ils correspondent entre eux au moyen de sifflets, et, dans un cas grave, ils peuvent se trouver réunis très rapidement.

Un jour que, accompagné du maître de la *fonda de Mallorca*, je passais dans un quartier de Palma, en quête d'un changeur, je fus frappé par le type israélite pur des gens que j'apercevais sur le seuil des portes et dans les boutiques.

« Mais ce sont des juifs! m'écriai-je. — Parlez moins fort, me dit mon guide : nous sommes en effet dans le quartier juif. Ils sont devenus chrétiens, mais leur nature mercantile et rapace n'a pas changé pour cela et nous avons tous des motifs pour ne pas les blesser. Longtemps encore après leur conversion on les a obligés de dire leurs prières à haute voix, car on craignait de les voir se livrer à des blasphèmes sous une apparence de ferveur. »

Les israélites ont été horriblement maltraités à Majorque. M. Grasset de Saint-Sauveur raconte qu'il a vu dans le cloître de Saint-Dominique, détruit aujourd'hui, des peintures qui rappelaient la barbarie exercée autrefois sur eux. Chacun des malheureux qui ont été brûlés était représenté dans un tableau au bas duquel se trouvaient écrits son nom, son âge et l'époque où il fut *victimé*. « Je n'oublierai jamais, dit-il, qu'un jour, me promenant dans le cloître des dominicains, je considérais avec douleur ces tristes peintures; un moine s'approcha de moi et me fit remarquer parmi ces tableaux plusieurs d'entre eux marqués d'ossements en croix. « Ce sont, me dit-il, les portraits de ceux dont les cendres ont été exhumées et jetées au vent. » Mon sang se glaça; je sortis brusquement, le cœur navré, l'esprit frappé de cette scène.

BAINS ARABES.

« Le hasard fit tomber entre mes mains une relation, imprimée en 1755 par l'ordre de l'Inquisition, contenant les noms, surnoms, qualités et délits des malheureux « sentenciés » à Majorque depuis l'année 1645 jusqu'en 1691. Je lus en frémissant cet écrit; j'y trouvai: quatre Majorquins, dont une femme, brûlés vifs pour cause de judaïsme; trente-deux autres morts pour le même délit dans les cachots de l'Inquisition et dont les corps avaient été brûlés; trois dont les cendres ont été exhumées et jetées au vent: un Hollandais accusé de luthéranisme; un Majorquin, de mahométisme; six Portugais, dont une femme, et sept Majorquins prévenus de judaïsme, brûlés en effigie, ayant eu le bonheur de s'échapper. Je comptai deux cent seize autres victimes, Majorquins et étrangers accusés de judaïsme, d'hérésie ou de mahométisme, sortis des prisons après s'être rétractés publiquement et remis dans le sein de l'Église.

« Cet affreux catalogue était clôturé par un arrêt de l'Inquisition non moins horrible. »

Quoique les Arabes aient occupé l'île de Majorque pendant plus de quatre cents ans, il reste peu de traces des constructions qu'ils ont dû élever aux Baléares.

Je remarquai seulement le porche de l'église des Templiers et, dans un jardin particulier, une salle de bains d'une ravissante architecture, mais complètement dégradée. La forme de cette salle est carrée; une coupole soutenue par douze colonnes la surmonte. Leurs archivoltes sont à cintre rentrant comme celles de presque tous les monuments arabes, et les chapiteaux n'offrent dans leurs ornements rien d'analogue à ceux de l'art grec, romain ou chrétien.

Les anciennes demeures des chevaliers majorquins m'intéressaient beaucoup, et je me plaisais à les visiter en compagnie de Sellarès. Deux cours intérieures

« PATIO SOLLERICH. »

(*patios*) surtout m'ont paru extrêmement belles, ce sont celles des palais Olezza et Sollerich.

M. J.-B. Laurens, qui fut longtemps associé aux travaux artistiques de M. Taylor sur les vieux monuments de France, a écrit ses impressions d'un voyage d'art à Majorque. Après avoir constaté combien les formes de la Renaissance se sont prolongées dans ce pays, il décrit, avec sa grande compétence, les maisons de Palma que j'ai visitées après lui. « Il suffit de pénétrer, dit-il, dans le vestibule des maisons des nobles et des bourgeois, si nombreuses dans la cité majorquine, pour reconnaître partout des traces d'un goût remarquable.

« Je n'ai point vu dans Palma de maisons dont la date parût fort ancienne; les plus intéressantes par leur architecture appartiennent toutes au commencement du XVIe siècle, mais l'art gracieux et brillant de cette époque ne s'y montre pas sous la même forme qu'en France.

« Ces maisons n'ont au-dessus du rez-de-chaussée qu'un étage et un grenier très bas. L'entrée dans la rue consiste en une porte à plein cintre sans aucun ornement; le jour pénètre dans les grandes salles du premier étage à travers de hautes fenêtres divisées par des colonnes excessivement effilées qui leur donnent une apparence entièrement arabe. Ce caractère est si prononcé qu'on pourrait croire qu'elles ont

« PATIO OLEZZA. »

été enlevées à quelques-uns de ces palais mauresques vraiment féeriques dont l'Alhambra de Grenade reste comme un des types les plus admirables.

« Je n'ai rencontré que là des colonnes qui, avec une hauteur de six pieds, n'ont qu'un diamètre de 3 pouces; la finesse du marbre dont elles sont faites, le goût du chapiteau qui les surmonte, tout cela m'avait fait supposer une origine arabe.

« Quoi qu'il en soit, l'aspect de ces fenêtres est aussi joli qu'original. Le grenier qui constitue l'étage supérieur est une galerie ou plutôt une suite de fenêtres rapprochées et copiées exactement sur celles qui forment le couronnement du monument de la Lonja.

« Enfin un toit fort avancé, soutenu d'ordinaire par des poutres artistement ciselées, préserve cet étage de la pluie et du soleil et produit des effets piquants de lumière par les longues ombres qu'il projette sur la maison et par l'opposition de la masse brune de la charpente avec les tons brillants du ciel toujours pur.

« L'escalier, travaillé avec un grand goût, est placé dans une cour au centre de la maison et séparé de l'entrée sur la rue par un vestibule où l'on remarque le plus souvent des pilastres dont le chapiteau est orné de feuillages sculptés ou de quelque blason supporté par des anges.

« Pendant plus d'un siècle encore après la Renaissance, les Majorquins ont mis un grand luxe dans la construction de leurs habitations particulières.

« Tout en suivant la même distribution, ils ont apporté dans les vestibules et dans les escaliers les changements de goût que l'architecture selon Vignole devait amener; ainsi on trouve partout la colonne toscane ou ionienne, des rampes, des balustrades donnant toujours une apparence somptueuse aux demeures de l'aristocratie très nombreuse qui vit tranquillement de ses rentes à Palma. »

VIEILLE MAJORQUINE.

PAYSAGE DE SOLLER.

CHAPITRE II

LES OLIVIERS MONSTRES. — LA CHARTREUSE DE VALLDEMOSA. — SOUVENIRS DE GEORGE SAND ET DE CHOPIN. — L'*hospederia*. — MIRAMAR. — L'ARCHIDUC LOUIS SALVATOR. — UNE CÔTE ENCHANTÉE. — LA *Foradada*. — LE JARDIN DES HESPÉRIDES. — SOLLER.

A MIRAMAR.

JE pars pour Valldemosa et Miramar. Une galera est à la porte. Il est sept heures du matin et nous touchons au mois de novembre. L'air est frais, un soleil radieux borde de bandes d'or les hautes murailles de la ville.

Nous traversons des rues silencieuses encore, car on se lève tard à Palma, et nous sortons par une porte fortifiée opposée à la mer. La route est belle, s'enfonçant toute blanche dans la plaine indécise et poudreuse qui s'étend devant nous jusqu'au loin vers une chaîne de montagnes qu'on aperçoit à travers les forêts d'amandiers.

D'un rose pâle dans les lumières, ces monts diaphanes colorent leurs ravines d'un azur si transparent qu'on se demande en les voyant si l'on n'est point le jouet d'un mirage.

A mesure que nous avançons et que le soleil éclaire davantage leurs mamelons dénudés, les ombres s'affirment plus nettes, indiquant bien les pentes et les falaises rocheuses.

Parfois le long de la route se dressent de blanches maisons sur lesquelles des palmiers se penchent, versant une ombre bleue, tandis que des lignes d'un rouge vif ou de couleur d'or viennent rayer leur façade. On dirait même souvent que des draperies de pourpre recouvrent une partie de leurs murs. Ce sont des piments à la couleur ardente, enfilés comme les grains des chapelets; ils sèchent à l'air, entremêlés d'énormes grappes de maïs.

Ces maisons sont celles des *payesos*; elles sont habituellement composées de deux étages avec un toit plat dont le rebord avance en auvent et au-dessous duquel est une galerie percée à jour où se suspendent les lourds festons de pourpre et d'or qui leur donnent cet éclat singulier qui frappe de loin les yeux.

Souvent le cactus ou nopal aux grandes raquettes épineuses se hérisse en forme de haie autour de ces maisons, ou bien, passant par-dessus des murailles éclatantes qui bordent le chemin, semble tendre des fruits jaunissants ou de feu, selon leur degré de maturité.

La plaine a l'aspect d'un immense verger. Sous les amandiers, des Majorquins, labourant avec un attelage de mules, jettent au vent du matin les notes sauvages de quelque antique *malagueña*.

Par instants se rencontrent de grands réservoirs, pleins d'eau, reflétant le ciel bleu, liés entre eux par tout un système de canaux dont la création remonte aux Arabes.

Des orangers au feuillage d'un vert intense, aux fruits dorés, des grenadiers où les rubis semblent ruisseler des grenades entr'ouvertes, réjouissent les yeux; des figuiers au tronc argenté, aux branches tordues et entremêlées, privées de feuilles, montrent encore des figues d'arrière-saison : figues de chrétien, comme on les nomme à Majorque par opposition aux figues du cactus, appelées *higos de Moro*, figues de Maure.

Après deux heures et demie environ de voyage, au grand trot des mules, nous arrivons à la région montagneuse. Insensiblement alors, la route quitte la campagne enflammée, s'engage dans des ondulations et pénètre dans une gorge profonde.

Les habitations deviennent rares, mais des buissons et des fleurs charmantes ne cessent d'égayer le chemin : j'aperçois le câprier, le myrte, le cytise, le *stepa blanca* à la fleur étoilée, et les jolies fleurettes nommées ici *lagrimas*.

Les amandiers disparaissent et sont remplacés par l'olivier.

Ces arbres, très vieux, pères nourriciers de Majorque et que l'on dit plantés par

LES OLIVIERS MONSTRES.

« CARTUJA DE VALLDEMOSA ».

les Maures, prennent des formes vraiment fantastiques. La plupart montrent un tronc énorme terminé brusquement par de grêles plumets. D'autres s'enroulent sur eux-mêmes comme une vrille gigantesque, ou, pareils à des serpents démesurés, luttent corps à corps. Certains sont des monstres hideux avec des pattes géantes et des figures grimaçantes, enlaidies de loupes et d'excroissances sans nom. Quelques-uns semblent courir comme affolés ; des racines se menacent du poing, se tordent douloureusement ou se battent, tandis que des troncs pourvus de gros visages réjouis d'un rire d'insensés dansent convulsivement en rond une danse macabre.

À chaque instant le conducteur arrête ses mules pour me faire remarquer ces phénomènes, qui l'amusent beaucoup lui-même. Je retrouve ces formes étranges que Gustave Doré me semblait avoir empruntées à quelque douloureux cauchemar et que son génie avait devinées.

Je les revis plus tard aux lueurs de la lune,... ces oliviers monstres, dressant vaguement dans la nuit leurs formes spectrales, et malgré moi je frissonnai, car ils paraissaient se mouvoir, tandis que la brise nocturne parlait comme à voix basse dans les feuilles froissées et que des semblants de regards luisaient à travers les ténèbres.

Lorsqu'on pénètre dans la montagne, j'ai dit que c'est par une gorge. Celle-ci s'étrangle tout à coup, et de hauts sommets se dressent de chaque côté du chemin.

Un ruisseau murmure à travers les roches qui obstruent son lit resserré ; on entend le bruit de l'eau sans presque l'apercevoir.

L'hiver, après les pluies, ce doux gazouillement est remplacé par des grondements sonores, et cet endroit, de riant qu'il était, devient sauvage.

Nous passons à côté de massifs verts formant comme des bois sacrés en certains creux mystérieux et sombres. Nous gravissons une pente raide, laissant vers la gauche une haute montagne couverte d'épaisses verdures qui descendent en moutonnant vers sa base, tandis que la cime est crénelée de roches.

Valldemosa, véritable jardin printanier, avec sa Chartreuse (*Cartuja*) au joli clocheton peint de brillantes couleurs, ses maisons blanches, ses cyprès noirs, ses hauts palmiers, apparaît subitement dans la splendeur de sa situation admirable, étalant sur les pentes ensoleillées ses colorations joyeuses et les richesses de sa végétation.

Une cinquantaine de religieux habitaient autrefois le monastère. Les étrangers ou les passants pouvaient s'y arrêter pendant trois jours et trois nuits, durant lesquels ils étaient logés et nourris aux frais de la communauté ; un corps de bâtiments était même spécialement affecté à cet usage ; nous retrouverons cette touchante coutume pratiquée encore actuellement en plusieurs points de l'île.

Le roi don Sanche fit construire ce château fort, devenu par la suite un monastère, et y résida longtemps. Les faucons qu'on y élevait étaient renommés. Un édit de don Pedro, du 15 décembre 1375, assurait la garde de la fauconnerie de Valldemosa. Plus tard le roi don Martin donna la forteresse au P. don Pedro Solanes pour y établir un monastère de Chartreux, qui exista jusqu'en 1835, époque où furent supprimées à Majorque les maisons religieuses. On y voyait encore à ce moment des quantités d'*espingardas* ou grandes arquebuses et de petits faucons. Le village est la patrie de la *beata Catalina Tomas*, dont le corps est conservé dans l'église Santa Magdalena de Palma, où elle fut religieuse, et son territoire recèle des carrières de marbre précieux.

C'est dans la Chartreuse abandonnée de Valldemosa que George Sand et Chopin s'abritèrent un hiver.

Et tandis que les grandes pluies fouettaient les vitres et que le vent pleurait dans les sombres galeries du monastère en ruines, le musicien, malade du mal qui devait bientôt l'emporter, notait les belles harmonies si tristes et si douces qui passaient dans son âme, et l'écrivain composait *Spiridion*, livre ténébreux, plein de senteurs d'orage et de philosophie troublante.

La mauvaise fortune les poursuivit dans ce site admirable, et les Majorquins furent peu charitables pour eux ; mais, comme compensation à leurs douleurs, des journées radieuses se levèrent, et la nature étala sous leurs yeux des merveilles dont ils demeurèrent éblouis.

Ils y passèrent tout un hiver, et le souvenir de leurs grandes figures ne s'est même pas conservé à Valldemosa.

Je demandai vainement à voir les cellules qu'ils avaient habitées : personne ne put me renseigner, personne même parmi les plus âgés de l'endroit ne se souvenait de les avoir vus. — Et cette petite Perica de Pier-Bruno, dont George Sand parlait avec une douce émotion, où était-elle? Bien vieille sans doute et sans mémoire, ou morte plus probablement.... J'appris plus tard que le piano de l'harmonieux et doux compositeur est conservé religieusement par un habitant de Palma.

De cette Chartreuse on plonge dans l'espace. Vers le midi, les montagnes se déroulent jusqu'à la plaine ardente où se distinguent tout au loin dans l'immensité lumineuse un point brillant, Palma, et, comme un miroitement de lame d'épée, la mer. Au nord, au contraire, celle-ci est toute voisine, et par certaines journées on peut en entendre les sourds mugissements.

Aux dernières maisons de Valldemosa nous atteignons un col, et la route s'engage alors à travers des champs cultivés, parsemés d'oliviers aux troncs géants.

Puis, bientôt, le coup d'œil devient subitement féerique : la vaste mer s'étale au loin, tandis que devant nous les grands bois l'encadrent d'une sorte de berceau velouté.

Nous sommes dans la partie la plus pittoresque de l'île, sur la côte du nord, celle qui offre réuni ce

LA CÔTE DU NORD.

que la végétation et les aspects de Majorque ont de plus caractéristique.

Au-dessus de l'*hospederia*, sorte d'auberge gratuite que l'archiduc d'Autriche Louis Salvator entretient de ses deniers pour abriter les passants et les voyageurs, se trouve l'ermitage, où vous reçoit un moine au visage farouche. Tels on se figure ceux du moyen âge, émaciés par les privations, consumés par l'ardeur de leur croyance, mais rudes à tous les combats. Aucune autre rumeur que celle de la mer et du vent par les jours sombres, ou le battement d'ailes de quelque oiseau de proie, ne vient troubler le silence de ce lieu solitaire.

Après avoir quitté l'hospederia, la route continue à suivre les flancs de la montagne sur une corniche élevée, et ce chemin merveilleux mène à Miramar.

Miramar est la demeure favorite de l'archiduc. Sa situation est remarquable : il s'assied sur une roche énorme surplombant la mer, qui étale au-dessous, mais bien bas — à une profondeur qui épouvante, — ses flots azurés.

La côte est dentelée, rocheuse, pleine de déchirures croulantes, de précipices et d'escarpements : *escarpada y horrorosa sin abrigo ni resguardo*, dit Miguel de Vargas.

Ces rivages, hérissés de grandes roches perpendiculaires de couleur sanglante — d'où les pins tortueux, échevelés, éperdus, s'élancent et demeurent comme effrayés par l'abîme sur lequel ils sont en quelque sorte suspendus, — assistent à des tempêtes effroyables. Bien des navires ont sombré dans ces parages redoutables, sans qu'une seule épave soit venue raconter l'horreur de leur disparition.

Par cette belle et tiède journée d'hiver, l'air est embaumé d'effluves marins et de parfums d'herbes aromatiques, le soleil dore les cimes des chênes et des pins, les hautes bruyères balancent doucement leurs tiges toutes fleuries, les oiseaux chantent dans les bois épais, des brumes d'or passent lentement sur le ciel bleu, caressant le front des montagnes, la mer sommeille silencieuse sous l'azur et noie au loin sa ligne vaporeuse, dans l'éblouissante immensité.

Miramar est une oasis dans ce désert au milieu des falaises abruptes qui dressent leurs sommets flamboyants jusqu'aux nuages.

L'archiduc Salvator était absent ; je devais le voir le lendemain, ainsi que m'y invitait un mot charmant que j'avais reçu de lui. Mais j'avais le loisir de visiter sa demeure, où j'admirai longuement une collection de majoliques d'une grande beauté, des plats de Savone, quelques armes, des luminaires à becs dans le goût mauresque, des aiguières ciselées, des lits majorquins à colonnes torses magnifiques, des coffrets délicats et enfin des cabinets de marqueterie précieuse.

Lorsque je quittai les appartements, j'eus comme un éblouissement de soleil : au-dessus des terrasses qui semblent planer toutes blanches sur l'immensité, les palmiers secouaient doucement leurs chevelures aux douces haleines des brises, les orangers et les citronniers ployaient sous le poids de leurs fruits d'or. La cloche de la chapelle tintait doucement. Tout auprès les restes du cloître de Ramon Lull élevaient leurs fines colonnettes dans la verdure et les fleurs.

La quiétude de l'heure, l'ombre transparente qui baignait tout cet escarpement du nord, les ruissellements de rayons vermeils dans les gorges, me captivèrent longtemps.

ENTRÉE DE MIRAMAR.

L'archiduc a voulu conserver à cette nature toute sa poésie et toute son horreur ; des sentiers capricieux ont été creusés dans la roche vive, ou sur les pentes ombreuses, pour arrêter les regards tantôt sur l'abîme qui va s'anéantir dans la mer, tantôt sur des côtes lointaines : il a voulu charmer et terrifier à la fois.

Mais que personne ne touche aux branches mortes qui demeurent tordues et blanchissantes dans les arbres, ou brisées sur les pentes. Possesseur de grandes forêts, il achète le bois dont il fait usage : l'arbre ici vivra et s'effondrera dans sa vieillesse, et ses racines mortes ramperont encore comme des tronçons de serpent, la roche chenue demeurera telle que l'ont faite les siècles, les mousses reverdiront sans cesse sur ses vives arêtes, et l'hiver, lorsque le vent grince, que la mer brise ses flots retentissants contre les falaises ébranlées et meurtries, les rochers continueront à s'écrouler dans les ravines avec un bruit formidable.

Cette nature est l'objet de toutes les tendresses et de toutes les fureurs de la mer. De l'hospederia on descend à grands lacets à travers les anfractuosités, dans des escaliers de roche ; la plupart du temps c'est un paradis ombreux, où chantent doucement des sources profondes ; des miradors bâtis sur les crêtes laissent voir à vos pieds l'immense nappe bleue, des falaises droites, des pins silencieux et noirs, des anses dévorées, des caps rugueux, des roches ardentes, de sombres escarpements ; au-dessus se dresse la montagne sauvage, et tout en haut rayonne le ciel étincelant.

Le soleil déclinait à l'horizon et empourprait les cimes, tandis qu'à travers les sentiers capricieux je remontais des profondeurs déjà obscures vers l'hospederia des voyageurs.

Là, vous qui passez, vous pouvez vous asseoir.

Par une touchante coutume, pratiquée encore, m'a-t-on dit, en Terre Sainte, vous y trouverez une table recouverte d'une nappe blanche, des assiettes fleuries, le verre, la cuillère et la fourchette de bois, de l'eau fraîche, du sel, des olives, le lit, l'huile et le feu, choses indispensables. Le soir, un antique luminaire de cuivre à plusieurs becs vous donnera par ses mèches, baignées d'huile, une étrange clarté.

Vous entrerez, et les femmes chargées de veiller à cette hospitalité et à ce logis vous recevront souriantes, empressées, et mèneront votre mule à la crèche ou votre voiture à la remise.

On fera cuire au pauvre dans l'huile bouillante les oignons et les piments qu'il apportera dans sa besace et qu'il mangera avec son pain bis. D'autres, plus heureux, pourront donner une volaille à rôtir. Mais le coucher sera égal pour tous : des draps bien blancs toujours, des couvertures chaudes et moelleuses en hiver.

Vous pourrez profiter du gîte et du foyer durant trois jours et trois nuits, et, ce temps écoulé, vous devrez, qui que vous soyez, céder la place à d'autres.

Et vous partirez, comme je fis moi-même, recevant les souhaits les plus heureux pour la continuation de votre voyage, emportant un souvenir ému de cette hospitalité des temps antiques.

Mais ne vous permettez jamais d'offrir de l'argent pour récompenser les services rendus : vous subiriez un refus, car tout est absolument donné.

Quelle grandeur et quelle noblesse dans ces mœurs, et aussi quel enseignement pour nos pays qui se piquent d'être très civilisés et où le pauvre et le voyageur errent souvent sans abri et ne peuvent s'asseoir à aucun foyer !

Avant de gagner ma chambre, je suis invité à suivre un homme de la maison muni d'une lanterne. La nuit est sans lune, le ciel criblé d'étoiles. Dans un chemin tortueux, bordé d'arbres aux troncs convulsés, il me précède sans prononcer une parole.

Après quelques instants de marche dans le sentier, nous gravissons une roche et nous atteignons un petit plateau, sorte de mirador bordé de parapets.

« Regardez, señor », dit simplement mon guide.

Je me penche. Un chaos effrayant de roches et d'arbres frissonnants, dont j'entrevois vaguement les contours, forme la falaise, qui va s'anéantir dans des profondeurs vertigineuses. Bien bas, à une distance que je ne puis apprécier, mais qui doit être considérable, la mer se devine. Sur la gauche, la côte, hérissée de silhouettes farouches, se poursuit jusque tout au loin dans la nuit, où clignote une lueur : le phare de la Dragonera.

Ce spectacle est plein de grandeur, d'étrangeté et presque d'horreur. Je le considère longuement. Je remercie mon guide et nous rentrons.

On dort d'un bon sommeil à l'hospederia, silencieuse et solitaire, surtout quand la journée de la veille s'est passée à dévaler dans les précipices et à escalader les hauteurs abruptes.

Le soleil était levé depuis longtemps lorsque je m'éveillai. J'avais hâte pourtant de revoir la mer, les bois, et de respirer cette atmosphère pleine des senteurs sauvages de la sierra et des âpres brises du large.

Ma promenade matinale m'amena vers l'escarpement sur lequel se dresse la tour de Valldemosa. Des veilleurs habitaient encore cette tour de guet, il y a quelques années.

Les incursions des pirates barbaresques avaient rendu ces constructions nécessaires sur tous les rivages de la Méditerranée, qui s'y trouvaient sans cesse exposés depuis la défaite de Charles-Quint, dont l'Europe entière se ressentit durant plus de trois siècles. Tous les promontoires de Majorque en sont hérissés.

Les corsaires inspiraient la plus grande terreur, et surtout ceux d'Alger, les plus féroces de tous. La France, à l'occasion de faits que tout le monde connaît, détruisit enfin le repaire de brigands au seuil duquel avait échoué trois fois la fortune de Charles-Quint.

L'invention des feux qui permettaient de communiquer la nuit par leur lueur, et le jour au moyen de la fumée, non seulement avec les tours d'observation de l'île, mais aussi avec Ibitza, Cabrera et la Dragonera, est due à un astronome majorquin. On pouvait par eux connaître toutes les nuits le nombre des navires ou des barques passant près des côtes, leur direction et leur provenance.

Arrivé devant la tour de Valldemosa, je m'assieds sur une roche tigrée de mousses; à travers les feuilles encore humides de la rosée du matin, j'aperçois la mer, elle est doucement frissonnante et des milliers d'étincelles diamantent sa surface jusqu'à l'infini.

Le silence est troublé seulement de temps à autre par le vol des sauterelles à travers les herbes sèches, par le bourdonnement musical d'un insecte, par un cri d'oiseau ou par quelque lézard s'aventurant hors de son trou.

Dans le recueillement de cette nature, ma pensée évoque les siècles écoulés où ces rivages, si calmes, étaient sans cesse témoins de scènes meurtrières, où les habitants de cette île, paisibles et doux, vivaient dans des transes continuelles, où cette mer qui les protège en quelque sorte aujourd'hui était au contraire alors une menace constante pour leur repos.

LA PETITE ANSE DE L' « ESTACA ».

En considérant la tour de Valldemosa, je vois le guetteur allumant ses feux nocturnes qui correspondent depuis la pointe del cavall Bernat, par tous les caps et toutes les cimes, jusqu'à la Dragonera, la cala Figuera et celle del Señal, introduisant l'alarme dans Palma, tandis qu'à la partie opposée, des feux correspondent par Soller, appelant, depuis la Mola de Tuent, l'attention de Pollensa et mettant en éveil la baie solitaire d'Alcudia et le cap de Pera.

A ces lueurs sinistres la ville s'agite. J'entends le murmure lointain de l'appel aux armes, tandis que les cloches tintent un glas qui porte au loin l'épouvante dans le silence de la nuit.

« *Moros, Moros en la mar !...* (Les Maures, les Maures sur la mer !...) »

J'éloigne cette vision et j'ouvre mes yeux tout grands. Le soleil brille et des gouttes de lumière semblent tomber des arbres, les oiseaux chantent, et comme un accompagnement à ce doux concert, la voix mourante de la mer monte à travers le fond des verdures.

Mais je ne puis m'attarder davantage : l'archiduc est rentré, j'ai le plus vif désir de voir ce prince artiste, dont j'ai entendu vanter la modestie et la simplicité, et qui occupe ses loisirs à écrire et à illustrer des livres qui resteront comme des merveilles, tels les volumes consacrés aux Baléares, véritable monument élevé à ce pays, les voyages à Axos, Antipaxos et Hobart, aux îles Lipari, et ce livre délicat et doux, traduit en français et publié chez Ollendorf : *Feuilles volantes d'Abazia*.

Je m'achemine donc vers Miramar, par la belle route que j'avais suivie la veille.

Tandis que j'approche de l'habitation, un vieux serviteur s'avance, pour me dire que le prince m'attend à l'Estaca, maison de plaisance, située presque au bord de la mer et qu'une petite demi-heure à pied suffit pour atteindre. La descente est tellement rapide que les montures auraient peine à l'effectuer.

« J'ai ordre de vous accompagner », ajoute le serviteur, et nous voilà bientôt tous deux, prenant le sentier merveilleux qui se poursuit tantôt sous de beaux ombrages, tantôt sous des falaises, mais toujours côtoyant l'immensité. Voici l'Estaca.... Le soleil baigne de rayons d'or cette demeure blanche, tandis que, plus bas, les flots murmurent doucement dans la petite anse, où des cabanes de pêcheurs dorment au soleil, au milieu de rochers, dont la base trempe dans l'eau miroitante.

L'archiduc me réservait un accueil charmant. C'était un artiste, presque un ami, qui me recevait, tant il était simple et gracieusement empressé.

Quelques instants après, nous étions à table, en compagnie de l'administrateur général de ses domaines, le recteur de l'institut de Palma, don Francisco Manuel de los Herreros, et d'un señor de Ciudadella qui était venu passer quelques jours à Miramar.

Avant de quitter Paris, j'avais lu un très intéressant récit de M. Donnadieu, du voyage que venait de faire le félibrige à Majorque, et j'avais été frappé des détails qu'il contient sur les premières relations de l'archiduc Salvator avec le vénérable recteur.

C'était en mer, il y a vingt ans environ. L'archiduc, frappé par la mort d'une princesse aimée, mort bien cruelle, puisqu'elle fut, je crois, brûlée vive au moment où il allait l'épouser, cherchait un soulagement, sinon un oubli à ses douleurs. Il parcourut incognito l'Espagne, troublée gravement alors par ses dissensions, et s'embarqua pour Majorque. A bord il rencontra le señor Manuel de los Herreros,

LA «SURUHADA».

dont l'esprit étendu et les profondes connaissances le frappèrent : il en fit son ami en même temps que l'administrateur des domaines dont il devint possesseur.

L'archiduc n'avait jamais songé à se rendre acquéreur du territoire considérable qu'il possède actuellement sur cette côte superbe.

Il avait simplement choisi Miramar et les terrains entourant cette habitation, séduit par le recueillement des ombrages séculaires, par le charme étrange de cette nature que la main de l'homme avait toujours épargnée, et enfin par la grandeur des spectacles présentés à toute heure par la mer.

Dès le principe il avait recommandé à ses serviteurs et à ses employés de respecter les oliviers, les pins, les chênes antiques, magnifiques dans leurs tournures pittoresques et leurs haillons d'écorce.

LE CHEMIN DE LA MER.

Mais un jour les oiseaux, qui ne cessaient de gazouiller joyeusement, se turent, tandis que les coups retentissants d'une cognée ébranlèrent les alentours, se répercutant au loin dans la profondeur des bois.

Dans une propriété attenant à Miramar, un Majorquin abattait un arbre centenaire : c'était son droit. Pour arrêter ce vandalisme, l'archiduc acheta fort cher la propriété tout entière du paysan.

Quelques jours après, le même fait se reproduisait du côté opposé : l'archiduc achetait encore. Puis un moment vint où, ces libéralités étant connues, le prince ne pouvait le matin ouvrir sa croisée sans entendre les cognées s'acharner aux vieux arbres.

C'est ainsi que, presque sans le vouloir, il consacra plusieurs millions aux beautés de cette côte et au repos de grands arbres qui meurent lentement de vieillesse, penchés sur les flots.

Le déjeuner fut charmant, tour à tour enjoué et sérieux, et la conversation se fit en castillan, en majorquin et en français, car le prince s'exprime fort bien dans notre langue, que parle également le recteur Herreros.

Mais un souvenir inoubliable aussi, c'est celui de la mer stagnante, dans l'immensité étalée devant nous, tandis que des pigeons demi-sauvages passaient comme des fleurs blanchissantes qui se seraient effeuillées dans un océan d'azur.

Des montures étaient prêtes, et après déjeuner nous les enfourchons pour nous rendre à Son Masroig, habitation du secrétaire particulier de l'archiduc, en suivant un chemin creusé dans la falaise. Cette route est admirable et je doute qu'il y en ait une plus belle au monde. Par endroits, c'est un sentier charmant, ombragé de pins, de chênes verts, de lentisques et d'arbustes odorants. Puis on suit la côte désolée où les vagues se brisent en masses bruyantes sur d'énormes blocs, tandis que le rivage s'élève tout droit vers le ciel à une hauteur vertigineuse, hérissé de roches, plein d'écroulements, de torrents de pierres, où se tordent des racines géantes, tandis que les arbres se penchent tout tremblants sous la brise marine.

Par endroits il a été nécessaire de daller ce chemin pour ne pas le voir enlevé par la violence des flots aux jours de tempête.

Un promontoire avance tout à coup dans la mer, sorte de monstre rouge, percé d'une ouverture béante de dimension démesurée, sous l'arceau de laquelle l'aigle de mer a bâti son nid. C'est la *Foredada* (Roche Trouée).

A partir de ce point, le chemin s'engage à travers la falaise par une sorte d'escalier de pierres, et la pente est si raide que nos bêtes ont peine à la gravir. On monte longtemps ainsi à pic, par petits lacets, et peu à peu les blocs de rochers du bord de l'eau s'amoindrissent à tel point qu'on dirait des cailloux ; parvenus plus haut encore, il nous semble que la Foredada s'écrase dans la mer comme, sur une carte géographique, un promontoire dont les contours seraient simplement lavés d'une teinte bleue.

Nous arrivons sur un plateau où nous disparaissons bientôt sous des oliviers, et nous quittons nos montures devant la porte de Son Masroig.

Des enfants à la longue chevelure blonde, au visage clair et rose, accourent au-devant du prince, qui les embrasse avec effusion. Ce sont les fils de son secrétaire.

Nous nous reposons un instant dans l'ombre tiède, et je fais mes adieux à l'archiduc, qui doit rentrer auprès de ses hôtes, qu'il a quittés pour m'accompagner.

« Restez, me disait-il, je mets à votre disposition mes demeures ; choisissez comme habitation celle qui vous plaira : vous me ferez le plus vif plaisir en acceptant mon offre cordiale. »

Touché d'un accueil si sympathique, je remercie le prince avec effusion, et je monte dans la galera qui doit m'emmener à Deá et à Soller, tandis que de jolies travailleuses, coiffées de grands chapeaux de paille, passent en chantant dans le chemin.

La route se poursuit sur une corniche élevée et toujours longeant la mer, qu'elle domine d'une grande hauteur; puis elle tourne à droite, et s'enfonce dans les terres par la vallée de Deá.

Le paysage est changé; tout indique ici que les habitants sont très laborieux, car ils ont dû conquérir leurs champs sur le rocher.

Les maisons de Deá sont disséminées dans le fond de la vallée ou sur les versants, entourées de frondaisons épaisses et de jardins riants.

Du sommet des montagnes aux flancs rapides, les eaux descendent et se répandent à travers les cultures, apportant l'abondance et la fraîcheur. L'église, isolée sur une colline, occupe le centre du val.

La mer ne s'aperçoit plus maintenant, et si les oranges jaunissantes n'éclataient dans les verts feuillages, si le palmier ne balançait aux brises ses hauts panaches ondoyants, si enfin l'olivier n'alignait ses masses en sillons cendrés, je me croirais transporté en face d'un joli village perdu au fond de nos Pyrénées.

...Deá n'est plus dans mon esprit qu'une vision de fraîcheur et de calme, lorsque tout à coup, d'une hauteur où nous sommes arrivés, je vois s'ouvrir comme une conque précieuse la vallée de Soller, entourée d'une chaîne de montagnes élevées. Les mamelons inférieurs et la plaine sont couverts de verdure aux teintes variées, et un suave parfum, sans cesse exhalé, monte des profondeurs de ces immenses jardins.

A partir de la descente, ce ne sont que terre-pleins ou plutôt escaliers gigantesques qui s'étagent jusqu'au fond du val, plantés de rangées d'oliviers et de vergers charmants.

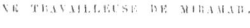
UNE TRAVAILLEUSE DE MIRAMAR.

Les néfliers, les citronniers, les pommiers, les palmiers, les amandiers, les bananiers, les cerisiers, les figuiers, les pêchers et les abricotiers se confondent et se perdent dans l'océan d'orangers qui couvrent entièrement la plaine.

C'est le jardin des Hespérides.

M. J.-B. Laurens rapporte qu'il y a vu des arbres portant jusqu'à deux mille cinq cents oranges. Il fit couper à une treille une grappe de raisins qui pesait vingt-deux livres.

Les maisons blanches de Soller brillent dans la verdure, égayant encore les bocages de la vallée.

On croit généralement que l'île de Majorque est couverte d'orangers. Un marin même, ayant commandé des paquebots faisant le service entre Marseille et l'Algérie, m'avait dit que, passant dans ces parages, il avait senti leur parfum à plus de vingt milles en mer. Effet d'imagination sans doute.

Les Baléares et principalement Majorque produisent peu d'oranges. Seule la région de Soller en exporte une assez grande quantité, exportation bien diminuée, du reste, depuis qu'une maladie a atteint les arbres et a réduit de plus de moitié leur production.

Un torrent traverse la bourgade de Soller, pierreux, encaissé, bordé de murailles qui garantissent les maisons lorsque, aux jours d'orage ou pendant les pluies d'hiver, il se précipite grondant et furieux, roulant des roches, arrachant les arbres, qu'il emporte avec lui dans ses flots jaunis.

L'ombre montait lentement sur le flanc des montagnes, et l'immense cirque dont Soller forme en quelque sorte le centre était déjà noyé dans le crépuscule, tandis que par la route en lacets la galera descendait rapidement. Lorsque nous pénétrâmes dans la ville, les derniers rayons, comme un reflet de fournaise, rougissaient les cimes du Puig major d'en Torella, la plus haute montagne de l'île, qui s'élève à environ 1500 mètres. Quelques quinquets clairsemés, tremblotant sous la brise, avaient la prétention d'éclairer les rues assombries.

UN COIN DE SOLLER.

J'étais fatigué par cette journée où tant de merveilles avaient frappé mes yeux constamment éblouis, et je dormais à moitié, les coudes sur la table, en dînant à la fonda de Mousso.

Le lendemain, dès le matin, je me dirigeai vers le port : une heure et demie environ de promenade me suffit pour y arriver. Ce port, entouré de collines escarpées, ressemble à un vaste étang. Il n'a d'autre communication avec la vallée que le pittoresque chemin que je venais de suivre, et une étroite passe située au nord le relie à la mer.

Les eaux tranquilles reflètent comme un miroir un castel en ruines et quelques autres constructions.

Les montagnes, les gorges, les précipices, sont recouverts d'une végétation épaisse, et, sur les sommets, les arbustes verdoient. Par les vents du nord et d'ouest cependant les flots déchaînés pénètrent dans le port.

UN « PAGÈS » ET SA FEMME.

Aucune habitation ne peuplait la solitude poétique de ce lieu, lorsqu'en 1232 y aborda le roi don Jayme.

C'est ici, rapporte la tradition, que san Ramon de Peñafort se jeta à la mer sur son manteau pour passer en Catalogne, fuyant le roi, qui, sourd à ses conseils, continuait à vivre en concubinage avec doña Berneguela.

Don Jayme donna ordre à tous les bateaux de ne plus embarquer ni religieux ni moines. Le saint domina le pouvoir humain par la seule force de sa foi, « avec laquelle on peut tout », ajoute le chroniqueur espagnol auquel j'ai emprunté cette légende.

Les rivages de Barcelone se couvrirent de gens qui accoururent voir celui que l'esprit de Dieu faisait nager sur les eaux.

Les marins de Soller montrent le rocher sur lequel se tenait san Ramon de Peñafort pendant qu'il invoquait l'aide du ciel. On a même construit là une chapelle, fréquentée dévotement par les navigateurs.

En 1398, les Majorquines et les femmes de Valence organisèrent une armée navale, qu'on appela l'*armée sainte*, dans le but de délivrer la Méditerranée des corsaires maures. Au mois de mai 1561, les pirates attaquèrent Soller, et, grâce au courage et à l'énergie de deux femmes, Françoise et Catherine Casanovas, ils furent repoussés. En souvenir de cet exploit a lieu chaque année, à cette époque, une fête nautique appelée *la Festa de las valentas doñas*, « la Fête des vaillantes femmes ».

Un certain nombre de barques se rangent d'un côté du port, elles sont montées par ceux qui représentent les chrétiens ; alignée du côté opposé est une sorte de flotte mauresque. A un signal donné, les embarcations s'avancent les unes contre les autres, et font le simulacre d'un combat, tandis que des coups de fusil bien nourris sont tirés de toutes parts. Finalement, les Maures, bien entendu, sont mis en déroute aux acclamations bruyantes de la foule.

Je fis le lendemain une charmante promenade sur la route qui relie Soller à Palma et, par des lacets infinis, arrive au sommet d'un col élevé. Ce chemin suit un torrent dont le lit blanchissant, aride, semé de blocs de rochers, est constamment ombragé par des oliviers au feuillage pâle. Les parties lustrées des feuilles, frappées par le soleil, scintillent d'éclats métalliques, auxquels les orangers mêlent le ton éclatant de leurs fruits d'or. Parfois un chêne vert au robuste branchage, au tronc noueux et sombre, passe par-dessus le torrent comme un immense arceau. Les oiseaux chantent en voletant de branche en branche, dans la fraîcheur du ravin à la blancheur étrange, qui, vu à travers les oliviers cendrés, donne l'impression d'un paysage idéal, à la végétation impalpable.

Soller est une des villes les plus importantes de Majorque. Sa population dépasse 8000 âmes. Ses femmes jouissent d'une grande réputation de beauté, et les hommes ont, paraît-il, une facilité remarquable pour improviser et versifier en dialecte majorquin. On m'a dit que les meilleurs avocats des Baléares étaient originaires de Soller.

C'est à Soller que, pour la première fois, je vis l'antique costume majorquin. La plupart des hommes qui le portaient étaient âgés, de belle taille, d'une physionomie pleine d'énergie et de douceur à la fois.

Ils ressemblaient ainsi vêtus à des Grecs modernes. Les dimanches et les jours de fête, ils ajoutent à leur costume un chapeau à grandes ailes et un manteau en drap grossier à longues manches.

Tous ceux qui ne sont pas *pagesos* endossent notre complet, que couronne un petit chapeau rond ; souvent une ceinture entoure leur taille.

Les femmes, avec leurs yeux noirs, leurs sourcils épais et leur teint doré, justifient leur réputation de beauté. Les traits de leur visage sont réguliers, et leur marque distinctive est le calme de la physionomie.

Quant à leur costume, il est charmant : un jupon, un tablier court, un corsage noir à manches s'arrêtant au coude, sur lequel se replie une bande de la chemise, retenue par des boutons de verroterie de couleurs vives. Leur coiffure est formée par le *rebosillo*, sorte de guimpe monacale, laissant voir entièrement le cou, un peu de poitrine et le contour des épaules, dont l'ensemble est si gracieux.

L'ERMITE DE MIRAMAR.

LE TORRENT DE POLLENSA.

CHAPITRE III

DE PALMA A POLLENSA. — INCA ET LES MAJOLIQUES. — POLLENSA. — LE *campo santo*. — DON SEBASTIAN. — LE *castillo dels reys*. — DANSES MAJORQUINES ET *malaguenas*. — LES CANÉPHORES DE POLLENSA. — LE SANCTUAIRE DE LLUCH. — « ADIOS, PIRATA ! »

LE « REBOSILLO ».

Un chemin de fer minuscule traverse la plus grande partie de l'île, et une bifurcation établie à Enpalme permet de se diriger vers l'est jusqu'à Manacor.

Un jour, à Palma, où j'étais revenu, je pris place dans ce train, dont la vitesse est extrêmement modérée et qui s'arrête à un nombre infini de stations. Je dois rendre justice à l'extrême courtoisie des employés. Le vérificateur, par exemple, n'entre jamais dans le compartiment sans saluer les voyageurs et sans remercier après qu'on lui a présenté les billets. Ils apportent tous, du reste, une grande obligeance à renseigner, et l'étranger principalement est l'objet de leurs attentions.

Je retrouve les forêts d'amandiers. Ce ne sont plus nos amandiers de France, petits et grêles, mais de beaux et grands arbres à la ramure puissante, élevée.

J'imagine que le printemps à Majorque doit être merveilleux à voir dans ces plaines toutes fleuries où le rose et le blanc des arbres en fleur éclatent sous le ciel bleu dans l'immensité des verdures qui frissonnent sous les brises comme les vagues de la mer.

Au nord-ouest se poursuit toujours la grande chaîne de montagnes qui borde la côte jusqu'au cap Formentor, superbe, dénudée, sanglante, avec des cimes perdues dans l'azur.

Vers la base, à l'endroit où les mamelons inférieurs viennent s'évanouir dans la plaine, la montagne est boisée et mouchetée de maisons blanches; çà et là, dans les hauteurs, s'accrochent d'anciens sanctuaires ruinés.

Nous passons à Benisalem, ville fondée en 1300, entourée de riches vignobles très renommés et de jardins fruitiers. La population dépasse 3 000 âmes. L'église est bâtie en marbre et en jaspe, tiré de carrières voisines. On exploite sur son territoire des mines de lignite. Dans la cure on peut admirer un beau reliquaire gothique.

Sur le penchant d'une colline s'étage la petite ville de Lloseta, que dominent les hautes cimes escarpées de la sierra du Nord. Des médailles et autres objets phéniciens, carthaginois et romains, découverts dans ses environs, font admettre qu'elle est de très antique origine.

Puis c'est Ynca, une des plus importantes villes de Majorque, peuplée de 6 000 habitants. Les ailes blanches des moulins à vent s'agitent sans cesse sur les mamelons voisins, et de grands palmiers s'élèvent entre les clôtures. Dans l'ancienne église paroissiale, située sur une hauteur, transformée à l'heure actuelle en couvent de religieuses, est le corps d'une nonne célèbre par sa sainteté et ses vertus; son cadavre, malgré les longues années écoulées, s'est conservé tel qu'au moment où elle rendit l'âme.

La ville d'Ynca fut le grand centre de fabrication des faïences hispano-mauresques.

« Le type principal apparaît éclatant, au musée de Cluny, dit M. Jacquemart, dans un plat aux armes de la ville d'Ynca. Ce plat, vivement doré, porte dans sa bordure des caractères gothiques déformés et incompris, copiés évidemment sur l'inscription habituelle de Valence : *In principio erat verbum*; seulement ici l'artiste, copiant au hasard, a répété le mot EVBAM pour *verbum*. » Nous trouvons la même inscription déformée et rétrograde sur un charmant hanap du musée du Louvre; les motifs ornementaux sont principalement des palmettes à détails légers rappelant les fougères, des rinceaux terminés par une fleur radiée, et d'autres fleurs voisines de celles de Valence ou plutôt à étamines disposées en pyramide. Le plat de Cluny, le hanap du Louvre et beaucoup d'autres pièces classées dans les collections ne sont point antérieurs au xv⁰ siècle ; une plaque ornée de la Sainte-Face, d'un dessin tout primitif, est plus ancienne et à reflets moins vifs ; mais nous ne connaissons aucune pièce purement mauresque et qu'on puisse croire antérieure à la conquête.

La fabrication de Majorque a dû être considérable ; ses relations commerciales étaient fort étendues, puisque, dès le xiv⁰ siècle, neuf cents navires, dont quelques-uns portaient jusqu'à quatre cents tonneaux, sortaient de ses ports. Il n'est donc pas étonnant que le nom de Majorque, le plus répandu parmi les nations voisines, ait été considéré par beaucoup d'écrivains comme l'origine de l'appellation des terres émaillées italiennes. J.-C. Scaliger, qui écrivait dans la première moitié du xvi⁰ siècle, vante les vases qui se faisaient de son temps aux îles Baléares, et les compare aux porcelaines de Chine, dont il les considère comme une imitation, de telle sorte, dit-il, qu' « il est difficile de distinguer les fausses des vraies ; les imitations des îles Baléares ne leur sont inférieures ni pour la forme ni pour l'éclat ; elles les surpassent même pour l'élégance, et l'on dit qu'il nous en arrive de si parfaites qu'on les préfère aux plus belles vaisselles d'étain. Nous les appelons *majolica*, en changeant une lettre du nom des îles Baléares, où, assure-t-on, se font les plus belles. »

Le dictionnaire de la Crusca est plus explicite encore : définissant le mot *majolica*, il dit que la poterie est ainsi nommée de l'île Majorque, où l'on commença à la fabriquer.

Il est bien certain que les faïences des Baléares étaient les plus nombreuses, sinon les plus anciennes, et que Majorque n'était pas le seul centre de cette fabrication ; en 1787 Vargas s'exprime ainsi :

« Il est bien regrettable qu'Ivica ait cessé de fabriquer ses fameux vases de faïence, destinés non seulement à être exportés, mais encore à alimenter la consommation locale. »

Nous arrivons à la station de la Puebla ; le chemin de fer ne va pas plus loin, mais un service de voitures publiques est organisé pour desservir Pollensa et Alcudia.

La Puebla est un grand bourg, ou plutôt une petite ville de 4 000 habitants étalée dans la plaine. Les rues en sont droites, symétriques, ennuyeuses et poudreuses, s'ouvrant à peu près toutes sur la campagne monotone, de sorte qu'en les prenant on peut voir à l'autre bout un horizon nu et très bas, excepté vers le nord, où les dentelures éloignées de la montagne viennent rompre ces lignes désespérément rigides de rues et de fonds. Puis des moulins à vent aux grandes ailes, tantôt décharnées comme de grands squelettes, tantôt recouvertes d'une toile blanche, tranchent sur l'implacable ciel bleu et animent les airs.

Les églises que je visitai sont d'un style médiocre et extrêmement sombres. Les maisons, comme dans la plupart des bourgs et villages de Majorque, ont un faux air arabe. On cultive beaucoup le chanvre autour de la Puebla, mais le voisinage de l'*albufera* rend la région insalubre.

La population est toujours hospitalière et bienveillante. Comme je regardais curieusement dans le *patio* de certaines maisons par la grande porte cintrée qui en forme l'entrée, les habitants parfois s'avançaient, m'invitant à pénétrer dans l'intérieur pour m'y reposer, et m'offraient des rafraîchissements. Et lorsque je me levais pour partir, ces braves gens me disaient : « Demeurez encore avec nous, señor ; il fait chaud dehors et nous avons grand plaisir à vous voir dans notre maison. De quel pays êtes-vous ? — De Paris, répondais-je. — Comme c'est loin !... On dit que c'est une bien belle et bien immense cité, où certaines rues ont deux lieues de longueur. »

« Le langage majorquin, dit avec raison George Sand, a pour les étrangers une sonorité doucement mélodieuse, qui charme surtout dans la bouche des femmes, dont la voix a beaucoup de fraîcheur. Les paroles d'adieu qu'on entend à tout instant de la journée sont comme des phrases musicales. Une Majorquine à laquelle on parle ne vous quitte jamais sans vous dire suivant l'heure : « *Bon dia tengua !* » (Ayez un bon jour). « *Bona tarde tengua !* » (Ayez une bonne soirée). « *Bona nit tengua ! Es meu cô ne basta per li di : adios !* » (Ayez une bonne nuit ! Mon cœur ne suffit pas à vous dire : adieu !) »

Les habitants des Baléares parlent l'ancienne langue romane limosine, et non le catalan, comme on le croit généralement, mais ces deux langages ont beaucoup d'affinités. De toutes les langues romanes, la majorquine est celle qui s'est le plus préservée de toute variation.

Le gracieux patois de Montpellier offre beaucoup d'analogie avec le majorquin.

— L'heure de partir pour Pollensa est venue ; je monte sur une voiture légère, dans le coupé, qui est en plein air et où l'on s'assied à côté du conducteur ; à l'intérieur, quelques Majorquins prennent place, mes bagages sous leurs pieds. Une mule mène le tout.

« *Vamos* », dit le conducteur ; et nous voilà partis lentement ; rien ne presse ici, nous arriverons bien !

Les oliviers recommencent à border la route et à s'étendre au loin, aussi sauvages et tourmentés que ceux que j'avais rencontrés vers Valldemosa. D'énormes chênes verts, au feuillage métallique, viennent rompre la monotonie de ces masses cendrées, et parfois leurs branches, s'avançant sur la route, forment au-dessus de nos têtes comme de beaux portiques cachés à demi sous des berceaux épais.

Les oiseaux nous égayent de leurs chants joyeux et viennent souvent tout à côté de nous, comme pour se faire mieux entendre. De hautes bruyères, d'un rose délicat, s'élèvent entre les rochers. Plus loin, de chaque côté, s'étagent des collines pelées où planent les vautours. Voici une montée ; la mule se met au pas; des nuées de moustiques nous dévorent, et ce n'est qu'en agitant sans cesse nos mouchoirs que nous échappons un peu à leurs piqûres. A la descente, le trot de la mule les gêne et ils nous quittent, pour recommencer à nous persécuter à la montée suivante.

Il est nuit lorsque nous arrivons à Pollensa : les rues sont obscures, étroites, tortueuses ; la plupart des habitants portent le costume que j'avais remarqué à Soller ; les seules lanternes que nous trouvons allumées de loin en loin dans les carrefours servent à éclairer des madones ou des saints dans leurs niches grillées.

Pourtant on arrive à la fonda. Les serviteurs s'empressent, l'hôte accourt, l'hôtesse, charmante et souriante, est tout aux soins des arrivants.

Dans la grande salle du bas, des Majorquins boivent de l'anisette, et plusieurs jouent de la

PONT ROMAIN A POLLENSA.

guitare. Je prends le plus grand plaisir à les écouter tandis qu'on prépare le repas.

Après le dîner, où l'on me sert des tourds, qui passent en grand nombre à cette saison au cap Formentor, je me dirige vers l'église voisine de la fonda. Sous la nef immense, des femmes et des hommes à genoux tiennent chacun un cierge allumé à la main; l'église est sombre, seul un catafalque vaguement éclairé se dresse devant l'autel, tandis que des prêtres, que je ne puis voir, psalmodient dans les tribunes les chants des morts. Ce spectacle et ces chants pleins d'horreurs funèbres sont faits pour impressionner les assistants.

— Ce matin, promenade sur les bords du torrent de Pollensa, que traverse un pont romain d'un joli caractère. Le lit du rocheux et clair torrent est parfois ombragé par de grands caroubiers noirs; des laveuses fort occupées s'abritent sous leur ombre opaque. Le vent du nord souffle avec violence, nous n'aurons pas de poisson aujourd'hui, les barques ne prendront pas la mer, d'ailleurs les pêcheurs sont convaincus que s'ils jettent leurs filets le jour de la Toussaint ils les retireront avec peine, car ils seront pleins d'ossements humains. Cette seule idée les épouvante, et aucun d'eux n'oserait tenter l'aventure.

Pollensa est une des plus anciennes villes de Majorque ; l'aspect extérieur de la plupart des maisons le témoigne. Son territoire fut occupé jadis par une colonie romaine.

Au milieu de la nuit j'avais été réveillé par un orage épouvantable ; jamais je n'avais entendu un pareil fracas de la foudre ; la pluie était tombée à torrents. Mais, dans la journée, le sol était devenu complètement sec ; seul le vent du nord persistait, chassant de gros nuages. Dans l'après-midi le ciel était pur. Je me dirige vers un calvaire situé au sud-ouest de la ville, sur une hauteur. De ce point, où se trouvent deux miradors, l'œil aperçoit quatre fois la mer et, tout au loin, les côtes perdues de l'île Minorque.

Je visite au retour la Casa consistorial, et dans un coin de la salle des archives je remarque de fort belles armures et des fusils de rempart. Cet édifice fut autrefois un couvent de jésuites ; une ancienne église qui ne sert plus au culte en fait partie. Mais partout le délabrement est complet : les murs tombent en ruines, et les immenses salles du premier étage sont abandonnées.

J'aperçois d'une haute fenêtre la baie et tout au loin les hauteurs du cap Formentor. La prison toute voisine est occupée par quatre gamins, qui s'empressent d'accourir vers les grilles aussitôt qu'on ouvre la première porte : on les a trouvés errants dans les environs, et l'alcade s'occupe de rechercher leurs familles. En attendant on les tient captifs.

La Fête des Morts dure plusieurs jours aux Baléares ; aujourd'hui c'est la visite au cimetière, et j'en prends le chemin à la suite des femmes vêtues de noir, le chapelet à la main, la tête voilée, des hommes portant le costume national, des fillettes, des enfants, tous graves, silencieux, recueillis.

— Au campo santo. Rien ne rappelle ici nos cimetières de France, d'un aspect luxueux et presque souriant dans les villes, et souvent d'un si grand charme mélancolique dans nos campagnes. Pas un monument dressé sur la terre, pas une grille, pas une couronne, point de fleurs, mais un espace nu, planté par endroits de cyprès sombres et entouré de murs austères. Sur ces murs, de place en place, des chiffres : ces chiffres indiquent les sépultures.

Devant la muraille de Jérusalem, les Juifs attristés récitent debout leurs prières. Au campo santo de Pollensa les femmes en deuil, agenouillées sur la terre, s'abîment dans leur douleur et arrosent de larmes brûlantes le sol aride, sans qu'aucun objet extérieur vienne parler à leur âme.

Pour honorer les défunts, le Jour des Morts seulement, des lanternes noires, surmontées d'une petite croix, sont posées de loin en loin au long des murs sur des bancs noirs où se dessinent un crâne et des ossements.

Le soleil frappait de ses derniers rayons rougeâtres les murailles devant lesquelles fumaient ces étranges luminaires dont la flamme jaune se tordait sous le vent, tandis que l'ombre mouvante des cyprès flottait sur elles comme de grands voiles de deuil.

Une sorte de procession farouche faisait le tour du campo santo; des femmes vêtues de noir passaient lentement, tête baissée, semblables à des spectres, psalmodiant un chant funèbre que les courtes et subites rafales du vent semblaient éloigner ou rapprocher tour à tour. De temps en temps la larmoyante psalmodie se taisait; les femmes se prosternaient sur le sol, la face tournée vers la muraille. De nombreux oiseaux blottis sous les bosquets voisins, éveillés par les chants funèbres, faisaient entendre un gazouillement contenu qui mêlait des accents doucement joyeux aux soupirs et aux sanglots qui emplissaient le sombre cimetière.

Le soir, les jeunes gens que j'avais écoutés chanter la veille, reconnaissants sans doute du plaisir que j'avais témoigné éprouver, vinrent avec leurs guitares à la fonda faire un peu de musique. Ils chantèrent, tantôt à l'unisson, tantôt en parties différentes, des *habaneras* et des *jotas* nationales. Dans cette grande salle à peine éclairée, ces chants un peu primitifs avaient un caractère prononcé de mélancolie sauvage. Un moment, brusquement les chanteurs se turent : un tintement de clochette s'était fait entendre, le viatique passait sous nos fenêtres.

Il était dit que tout devait être mortuaire dans cette journée. Avant dîner, attiré dans la rue par des chants religieux fortement accentués, j'avais vu, à la lueur de gigantesques torches, des prêtres se diriger d'un pas rapide vers le haut de la ville. Il faut tout voir en voyage : je les suivis. Un homme vêtu d'un ample surplis les précédait portant une immense croix. Ils allaient chercher un mort. Arrivés à la maison du défunt, ils s'arrêtèrent sans cesser leurs chants. Le cercueil parut, porté à bras d'hommes, suivi de parents et d'amis. Le cortège s'organisa vivement et reprit le chemin déjà suivi. Les prêtres chantaient toujours, et la famille unissait à leurs chants ses gémissements et ses sanglots haletants, car le cortège marchait d'une rapidité inusitée, courant presque. Le vent fouettait les surplis, qui flottaient comme de grandes ailes; il secouait et allongeait démesurément la flamme des torches, faisant vaciller la croix et chanceler le porteur. Dans ces ruelles sombres, sous ces lueurs rouges, ce fantastique cortège aux voix formidables, aux allures désordonnées, avait une apparence surnaturelle. C'était comme une sombre légende en action, une troupe de maudits balayés par le vent de la colère céleste ou poussés par le souffle de Satan.

C'était, en prosaïque réalité, un pauvre mort que l'on portait dans la salle d'attente du cimetière, où il doit passer cette nuit à visage découvert, en compagnie de deux gardiens. Demain soir, s'il ne s'éveille pas, on le scellera dans le mur que nous connaissons. C'est une précaution contre les inhumations anticipées.

Un prêtre de Pollensa est venu me voir. C'est l'homme le plus charmant qu'on puisse rencontrer. Il fait de la peinture à ses moments perdus et aussi de la photographie, mais c'est surtout un esprit très large et un admirateur de la nature. Don Sebastian m'a proposé une excursion vers le cap Formentor, aux *calas* (criques) de San Vicente et de Molins. Après le déjeuner, deux mules et un guide sont devant la porte de la fonda, et bientôt nous chevauchons tous deux sur des peaux de mouton en guise de selle. Le chemin est ravissant et souvent ombragé. Nous traversons des torrents pierreux venant de la chaîne de montagnes qui borde la côte nord de Majorque. Assez pourvus d'eau en ce moment, on les voit souvent presque à sec en plein été. Au cœur de l'hiver, parfois, à la suite de quelque orage, ils grossissent démesurément et exercent des ravages. On ne peut rencontrer de plus joli sentier que celui que nous suivons. J'en ai déjà vu plusieurs qui lui ressemblent et j'ai essayé de les décrire, mais ces oiseaux plein les branches, ces amandiers en fleur, ces figuiers encore chargés de fruits, ces grenades entr'ouvertes laissant échapper leurs grains couleur de rubis, en novembre, me paraissent toujours une rare nouveauté.

RUE DE POLLENSA.

Nous suivons encore la montagne, âpre, dénudée, muraille de roches grises sans verdure, et dont les ombres bleues marquent nettement les arêtes vives. Après une heure et demie de chemin environ, nous respirons l'air vif de la mer, et les falaises lointaines apparaissent dentelées, éclatantes et d'une grande hauteur. Une ancienne tour de guet se dresse sur un roc, entre les calas de San Vicente et de Molins. Un torrent aboutit à cette dernière et forme une belle chute. Les vagues déferlaient ce jour-là et par instants se mêlaient à la cascade, de telle sorte qu'il devenait parfois difficile de distinguer ses eaux de celles de la mer dans le chaos écumant.

Dans la cala de San Vicente s'abritent quelques pauvres cabanes de pêcheurs. La petite plage est bordée de grandes roches ; seul un étroit chenal permet le passage

AU CAMPO SANTO DE POLLENSA.

aux barques. De toutes parts s'élèvent des blocs énormes, sur lesquels les vagues se brisent avec fracas.

Des éboulements formidables se produisent parfois sous le choc violent des flots. Nous touchons aux parages les plus dangereux de ces mers redoutées.

Les côtes sont hérissées de pics dénudés et la mer est couverte de récifs. Les vents du nord et de l'ouest battent en plein les falaises. Que de navires sont venus se briser dans ce désert ou disparaître dans ces abîmes !

Au nord de Pollensa se dresse toujours la chaîne de montagnes qui va mourir au cap Formentor, après avoir entouré Majorque d'un immense demi-cercle, qui l'abrite des vents. Ces monts, qui de Valldemosa à Lluch et même plus près encore, renferment tant de sites charmants, de bois épais pleins de fraîcheur et de mystère, s'élèvent ici nus, arides, grisâtres, dans une majesté farouche.

Vers la base, dans les ravines où courent, à tra-

CASCADE DE LA « CALA DE MOLINS ».

vers les roches, des ruisseaux jaseurs, la verdure se montre encore, et le caroubier au puissant feuillage accroche ses troncs robustes dans le sol ardent ; les oiseaux chanteurs semblent se plaire dans ces lieux retirés, dont rarement les pâtres même viennent troubler la solitude.

Des cascades tombent parfois du haut des rochers, et l'une d'elles, connue sous le nom de *font de Fartaritx*, a la propriété singulière de couler avec abondance en plein été, alors que les sources sont taries, tandis qu'elle est totalement à sec en hiver.

C'est dans ce massif désolé et sur la cime d'un mont que s'élèvent les ruines d'une ancienne forteresse, nommée dans le pays Castillo dels Reys. Le sentier qui y mène est âpre, pierreux, et disparaît bientôt, à travers des roches effritées, dans un maquis de broussailles et de palmiers nains. La vue des ruines grandioses qui se dressent sur un roc presque inaccessible repose des fatigues du chemin.

La fondation du Castillo se perd dans l'obscurité des temps. Certains auteurs affirment qu'il existait déjà sous la domination romaine; il est avéré que les Sarrasins le considéraient comme une forteresse imprenable. Les Maures montagnards, ayant à leur tête le chef Xuayp, se réfugièrent dans ce château, après la conquête de la capitale par le roi don Jayme.

« CASTILLO DELS REYS ».

Quand, en 1285, don Alonso de Aragon vint usurper le royaume de son oncle don Jayme II, les seigneurs, fidèles à leur roi légitime, y trouvèrent un abri.

En 1343, alors que Palma, les châteaux et les villages de Majorque avaient juré soumission, obéissance et vasselage à don Pedro IV, l'étendard de don Jayme III flottait encore fièrement au sommet de son donjon.

Le Castillo dels Reys fut le dernier asile de la légitimité, et tout le pouvoir du gouverneur Arnaldo de Eril se brisa longtemps devant ses hautes murailles, aujourd'hui démantelées, envahies par les ronces, et que les vents du large émiettent chaque jour.

Mais il fallut en finir: une expédition longuement préparée sortit enfin de Palma, prenant la route de terre, tandis que les machines de guerre arrivaient par mer. Après trois mois de siège et de résistance héroïque, les soldats de don Jayme, affamés, sans secours, sans espoir, finirent par se rendre aux mains des Aragonais.

Le paysage vu de ce sommet est empreint de grandeur. De toutes parts et jusqu'à l'horizon se succèdent des monts fauves, dénudés, coupés par des abîmes. La grandeur des luttes passées, les souffrances héroïques de ces derniers fidèles mourant pour leur roi, ce sol aride, cette solitude désolée où l'on n'entend que les sifflements du vent dans les vieilles murailles et les grondements de la mer prochaine laissent dans l'esprit un souvenir poétique et amer.

A Pollensa la charmante hôtesse Magdalena avait remarqué que je passais des heures entières à écouter les joueurs de guitare dans la salle basse de la fonda, où ils se tenaient habituellement. Souvent même, l'auberge devenue vide, un homme demeurait seul dans un coin obscur, berçant lentement ses rêveries par de vagues accords, s'interrompant pour marmonner une plainte lente. Puis il se taisait. On n'entendait plus alors que le froissement sourd des cordes, le pas de quelque mulet, résonnant sur le pavé de la calle del Viento, les plaintes de la brise dans les couloirs ou un tintement de cloches lointaines.

Je me laissais envahir par le charme des modulations vagues, des bruits confus du dehors, flottant comme des souffles dans le crépuscule de la salle, et des rêves se mettaient à flotter aussi dans ma pensée.

L'hôtesse supposait que, pris d'ennui, je songeais à la France, dont l'éloignement m'attristait.

Dans le but de me distraire, elle organisa une sorte de fête, où furent invités les plus délicats musiciens de Pollensa et les plus fines danseuses. Il se fit de grands préparatifs dans la journée; une immense salle, débarrassée de ses meubles et garnie de chaises tout au long des murs, devint une salle de concert.

CASCADE SUR LE CHEMIN.

Le soir venu, des jeunes gens munis de leurs guitares arrivèrent, ainsi que des jeunes filles parées de leurs plus beaux vêtements et accompagnées de leurs familles.

Lorsque les côtés de la salle furent occupés par les spectateurs, que les couloirs même se trouvèrent encombrés de monde, deux guitares et un violon exécutèrent une brillante ouverture, dont le thème était formé par les airs les plus populaires de Majorque.

Une toute jeune fille et un garçon, les castagnettes aux doigts, dansèrent ensuite une *jota* charmante, au son des guitares et au bruit assourdissant des castagnettes que les danseuses au repos faisaient claquer sans trêve. Cette danse majorquine n'avait ni le brio ni le côté voluptueux des *jotas* espagnoles, mais elle était d'un caractère primitif et d'une naïveté charmante.

Rien n'a pu faire supposer qu'il ait existé à Majorque une littérature nationale complète, comme nous l'avions en France avant Ronsard, et qui comprenait des poèmes historiques, chevaleresques, allégoriques, comme le roman de la *Rose*, fabliaux, noëls, contes; mais la poésie légère, composée de chansons et de ballades, se retrouve tout entière chez les montagnards de Majorque.

Ces poésies, appelées *malagueñas*, sont chantées d'habitude. Elles ont parfois la fraîcheur et la naïveté de nos chansons du douzième siècle, mais elles se distinguent surtout par l'énergie de leur expression. Toutes sont en assonances dans le goût espagnol et musicalement rythmées.

J'en recueillis quelques fragments ce soir-là. On peut les entendre partout, le vent les apporte dans la montagne solitaire, sur les flots de la mer, à travers les routes poudreuses, échos de chants de bergers, de pêcheurs, de muletiers qui passent. Le soir, aux veillées, elles bruissent dans le patio crépusculaire, accompagnées par le grincement d'une guitare. Ces poésies dégagent comme une soif mélancolique d'idéal, une tristesse de vivre, une manière dramatique de sentir l'amour, une poésie sombre.

MALAGUEÑAS

Yo no sé qué tienen, madre,
Las flores del campo santo,
Cuando las menea el viento
Parece que están llorando....

Á un sabio le pregunté
De qué mal me moriría,
Y me dijo : « Del querer! »
Serrana, que te tenia!...

Si la sangre se vendiera
Yo fuera rico y tú pobre,
Sacaria de tus venas
La que á mí me corresponde....

Si quieres ver si te quiero?
Pinchame un poco una vena
Y verás salir mi sangre
Podrida de pasar pena....

Voici la traduction presque littérale de ces quatre couplets :

Je ne sais ce qu'ont, mère,
Les fleurs du cimetière,
Lorsque le vent les agite,
On dirait qu'elles se mettent à pleurer....

Je demandai à un savant
De quel mal je mourrais,
Et il me dit : « Du mal d'amour! »
Femme, je t'aimais déjà!...

Si le sang se vendait,
Que je fusse riche et toi pauvre,
J'arracherais de tes veines
Celui de ton sang qui correspond au mien....

Veux-tu voir si je t'aime?
Essaye donc de m'ouvrir une veine
Et tu verras sortir mon sang
Pourri par la souffrance....

Puis une pensée charmante :

Una estrella se ha perdido
En el cielo y no parece;
En tu cara se ha metido
Y en tu frente resplandece.

Une étoile s'est perdue
Dans le ciel et ne paraît plus;
En toi, chère, elle s'est mise
Et elle resplendit sur ton front.

DANSES MAJORQUINES ET MALAGUEÑAS.

VIEILLES CHANSONS DE POLLENSA

Voguant par les mers nuit et jour
Sur mon fragile et rapide esquif,
Je vais, tout en écoutant le choc et les sifflements du vent,
Chercher une plage étrangère où je puisse vivre sans aimer.

Loin de toi, je pourrai t'oublier !
Je ne te verrai plus qu'en songe
Dans la douce paix et le calme de l'âme.
N'aimant plus, je serai heureux.

Là-bas, à la rue du Palmier,
Auprès de la maison portant le numéro deux,
Là-bas vivait celle que j'adorais,
Celle que mon cœur adorait.

Quand tu sortiras de l'oratoire,
Descends alors une marche de l'escalier,
Mon adorée, pour que je puisse te regarder
Depuis la pointe des pieds jusqu'à la main.

Cette soirée à Pollensa fut charmante, et ce n'est qu'à une heure avancée de la nuit que les musiciens s'en allèrent, me laissant sous le charme des chants anciens, des danses gracieuses, de la poésie récitée et des attentions dont j'avais été l'objet.

— Je me plais infiniment à Pollensa, et toute la journée je demeure dehors à observer ; tantôt ce sont les femmes et les jeunes filles que je vois se rendant à l'église avec leur pliant historié au bras et le chapelet aux doigts, puis je visite le marché, très animé et pourvu admirablement. Des tas d'énormes courges, des grenades, des figues, des choux d'une grosseur invraisemblable et des quantités de piments couleur de feu s'y entassent. Par les rues diaphanes, vaguent des truies avec leurs pourceaux noirs. Je pensais involontairement à George Sand et à ce qu'elle eut à souffrir de ces animaux qui formaient le chargement du navire qui la ramena sur le continent après qu'elle eut passé l'hiver à Valldemosa.

A travers cette foule de gens et de bêtes, des muletiers vont crânement, le poing sur la hanche et la cigarette aux lèvres, sans s'inquiéter si les mules écrasent les passants.

Il existe à Pollensa deux fontaines et je me plais à voir les femmes puiser l'eau. Elles ont une façon fort gracieuse de porter la cruche antique sur la hanche.

L'extrême politesse des habitants à l'égard des étrangers est chose à remarquer dans ce pays; ils saluent toujours en ôtant leur chapeau; les enfants eux-mêmes sont polis et avenants.

J'en vois beaucoup, de tout petits, qui portent leurs jeunes frères. Ils n'ont pour vêtement qu'une courte chemise jusqu'à l'âge de sept ans. L'hiver même, lorsque souffle avec une violence extrême le vent du nord, chargé du froid de nos régions, ces enfants sont pieds nus et aussi peu couverts. Ceux qui résistent — car je crois que beaucoup succombent — deviennent des hommes très vigoureux.

Tandis que je me promène un jour à travers la foule, sur le marché et les rues avoisinantes, la maîtresse de la fonda vient me dire qu'on va danser le bolero et la jota sur une petite place isolée où des jeunes gens et des jeunes filles se sont réunis. Je me hâte de la suivre et j'ai bientôt sous les yeux le spectacle charmant d'une danse en plein soleil, les guitareros assis sur des pans de murailles écroulées.

Après déjeuner l'aimable prêtre don Sebastian arrive pour m'accompagner au Puig, que nous avions convenu d'aller visiter.

Le Puig est une montagne isolée, rocheuse, qui s'élève auprès du village.

Je n'avais pas voulu de monture pour cette ascension, imaginant être bientôt arrivé. Il nous fallut bien une heure et demie sous un soleil ardent pour en atteindre le sommet.

Le sentier montueux est pavé de pierres peu nivelées la plupart du temps et qui deviennent très glissantes lorsqu'elles forment même un chemin suffisant.

Nous arrivons enfin à une forteresse crénelée d'un grand caractère. Depuis un moment une cloche tintait tout là-haut. Don Sebastian me dit qu'elle annonce notre venue. La construction massive est considérable : c'est bien en effet une forteresse, mais convertie plus tard en couvent, et transformée aujourd'hui en hospederia.

La ville de Pollensa entretient là des gardiens chargés de recevoir les voyageurs. Comme chez l'archiduc à Miramar, on trouve ici l'huile, le feu et le gîte, et l'on peut séjourner durant trois jours. Le gardien descend au village de temps à

LES CANÉPHORES DE POLLENSA.

autre et va de porte en porte avec une énorme boîte suspendue au cou dans laquelle il recueille les offrandes des habitants.

Cette hospederia est en même temps un pèlerinage, et la Vierge du Puig, sculptée en pierre, couronnée de grands diadèmes, a fait bien des miracles, ainsi qu'en témoignent les *ex-voto* suspendus aux murs et même des fers de prisonniers emmenés sans doute par les pirates, et revenus plus tard de captivité.

SORTIE DE L'ÉGLISE.

Les pieds de la Vierge reluisent, tant ils ont été baisés par des lèvres pieuses. Don Sebastian s'agenouilla devant elle, pria quelques instants avec ferveur et glissa une offrande dans un tronc dissimulé dans le socle. « Je viens aussi de prier pour vous, ami », me dit-il, et un doux sourire passa sur ses lèvres.

Le bon prêtre ne croyait pas avoir assez fait encore en accompagnant le voyageur dans ses courses, en devenant son cicérone, en se tenant à sa disposition à toutes les heures avec ses serviteurs et ses montures, il priait encore pour lui !

Quels touchants souvenirs on garde de ces amitiés nées en un jour, de ces lumineux visages qui vous ont éclairé un instant le cœur !

Les cuisines de l'hospederia sont bien curieuses à voir avec leurs chaudrons gigantesques, leurs cuillères à pot colossales et autres ustensiles de dimensions démesurées qui semblent destinés aux noces de Gamache. Aux jours de pèlerinage il faut nourrir et abreuver la foule et cet outillage extraordinaire est réservé pour ces circonstances. C'est qu'ils sont nombreux les pèlerins, et ce n'est point une petite affaire de contenter leur appétit singulièrement excité par le voyage et l'air vif de ce sommet.

Le panorama dont on jouit des terrasses du Puig est merveilleux. On voit s'étaler devant soi la moitié de l'île, et vers la mer, tout au loin, à l'horizon, s'aperçoivent les silhouettes bleuâtres de l'île Minorque.

A la base du Puig une vaste plaine borde les baies de Pollensa et d'Alcudia. Les anciens appelaient la première *Portus Minor*, pour la distinguer de celle d'Alcudia, qu'ils nommaient *Portus Major*.

Ces mouillages offrent par leur étendue un asile de toute sûreté aux grands navires. Lors de l'expédition contre Mahon, sous le commandement de Richelieu, l'escadre et le convoi espagnols étaient mouillés dans la baie d'Alcudia, tandis que celle de Pollensa était occupée par les Anglais.

— Entre Pollensa et Soller, au milieu d'un massif montagneux, se blottit le sanctuaire vénéré de Nuestra Señora de Lluch. On m'a raconté sur ses origines la légende suivante. Il y aura bientôt cinq cents ans qu'un jeune berger, un de ceux qui demeurèrent esclaves après la conquête de Majorque, vaguant dans ces parages au crépuscule, vit soudain une lumière éblouissante surgir à travers des blocs de rochers. D'abord la frayeur le cloua sur place; mais, la lueur s'affaiblissant, il s'approcha pour se rendre compte du prodige et aperçut à l'endroit même une Vierge en pierre tenant l'Enfant Jésus entre ses bras. Les deux bustes étaient noirs; les vêtements scintillaient de fleurs de lis d'or.

UNE « JOTA » MAJORQUINE.

La nouvelle de cette miraculeuse découverte se répandit promptement et mit en émoi toute l'île. Une commission composée de membres du clergé, de jurés, de notables habitants, arriva de Palma et, après avoir adoré la Vierge, la déclara aussitôt patronne et reine de Majorque.

Les pèlerins qui la visitèrent devinrent bientôt si nombreux que don Guillermo de Como, seigneur de l'endroit, fit construire une maison de refuge pour les abriter.

Plus tard cette demeure, agrandie, fut érigée en collège, que dirigea un prieur, avec obligation d'élever douze enfants de chœur auxquels on enseignerait la musique vocale et instrumentale, la grammaire castillane et latine et un peu de théologie. Une condition essentielle pour l'admission des néophytes était d'être nés à Majorque.

Aux jours de fête et de pèlerinage, ces enfants chantent maintenant, aux sons des instruments, des psaumes de louanges à la Vierge.

Le sanctuaire a été enrichi de propriétés et de dotations qui, depuis l'époque reculée de sa fondation, lui ont été attribuées par d'éminents dévots. Un grand nombre de visiteurs s'y rendent à toutes les époques de l'année; mais au mois de septembre, à la fête de la Vierge, les pèlerins accourent en foule de tous les points de Majorque pour satisfaire leur dévotion et jouir en même temps de la fraîcheur des bois, des beaux sites et des eaux vives.

LE SANCTUAIRE DE « LLUCH ».

Les pèlerins et les voyageurs peuvent à toute saison bénéficier de l'hospitalité du monastère, car ici, comme à Miramar et à Pollensa, l'hospitalité est gratuite : tout passant a droit pendant trois jours au logement, au service de table, à la lumière, au feu, à l'huile et aux olives.

On peut rejoindre Soller en traversant les montagnes. Le paysage sur ce parcours est d'une beauté âpre et sévère. De place en place, les crêtes déchirées et blanches de la sierra percent la forêt. A dos de mulet et pendant cinq heures on traverse de vastes solitudes coupées de sentiers à peine frayés aux flancs des ravins.

Avant d'arriver à Soller, au bout d'une côte étroite et très rapide qui s'élève entre les précipices, s'ouvre le *barranco*, d'où le regard embrasse avec inquiétude les profondes gorges à travers lesquelles on doit s'aventurer.

— Mais l'heure de quitter le pays charmant de Pollensa est venue. Ils s'attachent bientôt à vous, ces gens simples et doux qui reçoivent si peu de voyageurs. Le personnel familial de l'auberge me paraît attristé.

Adieu !... *adios !*... ou plutôt au revoir, bonne, douce et belle hôtesse Magdalena, qui vous donniez tant de peine et faisiez tant d'efforts pour rendre la vie agréable au voyageur venu de loin afin de visiter votre bourgade perdue, à vous qui ne pensiez pas au salaire modique qu'on vous donnait, pour deviner et prévenir les désirs de votre hôte !

Adios !... Esperanza, douce et pure jeune fille au beau visage, fille de l'auberge, aussi prévenante et empressée que votre maîtresse !

Adios !... rude patron, *amo*, maître, dont la pression de main rude se sentait jusqu'au cœur.

A toi aussi, *adios !* bon chien, Pirata, noble bête aux yeux tendres et clairs, à la toison noire comme la nuit !

La voiture est devant la porte... Depuis le matin cet animal sent dans l'air quelque chose qui l'inquiète. Il ne cesse de mendier des caresses, ne me quitte pas un instant, se couche à mes pieds et parfois pousse un grognement plaintif comme une souffrance.

« Il comprend que vous nous quittez », me dit l'hôtesse.

Je ne pouvais croire à tant d'intelligence.

Je monte dans la galera, qui part. Le chien la suit un moment. Sa maîtresse l'appelle. Il revient un peu vers elle.... Il court de nouveau après la voiture. Puis, sollicité encore par Magdalena, il s'arrête au milieu de la rue, ne sachant plus s'il doit me suivre ou demeurer. Pendant cet instant d'indécision la voiture s'éloigne, et au tournant de la calle del Viento je vois Pirata, toujours immobile, le jarret tendu, regardant la galera d'un œil fixe où il me semble voir comme une larme passer....

« ADIOS, PIRATA! »

« EL PREDIO SON MORO ».

CHAPITRE IV

Manacor. — Les cavernes du Drach. — *El lago negro*. — *Lasciate ogni speranza*.... — Perdus dans la nuit.... — Un lac enchanté. — La descente du purgatoire. — Les cavernes d'Arta. — L'enfer. — La mort d'un roi d'Aragon.

UNE FILEUSE DU « PREDIO ».

J'ai quitté la montagne et les grands bois, où le vent de mer passe mélodieux, où s'abritent d'humbles et antiques villages. Je ne verrai plus cette population hospitalière, je ne vivrai plus les mœurs patriarcales pratiquées religieusement depuis des siècles reculés. Je n'entendrai plus ces chants anciens qui s'exhalaient le soir des patios crépusculaires, ou que le vent m'apportait par lambeaux à travers les ravines, lorsque je cheminais sous le soleil, gravissant quelque pente.

C'est la plaine. Le costume, les mœurs et la physionomie des habitants ont changé comme le sol. Voici les vignes, les cultures et le trafic.

Plus de pâtre rêveur, vêtu de peaux de bêtes, profilant sa silhouette là-bas sur la hauteur, contemplant la mer, écoutant la rumeur lointaine des flots qui viennent mourir en gémissant au pied des falaises.

Les guitares de Pollensa ne résonnent plus. Je vais par la route poudreuse, embrasée de soleil, bordée de cactus épineux, tandis que les poésies d'un autre âge, entendues la veille encore, bruissent dans ma mémoire comme un vague souvenir.

Les jeunes filles allant à la fontaine, avec leur costume du seizième siècle, me semblent une peinture de Botticelli à demi effacée, que j'aurai entrevue peut-être au Louvre dans quelque panneau mystérieux de la Salle des Primitifs.

Dans les villes que je traverse maintenant, c'est un va-et-vient de gens affairés; les pressoirs à énormes vis écrasent dans les rues, devant les caves, un raisin fermenté. Des tonneaux portant la marque de négociants français de Cette chargent les camions; des troupeaux de porcs vont être entassés dans le petit train et s'embarquer ensuite pour Barcelone. La population est moins policée, les enfants plus sournois; je n'en vois plus embrassant à la dérobée les mains des prêtres, comme faisaient ceux de Pollensa, lorsque passait don Sebastian.... On a vu des étrangers,... on s'en occupe peu; on est allé à Marseille, à Alger peut-être : on fait des affaires, on pense à l'argent. C'est notre Midi, en mieux pourtant, en beaucoup mieux, sous le rapport de l'urbanité et des égards dus aux voyageurs.

Je suis arrivé à Manacor par l'embranchement d'Enpalme, après avoir aperçu Muro, puis Sineu, fondée par les Romains, où les rois de Majorque avaient élevé un palais.

Manacor est, après Palma, la ville la plus populeuse; c'est un centre d'affaires avant tout : ses édifices ne méritent guère d'être cités.

J'ai donc parcouru presque tout entière cette île qui sommeille en pleine Méditerranée, bercée par les flots bleus, toute ruisselante de soleil, réunissant les splendeurs sauvages de la montagne et des côtes abruptes au charme paisible et mystérieux des bois; couverte de fleurs, de fruits savoureux, étalant de riches campagnes qui entourent comme de brillants écrins les villes aux monuments superbes, pleines des souvenirs d'un glorieux passé. J'ai vu sa surface, j'ai escaladé ses promontoires, sa sierra du Nord, j'ai respiré ses fleurs, goûté ses fruits, admiré ses édifices, contemplé ses forêts, toujours sous l'éblouissement de son ciel lumineux.

Il faut maintenant pénétrer dans les sombres entrailles de Majorque, dans un monde ténébreux et muet, où les forces silencieuses de la nature, travaillant sans trêve depuis des milliers de siècles, ont enfanté des merveilles qui confondent l'intelligence humaine.

Élisée Reclus cite les grottes du Drach et celles d'Artá, voisines de Manacor, parmi les plus belles du monde.

Je n'aurais pas tenté l'illustration des cavernes du Drach, infiniment plus belles à mon avis que celles d'Artá, d'après de simples croquis. Ces salles souterraines ont une sorte d'architecture de hasard, dans laquelle pourtant, comme dans les monuments élevés par les hommes, le détail vient jouer un rôle dans l'ensemble et concourir à l'effet décoratif. Le dessinateur se trouve en présence de grandes difficultés pour arriver à un rendu intéressant et vrai.

Mon excellent ami de Palma, el señor Sellarès, encouragea ma tentative, et prit la peine de passer trois journées dans les profondeurs des cavernes pour les photographier à la lumière du magnésium, afin de m'en faciliter l'exacte reproduction.

En dehors de leur beauté propre, les cavernes, en général, rappellent des souvenirs historiques intéressants, et n'ont cessé de passionner les savants et les géologues.

Mon ami Martel, avocat à Paris, ne passe jamais un été sans aller dans les Cévennes, où, avec une intrépidité rare, il s'enfonce dans les entrailles de ce massif à travers des gouffres inconnus, étranges, où dorment des lacs silencieux, où grondent des torrents, tel le Bramabiau. Au moment où j'écris ces lignes, il explore son dixième *aven* : il m'écrit que tous ont donné le même résultat : peu ou pas d'eau au fond; ce seraient de simples fissures du sol se rétrécissant de plus en plus. Ces faits renverseraient la théorie qui les mettait tous en communication *directe* avec des grottes, nappes d'eau ou sources. Dans les profondeurs du gouffre de Padirac qui s'ouvre béant sur les causses du Quercy, et dans lequel il vient de pénétrer, également une rivière s'est rencontrée dont il a pu suivre plusieurs kilomètres de cours souterrain. Je laisse à d'autres plus autorisés que moi le soin de tirer des conclusions de ces constatations différentes.

Tout le monde sait que, sous les premiers empereurs romains, les chrétiens persécutés célébraient dans le mystère des grottes leurs cérémonies religieuses. Plus tard, devenus les persécuteurs, leurs victimes, à leur tour, se mirent à l'abri des représailles dans les mêmes lieux. En France, à l'époque des dragonnades, les protestants se livraient à leur culte au fond des cavernes d'Ambialet, dans les Cévennes. Durant les guerres intestines, dans tous les temps, dans tous les pays, les cavernes ont servi de refuge aux opprimés, aux proscrits, aux fugitifs, aux criminels même.

Les grottes du Drach et celles d'Artá n'ont pas de souvenirs historiques précis : les vestiges que les premiers explorateurs ont trouvés dans leurs profondeurs n'ont pas été recueillis et conservés. On rapporte qu'il n'y a pas de longues années il a été tiré d'Artá une quantité considérable d'ossements, jetés aussitôt à la mer. La science se trouve ainsi privée peut-être de précieux documents pour l'étude de l'anthropologie et de la paléontologie zoologique; il y avait sans doute là des ossements d'hommes primitifs, des squelettes d'animaux terribles, aujourd'hui disparus, des débris d'armes frustes.

Parmi les grottes renommées on cite :

D'abord celle d'Adelsberg, en Autriche, d'une longueur de 5500 mètres. Un petit tramway pénètre jusqu'au milieu de sa profondeur; elle est aménagée et éclairée à la lumière électrique.

Puis, celle de Trebiciano, aux environs de Trieste, formée d'une série de puits verticaux, étroits, aboutissant à un lac sans issue, expansion de la rivière la Recca, à niveau variable.

On peut lire dans la *Nature* (n° 776) un article extrêmement intéressant, de M. E.-A. Martel, sur cette dernière.

En Hongrie on cite la caverne d'Agtelek, de 5800 mètres de longueur, qu'on dit presque aussi belle que celle d'Adelsberg.

En France, dans la Dordogne, entre Périgueux et Sarlat, nous avons le trou de Granville, les grottes de Ganges, dans l'Hérault, dont le fond n'a pas été atteint, et enfin celles de Dargilan, dans la Lozère, récemment découvertes par M. E.-A. Martel et qui sont une merveille.

En Belgique existent les fameuses grottes de Han-sur-Lesse, dont la sortie a lieu par une rivière et en bateau.

On signale enfin les cavernes de Bellamar à Cuba, celle du Mammouth dans le Kentucky (*Mammoth Cave*), véritable monde souterrain, avec son système de lacs et de rivières et son réseau de galeries sans nombre, qui a dû servir de retraite à des peuplades sauvages, car on a trouvé, sous des couches de stalactites, des squelettes d'hommes d'une race inconnue.

Je quitte un matin la fonda Femenias de Manacor pour prendre avec une galera le chemin du Drach.

C'est une belle journée du milieu de novembre, pareille à nos beaux jours de printemps. L'illusion peut être complète, car beaucoup d'amandiers sont en fleur : mais ces frêles fleurs, d'un rose si tendre, ne doivent pas donner de fruits : le premier souffle du vent les dispersera dans les airs comme une nuée de légers papillons.

La route est cahoteuse, faite de montées et de descentes ; souvent nous rencontrons des charrettes sur lesquelles les conducteurs dorment à plat ventre. Le cheval s'arrête, broute ou va selon son gré : l'homme dort toujours. Nous nous garons : le cocher de la galera respecte le sommeil des charretiers : « Ils sont fatigués », me dit-il d'un air compatissant.

Un instant j'aperçois la mer ; puis plus rien qu'une ligne formée par un terrain pierreux. La mer encore,... elle disparaît de nouveau. La voici enfin tout à fait, pénétrant jusque dans les terres par une large échancrure. Elle sommeille maintenant près de nous sous des falaises.

« LA PALMERA ».

Quelques maisons et des bateaux s'abritent dans cette crique où se fait le commerce maritime assez important de Manacor. Le conducteur me signale dans les environs, au long de la côte, une pierre qui, frappée avec un bâton, résonne harmonieusement en vibrations extraordinairement prolongées. Il ajoute qu'à la cala voisine, nommée *S'homo mort*, des fossiles humains sont incrustés dans le roc.

ENTRÉE DES GROTTES DU DRACH : LE VESTIBULE.

Nous laissons le petit port à notre gauche, nous descendons jusqu'au bord de l'étroit chenal, que nous traversons à gué. Nous escaladons la colline d'en face. Nous sommes dans les terres de don José Moragues, propriétaire des grottes. Sur le plateau est sa *casa de campo* (maison de campagne), qui est en même temps une fort belle ferme. Le domaine se nomme *el Predio son Moro*. « Voici l'entrée des grottes », me dit le guide. Elle est fermée par une porte et entourée de murs, afin d'éviter les accidents : des imprudents pourraient les parcourir sans être accompagnés.

Nous pénétrons dans le vestibule. Mon conducteur prépare les lampes et les réflecteurs, puis, quittant sa veste et son gilet pour ne conserver que sa chemise, il m'engage à l'imiter. Un air chaud et lourd monte des profondeurs des cavernes, m'enveloppant déjà d'une sorte de malaise indéfinissable. « Vous vous y habituerez peu à peu », murmure mon compagnon. Il me remet une lampe allumée garnie d'un réflecteur et un solide bâton pour m'appuyer ; il se munit lui-même de ces objets, et nous descendons. Nous sommes éclairés encore par une pâlissante lumière qui tombe du ciel, mais une muraille de rochers est devant nous, rayée d'une noire fissure. C'est l'entrée véritable. Les dernières lueurs du jour vont disparaître à nos yeux. Sur la roche assombrie je crois lire les fatidiques paroles de Dante :

Lasciate ogni speranza, o voi che entrate

C'est bien là le décor de l'entrée des enfers, rigide, froide, avec l'ouverture noire, béante, dans une sorte de crépuscule morne.

Le nom de *Drach* (Dragon) donné à cette caverne semblerait indiquer qu'une antique croyance, abandonnée maintenant, en faisait garder l'entrée par un de ces monstres.

Nous pénétrons. Peu à peu mes yeux s'habituent aux ténèbres; la lumière des lampes devient suffisante pour voir les formes qui se précisent et même des silhouettes éloignées.

Nous suivons un couloir; bientôt nous entrons dans une salle au sol cahoteux : c'est le *Salon de la Palmera* (Salon du Palmier). Une profonde échancrure déchire d'une extrémité à l'autre la paroi; du plafond descend à grands plis une sorte de lourde tapisserie. Des blocs, qui sont là comme foudroyés, encombrent une partie du sol. La Palmera est une colonne élevée, légère, qui donne bien la sensation d'un tronc de palmier; de minces stalactites, se détachant de la voûte en manière de feuillage, complètent sa ressemblance avec cet arbre. Une autre colonne d'un plus grand diamètre l'accompagne; ses détails offrent plus de richesse et plus d'ampleur, mais elle n'a pas l'aspect élégant de la première.

Nous poursuivons la route. Je suis frappé par deux stalagmites, sortes d'idoles bizarres, de monstres accroupis, qui semblent garder l'entrée du monde ténébreux dans lequel je suis engagé.

Nous descendons ensuite pendant quelques instants : voici *la Cueva de Belen* (la Grotte de Bethléem). Le guide s'écrie :

« Prenez garde, vous avez de l'eau devant vous ! »

J'ai beau éclairer le sol avec ma lampe, je ne vois rien et j'avance, mais son bras m'arrête net, et aussitôt avec son bâton il agite à mes pieds une surface liquide que je n'apercevais pas. C'est de l'eau en effet, mais si claire, si transparente, et le fond en est à tel point visible, que prévenu même on ne peut soupçonner son existence.

Il est impossible de croire que dans certains endroits elle atteint une grande profondeur.

Nous nous engageons ensuite dans un chemin tortueux, étroites et sombres galeries sous de pesantes voûtes.

Par instants, l'air semble me manquer; il est chaud et lourd; une oppression et une angoisse indicibles m'étreignent. Le guide, qui me considérait depuis longtemps du coin de l'œil, me rassure :

« Peu de personnes, me dit-il, sont à l'abri de la frayeur instinctive que vous éprouvez, et cet état est parfois si violent que certaines n'ont pu continuer l'exploration. »

On se demande avec effroi ce que l'on deviendrait dans cet affreux labyrinthe si les lumières venaient à s'éteindre ou, chose plus horrible, si le guide était pris subitement d'un accès de folie. Mais cet homme a la tête solide; en plusieurs points déjà il m'a montré des lampes cachées, et des allumettes tenues à l'abri de l'humidité.

Je fais appel à toute ma volonté et je poursuis. Je vois *el Fraile* (le Moine) qui élève sa silhouette dévote parmi les autres stalagmites, puis je traverse une région nommée *la Carbonera* (la Charbonnière), où les parois laissent aux mains des traces noires comme si l'on avait touché du charbon. C'est maintenant *las Arañas* (les Lustres), sortes de monstrueuses suspensions qui descendent de la voûte en grand nombre.

Nous arrivons bientôt sur un promontoire d'où l'on domine le petit *Lago de la Sultana* (Lac de la Sultane). Le guide s'en va à travers les roches escarpées, disparaît dans un coude, et reparaît avec sa lumière entre les stalactites. Devant mes yeux s'étend une nappe d'eau tranquille, transparente, éclairée de miroitements et de fantastiques reflets, entourée de colonnes et de cristallisations semblables à du filigrane. Quels sont les êtres qui peuvent bien peupler ce coin étrangement silencieux, ces flots qui dorment dans l'éternelle obscurité depuis les premiers âges du monde !

« LAS ARAÑAS ».

Nous passons ensuite à la *Cueva de los Salchichones* (Grotte des Saucissons) : on dirait en effet une immense boutique dont la voûte serait couverte de saucissons pendus et de morues sèches.

Nous voici au *Lago Negro* (Lac Noir). Il est d'une grande étendue. Ses eaux immobiles, diaphanes, vont se perdant à travers des gouffres obscurs. D'immenses colonnes s'appuient par instants sur des rochers sombres, et plus loin d'autres colonnes plus minces pénètrent dans l'eau et semblent avoir un double reflet. Ces reflets sont si nets, si purs, qu'on dirait voir les objets eux-mêmes parsemés au fond du lac. D'innombrables stalactites descendent comme de blanches tiges filigranées ; les eaux sont toujours profondes et d'une pureté incomparable.

En un certain endroit on croit voir un château féodal avec ses tours et ses créneaux ; puis de fantastiques silhouettes s'élèvent, des cavités inconnues s'ouvrent béantes ; des sortes d'orgues immenses dressent leurs tuyaux de pierre contre les parois des cryptes souterraines, semblant attendre dans le funèbre silence qu'un infernal musicien ou quelque Wagner apocalyptique vienne réveiller leurs échos endormis.

Aux accents des trompettes éclatantes les égarés qui ont trouvé la mort dans ce labyrinthe, et que les siècles ont couverts d'un pâle et lourd linceul, se lèveront au jour du dernier jugement, secouant leurs pesantes tuniques, et, à travers les architectures souterraines écroulées, sous un ciel blafard, marcheront vers l'orient, rigides encore de leur sommeil glacé.

Pour l'instant il règne dans ce coin perdu un tel silence, une telle immobilité, une telle torpeur sinistre, un si morne recueillement, que la pensée perd la notion du temps et de l'espace.

« EL LAGO NEGRO ».

Quelques rares personnes ont, dit-on, le privilège d'échapper à la sensation farouche qui se dégage de ces cavernes.

Dernièrement un Anglais voulut se baigner dans ce lac. Il en trouva l'eau excellente, et pour se sécher se mit à jouer du violon avec son parasol et sa canne en dansant une gigue désordonnée, tout nu sur le bord de l'eau. Le guide en est ahuri encore.

Mais nous quittons bientôt le *Lago Negro* pour arriver à la *Cueva blanca* (Grotte blanche).

Après avoir descendu quelques marches, nous découvrons une ouverture au ras du sol, par laquelle il faut passer pour pénétrer dans une vaste salle qui n'est qu'un entassement de roches énormes. Nous continuons par un chemin si accidenté et si périlleux, qu'il faut s'accrocher aux aspérités pour ne pas rouler au fond de noirs précipices. De ce côté sont des parties de grotte qui n'ont pas été explorées. Il y a là comme des antres, des soupiraux de volcans, des ouvertures tragiques qui descendent dans les entrailles de la terre et dans lesquelles le guide lance des pierres, qu'on entend longtemps rouler et qui finissent par s'engloutir en réveillant des échos étouffés dans des abîmes liquides.

Après de légères courbes on arrive en face de *el Dosel de la Virgen del Pilar* (le Dais de la Vierge du Pilar), magnifique monument d'une grande richesse qui s'élève au pied *del Salon de descanso* (Salon de repos), entre de nombreuses stalagmites de formes étranges et fantastiques. A gauche le sol s'abaisse dans des roches escarpées jusqu'à un entassement de pierres où existe une large ouverture située à 1 mètre du sol.

On nomme cette partie des grottes *el Teatro* (le Théâtre), les concrétions ayant la forme de décors.

En reprenant le chemin on entre dans la *Cueva de los Catalanes* (Grotte des Catalans). C'est une haute et grande salle, couverte d'élégantes stalactites ; de nombreuses stalagmites hérissent le sol cahoteux, projetant des ombres bizarres. Dans un angle de cette salle se dresse *el Descanso de los extraviados* (le Lieu de

« EL DOSEL DE LA VIRGEN DEL PILAR ».

repos des égarés), sorte de monument d'environ 6 mètres de haut, un des plus beaux morceaux de l'architecture souterraine du Drach.

J'étais fatigué par une heure et demie de marche dans les sentiers ténébreux de ces cavernes où sans cesse l'esprit est en éveil, où la moindre chute pourrait avoir des conséquences funestes. « Si vous voulez vous reposer, me dit le guide, voici des sièges faits de stalagmites, où nous serons bien, et je vous raconterai une histoire que vous pourrez maintenant entendre, puisque vous avez vaincu l'anxiété qui vous a si longtemps étreint. Les cavernes dans lesquelles nous sommes et dont nous aurons bientôt atteint la plus grande profondeur connue, car il y a beaucoup à découvrir encore, étaient presque ignorées avant une aventure qui les rendit célèbres non seulement dans le pays de Majorque, mais aussi dans toute la Catalogne.

« C'était en avril 1878. Deux señores de Barcelone quittèrent Manacor un matin dès l'aube, et à six heures ils pénétraient ici, accompagnés d'un homme qui s'était offert de les guider. Ils comptaient être de retour à midi, heure à laquelle le déjeuner devait être prêt, selon leur désir, à la fonda Femenias.

« Depuis longtemps ils parcouraient les cavernes, lorsque l'un d'eux fit observer qu'on repassait par les mêmes endroits. Alors, craignant que le guide ne se fût trompé dans ce noir dédale, ils le prièrent de les conduire à la sortie. Celui-ci se montra un peu troublé, mais il n'avoua son erreur qu'après de vains efforts pour retrouver le chemin perdu dans l'amoncellement de roches et les murailles de pierres dont ils étaient de toutes parts entourés.

« Les voyageurs furent pris de désespoir. Dès ce moment ils prirent des précautions pour ne pas rester sans lumière, et ils allèrent en marquant avec des objets le chemin qu'ils suivaient, mais tout était inutile : ils s'égaraient toujours davantage dans l'immense labyrinthe. Ils montaient, descendaient, recommençaient encore, trébuchant souvent, tombant quelquefois dans des flaques d'eau toujours invisibles ; ils se traînaient dans l'anxiété du désespoir et harassés par les salles profondes, les obscurs passages, se heurtant aux roches pointues, mais soutenus encore par l'âpre désir d'apercevoir la tremblante lumière de la sortie. Et le sentier se déroulait en mille détours, dérobant toujours l'ouverture à leurs recherches. Le silence, l'obscurité, les étranges silhouettes des stalagmites, les grandes colonnes rigides, les amoncellements de roches, les noirs orifices d'abîmes sans fond, l'air suffocant de certains endroits, la terrible pensée de mourir là dans le plus complet abandon, dans les angoisses de la faim et de la soif, tout cela hantait leur cerveau, stimulait leurs forces abattues, et ils poursuivaient de nouveau cette marche incertaine et fébrile. Ils espéraient pourtant, dans leurs noirs pensers, que, ne les voyant pas revenir à la fonda de Manacor à l'heure convenue, on partirait à leur recherche avec des gens connaissant ce dédale, et que, tôt ou tard, on arriverait à les retrouver. Vers midi ils étaient rendus de fatigue et à demi morts de faim ; depuis six ou sept heures déjà ils cheminaient en ces lieux farouches : le courage à la fin les abandonnait. Quelles heures d'anxiété ! Découragés, sans haleine, ils allaient chancelants, s'arrêtant pour écouter si aucune voix humaine ne troublait le lugubre silence.

« Dans un de ces instants d'arrêt ils entendent à plusieurs reprises comme les sons rauques d'un cor. L'espérance renaît ; ils crient de toutes leurs forces, mais rien,... personne ne répond. Ils recommencent à crier désespérément, mais chaque fois alors, dans les moments de répit, ils entendent le son lointain de la corne qui emporte avec elle en s'éloignant leur dernière espérance. Puis enfin tout redevient silencieux. Ils marchèrent quelques heures encore; à la fin, exténués et complètement abattus, ils se couchèrent près de l'endroit appelé depuis : *Descanso de los extraviados* (Lieu de repos des égarés) et *Cueva de los Catalanes* (Grotte des Catalans).

C'est en cet endroit où nous sommes assis, ajouta le guide, qu'ils passèrent les heures les plus affreuses. Au moment où ils virent que la lumière allait leur manquer, un des voyageurs écrivit sur la pierre cette simple phrase qui contenait toutes leurs angoisses : *No hay esperanza!* (Il n'y a plus d'espérance !)

« Vers dix heures du soir, seize heures après leur entrée dans les grottes, ils entendaient de nouveau le son du cor, qui maintenant se rapprochait de plus en plus.

« Ils crièrent de toutes les forces qui leur restaient, et à la fin ils distinguèrent les voix de ceux qui les cherchaient. Ils furent trouvés couchés sur le sol, tout pâles, à demi morts, et ce ne

« EL TEATRO ».

fut que vers onze heures du soir qu'ils sortirent de l'étroite issue qui donne accès aux grottes.

« Dans leur marche désespérée ils avaient découvert une petite cruche ornée de dessins à demi effacés, qui date, selon toutes probabilités, de la première domination romaine. Ce curieux objet fut offert par les voyageurs au señor Femenias, le brave maître d'auberge parti à leur recherche, en reconnaissance de l'immense service qu'ils avaient reçu de lui. Cette cruche est conservée précieusement; vous pourrez la voir à la fonda de Manacor. L'archiduc Salvator en a offert cent douros, mais, malgré ce prix élevé, le señor Femenias n'a jamais voulu s'en dessaisir. »

— J'étais reposé. Nous reprenons nos lampes et nos bâtons et nous continuons la marche interrompue; nous descendons quelque peu, et nous pénétrons dans le *Salon real* (Salon royal), vaste salle somptueuse aux galeries capricieuses, aux colonnes brodées de filigranes, aux parois brillantes comme un verglas pétrifié,

« CUEVA DEL DESCANSO DE LOS EXTRAVIADOS ».

pleine d'aiguilles superbes, d'obélisques, de blocs, avec son *Trono de David*, d'une froide splendeur, monument inouï qui semble attendre un roi, architecture diaphane que l'imagination ne peut concevoir.

Nous descendons encore des marches cahoteuses, nous suivons d'étroites galeries, nous débouchons dans une vaste enceinte. Le *Lago de las Delicias* (Lac des Délices) est devant mes yeux et je ne le vois pas tout d'abord. Peu à peu je distingue des colonnes qui s'enlacent, des piliers paraissant soutenir une voûte : ce n'est point ici la caverne noire, c'est une crypte souterraine d'une merveilleuse richesse, une architecture d'ivoire pâle, la vision d'un monde idéal, que la pensée seule a évoqué, car, malgré la précision des formes, tout est marmoréen, diaphane, presque sans corps; c'est le palais féerique des conteurs arabes, un rêve de temple hindou : cela ne ressemble à rien de déjà vu et déconcerte.

Le guide agite l'eau avec son bâton : un frisson court au milieu de cette vision et semble ébranler l'édifice. Alors seulement je vois une onde froide, profonde, immobile, engourdie, d'une transparence telle, qu'elle ne prend pas de corps et qu'elle baigne les objets comme ferait une atmosphère dense. Dans le silence elle sommeille dans ce palais qu'on dirait enchanté, sans un frisson, sans un frôlement, sans qu'un

« LAGO DE LAS DELICIAS ».

souffle vienne rider sa surface. Là-haut, sur la terre, sous le bleu céleste, les flots s'agitent dans un torrent de lumière, le ruisseau brille, chante et court, les oiseaux le frôlent de l'aile, les papillons et les libellules l'effleurent, les scarabées, les insectes étincelants d'or, d'émeraude, de saphir, et de rubis, tout un monde de petits, bourdonnent, se mirent, passent ; le torrent gronde, la mer monstrueuse gémit. Ici, rien : les ténèbres, le silence éternel, le sommeil dans des richesses que les flambeaux humains révèlent seulement parfois.

Je ne puis me lasser de voir cette merveille, d'admirer cette subtile transparence qui donne aux milliers de reflets une apparence réelle autant que quelque chose peut paraître réel dans cette vision qui est cependant une réalité.

Le guide me fait remarquer une stalagmite qui a l'aspect d'un enfant debout portant la tête légèrement inclinée sur la poitrine, et un vase supporté par un élégant piédestal décoré de plantes idéales qui l'entourent de festons charmants. Vers la droite, la voûte forme un grand arc complètement recouvert de blanches stalactites d'une légèreté infinie. Quelques-unes pénètrent dans l'eau, d'autres arrivent à sa surface et semblent se continuer en capricieux reflets. Vers le fond surgissent des roches en filigrane, des cristallisations lumineuses, des groupes de sveltes colonnes qui s'unissent à celles de la voûte. Par delà ces merveilleuses ornementations, ces brillantes et lumineuses efflorescences, s'ouvrent des couloirs dans l'onde traîtresse, et le labyrinthe se continue dans la froide splendeur du silence et de la nuit.

Nous quittons ce lac élyséen, ce palais que semble habiter quelque mystérieuse naïade ou la fée aux yeux verts du conteur espagnol.

Voici bientôt un petit lac extrêmement profond, paraît-il, connu sous le nom de *Baños de la reina Ester* (Bains de la reine Esther).

Je suis las d'admirer, et je n'accorde qu'un regard distrait à cette petite merveille, qui m'aurait arrêté longtemps si je n'avais contemplé déjà le *Lago de las Delicias*.

C'est l'extrémité explorée de la Grotte blanche. Nous revenons sur nos pas. Voici le *Dosel*, puis le *Salon de descanso*, puis les bancs de pierre où le guide m'a conté la lamentable histoire.

Nous suivons de longues galeries, nous traversons un passage étroit, humide, et nous pénétrons dans la *Cueva de los Murciélagos* (Caverne des Chauves-Souris), luisante d'humidité, pleine d'un épais guano déposé là depuis des siècles par d'innombrables chauves-souris qui l'habitaient il n'y a pas longtemps encore et qui ont disparu depuis que les grottes sont un peu visitées.

Le guide me dit que don Fernando Moragues, fils du propriétaire, entomologiste distingué, a constaté dans cette partie des cavernes la présence d'une fourmi aveugle qui s'alimente du guano dont il vient d'être question, et d'une espèce d'araignée au corps bizarre, à grandes pattes, qui tend des toiles presque invisibles dans les profondeurs les plus reculées du souterrain. Comme il se demandait s'il y avait des insectes assez petits pour nourrir ces araignées, une mouche minuscule vint se poser sur la page blanche de l'album qu'il tenait ouvert à la main, et il put s'apercevoir qu'elle était aveugle, car elle se heurtait à la pointe du crayon qu'il mettait devant elle.

Nous reprenons le chemin tortueux, paysage de pierre aux sombres défilés. Voici la *Bajada del Purgatorio* (Descente du Purgatoire), dont la voûte est soutenue par des colonnes monstrueuses d'où s'élèvent, d'une terre pâle, osseuse, des sortes de cryptogames géants, des embryons de stalagmites difformes. Sur les côtés s'entr'ouvrent de profondes fissures que hante la torpeur des gouffres.

Quelques instants après, une vague lueur glisse par une crevasse. Nous arrivons au vestibule; la lumière tombe à flots par l'ouverture de la caverne. Nous étions en sueur. Le guide me fit aussitôt remettre les vêtements que j'avais laissés accrochés au mur, puis m'engagea à attendre une bonne demi-heure dans cette atmosphère de transition, avant de m'exposer à l'air extérieur.

Dans ce vestibule s'ouvre encore une nouvelle série de cavernes, qui portent le nom de l'archiduc *Louis Salvator*. Mais je ne me sentis pas le courage de les explorer. Elles sont fort périlleuses, dit-on, rarement visitées, et il y règne une chaleur suffocante.

Je revis avec bonheur le soleil brillant, le ciel bleu, la mer et les falaises. Je quittais une vision étrange, fantastique, sombre, fatale, tragique presque, et notre terre pleine de lumière me ravissait. J'avais assez de ce monde engourdi, de ces gouffres contemplés par la nuit, où vivent dans une infernale obscurité, des êtres sans yeux, où dort, dans l'éternel silence, de l'eau d'apparence fluide comme l'air, où s'ouvrent des abîmes terribles, où grondent peut-être à des profondeurs effrayantes des flots sans clarté.

Au moment où nous allons monter dans la galera pour reprendre le chemin de Manacor, le guide m'amène sur la côte et me montre un grand portail ouvert sur les flots dans la paroi d'une falaise, sur laquelle se dresse une tour de guet. « C'est, me dit-il, une ouverture qui met les cavernes en communication avec la mer. »

Les eaux des lacs que nous avons visités sont salées, fortement mitigées d'eau douce, ou complètement douces, suivant qu'elles sont plus ou moins éloignées du rivage.

On a remarqué que leur niveau s'abaisse lorsque soufflent les vents de terre, et qu'il s'élève, au contraire, lorsqu'ils viennent du large.

De Manacor à Artá, la route est longue, mais le pays est accidenté, et de temps à autre on aperçoit la Méditerranée. Dans les environs de cette ville on peut visiter des constructions cyclopéennes, que je ne pris pas le temps d'aller voir. Elles sont perdues au milieu d'une forêt de chênes, et ressemblent beaucoup, dit-on, aux nuraghi de la Sardaigne. Les paysans majorquins appellent ces monuments *claper des gegants*; ils remontent à une époque très reculée et servaient, dit-on, de sépultures.

Près du *Cabo Bermejo* (Cap Vermeil), à une heure environ de voiture d'Artá, sur la pente d'un précipice qui tombe presque à pic sur la mer, s'ouvre, toute béante, l'entrée de la caverne nommée dans le pays *Cueva de la Ermita* (Grotte de l'Ermitage).

Si les cavernes du Drach m'ont séduit par l'étrangeté des lacs, la

« BAJADA DEL PURGATORIO ».

richesse des salles, celles-ci étonnent par leur grandeur et la magnificence de leur décoration.

On n'y éprouve pas ce sentiment de malaise indéfinissable, de terreur presque, qui m'avait étreint à Manacor, et qui tenait sans doute à l'atmosphère surchauffée et aussi à la qualité de l'air qu'on y respire.

Les grottes d'Artá sont connues depuis longtemps ; le chroniqueur Dameto, dans son *Histoire de Majorque*, écrite au dix-septième siècle, raconte que des gens ayant essayé de les parcourir à cette époque s'étaient perdus et n'avaient plus jamais revu la lumière du ciel.

Ces cavernes sont grandioses. On rencontre peu de stalactites au début, mais leur nombre va s'augmentant à mesure qu'on pénètre davantage sous les sombres voûtes. Je retrouve la *Virgen del Pilar* ; c'est ici une stalagmite superbe, imitant la Vierge vénérée. La *Sala de las columnas* (Salle des colonnes), enrichie d'élégantes et capricieuses colonnettes, que surmontent des arcades. La reine des colonnes se dresse isolée dans une sorte de crypte, colonne géante et d'une grande beauté. Les gens du pays racontent qu'un Anglais a offert de l'acheter au prix de 27 000 douros.

La partie la plus fantastique de ces ténébreux souterrains est celle qu'on désigne sous le nom de l'*Infierno* (Enfer), elle est d'une beauté effrayante. La nature a réalisé là les formes les plus terribles que peut enfanter le cauchemar. Des langues de flammes pétrifiées lèchent les parois, un lion énorme s'accroupit, des cyprès rigides s'élèvent, des tombeaux s'alignent, des bêtes fauves semblent gronder dans des antres obscurs.

Dans cette caverne, les plus hardis frissonnent, les plus braves sont pris d'une peur instinctive. Ces monstres de pierre semblent s'animer à la clarté tremblotante des flambeaux, leurs gueules ont l'air de s'ouvrir pour élever des plaintes ou pousser des rugissements.

Je ne dois point omettre dans cette rapide description les stalactites qui produisent, en les frappant, les notes de la gamme musicale, ainsi que celles qui rendent des sons de cloches. Ces dernières sont dans une salle immense, comme la nef d'une cathédrale. Partout des formes étranges, imprévues, des ruissellements d'étincelles, des noirceurs, des abîmes : la *Divine Comédie* de Dante semblant se mouvoir mystérieusement dans les profondeurs.

C'est une suite de splendeurs qui étonnent et confondent l'esprit.

M. Élisée Reclus, après avoir expliqué, dans son beau livre *la Terre*, le régime des rivières souterraines, consacre un article remarquable à la formation des stalactites :

« Lorsque les eaux, dit-il, sollicitées par la pesanteur, trouvent un nouveau lit dans les profondeurs caverneuses de la terre et disparaissent de leurs anciens canaux, ceux-ci sont d'abord plus facilement accessibles qu'ils ne l'étaient auparavant, mais bientôt intervient, dans la plupart des grottes, un nouvel agent, qui les rétrécit ou même les obstrue complètement. Cet agent, c'est l'eau qui suinte goutte à goutte à travers le filtre énorme des assises supérieures. En passant dans la masse calcaire, chacune des gouttelettes dissout une certaine quantité de carbonate de chaux, qu'elle abandonne ensuite à l'air libre sur la voûte ou sur les parois de la grotte. En tombant, la perle liquide laisse attaché à la pierre un petit anneau d'une substance blanchâtre : c'est le commencement de la stalactite. Une autre goutte vient trembler à cet anneau, le prolonge en ajoutant à ses bords un mince dépôt circulaire de chaux, puis tombe à son tour. Ainsi se succèdent indéfiniment les gouttes et les gouttes, dégageant chacune des molécules de chaux qu'elles contenaient et formant à la longue de frêles tubes autour desquels s'accumulent les dépôts calcaires. Mais l'eau qui se détache des stalactites n'a pas encore perdu toutes les particules de pierre qu'elle avait dissoutes ; elle en conserve assez pour élever les stalagmites et toutes les concrétions mamelonnées qui hérissent ou recouvrent le sol de la grotte. On sait quelle décoration féerique

certaines cavernes doivent à ce suintement continu de l'eau à travers les voûtes.

« Il est sur la terre peu de spectacles plus étonnants que celui des galeries souterraines dont les colonnades blanches ou diversement colorées par les oxydes, les innombrables pendentifs et les groupes divers, semblables à des statues voilées, n'ont pas encore été salis par la fumée des torches.

« Lorsque le travail des eaux n'est pas troublé, les aiguilles et les autres dépôts de sédiment calcaire s'accroissent incessamment avec une grande régularité; en certains cas, chaque nouvelle couche qui s'ajoute aux anciennes concrétions pourrait être étudiée comme une espèce de chronomètre indiquant l'époque à laquelle

« SALA DE LAS COLUMNAS ».

les eaux courantes ont abandonné la grotte. A la longue cependant, les couches concentriques molles cessent d'être distinctes; les anneaux sont peu à peu remplacés par des formes plus ou moins cristallines, car, partout où des molécules solides sont constamment imbibées par l'eau, les cristaux cherchent à se produire.

« Tôt ou tard, les stalactites, s'abaissant en rideaux et rejoignant les aiguilles qui s'élèvent du sol, obstruent les étranglements, forment les défilés et séparent les cavernes en salles distinctes; quant aux objets épars sur le sol des grottes à sédiment, ils sont peu à peu cachés par la concrétion qui s'épaissit autour d'eux. Dans presque toutes les cavernes, c'est au-dessous d'une croûte de pierre lentement déposée par l'eau d'infiltration que les géologues trouvent les restes des animaux ou des hommes qui habitaient autrefois l'intérieur des montagnes. En 1816 on découvrit dans une des grottes de Postoïna (Adelsberg) un squelette, probablement celui d'un visiteur égaré, que la pierre avait déjà revêtu d'un blanc linceul: mais ces ossements sont depuis de longues années engagés dans l'épaisseur de la roche, à laquelle s'ajoutent constamment de nouvelles couches, et bientôt la grotte latérale elle-même, obstruée par les stalactites, aura cessé d'exister.

« De même les squelettes des trois cents Crétois que les Turcs enfumèrent, en 1822, dans la caverne de Medilhoni, vont disparaître prochainement sous la croûte de pierre qui les a collés au sol. »

Je reviens à Manacor et je reprends ensuite la route de Palma par Felanitx, Porreras et Lluchmayor. Les moustiques sont un véritable fléau pour toute cette région. J'en avais déjà cruellement souffert à Manacor, je leur devais plusieurs nuits sans sommeil et de cuisantes douleurs, mais je ne pouvais soupçonner que j'en rencontrerais d'immenses essaims flottant dans les airs au gré des vents.

Dans les plaines qui s'étendent autour de Lluchmayor, le dernier roi de Majorque trouva la mort. C'était le 25 octobre 1349. L'usurpateur don Pedro IV, après s'être fait couronner à la cathédrale de Palma, venait de poursuivre avec bonheur, sur le continent, la conquête du reste des États de don Jayme III. Ni les protestations du roi dépossédé, ni l'intervention, généralement toute-puissante, à cette époque, du souverain pontife, ne désarmèrent l'orgueilleux conquérant. L'usurpateur n'épargna aucune humiliation à don Jayme.

Le malheureux monarque, accablé de tristesse, mais portant haut son cœur, et toujours plein de vaillance, résolut pourtant de tenter de reconquérir son royaume. En vue de rassembler quelques troupes et d'organiser une flotte, il vendit à la France la baronnie de Montpellier, dernier débris de ses États. Le moment semblait propice. Don Pedro était préoccupé par des troubles graves qui s'étaient manifestés dans le royaume de Valence; d'autre part, une effroyable peste venait de décimer la population de l'île de Majorque et avait mis quelque désordre dans le fonctionnement des pouvoirs publics.

L'expédition, pleine d'espoir, quitta gaiement la Provence, favorisée par un bon vent, et débarqua sur les côtes de l'île, dans les environs de Campos.

Don Jayme se mit en marche pour la capitale à la tête de sa petite armée, qui comptait 3000 hommes d'infanterie et 400 cavaliers.

A la nouvelle du débarquement, le gouverneur sortit de Palma avec 20000 soldats et une cavalerie relativement considérable. Les deux armées s'étant rencontrées engagèrent une sanglante bataille qui dura tout le jour. Lorsque le crépuscule étendit ses ombres sur les vastes plaines de Lluchmayor, l'armée de don Jayme était en déroute. Entouré de quelques fidèles, et son fils, un enfant presque, combattant à ses côtés, l'infortuné monarque luttait courageusement encore; mais, succombant sous le nombre, couvert de blessures, il tomba enfin tout ensanglanté de son cheval. Ses compagnons d'armes morts étaient étendus auprès de lui, et l'enfant, grièvement atteint, râlait à ses pieds.

Il se passa alors une chose horrible.....

Profitant des dernières lueurs de cette fatale soirée, un soldat aragonais saisit par les cheveux le roi mourant et lui trancha la tête. Puis les vainqueurs regagnèrent leur campement, et la nuit tomba sur ces plaines lugubres où ne s'entendirent plus, par intervalles, que les plaintes des moribonds et les hoquets des agonisants. Le lendemain, à l'aube, des mains pieuses recueillirent le cadavre du roi, qui fut transporté à Valence et enseveli dans le chœur de la cathédrale.

Telle fut la fin tragique du dernier roi de Majorque : son courage dans l'adversité et ses grandes vertus le rendaient digne d'un meilleur sort. Son fils ne devait pas régner. Survivant à ses blessures, tout couvert encore du sang de son père, il fut chargé de fers et enfermé à Barcelone dans une cage où il demeura pendant treize années.

Je quitte cette région pleine de douloureux souvenirs ; je revois Palma, où m'attendaient mes amis. Je retrouve les bonnes soirées de la *calle* de Brossa, où nous nous réunissons le soir chez Sellarès dans la plus cordiale intimité.

Mais il faut quitter ce pays charmant, ces bons camarades, ce doux climat printanier. Voici la fin de novembre, je dois regagner la France.

Pourtant, amis, j'emporte l'espérance de vous revoir encore et je caresse, en vous quittant, le projet de revenir bientôt sur vos rivages. Je désire visiter de nouveau votre capitale, contempler vos beaux édifices, me recueillir dans vos sombres églises, voir passer vos *maceros* graves et pénétrés. Puis je reprendrai le chemin de la côte du nord, retrouvant le brillant Valldemosa et ses poétiques souvenirs, les oliviers monstres, l'oasis de Miramar, les falaises enivrées, Soller aux fruits d'or, les sanctuaires vénérés et les pics sourcilleux que les brumes ceignent d'écharpes légères. A Pollensa j'entendrai de nouveau le bourdonnement des guitares, je reverrai les *pagésos* avec leur costume qui va disparaissant, les jeunes filles en *rebosillo* qui ressemblent à des madones. Mais je fuirai vos *tamboreros*, vos courses de taureaux, vos lugubres scènes de cimetières et vos terribles cavernes : ces choses ne se doivent voir qu'une fois. Je reprendrai la mer à Alcudia pour m'arrêter là-bas à cette fine silhouette qui est Minorque.

Peut-être pourrais-je compléter ce voyage par une visite à l'archipel des Pityuses, et il est même probable que vous me retrouverez écoutant les mugissements de la mer sur quelque haut rocher de Formentera.

Puissent quelques-uns de ceux qui, meurtris par la vie, ont un joug à secouer, une tristesse à distraire, un souvenir à oublier, une douleur à soulager, une blessure à guérir, apprendre ce qu'il y a de vraiment bon dans votre existence et dans vos mœurs, d'original dans vos coutumes, de bienfaisant dans votre soleil, et de merveilleux dans les paysages de Majorque. Si ceux-là aiment les belles choses, les saines traditions et l'art, ils trouveront chez vous l'apaisement, l'oubli peut-être...

. . . .

Quatre heures et demie du soir ; à bord du *Mallorca*. — La baie garde comme un frisson des tempêtes dernières qui, la veille encore, agitaient les flots. Le soleil semble incendier la ville, dont la cathédrale, gigantesque reliquaire d'or, s'élance dans l'air bleu. Une lune très pâle, au disque agrandi, nage tout là-haut, et de blanches mouettes passent sans cesse sur son front décoloré.

Nous partons : les quais fourmillent de monde. Le long du môle quelques mouchoirs s'agitent. Je vois l'ami Sellarès, son aimable femme et son jeune fils, jusqu'au dernier moment m'adressant des signes d'adieu.

Il est doux, à ces heures de départ, d'avoir pressé des mains cordiales et de se sentir accompagné par de bons regards attendris.

Un dernier coup d'œil au castillo de Bellver, à Portopi, l'ancien port des Arabes, avec ses deux tours sarrasines défendant l'entrée, qu'une chaîne fermait le soir, et là-bas, aux monts de Soller et de Valldemosa, où des brumes épaisses rampent lourdement dans les ravines.

Le soleil descend à l'horizon; le navire étincelle sous des rayons de feu, ses grandes roues sont couvertes d'écume blanche marbrée de rose ; à l'arrière, un immense sillage d'argent et d'émeraude nous relie à Palma.

Voici la nuit, un phare brille, la Dragonera se dresse sombre et farouche.

... Cap au nord sur Barcelone, où nous arriverons demain.

OUVERTURE SUR LA MER AUX CAVERNES DU DRACH.

ENTRÉE DU PORT DE MAHON : LE « CASTILLO DE SAN FELIPE ».

CHAPITRE V

MINORQUE

MAHON. — UNE VILLE BLANCHE. — LES SÉRÉNADES. — LES FÊTES DE NOEL. — ANCIENNES COUTUMES. — LE *monte Toro* — LES *Talayots*. — LES ESCARBOTS DE L'*Ave Maria*. — LES CORDONNIERS MÉLOMANES.

PETITE MAHONAISE.

UNE année s'était presque écoulée depuis mon retour de Majorque, et la douce vision de cette île lumineuse ne m'avait pas quitté ; j'aspirais toujours au bonheur de la revoir.

Vers la fin de l'automne, alors que nos contrées se voilent de tristesse et s'imprègnent de langueur, je pus m'enfuir vers la lumière et compléter mon premier récit par des impressions et des observations sur les îles de Minorque et d'Ibiza.

Les débuts de ce second voyage sont loin pourtant d'être de bon augure. Je faisais, l'an dernier, la traversée de Barcelone à Majorque par une belle nuit de lune, rêvant sous les étoiles, murmurant des poésies dont le rythme semblait accompagner la marche du navire. Aujourd'hui c'est à la lueur des éclairs, au fracas du tonnerre, que je reprends la mer sur le vapeur *Nuevo Mahonés*, pour me rendre à Mahon, capitale de Minorque, la seconde île du groupe des Baléares.

La mer est faiblement agitée, mais cet orage, qui s'étend jusqu'à l'horizon, assombri de quelque côté que se tournent les regards, semble être le prélude d'un ouragan. Dans les cabines, une atmosphère lourde suffoque; sur le pont, où se tiennent les passagers, les chaudes bouffées du vent d'orage passent avec des effluves d'électricité énervante.

Une troupe d'acteurs italiens qui va donner des représentations à Mahon est là tout entière, insoucieuse, vivante, apportant un peu de gaieté, sous le ciel tragique, à ce paquebot qui s'en va par la nuit orageuse.

Plus occupés de leurs prochains débuts que des spectacles grandioses offerts par la nature, les artistes, réunis à l'arrière, répètent leurs rôles avec ardeur.

Par instants, un chant plein de fraîcheur, de pureté, s'élève pour s'éteindre aussitôt sous les grondements de la foudre. Tel, dans les bois, surpris par un orage, j'ai entendu un clair chant d'oiseau traversant l'accalmie. Puis c'est un duo passionné, une voix plaintive de femme qui pleure dans la nuit des notes de douleur.

Parfois, à la lueur aveuglante des éclairs, je vois les silhouettes des comédiens se dresser sur le ciel en feu, étranges, comme immatérielles, tandis qu'un lambeau de la *Mascotte* arrive à mes oreilles, déchiré par le vent.

Ces chants et cette gaieté doivent être éphémères; le roulis et le tangage succéderont bientôt aux sons mélodieux; les actrices d'abord, les acteurs ensuite disparaîtront peu à peu dans les cabines, et les airs de la *Mascotte* seront remplacés par les plaintes des passagers, les hurlements du vent dans la mâture et les craquements de la membrure du navire.

La foudre ne cessa de gronder toute la nuit dans l'épaisseur des nuages, tandis que les éclairs sillonnaient les nuées livides.

Vers le matin, le temps devint affreux, et lorsque nous arrivâmes en vue du cap Formentor, que nous devions doubler pour gagner la baie d'Alcudia, où le vapeur fait escale, une effroyable tempête était déchaînée.

Accroché au hublot de ma cabine, l'œil vers la mer, je voyais par instants des falaises abruptes élever leur front sinistre jusqu'aux nues, j'entendais les clameurs des lourds paquets de mer s'écroulant sur le pont.

Dans une des dernières traversées, un vapeur, par un brouillard intense, est allé à angle droit sur ces roches, et son avant s'est écrasé contre la paroi. La marche était extrêmement lente; avec un peu plus de vitesse ou une mer agitée, c'en était fait de lui. Les pêcheurs rapportent que des ferrures du navire ont pénétré dans la falaise, où l'on peut les voir encore, scellées en quelque sorte dans la muraille rocheuse.

Nous doublons bientôt ce cap tant de fois témoin de tempêtes et de naufrages; nous voici abrités, et la mer est calme lorsque nous jetons l'ancre dans la vaste baie d'Alcudia.

L'antique cité, située sur la pente d'une colline, à 2 kilomètres environ du rivage, a eu des destins capricieux : elle a connu la grandeur et la décadence. Après avoir joué souvent les premiers rôles dans l'histoire de Majorque, disputant même à Palma le titre de capitale, elle est devenue pauvre par la suite et enfin presque abandonnée.

Fondée par les Romains et certainement fortifiée par eux, comme en témoignent l'antique porte ornée d'arabesques produites par les morsures du vent et du soleil, et les restes de ses premiers remparts, son état fut florissant sous le règne de don Jayme II. Une partie de la noblesse de Majorque s'y réfugia plus tard pour résister aux pagésos révoltés, et l'empereur Charles-Quint lui donna à la suite le titre de « cité très fidèle ».

Avant les travaux de canalisation et d'assainissement de l'*Albufera*, marais du voisinage, la cité d'Alcudia était si malsaine que ses habitants l'avaient désertée. M. Grasset de Saint-Sauveur, qui l'avait visitée au commencement de ce siècle, dit : « En entrant dans cette ville infortunée, on se croit transporté dans le séjour des morts; les maisons offrent le spectacle effrayant d'une masse de tombeaux, et les citoyens l'image douloureuse de spectres. »

La situation d'Alcudia, entre les deux plus beaux et les plus vastes mouillages de l'île, situation si avantageuse pour le commerce et pour la navigation, fit songer à la repeupler. Le gouverneur de Majorque, pour atteindre ce but, promit une somme d'argent, une certaine quantité de terrain et la propriété des maisons restées sans habitants, à quiconque irait s'établir à Alcudia.

Mais la cité repeuplée est demeurée pauvre; on n'y boit que de l'eau de citerne, et les cultures de son territoire paraissent languissantes.

D'Alcudia à Mahon nous avons encore à effectuer une traversée de sept ou huit heures. Les vents du nord et d'ouest soufflent et hurlent dans le canal formé par les deux îles, bouleversant les flots. C'est souvent un rude voyage : il arrive même parfois aux navires sortis de la baie de se hâter de rentrer au refuge, ne pouvant tenir la mer. Dans ces parages les trombes marines se forment fréquemment. J'ai vu moi-même, des hauteurs de la côte du nord de Majorque, un mois environ après cette traversée, le ciel s'abaisser et allonger ses nuages jusqu'à la mer en immenses trompes noires. Le spectacle était imposant, je compris qu'un vaisseau pouvait disparaître comme un grain de poussière à travers ce puissant météore.

La tempête, quoique un peu apaisée, nous accompagna pourtant jusqu'à Mahon.

Je considérai longtemps les côtes déchiquetées de Minorque que nous suivions à distance, toute frangées d'écume, perdues dans l'embrun, et le *monte Toro*, la plus haute montagne de l'île, qui élève un cône tout arrondi comme les puys de notre Auvergne.

A la *isla del Ayre* (l'île du Vent), située à la pointe sud-ouest de la côte, la mer

LA PORTE ROMAINE D'ALCUDIA.

déferlait furieusement, et c'est, pour ainsi dire, en traversant l'écume des vagues, que nous arrivâmes à doubler le cap.

Le calme se fit tout à coup : nous entrions dans le port de Mahon. A droite s'élève un haut promontoire dont les précipices s'écroulent tout rouges dans la mer comme si la montagne saignait encore d'anciennes blessures. Une antique tour de guet (*atalaya*) se dresse à son sommet. Ce promontoire, nommé *la Mola*, est le dragon qui garde l'entrée du port. De toutes parts s'alignent des travaux fortifiés, hérissés de batteries. Les canons, la gueule ouverte dans les embrasures, ont l'air de monstres qui vous guettent. L'aspect de la Mola est grandiose.

Le port de Mahon s'enfonce dans les terres, vaste, tortueux, plein d'autres bassins secondaires dans les replis de son rivage. Les Mahonais prétendent que toutes les escadres du monde pourraient s'y tenir abritées sans être aperçues l'une de l'autre. Les marins des mers latines répètent avec quelque raison ce dicton attribué au fameux André Doria : « *Junio, julio, agosto y Puerto Mahon, los mejores puertos del Mediterráneo son* (Juin, juillet, août et Port-Mahon sont les meilleurs ports de la Méditerranée). »

En face de la puissante Mola l'entrée du port est bordée par les anciennes fortifications ruinées du *castillo de San Felipe*, renommées autrefois.

Nous voyons tour à tour : le lazaret, immense, commencé sous Charles IV, inachevé encore ; l'île *del Rey* (du Roi), où est bâti l'hôpital militaire : les Anglais la nommaient *the Bloody island* (l'île du Sang) ; Villacarlos et ses maisons claires ; l'îlot de *los Ajusticiados* (des Condamnés à mort), dit du Golgotha, *illa Redona* (île Ronde) parmi les gens de mer, ou *illa de ses Rates* (des Rats) chez les gens du peuple. C'est dans cet îlot qu'étaient exécutés et enfouis les condamnés durant la domination anglaise.

LE SAMEDI AU FAUBOURG DE « SAN CLEMENTE ».

Bientôt le *Nuevo Mahonés* s'arrête, tout frémissant encore des rudes assauts qu'il a supportés, la cheminée toute blanchie par les éclaboussures des vagues, devant la ville de Mahon.

Elle s'élève en amphithéâtre, cette ville, pleine de lumière, éblouissante de blancheur, avec des ombres aux pâleurs de marbre. Des assises de roches rouges supportent les maisons, qui ont l'air suspendues au-dessus des flots. Les nuages mouvants passent là-haut sur son front d'albâtre tout moiré de rayons d'or, et ses pieds trempent dans l'azur. L'azur au front, l'azur à la base, cette ville diaphane, sorte de lumineuse apparition, semble voguer toute blanche par les airs. Du port on ne soupçonnerait pas son importance : le quartier de la Marine seul se dresse devant les yeux ; mais sur des pentes qu'on ne voit pas et jusque tout au loin, elle étale sous le ciel le charme étrange de sa blancheur, on pourrait presque dire de sa pureté.

Ce qui frappe en pénétrant dans cette ville, c'est la lucidité de l'ombre, sa transparence, l'éblouissement du soleil sur les murs. Les passants piquent d'une note intense la sérénité de ces ombres d'opale ; le prêtre au grand manteau flottant qu'on peut rencontrer paraît s'avancer dans des lueurs immatérielles.

Allez droit devant vous en quittant le vapeur, évitez la voiture qui fait un grand détour, gravissez les rues de la Marine à pente raide et demandez l'hôtel *Bustamante*. Là des serviteurs s'empresseront, le maître de la maison rôdera autour de vous, cherchant à deviner vos goûts, et si vous manquez d'appétit, il vous grondera doucement. On ne peut être plus patriarcal et plus complaisant.

Mahon est d'une propreté extraordinaire ; le pavé des rues lui-même semble lavé et brossé chaque jour.

Tous les samedis, dans cette ville de même qu'à Ciudadella et dans les villages de l'intérieur de Minorque, les ménagères procèdent au blanchissage extérieur de la maison à l'aide du lait de chaux et au lavage des escaliers et des planchers. Si une fête religieuse a lieu dans le courant de la semaine, on s'occupe la veille de ce nettoyage. C'est un spectacle bien amusant que celui de ces femmes armées de petits balais en palmier nain, munies d'un vase plein de lait de chaux, s'escrimant dès le matin après les murs, lavant, brossant, peignant, emmanchant parfois leur pinceau au bout d'un grand bâton pour arriver plus haut. Cet amour de la blancheur et de la propreté, tant intérieure qu'extérieure, est poussé si loin que j'ai vu plusieurs maisons à Mahon dont le toit de tuiles lui-même disparaissait sous une couche blanche comme neige.

Mais si un deuil frappe la demeure, les murs ne seront pas blanchis d'une semaine, d'une quinzaine, d'un mois, selon le degré de parenté ou les regrets laissés par le défunt. On a vu parfois cet abandon durer six mois : c'était alors une douleur inconsolable ; le cas est assez rare, même à Mahon.

Ce qui prouverait que la propreté de ce pays n'est pas superficielle, c'est que les punaises y sont inconnues même de nom. Les demeures que je visitai — et j'eus occasion de pénétrer dans plusieurs — sont tenues avec un ordre méticuleux ; je ne crois pas qu'il y ait au monde, en exceptant quelques villes de Hollande, un pays où l'on puisse se piquer d'un tel soin.

PORT-MAHON.

Dans les greniers des paysans tout est classé avec méthode, et du plancher aux poutres on ne pourrait, je crois, découvrir des traces de poussière.

Je devais à mes amis de Majorque d'être bien accueilli par quelques personnes au nombre desquelles se trouvait M. Valls, vice-consul de France, qui apporta le plus grand empressement à m'accompagner dans mes excursions aux environs de la ville.

Je pus ainsi voir, en société aimable, *Villacarlos*, habité presque exclusivement par des marins, où s'alignent de vastes casernes abandonnées qui pouvaient contenir jusqu'à trois mille hommes d'infanterie, et *San Luis*, où les Mahonais vont en promenade, dont le vin est renommé; ses habitants aiment, dit-on, la propreté jusqu'à en devenir maniaques.

Ce village de San Luis, blanc de neige sous le ciel bleu, aux moulins à vent agitant dans les airs leurs voiles éclatantes, aux pigeons qui flottent dans ce rêve en quelque sorte aérien leur queue seule étalée comme un éventail noir dans les rues marmoréennes, me frappa vivement. Imaginez des maisons d'une blancheur immaculée sur lesquelles le soleil brille dans un air doux. Au couchant elles deviennent toutes d'un bleu pâle, tandis que des rayons d'or ou roses flambent sur des pans de murailles comme des plaques de métal en fusion. Tout paraît alors immatériel, surnaturel, impalpable. C'est une symphonie de blanc et de bleu tendre. Les toits sont souvent complètement blanchis, et parfois des raies claires divisent la toiture en compartiments égaux. L'extrême bord des trottoirs est également marqué par une ligne blanche.

En dehors de M. Valls j'eus le plaisir de connaître un savant ecclésiastique, descendant du grand chimiste Orfila. La famille Orfila est originaire de Collioure, en Roussillon. L'abbé Cardona y Orfila, qui ignore peut-être cette origine, est un homme d'étude, très estimé à Mahon, tant pour son érudition que pour l'affabilité de son caractère et l'intérêt particulièrement dévoué qu'il porte à tout ce qui touche à sa chère île Minorque.

Il a formé, après bien des années de recherches et de labeurs, une merveilleuse collection de coléoptères et de coquillages.

Là sont venues s'étaler les richesses des mers tropicales : mollusques gigantesques de la Polynésie, grands tritons, argonautes légers en forme de bonnet phrygien, nautiles opalins, valves larges et épaisses de l'*aronde* ou avicule perlière aux précieuses concrétions, casque de Madagascar, rocher fine-épine si délicat, *Voluta*, *Trochus niloticus*, volute impériale, etc. En tout, neuf mille espèces environ. L'œil est émerveillé, l'intelligence est confondue: partout de charmants ouvrages d'une délicatesse de détails infinie, des bijoux microscopiques, des formes élégantes, gracieuses, singulières, hautaines, des travaux défiant le plus habile lapidaire; des couleurs superbes, les unes éclatant comme des fanfares, les autres adoucies, harmonieuses; des pâleurs d'aube, des clartés lunaires, des reflets de soleil, d'agates, de topazes, de rubis, d'émeraudes.

Ce monde de splendeurs est venu de tous les points du globe, ayant vécu au fond des mers à travers une flore vivante dans le prodigieux mystère du monde sous-marin. Ces merveilles de forme et de couleur ont frôlé des monstres à la démarche oblique, une infernale légion de hideux animaux armés de tenailles, de scies, d'épées, de casques, de boucliers, de cuirasses, de poignards, munis de pattes crochues, de carapaces épaisses, peuple de combat commettant des forfaits, luttant sans cesse pour la vie, dans le mystère des entrailles crépusculaires de l'océan.

En dehors de cette superbe collection et de celle de M. Pons y Soler, consistant en majoliques, armures, etc., épaves des anciens dominateurs de Minorque, on peut citer la création récente d'un musée, due à l'initiative de M. Seguy Rodriguez, avocat. Mais Mahon, qui possède trois théâtres, dont un opéra, une scène de comédie et un casino, a des églises insignifiantes au point de vue architectural et un seul monument un peu intéressant : l'Ayuntamiento, à peine centenaire.

On peut mentionner cependant l'église paroissiale de *Santa Maria*, dans laquelle résonne un orgue célèbre, et l'ancien couvent des Franciscains et des Carmélites.

LA PORTE BARBEROUSSE.

L'ancienne porte fortifiée de Barberousse a l'avantage de rappeler un souvenir historique :

En 1536 on attendait à Mahon la flotte de Charles-Quint.

Elle fut un jour signalée par les vigies, et des navires s'avancèrent dans le port, tandis que la population descendait sur le rivage pour les accueillir. Mais bientôt on découvrit une erreur singulière : ce n'était point la flotte attendue qui arrivait, mais celle du corsaire Barberousse. Les habitants rentrèrent en hâte dans la ville et se préparèrent à la défense.

Barberousse envoya aussitôt des parlementaires; la porte qui a pris son nom depuis s'ouvrit pour les laisser pénétrer; mais les hommes d'armes, mettant à profit cette circonstance, firent irruption dans la ville, qui fut obligée de capituler.

L'histoire rapporte que, les conditions de cette capitulation n'ayant pas été

L' « AYUNTAMIENTO ».

observées, la cité fut mise à sac et ses habitants réduits en esclavage. Six d'entre eux, qui avaient conseillé la reddition, furent écartelés par ordre du gouverneur de l'île, à Ciudadella, où ils s'étaient réfugiés.

Minorque a été longtemps une proie convoitée et a subi, par suite, bien des vicissitudes. Les armements à outrance du continent ont-ils aujourd'hui un retentissement dans ce pays, ou bien le souvenir des épreuves passées hante-t-il encore la mémoire des populations? Ce dernier motif suffirait pour justifier les travaux qui rendent l'entrée du port de Mahon périlleuse en cas d'attaque.

En 1536, comme nous avons vu plus haut, la ville est mise à sac. Deux ans plus tard les Turcs envahissent Minorque ; mais en 1708 les Anglais s'en emparent. Une quarantaine d'années plus tard les Français enlèvent aux Anglais cette île, que leur rend le traité de Fontainebleau (1762). Vingt ans après, les Espagnols, commandés par le duc de Crillon, s'en rendent maîtres, mais les Anglais la reprennent bientôt, et après une domination éphémère le traité d'Amiens en fait recouvrer la possession aux Espagnols.

L'occupation française avait été acceptée avec empressement dans ce pays très religieux, parce qu'elle délivrait l'île du protestantisme des Anglais ; mais cette occupation a été de peu de durée, elle n'a laissé d'autres traces matérielles que la belle église de San Luis, qui porte cette inscription sur sa façade :

Divo Ludovico sacrum dedicavere Galli. An. MDCCLXI.

J'ai eu la joie de constater à Minorque une sympathie profonde pour la France, qu'expliquent des affinités de race et d'éducation.

Quant à l'occupation anglaise, elle est pour les Minorquins un douloureux souvenir ; ils ne peuvent oublier le despotisme égoïste de ces dominateurs.

Ce que les Mahonais ont retenu des Anglais consiste seulement en quatre ou cinq cents mots qui se retrouvent encore dans le dialecte du pays, en quelques jeux d'enfants, et dans l'usage des fenêtres à coulisse. De plus les menuisiers, les maçons, ont perfectionné avec eux leurs outils, leurs travaux même, et ont appris à donner aux habitations une apparence plus froide, plus rigide et plus *confortable*. Les habitants de Minorque ont abandonné à ce contact la forme simple et caractéristique de leur costume.

PORTEUR DE VIN.

La population de Mahon, approchant de 17 000 âmes seulement, n'est point en rapport avec l'étendue qu'elle occupe. Les maisons sont presque toutes pourvues d'une cour et d'un jardin, fort vaste quelquefois, et sont généralement habitées par une seule famille.

Les Minorquins vivent d'une vie patriarcale ; ils sont pourtant arriérés en bien des points; ainsi, en médecine, ils suivent encore dans toute sa rigueur la méthode thérapeutique de Broussais, dans la campagne surtout.

Le docteur Colorado, de Mahon, ami du progrès, suivant d'un œil attentif les grandes découvertes modernes, fervent adepte de l'homéopathie, me disait qu'il était impuissant à réagir contre ces coutumes et ce parti pris des médications surannées.

Il me racontait que lorsqu'il est appelé auprès d'un malade dans l'intérieur de l'île, il trouve toujours sur une table, auprès du lit, une cuvette et des bandelettes, que le patient lui désigne en tendant aussitôt son bras pour se faire pratiquer une saignée.

La famille tient autant que lui à cette opération. Si le malade succombe, il meurt du moins l'esprit tranquille, disent-ils.

En parcourant les rues de Mahon, on voit fréquemment les enseignes des *Praticantes sangradors*.

Le matin ces rues offrent un spectacle très animé : les campagnards arrivent, portant le vin dans des cruches recouvertes de sparterie, de formes variées et de toute dimension, pittoresquement échafaudées en pyramide, attachées au hasard d'une corde sur le dos de quelque mule.

UNE SÉRÉNADE A MAHON.

SÉRÉNADES.

Ici les eaux ménagères ne vont pas au ruisseau, il est même expressément défendu de les répandre au dehors : on doit les conserver dans des récipients pour les verser aux *carros dels xuchs*. Ce sont des charrettes basses, formées d'une sorte de tonneau, traînées par des ânes minables, étiques, au long poil sec, pendant ou hérissé par endroits, qui vont, la tête basse, en philosophes, sorte de misère ambulante ; certaines, traînées par des mules, n'ont pas cet aspect pitoyable. Le conducteur passe dans chaque maison et prend les eaux sales, qu'il vide dans le tonneau.

Le soir, ces rues pittoresques, enveloppées d'ombre diaphane, sont imprégnées d'une grande poésie. Par les nuits de lune, j'allais, au hasard, appelé par le bourdonnement lointain d'une guitare, et je surprenais une sérénade sous quelque balcon. Souvent un jeune homme, appuyé contre un mur, soupirait un ancien chant d'amour en frôlant doucement les cordes, tandis que sur un balcon baigné de pâles clartés je devinais sous une tenture une forme féminine. Je me gardais de troubler cette scène, que j'épiais d'un coin obscur.

D'autres fois on entend des conversations qui sont engagées de la rue au premier ou au deuxième étage.

Les jeunes gens, dans ce pays, ont une singulière façon de faire la cour aux jeunes

« EL CARRO DELS XUCHS ».

filles. Ils ne sont pas reçus immédiatement dans la maison, mais les familles autorisent les longs dialogues, les longs regards, de la rue à la fenêtre, et réciproquement. Celle-ci est quelquefois haute et grillée. Lorsqu'il survient des suites fâcheuses, les parents se creusent la tête sans pouvoir comprendre comment un tel accident a pu se produire dans de pareilles conditions.

Mais ces cas sont rares : Minorque est la terre chrétienne, le pays des coutumes patriarcales, où les traditions se sont conservées intactes.

Les fêtes de famille ont gardé là une importance singulière et une attachante naïveté.

A Mahon et dans toute l'île de Minorque, la population est très affairée aux approches de Noël par la fabrication de crèches, dont quelques-unes sont vraiment des œuvres importantes, emplissant de vastes salles.

Le plafond s'y transforme en firmament, la scène est occupée par les rois mages chargés de présents, par des chameaux, des nègres, des serviteurs qui marchent dans un désert guidés par l'étoile biblique.

On exécute d'abord ces crèches pour intéresser les petits enfants, puis les parents et les voisins s'y complaisent, ne cessant d'y ajouter quelque nouvelle invention. Quelquefois toute la vie du Christ passe sous les yeux jusqu'aux heures lugubres du Golgotha, lorsque la nuit se fit et que le voile du temple se déchira. Souvent on y voit la mer sillonnée par des bateaux à vapeur, des canots de plaisance; les anachronismes les plus insensés y sont de mode : les navires, armés de canons, tirent des bordées, par exemple.

D'autre part des chasseurs parcourent la campagne en temps prohibé, le gibier fuit, on entend des coups de fusil : les gendarmes arrivent pour s'emparer du chasseur, qui s'échappe, son chien sur les talons.

Parfois ce sont des scènes originales qui n'ont rien de commun non plus avec Noël : un homme est assis devant un petit lac, la bouche grande ouverte ; les poissons sautent vivement hors de l'eau et vont dans son gosier, il les rejette, et c'est ainsi tout le temps.

Puis vient la quête ; un bonhomme passe, une sébile à la main, tapant fortement pour attirer l'attention.

Les visiteurs s'empressent de lui faire l'aumône. Si la pièce de monnaie est bonne, il court la déposer dans un tronc *ad hoc*; si elle est fausse, il la renvoie, au contraire, furieusement hors de la crèche.

D'autres fois, tous les corps de métier sont représentés ; tout un petit monde de cordonniers, de charpentiers, de menuisiers, de vanniers, etc., travaille avec ardeur ; saint Joseph occupe une place d'honneur, où il ne cesse de scier du bois.

Tous les soirs, la population va de l'une à l'autre de ces crèches (*bethléems de pastous*, comme on les nomme), depuis la Noël jusqu'à la fin de janvier, et ce sont toujours de nouvelles surprises et de grands cris d'admiration.

On voit aussi, à cette même époque de l'année, les crèches à manger ou bethléems de confitures. Mais celles-ci ne durent que les trois ou quatre jours des fêtes de Noël, chez tous les pâtissiers.

La boutique, étincelante de lumière, est garnie de fleurs, de tentures, tandis que sur une grande table s'étalent une infinité de plats, contenant chacun une qualité spéciale de pâtisserie.

Les pâtissiers rivalisent entre eux, et c'est à qui offrira le coup d'œil le plus tentant. On les voit présider en grande toilette, avec le personnel de leur établissement, tandis que les enfants, accompagnés par leurs parents, tournent autour de la table, éblouis et les yeux pleins de convoitise.

Les églises voient se perpétuer une pratique spéciale à Minorque. La veille de Noël, au matin, on chante solennellement, avec accompagnement d'orgue et de musique, la *calenda*, en liturgie le martyrologe du jour. Douze enfants vêtus de blanc, désignés sous le nom de *sibylles*, ayant des cierges énormes à la main, se tiennent debout de chaque côté du chanteur.

Entre temps, dans la sacristie se prépare une boisson composée d'eau-de-vie, de sucre et d'anis, qu'on boit tout en mangeant des dragées ; on l'appelle *la calente* (la chaude). Elle est payée par celui qui s'est offert pour chanter gratuitement le martyrologe.

La cérémonie terminée, le prêtre, le chanteur, les sibylles boivent ensemble la calente.

Dans certaines maisons, en dehors du dindon traditionnel des fêtes de Noël, on fait cuire des petits cochons au four.

Une coutume patriarcale veut que pour la Noël les garçons et les filles, jusqu'à la seizième année même, rendent visite à leurs parrains.

Les enfants s'avancent les bras croisés sur la poitrine, saluant de la tête et de la voix ; les parrains et marraines donnent alors leurs mains à baiser à leurs filleuls et leur offrent ensuite des gâteaux de forme conique spéciaux, du *touron*, et autres friandises. Les plus âgés sont gratifiés de pièces de monnaie.

— A Minorque, chaque famille eut toujours, de novembre à la fin de janvier, un ou plusieurs cochons.

Ces *matansas de porcs*, comme on les appelle, donnent lieu à d'intéressantes fêtes de famille. A cette occasion tous les parents se réunissent, sous la présidence des aïeuls. Une centaine de personnes se trouvent ainsi quelquefois ensemble, enfants, petits-enfants, oncles, tantes, pères, mères, cousins, etc.

Tout d'abord on met aux plus petits enfants un tablier blanc et des manches jusqu'au coude, également blanches ; tandis que tout le monde est occupé soit à tuer le cochon, soit à le transformer en toutes sortes de charcuterie, ces enfants vaguent par la rue en chantant :

> *Faldaret defora,*
> *Faldaret dedins,*
> *Tanca sa porta,*
> *Y fiquet en dins.*

Les tout petits, qui ne peuvent suivre les autres, attendent avec impatience qu'on leur délivre la mâchoire inférieure de l'animal, qu'ils attachent avec des cordes, et, l'ayant ainsi transformée en brouette, la traînent dans les cours et les jardins du logis, chargée de petits objets, rameaux, pierres, etc.

Ainsi tout le monde est occupé, les enfants sont distraits et n'encombrent pas.

Cette mort du cochon est une grande fête pour la maisonnée. Le premier jour on travaille avec ardeur jusqu'à la nuit, laquelle se passe ensuite en jeux innombrables, rares et anciens.

Un de ces jeux consiste à attacher avec une épingle sur le derrière d'un homme un ruban de papier qu'on nomme *el tio* (le tison). Ainsi orné, l'individu s'en va faisant lentement le tour de la société, la tête baissée, les mains sur les genoux, le dos arrondi, tout en remuant son derrière, tandis qu'un autre le suit avec une lumière.

Le premier chante (mélange d'espagnol et de mahonais) :

« *No me lo encendras*
Lo tio de detras. »
(Tu ne m'allumeras pas
le tison de derrière.)

Le second répond :

« *Si te lo encendre,*
Lo tio de paper. »
(Je te l'allumerai,
le tison de papier.)

Il est très difficile d'allumer ce papier, et les deux individus vont longtemps tout autour de la salle sans résultat, mais toujours en chantant, tandis que les spectateurs se tiennent les côtes et rient aux larmes.

Le curé de la paroisse est invité à toutes ces agapes et partage les jeux des familles ; il froisserait beaucoup ses ouailles s'il se dérobait.

Le lendemain, vers midi, tout est fini. On fait alors un grand dîner composé de poisson et de viande de porc.

Le mets saillant est cuit sur le brasier, c'est le *poultroú*, le plus gros boudin de l'année d'avant, qu'on a conservé pour cette circonstance. Il est énorme et pèse deux ou trois kilogrammes. On le découpe sur la table tout brûlant et on le mange en l'arrosant de miel.

On nomme le découpage « tuer le *poultroú* ».

On n'en finirait pas s'il fallait relater toutes les coutumes de Minorque. Il en est encore une que je ne puis pourtant passer sous silence, car elle garde un parfum primitif bien rare. Au printemps, les travailleurs parcourent la nuit les fermes en chantant des chansons catalanes, qu'ils accompagnent avec des guitares, des *guitarons* (petites guitares) et des *mandourrias* (sortes de petites guitares aplaties). Ils s'en vont dans les sentiers odorants, tandis que tout sommeille, jusque devant les fermes perdues dont la façade blanchit vaguement sur quelque coteau, à travers les feuilles nouvelles. Là ils se rangent, silencieux, devant l'antique portail et préludent en sourdine.

La guitare bourdonne peu à peu davantage, les voix s'élèvent, tantôt à l'unisson, tantôt se séparant en tierces harmonieuses.

Le rossignol qui, caché dans les branches, jetait par intervalles, à travers la nuit, la fraîcheur mélodieuse de son chant, s'est tu, pour écouter peut-être.

Les voix humaines vont grandissant, le son des guitares s'accentue, les fenêtres s'ouvrent discrètement.

Et lorsque ces chants religieusement écoutés ont cessé, des flambeaux s'allument çà et là, la grande porte de la ferme s'ouvre, et ces musiciens du printemps sont invités à pénétrer dans la demeure. Après les avoir restaurés et rafraîchis, on va remplir leurs besaces, leurs paniers, d'œufs, de saucisses, de ce pain de Minorque d'une si merveilleuse blancheur, de quelque bouteille d'un vin semblable à un flot de rubis.

Ils vont ainsi de ferme en ferme jusqu'aux premières lueurs de l'aube, et, par des sentiers baignés de rosée, à travers des champs d'asphodèle, de romarin, de cytise, ils gagnent le bord de la mer.

Puis ils demeureront toute la journée devant les flots azurés, redisant encore pour eux-mêmes les naïves musiques du passé, sommeillant dans le creux d'une roche, mangeant ensemble joyeusement le produit de la tournée nocturne.

Cette coutume du temps pascal fut apportée par les Catalans et les Aragonais venus avec Alphonse III pour conquérir l'île de Minorque en 1286.

Les chants sont fort anciens ; je les avais entendus dans la Catalogne française, où les vieilles coutumes vont se perdant de jour en jour.

Les Minorquins me paraissent, du reste, avoir conservé la plupart des coutumes catalanes dans toute leur intégrité.

Les médailles nombreuses trouvées à Minorque attestent, en quelque sorte, les dominations successives, les invasions passagères qu'elle a subies et peut-être aussi l'établissement de comptoirs. Beaucoup de ces médailles datent des Phéniciens, des Carthaginois, des rois de Macédoine. Certaines ont une origine celtibérienne. Il en est de quelques villes grecques, comme Athènes, Éphèse, Samos, également de Nîmes, de Marseille, des municipes et colonies espagnoles sous la domination romaine, enfin de presque tous les empereurs.

— Les environs de Mahon, arides, rocailleux, ne m'attiraient guère, et je ne fis qu'une seule excursion, à *San Antoni*, avec l'abbé Cardona.

Le docteur Colorado, que je voyais souvent, insistait beaucoup pour me faire passer une journée dans une maison de campagne qu'il possède vers les contreforts du monte Toro. Je me décide enfin, et nous partons un soir pour aller coucher à *San Carlos*, nom de sa propriété.

Les premières lueurs de l'aube blanchissaient vaguement le ciel, le lendemain, tandis que nous gravissions le mont par un sentier rude, tortueux. Du côté de l'abîme, une muraille en pierres sèches, à demi éboulée, garantit un peu contre les chutes. Mais ce n'est pas sans un sentiment de terreur que l'œil mesure la profondeur des précipices qui bordent le chemin.

Le monte Toro est le mont le plus élevé de Minorque (357 mètres); il se dresse à peu près au centre de l'île. Les navigateurs connaissent ce cône, surmonté d'un monastère en ruines, qu'ils aperçoivent de loin et dont ils se hâtent de fuir les parages par les gros temps; par les belles journées il leur assure au contraire un point de repère utile.

On y faisait jadis des pèlerinages qui étaient fort pénibles. Des hommes, des femmes même, à la suite de quelque vœu, gravissaient le mont pieds nus; certains même ont poussé la dévotion jusqu'à effectuer ce chemin à genoux, en récitant lentement le rosaire.

UN « TALAYOT ».

Au commencement du siècle on montrait encore dans le monastère, alors un couvent d'Augustins, une sculpture grossière représentant un taureau découvrant à coups de cornes une image de la Vierge. D'après une antique croyance, la montagne devrait son nom à ce miracle. On aurait plutôt raison sans doute de faire dériver le mot *Toro* de celui de *Tor*, qui, en langue arabe, signifie élévation. Cette étymologie paraît plus naturelle.

Arrivé sur le plateau, la scène a une telle grandeur que le spectateur demeure stupéfait. Il se trouve comme au-dessus d'une immense carte géographique en haut relief. L'île s'étale sous ses yeux jusqu'à la mer lointaine. « Ici, me disait Colorado, à nos pieds est la ferme de *San Nicolau*, plus loin celles de *Bini Homaya, Bella Mirada, Bini Mellá*, et puis la plaine dite *es Martinell*, ensuite une dépression voisine du port de *Fornells*, et tout au loin la mer du nord de Minorque. »

Il dirigea ensuite mes regards d'un autre côté, vers Mercadal, sur un amoncellement de roches nues, escarpées et désertes. « Voilà le mont *Santa Agueda* (Sainte-Agathe), me dit-il. Voyez, la roche est pelée, les entrailles de la montagne sont comme entr'ouvertes; les vents, les pluies, les météores ou quelque secousse de tremblement de terre ont accéléré l'éboulement des terrains. La pente en est rude; un escalier taillé dans le roc, dont les marches sont gigantesques, y donne seulement accès.

COUP D'ŒIL SUR KINODOCF, DES HAUTEURS DU « MONTE TORO ».

« Sur le sommet voyez aussi une chapelle dédiée à la sainte ; c'était un lieu de pèlerinage, fréquenté autrefois par les femmes atteintes de maladies des seins.

« Ce mont a été un des postes militaires les plus anciens de l'île. Les Romains avaient profité d'une situation si avantageuse, et les Maures, maîtres de Minorque, le fortifièrent et s'y défendirent longtemps. « Quand en 1287 Alphonse III, roi d'Aragon et de Majorque, débarqua dans cette île, il infligea coup sur coup deux défaites aux Maures ; vers Alhayor, dans un col que nous apercevons d'ici, nommé *es coll d'es Vent*, il les mit complètement en déroute. Les débris de l'armée mahométane se réfugièrent alors dans le *castillo de Santa Agueda*, où ils furent obligés de se rendre après une résistance héroïque.

« Cette forteresse, dont la tour de l'*homenage*, haute de 18 mètres, existait encore au commencement du siècle, a été peu à peu détruite. La base existe encore, transformée en bâtiment de ferme, et les vieilles murailles s'effritent de jour en jour. »

Je suivis longtemps des yeux les ondulations de cette terre décharnée, balayée par tous les vents, par le vent du nord surtout, qui souffle avec rage, sanglotant sur la mer, hurlant dans les ravines, grondant à travers la rocaille, fouettant les arbres affolés, éperdus, qui se courbent, s'écrasent et rampent sur le sol.

De ces hauteurs le regard plane jusqu'à l'infini sur une immensité de montagnes pareilles à des vagues qui, immobilisées tout à coup, se seraient figées et seraient devenues de pierre.

Sur ces flots rigides, une végétation âpre, déchiquetée, épineuse, rabougrie, torturée, tremblante, a l'air de s'être mise comme à ramper, toute craintive, par endroits.

Les vents de mer, chargés de vapeurs amères qu'ils ont ramassées dans le ciel du golfe ou arrachées en passant à la crinière des vagues, pénètrent les roches poreuses d'une humidité persistante ; mais ces embruns salins, auxquels s'ajoutent les chaudes buées charriées par les orages, semées par les nuits, jetées par les nuages qui crèvent en passant, ne peuvent féconder ce sol rocailleux.

La température est changeante à Minorque : un instant le ciel bleu s'étale, d'une pureté incomparable, puis des nuages surgissent tout à coup rapides, déchirés, et fouettent les rochers d'une ondée passagère. Puis ce vent aigre s'apaise, le soleil darde ses rayons, fait étinceler les demeures blanchissantes, met des perles diamantées à chaque feuille, au bord de la corolle des fleurs, absorbe l'eau tombée, et la surface du sol redevient en un instant brûlante.

Tandis que Majorque, toute voisine, abritée des vents impétueux par les côtes de Catalogne et par sa sierra du nord, jouit d'un tiède climat, s'étale en espalier vers l'Afrique, souriante au soleil du sud, recevant les dernières haleines d'un siroco rafraîchi au frisson des flots, Minorque, au contraire, située plus au large, vient barrer en quelque sorte le golfe du Lion et se dresser comme un obstacle devant les flots et les vents irrités qui la frappent avec violence.

Il est difficile de parler de Minorque sans signaler les monuments archéologiques, *talayots*, *navetas*, *taulas*, habitations mégalithiques, menhirs, cromlechs, *antigots*, etc., qui s'y trouvent en nombre considérable. Mon insuffisance étant complète en ces matières, j'ai eu recours aux lumières d'un savant de Mahon, M. Juan Pons y Soler, et voici ce qu'il m'écrit à ce sujet :

Au point de vue de leur origine, les monuments archéologiques de Minorque forment deux catégories bien distinctes :

« 1° Ceux qui ne se rencontrent qu'aux Baléares et particulièrement à Minorque et qui sont les *talayots*, les *navetas*, les *taulas* ;

« 2° Les monuments connus dans d'autres pays, tels que : grottes ayant servi d'habitations ou de sépultures, habitations mégalithiques, menhirs, alignements de menhirs, cromlechs, enceintes, murs, etc.

« Diodore de Sicile est le seul écrivain de l'antiquité qui en fasse mention, mais d'une façon un peu vague d'ailleurs.

« Parmi les modernes MM. John Armstrong et le docteur Juan Ramis s'en occupent dans leurs histoires respectives de Minorque. Ils leur assignent une origine celtique, et cependant il n'est nullement prouvé que les Celtes aient occupé l'île.

« D'autres écrivains plus tard les ont copiés en augmentant leurs erreurs. Ils ont, par exemple, donné le nom de dolmens aux *taulas*, qui n'ont aucun rapport avec eux. M. Émile Cartailhac, qui a séjourné quelque temps aux Baléares, publie un ouvrage qui certainement aidera à éclaircir l'origine de ces monuments mystérieux.

« Le type des *talayots* est un cône tronqué à peu de distance de sa base, et formé par de grands blocs de pierre dont les faces internes sont grossièrement aplanies en vue d'une plus grande stabilité. Ces pierres sont disposées en assises parallèles ; chacune de ces assises est constituée par une seule rangée de pierres.

« Tous les talayots un peu conservés, tous ceux que nous avons vu démolir, sont ou étaient terminés par une plate-forme horizontale, sans aucun parapet pour la défendre ni aucune couche de terre pour la niveler. Ces constructions, comme on le voit, n'ont aucune ressemblance avec les constructions cyclopéennes. Elles ont seulement quelque analogie avec les *nuraghi* de la Sardaigne, mais il est possible que ceux-ci soient plus modernes ou que leurs constructeurs aient eu de plus grandes connaissances architectoniques. Les nuraghi pourraient être un perfectionnement des talayots, et M. Sampere, dans son ouvrage, rappelle avec une grande opportunité que Minorque s'appelait *Nura* dans les anciens temps.

« Certains talayots sont plus soignés dans leur construction que les autres ; je ne crois pas qu'on doive cependant leur assigner une date plus moderne ; le talent personnel des constructeurs peut expliquer ces différences, et ce sont les types, non les détails, qui caractérisent les époques.

« Les talayots se montrent isolés ou par groupes, indistinctement ; ils sont situés sur les hauteurs, dans les vallées, loin ou près de la mer, partout où se

« NAVETA DES TUDONS ».

rencontrent les matériaux nécessaires à leur construction. Il existe plusieurs variétés de ces monuments, ce qui prouve que leurs destinations étaient différentes. Parfois le talayot est entièrement occupé par une chambre ; il pouvait dans ce cas servir d'habitation ou de temple ; l'intérieur de certains d'entre eux n'a qu'un escalier montant à la plate-forme, celle-ci doit être nécessairement l'objet de la construction. Les plus simples d'entre eux sont entièrement remplis de pierres : quelques-uns ont été démolis récemment, et l'on assure qu'ils renfermaient des urnes cinéraires.

« Dans l'une de mes propriétés est un talayot ruiné avec des silos funéraires dans le fond. Plusieurs sont pourvus de cellules extérieures placées à diverses hauteurs et sans symétrie.

« Certains sont traversés par des galeries simples ou bifurquées avec des cellules et par des galeries montant sur la plate-forme. Deux ou trois talayots ont la figure d'un segment de cercle ou d'ellipse.

« On verra l'importance de ces formes anormales à propos des *navetas*.

« Quant à l'époque de la construction des talayots, dans l'état actuel de nos connaissances, on ne peut faire que des conjectures.

« Les *navetas*, diminutif de *nau*, vaisseau, ont la forme d'un navire renversé, la quille en haut. Elles offrent le même système de construction que les talayots.

« La *naveta des Tudons* passait pour unique au monde lorsque j'eus le bonheur d'en découvrir cinq autres; depuis, ce nombre s'est augmenté encore.

« Il y a peu d'années, cette naveta était presque entièrement couverte par de longues dalles de pierre dont les extrémités reposaient sur les deux murs latéraux. Sur le faîte, un alignement de pierres taillées figurait parfaitement la carène, mais ce toit n'existe plus.

« Toutes les navetas ont ou avaient une porte d'entrée très visible, et cette condition ne convenait pas à un tombeau. Les ossements qui ont été trouvés dans quelques-uns de ces monuments peuvent y avoir été déposés par la suite. La destination des anciens monuments de l'île Minorque peut avoir changé avec les coutumes de chacun des peuples qui l'ont occupée pendant une longue suite de siècles.

« On sait que les anciens, ayant un véritable culte pour les morts, surveillaient le choix des tombeaux; les modernes, moins rigoureux, pouvaient s'accommoder des édifices qui étaient à leur portée et les utiliser. Les sépultures peuvent même avoir servi plusieurs fois. Il est ainsi fort possible qu'un Vandale occupe la place d'un citoyen romain, et qu'un pirate barbaresque gise dans une naveta qui fut un temple consacré à Neptune ou à Isis, protectrice de la navigation. Ses petites dimensions ne seraient pas un obstacle : le temple de Jupiter Feretius érigé par Romulus était encore plus petit. Les anciens temples avaient la forme des maisons de leur voisinage.

« Les proues des navetas dirigées vers le nord désignaient-elles la route suivie par les constructeurs en abordant à Minorque? Cette idée m'a été suggérée par un texte de Salluste qui dit qu'après la mort d'Hercule, les Perses et les Arméniens qui l'avaient accompagné en Espagne passèrent en Afrique, occupèrent les bords de la Méditerranée, et, manquant de pierres et de bois de construction, changèrent leurs vaisseaux en maisons en les plaçant la carène en haut.

« Il ajoute que de son temps les habitants de la campagne avaient des demeures semblables, ce qui prouve qu'un siècle avant Jésus-Christ il y avait des habitations en forme de vaisseau. Homère raconte que le bâtiment qui porta Ulysse à Ithaque fut changé en rocher sans perdre sa forme. Tout cela peut se rattacher à la question des navetas et exciter l'attention des archéologues.

« On peut supposer aussi que les navetas sont des transformations de talayots, dont le point de transition serait un talayot de la figure d'un segment d'ellipse.

« Les taulas n'ont aucune affinité avec les monuments connus. Ce sont des bilithes formés d'une grande pierre presque aussi large que haute et de très peu d'épaisseur, dressée verticalement sur le sol, dans lequel elle paraît peu enfoncée ; certains reposent sur le roc même. Sur ce frêle appui est placée horizontalement une autre pierre aussi grande et plus épaisse, qui se soutient par un prodige d'équilibre.

« Cet équilibre n'était pas toujours possible sans le secours d'un support, que l'on voit encore à quelques taulas, à celle de *Talati di Dalt*, par exemple.

« La plupart des pierres verticales des taulas sont bien taillées, mais celles qui sont placées horizontalement au-dessus d'elles sont à l'état naturel. A la *taula* de *trapúco*, près de Mahon, cette différence est bien marquée.

« Cette circonstance semble obéir à une prescription du rite qui ne permettait pas de sacrifier sur des autels profanés par la main de l'homme.

« Autour de quelques taulas on voit un vaste cercle de piliers ou menhirs qui forment le monument complet, connu sous le nom de *cromlech*.

« Je me rallie à l'opinion de ceux qui pensent que les taulas sont des autels ; mais s'ils servaient aux sacrifices, ce ne pouvait être, vu leurs dimensions, des sacrifices humains ni d'animaux de grande taille.

« TAULA DE TALATI DI DALT. »

« Les grottes qui ont servi d'habitation ou de sépulture sont très répandues à Minorque ; elles forment un village considérable à *Calas Coras*, sur le bord de la mer. Elles ont des portes, des fenêtres et même des sièges taillés dans le roc. Au *barranco d'Algendar* la façade d'une grotte porte des ornements semblables à ceux usités chez les Phéniciens.

« Les habitations mégalithiques se rencontrent à Minorque à la surface du sol et sous le sol même. Leurs murs sont souvent formés en partie par des rochers naturels, et toute la construction est en pierre brute.

« Certaines ont un petit pilier central monolithique ou formé de plusieurs pierres. D'autres ont une ou deux rangées de piliers à base presque carrée ou circulaire.

« Quoique ces constructions soient mégalithiques dans le vrai sens du mot, il ne s'ensuit pas qu'elles appartiennent à l'âge de la pierre. Plusieurs sont adossées aux talayots, ce qui prouve la plus grande ancienneté de ceux-ci.

« Les monuments de Minorque, par leurs conditions spéciales, ne peuvent entrer dans les classifications établies pour ceux des autres pays.

« Il existe dans notre île des murs semblables aux constructions cyclopéennes. D'autres sont formés par une seule rangée de pierres dressées sur le sol.

« Il y a aussi d'autres murs d'une grande épaisseur, grossièrement construits en pierres brutes, qui ne ressemblent pas à ceux qui précèdent; on les nomme *antigots*.

« Du temps du docteur Juan Ramis, un amphithéâtre, conservant quelques degrés, existait encore à *Albranca Vell*.

« Ces degrés ont disparu, mais il reste les fondements, composés de quatre cercles concentriques élevés d'un mètre l'un au-dessus de l'autre. L'aire restreinte de l'arène était insuffisante pour les combats et les représentations dramatiques.

« On peut supposer que c'est une agora pouvant contenir près de trois cents personnes et qu'il existait en ce lieu un village important. »

Tels sont les renseignements archéologiques et les considérations spéciales que je dois à l'érudition de M. Pons y Soler, de Mahon. Je me plais à le remercier ici pour l'obligeant empressement qu'il a apporté à me secourir dans cette question si particulièrement intéressante pour beaucoup de lecteurs.

— Lorsque, retenu par ses occupations, le digne prêtre Cardona y Orfila ne pouvait m'accompagner, soit dans l'intérieur de la ville de Mahon, soit aux environs, il m'adressait son neveu Pio, aimable jeune homme qui vit avec lui et dont il surveille paternellement l'éducation.

Pio me fit visiter un jour le cimetière catholique.

La Toussaint approchait et l'on procédait au nettoyage des tombes. Les grilles étaient remises en couleur, les murs blanchis, les larmes noires repeintes, les mauvaises herbes qui avaient poussé entre les dalles arrachées soigneusement.

« Pour la Toussaint, me disait Pio, toutes ces tombes, tous ces grillages seront ornés de guirlandes fleuries, le cimetière prendra un air joyeux; car ce jour-là, ajoutait-il, est la fête des pauvres morts, qui tressaillent peut-être de bonheur en ne se sentant pas oubliés par ceux qu'ils ont aimés sur la terre. »

Quelle différence avec la tristesse et l'âpre simplicité du *Campo Santo* de Pollensa! pensai-je.

Après cette visite funéraire nous arrivons à *Trapuco*, dont nous étions peu éloignés, et où je revois la *taula* et les antiques *talayots* autour desquels s'écroulent les murailles où le duc de Crillon avait établi des batteries pour bombarder la ville.

Au retour le soleil se couche, éclairant de lueurs roses les maisons qui parsèment les champs. Des coléoptères passent et dans leur vol capricieux se heurtent contre nous.

« Ce sont, me dit le jeune homme, les escarbots de l'*Ave Maria*. On les nomme ainsi en raison de l'heure crépusculaire où ils se plaisent à voleter, et à laquelle dans ce pays chrétien on se signe en murmurant tout bas une prière tandis que tinte doucement l'Angélus. »

Je ne pouvais me laisser retenir par le charme de cette heure du soir où, dans l'air attiédi, des murmures s'élèvent doucement de la nature, vagues mélodies, cantilènes confuses, bruissement des insectes et des choses qui vont s'assoupir dans les ténèbres jusqu'au premier rayon du lendemain : il fallait se hâter de

« TAULA EN TRAPUCÓ ».

rentrer à Mahon, le docteur Colorado m'ayant offert pour le soir même une place au théâtre.

On donnait le *Juramente*.

L'œuvre musicale, belle dans son ensemble, me sembla pourtant pleine de réminiscences des maîtres, très ingénieusement intercalées toutefois. Les acteurs, ceux-là mêmes qui nous avaient charmés sous l'orage à bord du *Nuevo Mahonés*, furent supérieurs à ce que j'avais pu concevoir de leur talent. Mais je fus très intrigué, au début, par l'attitude de plusieurs d'entre eux qui, pleins de zèle, agités, recherchaient trop clairement les suffrages du public et saisissaient toutes les occasions pour se mettre en évidence devant la rampe.

Le docteur m'apprit que ces acteurs étaient des cordonniers de Mahon.

Les directeurs des troupes en représentation n'amènent que les artistes tenant les premiers rôles, la corporation des cordonniers se chargeant de compléter largement le personnel.

Les cordonniers semblent avoir, à Minorque, le monopole de la musique, car presque tous sont chanteurs ou musiciens, et leur nombre est de cinq mille environ, en y comprenant les apprentis! Ce chiffre relativement considérable ne doit point surprendre, car l'île exporte pour une valeur de cinq millions de francs de chaussures. Les envois se font principalement à la Havane, à Montevideo, Buenos Aires, Panama, Manille, Madrid et Bilbao. C'est l'industrie de beaucoup la plus importante du pays. Nos directeurs de théâtre en quête de ténors feraient peut-être avec fruit une tournée à Minorque dans les ateliers des cordonniers chanteurs.

Dans ce pays où se fabriquent tant de chaussures, les pêcheurs vont nu-pieds. Les gens du peuple, laboureurs, bergers, etc., portent fréquemment des sortes d'espadrilles rudimentaires nommées *uvircas*. Ils les confectionnent eux-mêmes avec des morceaux de cuir de bœuf, non tanné, couvert de poil. De minces lanières retiennent aux pieds cette chaussure absolument primitive.

Une petite industrie à signaler à Minorque est la confection en coquillages de tableaux, de fleurs, de coffrets et de toute espèce de nombreux et menus objets de ce genre. On est surpris de l'habileté et de l'ingéniosité dont les Mahonais font preuve en utilisant ces coquilles, que la mer apporte en nombre considérable sur les côtes de l'île. C'est un article d'exportation qui, s'il n'enrichit pas le pays, lui procure du moins quelques bénéfices.

Les distractions sont rares à Mahon en dehors du spectacle, d'un beau cercle, lieu de réunion des personnes notables et où je pus feuilleter les journaux illustrés français. Cette circonstance sauvegarde sans doute l'existence des fêtes de famille, qui continuent, ainsi que nous avons pu voir, à s'y perpétuer religieusement.

La langue française y est parlée couramment, elle est même l'objet d'un enseignement spécial dans les écoles.

A l'époque de la reprise de Toulon par les troupes républicaines de Bonaparte et de Dugommier, plusieurs habitants de cette ville, obligés de chercher leur salut dans la fuite, se réfugièrent à Mahon, où quelques riches particuliers choisirent parmi eux des instituteurs auxquels ils confièrent l'éducation de leurs enfants.

C'est là, peut-être, en dehors de notre occupation lointaine de Minorque, qu'il faut chercher la cause de cette prédilection pour notre langue.

Et non seulement notre langue est aimée à Minorque, mais tout ce qui touche à la France est l'objet du plus vif intérêt; notre littérature est goûtée et la plupart de nos auteurs connus.

Que de douces surprises j'éprouvais en entendant apprécier avec justesse nos grandes productions littéraires!

Des marques de sympathie chaleureuse étaient prodiguées à la France lorsqu'on parlait d'une lutte récente encore dont elle est sortie toute saignante et déchirée. On avait suivi les efforts héroïques de nos armées, on avait applaudi à la vaillance de ces jeunes régiments, recrutés au hasard, qui avaient résisté au nombre et vaincu même parfois.

Là-bas, dans ces *îles oubliées*, on espère avec nous, on croit au jour prochain où se lèvera de nouveau pour le drapeau tricolore le soleil radieux qui éclaira des victoires passées.

Les Français qui ont voyagé à l'étranger, ceux que la destinée oblige à vivre loin de la patrie comprendront tout ce qu'il y avait de réconfortant pour moi dans ces témoignages de sympathie que me donnaient les Mahonais.

Ces sentiments, je les avais rencontrés déjà à Majorque et je les retrouvai aussi vibrants dans l'île perdue d'Ibiza.

Au physique, les Minorquins n'ont, à vrai dire, aucun type propre. Dans les rues j'ai souvent rencontré des visages anglais, fillettes blondes aux yeux bleus, jeunes hommes roux, colorés, puis des Français, des Catalans, des Provençaux, etc. La race est extrêmement mêlée. Le type espagnol est moins fréquent : rarement les employés des administrations civiles ou militaires, originaires pour la plupart de la péninsule, se marient et se fixent à Mahon au moment de leur libération ou à leur retraite.

Quant au costume de Minorque, il n'a plus aucun caractère : le *rebosillo* même a été abandonné par les femmes. Cette coiffure, qu'on peut retrouver encore dans certains couvents de religieuses, fut en usage en France depuis les Mérovingiens jusqu'au règne de Charles VIII. Elle se maintint en Espagne jusqu'à Charles-Quint, et, après avoir disparu de Minorque sous l'influence anglaise, elle ne se trouve plus aujourd'hui, dans sa beauté primitive, que chez les montagnards de Majorque. On ne connaît plus que par l'histoire le laticlave, dont Strabon attribue l'invention aux insulaires des Baléares; rien ne rappelle la robe prétexte que les Romains, d'après Tite Live, leur empruntèrent aussi.

— J'avais été frappé, dans les rues de Mahon, par la couleur et la forme particulière de certaines dalles qui avaient été utilisées pour remplacer les pavés usés. Plus larges que les autres et plus sombres, elles se détachaient vivement et rompaient l'harmonie. Je questionnai à ce sujet des passants, qui ne purent me renseigner sur leur provenance et leur qualité.

Quelque temps après, à Miramar, au cours d'une conversation avec l'archiduc Salvator, je lui signalais cette particularité :

« Ces pierres, me dit-il, ont causé le tourment de nombreux géologues qui n'ont pu s'expliquer comment d'importants fragments de ces roches se trouvaient dans ce pays. Je me livrai à des recherches et j'appris, un jour, qu'on allait les prendre en plusieurs points voisins de Mahon où avaient existé des cimetières anglais abandonnés depuis l'occupation, au *castillo de San Felipe*, par exemple.

« J'eus alors la curiosité de faire soulever quelques dalles : elles portaient toutes, sur le côté appliqué contre le sol, des inscriptions en langue anglaise.

« Les Mahonais avaient eu, en les utilisant, le soin de retourner les inscriptions vers la terre.

« Durant l'occupation anglaise, beaucoup de familles expédiaient d'Angleterre des mausolées et de simples pierres tombales pour ceux de leurs membres qui succombaient à Minorque.

« Ainsi s'explique la présence de cette quantité de dalles étrangères au sol de ce pays.

— Je n'aurais jamais soupçonné, lui dis-je, que je foulais aux pieds des pierres funéraires alors que je cheminais dans ces rues blondes, joyeuses, dont l'ombre diaphane a la douceur d'une vision. »

UN ORATOIRE.

LA ROUTE A « BÉNI DUÉNIS ».

CHAPITRE VI

L'ALCADE DE FERRARIAS. — LES ARBRES CONVULSÉS. — LE *barranco* D'ALGENDAR. — UNE NOCE A SUBERVEL. — CIUDADELLA.
LE SOUFFLET DU DIABLE. — RETOUR A MAJORQUE. — LUGUBRES SOUVENIRS A CABRERA.

AU « BARRANCO » D'ALGENDAR.

Une diligence assure chaque jour le service de Mahon à Ciudadella, qu'on pourrait appeler la deuxième capitale de Minorque ; le trajet dure environ cinq heures, permettant de traverser l'île dans toute sa longueur. J'avais suivi une partie de la route en allant au monte Toro chez le docteur Colorado, mais il était nuit noire, je n'avais rien vu.

Du reste, les beautés naturelles, fort nombreuses à Minorque eu égard à son étendue, se trouvent vers les rivages, et la route ne quitte guère le centre de l'île.

Un matin, je presse les mains aux amis charmants qui étaient venus m'accompagner à la diligence. « *Adios! adios!* » me disaient Colorado, don Cardona, Valls et Rodriguez, la voix un peu tremblante.

J'étais ému moi-même; ces amitiés fugitives, nées au hasard du voyage, que la sympathie seule amène, laissent quand même une impression au cœur, pareilles à ces belles choses entrevues dont l'image lointaine hante doucement le souvenir.

La diligence s'en va cahotant sur les pavés, menant un bruit d'enfer : les grelots sonnent, le fouet claque réveillant les échos; des persiennes s'ouvrent, des têtes se montrent vivement, blondes, brunes, gracieuses, renfrognées; les ânes se garent en toute hâte; vite défilent des maisons blanches, des rues claires, des portes rouges, des volets verts, des balcons, des dentelles, des haillons, des magasins crépusculaires.

Nous passons sous l'antique porte de Barberousse, nous dévalons ensuite.

Voici le port, où dorment quelques navires, puis les champs; un obélisque se montre, élevé à la mémoire du brigadier Kane, gouverneur anglais de Minorque, créateur de la route que nous suivons. A droite et à gauche s'étalent des champs pierreux où des vaches maigres cherchent l'herbe qui verdoie vaguement par endroits; derrière les collines, le monte Toro dresse sa tête chauve coiffée d'un monastère. Les montées se font au triple galop; à la descente, par exemple, le postillon est plus prudent. Maintenant nous traversons la plaine bordée de collines ondoyantes courant de chaque côté et bornant l'horizon.

Une petite ville toute blanche scintille sur une hauteur; des moulins à vent, tournant furieusement dans les airs, semblent brasser des nuages qui roulent dans l'azur. C'est Alhayor, le bourg le plus considérable de Minorque après les villes de Mahon et de Ciudadella. Ses rues sont étroites, tortueuses. Que sont devenus les portraits des comtes de Cifuentes et de Lannion qui se trouvaient autrefois dans une salle de l'*Ayuntamiento*? Le comte de Lannion, lieutenant général des armées de France, mourut dans l'île Minorque, dont il était gouverneur, en 1762.

L'unique auberge d'Alhayor se nommait autrefois *casa del Rey* (maison du Roi); elle était détestable. Celle où je me suis arrêté, la seule qui existe aujourd'hui, n'est guère meilleure, et sa propreté est douteuse, chose exceptionnelle en ce pays.

Après un arrêt de vingt minutes, pendant lequel le postillon et plusieurs voyageurs s'ingurgitent un certain nombre de petits verres d'*anisado* dont l'odeur seule me fait éternuer, nous reprenons la route, qui contourne les collines formant les contreforts du monte Toro; j'aperçois *San Carlos*, où j'avais passé une nuit, et la montagne gravie naguère.

Nous arrivons à Mercadal, village pittoresque, avec un moulin à vent parmi les maisons, dont il émerge, ce qui est d'un effet singulier; un ruisselet court au milieu du hameau; l'eau est rouge, les demeures blanches : c'est charmant et étrange à la fois. Il semble qu'on passerait volontiers quelques jours agréables à Mercadal. Mais non, on me dit que des fièvres opiniâtres y règnent habituellement en été. Le visage des habitants porte, du reste, les marques de l'insalubrité de l'air; ils sont jaunes et taciturnes.

Nous reprenons le chemin; une troupe d'enfants armés de roseaux mène grand bruit au bord d'un champ. « Ils écartent les oiseaux », me dit un voyageur. « C'est au moment de la moisson qu'il faut les voir », ajoute le postillon.

Lorsque le blé est sur le point de mûrir, les petits garçons et les fillettes se tiennent par les champs, où ils ne cessent de pousser des cris perçants, tout en faisant claquer un roseau fendu qu'ils frappent sur leurs mains afin d'épouvanter les petits oiseaux et les empêcher de manger les épis. Cet usage existait chez les Romains : *et sonitu terrebis aves*, dit Virgile dans le premier livre des *Géorgiques*.

Nous laissons bientôt à notre gauche l'ancienne route des Anglais, qui traverse le bois de chênes épais, sauvage et charmant de *Béni Duénis*. Cette contrée, abritée des vents impétueux, est accidentée et giboyeuse.

De toutes parts s'élèvent des hauteurs boisées; des champs fertiles couvrent les parties inférieures des pentes et la petite vallée que nous traversons.

La diligence s'arrête tout au haut d'une côte, c'est une simple halte devant une posada au bord du chemin. Mes paquets sont vivement déposés sur le talus, le soleil décline et je demeure seul tandis que le véhicule repart escaladant la montée au triple galop des chevaux, pour disparaître bientôt au tournant de la colline.

Tandis que, ahuri encore, je considère le ciel pâlissant, l'auberge misérable, le village dont je vois les maisons blanchir vaguement dans l'ombre, tout en bas, dans le vallon, deux jeunes gens apparaissent : l'un tient une mule par la bride; ils s'approchent de moi et me demandent si je suis le *Señor* Français venant de Mahon. Sur ma réponse affirmative, ils me font savoir qu'ils m'attendent, l'un envoyé par l'alcade de Ferrarias, dont il est le fils, tandis que l'autre est venu avec une monture pour me transporter à *Subervei*, *predio* voisin du *barranco* d'Algendar. Ce predio appartient à don Rodriguez, directeur de la banque de Mahon; il a donné des instructions pour qu'on vienne à ma rencontre.

Avant de me diriger vers Subervei, je descends à Ferrarias pour remettre à l'alcade une lettre que m'avait confiée don Cardona. Il est bien rare qu'un étranger s'arrête dans cette bourgade : c'est le chef-lieu de district le plus pauvre de Minorque. Il est situé dans un bas-fond et cette circonstance le rend insalubre.

Les enfants du village, pour lesquels mon passage est un événement, me suivent en foule, faisant un vacarme d'enfer.

L'alcade prend la lettre d'un air grave, pose ses lunettes sur son nez et lit la missive de don Cardona, ne s'interrompant que pour courir vers la porte avec un bâton afin de chasser les gamins, qui me paraissent avoir un respect médiocre pour l'autorité officielle. Il me fait ses offres de service et m'assure que sa maison est à moi; je le remercie de tant de générosité et remonte jusqu'à la posada, où m'attend le jeune homme à la mule.

INTÉRIEUR DE « PATIO » DE SCHERYEL.

Nous nous mettons en route à la tombée du jour. Nous partons par un sentier pierreux; bientôt nous arrivons sur les hauteurs. La mer se montre au loin, doucement scintillante; le disque énorme de la lune s'élève dans l'espace, tout jaune, démesuré, comme un vieil astre moribond.

Nous sommes sur une plaine vaguement ondulée, dans la rocaille, où le soleil darde et brûle en été, où le froid sévit en hiver, où le vent souffle toujours, que la fin d'un jour d'automne enveloppe à cette heure de tristesse et de grandeur.

Les arbres, exposés à toutes les violences du ciel, se sont inclinés sous la poussée des âpres souffles du nord. Leurs branches convulsées, couleur de la pierre où ils sont accrochés, traînent sur le sol, tandis que les racines à demi arrachées se tordent et rampent au loin.

Les feuilles sont déchiquetées, broutées en quelque sorte par les morsures des éléments, brûlées par les météores. Et jusque tout au loin sur les pentes, cette végétation souffrante et rageuse lutte, se tord, se cramponne, gémit, grince contre le sol ingrat où elle trouve à peine un suc nourricier, cherchant à s'élever vers le ciel, vers la lumière, dans un effort éternellement vain.

A ces luttes, à ces souffrances, elle s'est hérissée, son feuillage est devenu

CETTE VÉGÉTATION SOUFFRANTE ET HAINEUSE LUTTE, SE TORD...

semblable au poil sec et cassant des animaux malades ; il est épineux, emmêlé, aigu.

Quelques moutons maigres, étiques, vaguent à travers ce sol caillouteux, en quête de subsistance. Beaucoup meurent de faim en été. Vers l'automne, alors que des nuages ont passé, jetant un peu de pluie, les pentes se recouvrent d'un duvet verdoyant, et les malheureuses bêtes qui n'ont pas succombé d'inanition retrouvent quelque pâture ; mais elles font pitié pourtant, solitaires, chétives, pareilles à des spectres, errantes dans les enclos où elles vont d'un pas chancelant à travers les cailloux.

Bientôt le spectacle a changé, la lune est devenue très pâle ; elle est montée, s'amoindrissant dans le ciel pour disparaître dans les nuages.

LA FALAISE DE « BARRANCO ».

Je n'oublierai jamais ce sentier de Subervei où j'allais par la nuit noire, au pas de cette mule, avec ce guide silencieux que j'entrevoyais à peine devant moi.

Je discernais vaguement, dans l'ombre des crêtes de montagnes farouches, des arbres tordus sur la pierre, étendant les bras comme des fantômes qui souffrent ou implorent, tandis que le vent passait dans les landes avec des grincements métalliques, des soupirs étouffés, des gémissements confus. Ces formes attristées, dramatiques, surhumaines, qui m'entouraient, ces bruissements pareils à des plaintes obscures, l'aboi de quelque chien errant autour d'un *predio* abandonné, des lueurs s'allumant par intervalles dans le pli d'une montagne lointaine, toutes ces choses m'enveloppaient de sensations presque douloureuses. Par instants, la bonne bête qui me portait et qui connaissait ce chemin que je ne voyais pas, dont elle suivait un peu par instinct la trace indécise, s'arrêtait subitement. Le guide alors, sans mot dire, ouvrait une barrière et nous passions par l'étroite ouverture, où je meurtrissais mes genoux contre la muraille de pierres sèches.

Le chemin, de mauvais qu'il était, devient affreux : la mule trébuche à chaque instant, mais des lumières rapprochées scintillent joyeusement dans la nuit, des aboiements se font entendre : « Voici Subervei », me dit le jeune guide.

Une dernière barrière s'ouvre puis se referme, nous pénétrons dans la cour du predio, et je mets pied à terre, tandis que des mains se tendent vers les miennes. « *Bona nit, aqui ten vosté la seua casa* (Bonne nuit, cette maison est à vous) », s'écrie-t-on.

Les molosses hurlent et s'en vont boitant, une chaîne de fer tenant rapprochées deux de leurs pattes. Ils ne peuvent ainsi courir sus aux passants, qu'ils dévoreraient, ni sauter par-dessus les murs.

Ces chiens font un affreux vacarme. Les cris d'appel, les aboiements, les salutations, les sabots de la mule frappant le pavé, tout cela forme un brouhaha au milieu duquel on ne peut s'entendre.

Je suis les femmes qui me précèdent portant des lampes de cuivre à grands becs fumeux. Une nappe blanche recouvre une table. Voici du pain et de l'eau fraîche ; on apportera des œufs : c'est tout ce qu'on possède. On s'excuse, je m'exclame : « C'est bien, merci, c'est excellent ». Je dévore ce repas frugal servi sous la pâleur mystérieuse des grands arceaux du patio.

Un jeune homme gratte une guitare et nasille un chant ancien. J'ai entendu cela en Roussillon, dans mon enfance, et ce vieux souvenir me va au cœur. « Dites-moi encore cet air, lui dis-je : je revois en l'écoutant ma patrie et le passé, j'oublie le sentier infernal que je suivais tout à l'heure. »

LE « RIO » DU « BARRANCO » D'ALGENDAR.

ARRIVÉE DE LA CHEVAUCHÉE NUPTIALE.

Le vent du soir apporte par bouffées des senteurs d'aromates; on brûle des fagots de myrte quelque part. Le ciel est criblé d'étoiles, des oiseaux nocturnes passent silencieux comme des ombres indécises et fuyantes.

HABITATIONS DU « BARRANCO ».

Quelle douce nuit de novembre! quel mystère dans les espaces voilés!

Et quel bon sommeil ensuite, dans le calme de cette demeure perdue, jusqu'aux heures où les oiseaux vont s'éveiller!

Dès l'aube j'entends leur fraîche voix, j'écoute ravi les chants joyeux de l'alouette. Un rayon d'or filtre bientôt à travers un volet disjoint et vient éclabousser le sol d'une tache lumineuse. Dans le rayon poudreux des atomes vibrent poussières, molécules ou insectes infiniment petits, je ne sais. Le jeune homme de la veille gratte encore la guitare et nasille toujours son vieil air.

La mule, attachée à un anneau de fer devant la porte, heurte le pavé de ses sabots, elle s'impatiente; je la délivre, et un des fils de la maison, comme il était convenu, m'accompagne au *barranco* d'Algendar.

Sur une suite de plateaux mamelonnés, bossués, pierreux, arides, où mes yeux s'égarent à cette heure matinale, s'entr'ouvre une fissure béante, c'est le barranco.

Nous avons en France les effroyables déchirures des causses qui forment les *cañons* du Tarn et de la Jonte, dans les Cévennes. Ce barranco est une réduction charmante de ces énormités. Tandis que sur le plateau le soleil darde et le vent mugit, en bas c'est le calme dans l'air tiède, l'ombre transparente qui flotte sous les orangers, parmi les roseaux, dans les herbes fleuries.

Nous arrivons subitement au bord de la crevasse; je ne croyais pas en être si près, et je me dispose à quitter ma monture, lorsque mon guide la saisit par la bride. Les lèvres rougeâtres du barranco, coupées perpendiculairement, s'enfoncent dans les profondeurs du sol, tandis que les lignes capricieuses de ses bords vont se perdant tout au loin vers la mer. Mon guide s'engage dans une étroite fissure dissimulée entre deux roches, puis nous dévalons par un sentier étroit et obscur contournant des blocs éboulés, sorte de couloir sous des arceaux de verdure.

Par instants nous n'apercevons plus le ciel, nous allons par une nuit verte, à travers une atmosphère d'émeraude qu'un rayon d'or traverse parfois.

Un ruisseau circule gracieusement au fond du barranco, qui se resserre, se contracte, s'étrangle, s'assombrit ou s'illumine entre les roches éblouissantes.

Ce *rio* remplit la gorge d'un joli gazouillement; il s'enfonce, disparaît, fait tourner un moulin, puis un autre, reparaît ensuite en nappe scintillante où trempent les reflets des orangers et des roseaux de la rive.

C'est un paradis terrestre : les oiseaux aquatiques y vivent en grand nombre, et les oiseaux chanteurs ne cessent de s'y faire entendre. La végétation, qui, là-haut, sur les croupes montagneuses de Minorque, s'incline toute meurtrie, côté caractéristique de cette île, s'élève ici droite, touffue, opulente. Les grenades entr'ouvertes font ployer les branches, se balancent au souffle d'une brise tiède, laissant échapper leurs grains de rubis, qui roulent, égrenés, dans le sentier, dont la trace semble jonchée de pierreries.

Partout des bois d'orangers et de citronniers, des fleurs, des parfums, des battements d'ailes, des concerts d'oiseaux, des palmiers élevant leurs panaches frémissants contre la falaise qui se découpe en vive arête étincelante sur le firmament.

Par instants, contre cette falaise se montrent des maisons blotties comme des nids d'hirondelles; puis un roc s'élève, comme une flèche de cathédrale, en un point où le ravin élargi se bifurque.

Je demeurai toute une journée dans ce barranco d'Algendar ; je suivis longtemps ses sentiers embaumés, m'égarant dans les bois mystiques, écoutant longuement des chants de pâtre, venus de tout en haut, vers l'azur, des chants de jeunes filles et des chants d'oiseaux, s'exhalant des bosquets, et je remontai vers Subervei tout ébloui encore de cette vision.

Le sentier s'était transformé depuis le matin; par endroits, un mur de pierres grossier et tout nouvellement construit le barrait entièrement. D'autres fois, des troncs d'arbres étaient posés en travers, puis des tas de ronces, d'herbes sèches, de branchages, s'amoncelaient de loin en loin. Au-dessus de nos têtes, des arceaux de feuillage ornés de rubans multicolores, des fleurs pourpres du géranium, d'aubergines violettes, de tomates ardentes, de patates jaunies, nous faisaient un chemin triomphal.

Tout en aidant mon jeune guide à nous frayer un passage à travers les obstacles, je lui demandai quels étaient les motifs qui avaient fait ainsi entraver le sentier en même temps que, par une contradiction que je ne pouvais comprendre, il se trouvait orné de si singulières guirlandes.

« C'est, me dit-il, un usage pratiqué à Minorque depuis un temps immémorial

CIUDADELA

sur le chemin des nouveaux époux. Demain matin nous attendons à Subervei un de mes frères qui s'est marié aujourd'hui même aux environs. Des jeunes hommes postés aux alentours, épiant leur arrivée, vont faire tous leurs efforts pour rendre le passage difficile; à leur approche, on mettra le feu à ces tas de broussailles, on élèvera de nouveaux murs dans l'ombre, on arrêtera leur marche par tous les moyens. On veut ainsi leur apprendre que le chemin du bonheur est difficile, en même temps que la venue au foyer sera célébrée par ces guirlandes fleuries. Les fruits suspendus sur nos têtes symbolisent l'abondance souhaitée aux nouveaux époux. »

Une autre coutume est pratiquée plus rarement et tend même à disparaître.

Pendant la nuit, des jeunes gens du voisinage ont la constance, après avoir transporté des pierres et du mortier, d'édifier, avec des précautions infinies une muraille contre la porte des jeunes mariés. Ceux-ci, qui n'ont rien entendu, sont fort désagréablement surpris le lendemain en se trouvant emmurés. On les délivre dans la journée, mais ils ont eu des moments d'angoisse, et longtemps leurs supplications et leurs prières se sont fait entendre.

LA « CALLE MAYOR ».

Le lendemain donc, dès le matin, toute la noce attendue arriva en joyeuse cavalcade devant les blancs arceaux du predio de Subervei, après avoir surmonté tous les obstacles, et j'assistai au simple et patriarcal repas, où l'on but un peu de vin que j'avais envoyé chercher à Ferrarias. Sans ma munificence, on s'abreuvait d'eau pure en ce jour d'allégresse.

La vieille mule compagne de mon excursion au barranco d'Algendar me ramena ensuite à la posada de Ferrarias, où je pris la diligence, qui m'emporta vers Ciudadella.

Rien de saillant sur la route ; la plaine, osseuse, aride, s'étale vers cette partie de l'île, et j'arrivai dans la ville à la nuit tombante.

Sous la domination anglaise, Ciudadella, alors capitale de Minorque, se vit privée de ce titre, dont fut dotée Mahon. Mais Ciudadella est encore la résidence de l'évêque ; elle est demeurée la ville du clergé, de la noblesse, des grands propriétaires. Une certaine rivalité existe même entre les deux villes, au préjudice, bien entendu, de l'intérêt général.

On attribue la fondation de Ciudadella à un général carthaginois. Il est avéré que sous l'empereur Honorius elle fut le siège de saint Sévère, évêque de Minorque.

Ciudadella possède d'assez belles maisons, mais les rues sont étroites et mal pavées. La *calle Mayor*, bordée d'arcades, rappelle vaguement la rue de la Marine à Alger.

Mahon, ville de commerce, de garnison, a été peuplée un peu par les hasards des occupations successives, par quelques employés de l'administration représentant des éléments de toute l'Espagne. La race y est donc très mêlée ; les idées y sont plus avancées, plus libérales qu'ailleurs ; les habitants sont d'une grande politesse, d'une extrême obligeance, aimables et vivants ; les théâtres y sont fréquentés.

Les gens de Ciudadella sont plus froids, plus contenus, plus corrects, à la façon britannique, on sent même une certaine morgue dans leur attitude. Le maître d'hôtel aura des airs froids de grand seigneur en vous apportant la soupe ; le pharmacien semblera pontifier en vous remettant un purgatif, et prendra gravement, comme pour condescendre à vous obliger, le prix fort élevé de quelque médicament avarié.

Quelques antiques coutumes se sont conservées dans cette ville. La veille de la Saint-Jean, par exemple, un individu monté sur un âne parcourt les rues en jouant du flageolet (*fabiol*) et du tambourin. Il annonce de cette manière la *colcada* (cavalcade) qui aura lieu le lendemain. Cette cavalcade est un souvenir des anciens tournois ; elle est fort intéressante, m'a-t-on dit, par l'étrangeté et l'originalité des costumes : le sacré y coudoie constamment le profane.

A Ciudadella, comme à Mahon, les familles qui ont perdu un de leurs membres dans l'année s'abstiennent en signe d'affliction de faire de la pâtisserie le jour de Pâques. Mais la privation n'est qu'apparente, attendu que les parents et les amis ne manquent jamais de leur en envoyer.

Les beaux monuments y font défaut ; sur la place du *Borne* s'élève un obélisque destiné à rappeler le souvenir de la résistance héroïque que les habitants opposèrent à une incursion de pirates barbaresques en 1558.

Le port est petit ; c'est une espèce de canal étroit, bordé de rochers, dont l'entrée est assez difficile. Il ne peut recevoir que des bâtiments d'un faible tonnage. Mais la ville est charmante, vue de ce port où elle mire ses édifices éclatants de lumière, ses maisons neigeuses, ses remparts construits par les Maures, dans des eaux bleues qui sommeillent, souriantes, à ses pieds.

J'avais pris un guide en le priant de m'accompagner au *Buffador* ou Soufflet du Diable, une curiosité naturelle des environs de la ville.

Arrivés à l'entrée du port, près d'une forteresse démantelée, le castillo de Saint-Nicolas, nous obliquons à gauche. La houle, ce jour-là, venait battre la falaise déchiquetée, et les flots se brisaient en écume sur ses fauves parois. Le guide m'entraîna à environ 20 mètres en arrière du bord, et, me montrant un orifice étroit et arrondi, ouvert sous nos pieds dans la table de pierre qui forme le rivage, il me fit prêter l'oreille.

J'entendis alors un souffle puissant qui, par intervalles rapprochés, montait des profondeurs de ce sombre couloir.

Ce souffle s'élevait, tantôt formidable comme un vent de tempête, tantôt faible et éteint, comme une lente expiration d'agonisant. L'homme qui me suivait paraissait vivement inquiet.

L'ouverture étant obstruée par quelques blocs, je le priai de la dégager, et comme il se prêtait mollement à mon désir, je lui donnai l'exemple.

Un violent souffle de vent soulevait la terre et le sable de l'intérieur, et nous les envoyait au visage. Le bruit souterrain devenait de plus en plus intense et ressemblait, par instants, à des hurlements de douleur. Est-ce la vague qui pénétrant dans les entrailles de la roche, en frappe éternellement dans l'ombre les parois et produit ces sourds mugissements?

Je repris le chemin.

Le guide s'empressa de rouler à l'orifice des quartiers de roche et boucha ensuite soigneusement les interstices avec des cailloux. Je songeai à la croyance populaire qui attribue au « soufflet infernal du diable » ce bruit qui frappe de terreur les enfants de Ciudadella et des hommes même.

A une petite distance du Buffador est une église dédiée à saint Nicolas, en grande vénération chez les gens de mer, qui s'y rendent en pèlerinage. Ses murs sont couverts, à l'intérieur, d'ex-voto représentant des naufrages, des apparitions du saint à travers la tempête, peintures étranges, fantastiques, mais inspirées par une foi ardente.

L'usage des ex-voto remonte à l'antiquité; les Grecs et les Romains en accrochaient déjà dans les temples (Horace, 5ᵉ ode), et souvent même ceux qui avaient échappé à un grand danger portaient, suspendu à leur cou, un tableau représentant cet événement, qu'ils exposaient ainsi aux yeux de leurs concitoyens.

Si je m'étais dirigé vers le midi, tout en continuant à suivre la côte, je serais arrivé à une roche crevassée donnant accès à un labyrinthe de cavernes, dont l'une est en communication avec la mer. Mais il était tard déjà, je n'étais pas muni pour une excursion souterraine, et, d'autre part, je savais ces grottes inférieures en beauté à celles du Drach et d'Arta.

Je me contentai d'admirer un instant les petites plages couvertes d'une infinité de fragments de corail rouge. Il n'est pas rare que les pêcheurs amènent dans leurs filets des coraux tout entiers.

Au moment où je me disposais à rentrer dans la ville, le jour baissait et le phare de l'entrée du port s'alluma. Il fut un temps peu éloigné où ces côtes déchirées n'étaient pas encore pourvues de phares et où les navires venaient s'y briser fréquemment.

Le lendemain le bateau partait. Je consacrai quelques instants à visiter l'église du *Rosario*, dont la façade, blanchie à la chaux, est assez curieuse, puis je montai à bord du tout petit vapeur qui fait le service de Majorque. Quatre heures nous suffirent pour traverser le canal et arriver à la baie de Pollensa. Je revis de loin le village, le sanctuaire du Puig, et je songeai aux choses charmantes de l'an dernier, tandis que la voiture allait vivement vers la Puebla, où j'étais rendu une heure et demie après. Je repris le train minuscule ; je retrouvai Palma, l'ami Sellarès, le peintre Ribas, au talent si délicat et si brillant à la fois, et je courus à Miramar, où j'étais attendu.

Huit jours s'écoulèrent bien vite sur cette côte enchantée, dans l'intimité d'un prince gracieux, et ces jours me resteront comme un des beaux souvenirs de ma vie.

ÉGLISE DU « ROSARIO » A CIUDADELLA.

Mais après la lumière voici l'ombre, et cette ombre est Cabrera, la troisième Baléare.

J'avais aperçu souvent, des côtes de Majorque, l'île de Cabrera sur l'horizon de la mer, et toujours j'avais détourné d'elle mes yeux attristés.

De lugubres souvenirs se rattachent à ce rocher.

Ces tragédies, quoique lointaines déjà et remplacées depuis par de bien plus douloureuses épreuves pour notre France, par des blessures qui saignent encore, n'en demeurent pas moins une page sombre et amère.

Le peuple espagnol au caractère noble et chevaleresque, ami naturel, vers lequel nous attire une sympathie particulière, a dérogé à ses traditions généreuses à l'égard des captifs de Baylen.

Si l'éventualité redoutable que nous attendons, j'espère, avec le calme d'un devoir inéluctable à remplir se réalise, si surtout la France est appelée à lutter contre la coalisation qui l'entoure à cette heure, eh bien, que les guerres d'Espagne revivent dans nos souvenirs, et, songeant à ces luttes passées, sachons y puiser les exemples d'un farouche patriotisme, d'une lutte sans merci, sans nous laisser entraîner toutefois aux égarements des Espagnols, qui ne surent respecter ni un traité ni des captifs.

La traversée de Palma au port de Cabrera est une promenade que l'on peut faire sur un petit vapeur, dont le service n'est pas régulier. L'aspect de Cabrera est triste ; de toutes parts s'élèvent des collines rocheuses brûlées par le soleil, et une antique forteresse dressée sur une cime, au-dessus du port, ajoute encore à son caractère sauvage et désolé.

Le 3 avril 1809, 5500 prisonniers français furent jetés sur ce rocher, sans abri, sans vêtements, presque sans vivres.

Mais pour expliquer cette dernière station du long calvaire de nos soldats il faut remonter à la capitulation de Baylen, où le général Dupont, par une aberration inexplicable, livra ses trois divisions, formant un effectif total de 19000 hommes.

On ne vit alors sur les routes poudreuses, sous un ciel embrasé, que le défilé lamentable de nos régiments qui s'en allaient tristement, déguenillés, sans armes et à peu près sans pain.

Malheur au soldat qui s'écartait! il était assassiné par les paysans qui rôdaient alentour. On entendait les cris poussés par les victimes que les bourreaux égorgeaient lentement, entourant leur agonie de danses barbares, de mutilations affreuses auxquelles assistaient les femmes et les enfants. Et alors, aux appels déchirants, aux cris de détresse, personne n'osait détourner la tête, et les longues files des régiments continuaient leur marche silencieuse, interrompue seulement de temps à autre par les plaintes de ceux qui tombaient dans des guets-apens de chaque côté du chemin, ou que la faiblesse avait fait asseoir un instant sur le bord d'un talus.

Ils arrivèrent ainsi, réduits à 14000, exténués de fatigue, minés par les privations, à Cadix, où ils furent jetés sur les pontons. Là, dans un entassement effroyable de mourants, de morts et de vivants, ils demeurèrent, suffoqués, abattus, dans la torpeur, en proie aux fièvres, à la dysenterie, au typhus et au scorbut. Leur nourriture consistait en quelques fèves sèches, en poisson cru, dont la saumure corrosive ensanglantait leur bouche. L'eau saumâtre, décomposée, nauséabonde, qu'on leur offrait à boire et sur laquelle ils se précipitaient, leur donnait aussitôt le frisson, provoquait des vomissements, des convulsions, et amenait bientôt la mort.

Les cadavres étaient jetés à la mer. Puis il fallut les garder, une semaine quelquefois, en pleine décomposition, car le reflux les amenait sur le rivage de Cadix. Alors le typhus exerçait ses ravages, une folie particulière sévissait. On n'entendait que des cris de douleur, des hurlements, des malédictions, d'épouvantables blasphèmes, tandis que certains soldats, infortunés enfants de quelque obscur village, ne cessaient d'appeler leurs mères d'une voix plaintive comme lorsqu'ils étaient petits.

Sur ces 14 000 prisonniers, 8 000 étaient malades.

Chaque matin ces malheureux voyaient arriver l'aurore avec effroi, l'aurore aimée des laboureurs et des oiseaux, car avec le jour s'allumait le soleil de feu qui, frappant sur les pontons, en transformait l'intérieur en étuves et rendait l'air irrespirable. Ils aimaient les ténèbres, qui apportaient quelque soulagement à leurs souffrances.

Lorsque l'armée française s'avança menaçant Cadix, les autorités espagnoles voulurent bien s'apercevoir enfin de la détresse des captifs. Mais beaucoup, qui s'étaient couchés pour mourir, cachèrent leur visage et parurent mécontents qu'on s'occupât d'eux, qu'on troublât le silence de leurs derniers moments.

C'est le prologue de Cabrera.... Les 14 000 prisonniers entassés dans les pontons se trouvèrent réduits à 5500, qui furent transportés sur ce rocher le 3 avril 1809, ainsi que je l'ai dit.

Il faut lire les relations des captifs de Baylen, que M. Lorédan-Larchey a pris le soin pieux de recueillir dans des mémoires patriotiques, et que je résume ici, pour se faire une idée des horreurs de ce long exil de nos soldats.

La torture de la soif qu'ils avaient subie sur les pontons de Cadix se renouvela encore à Cabrera. Il n'existe dans l'île qu'une source d'eau douce, assez peu abondante. Au début, les captifs se pressaient en cohue devant ce filet d'eau; ils ne cessèrent de se battre que le jour où l'un d'eux fut préposé à la garde de cette fontaine. Elle continua forcément à être assiégée jour et nuit, et l'on voyait sans cesse une procession d'hommes en proie aux tortures de la soif, attendant le moment d'humecter leurs lèvres desséchées. Pour supporter ce tourment horrible, beaucoup se mettaient dans la bouche de petites pierres ou des fragments de coquillages. La natation seule tempérait pour un moment cette cuisante ardeur; mais tout en se baignant, la soif les tuait. Des barques envoyées de Majorque apportaient des vivres, mais tout juste de quoi les empêcher de mourir de faim: 24 onces d'un pain détestable pour quatre journées et par personne, et quelques fèves sèches qu'une longue cuisson ne pouvait arriver à ramollir.

Certains mangeaient leur provision de pain dans la journée et, se trouvant affamés les jours suivants, ne cessaient de rôder autour des autres dans l'espoir de leur dérober leur part.

On surprit même, chose horrible, un captif préparant pour les dévorer le cœur et le foie d'un de ses camarades.

En arrivant à Cabrera, ils avaient trouvé un âne abandonné qui errait misérablement dans les rochers et qui leur rendit de grands services en transportant l'eau et le bois pour les malades. Elle fut bien récompensée aussi, la bonne bête, par les soins qui lui furent prodigués. Chacun cherchait, pour le lui apporter, quelque brin d'herbe dans la rocaille. C'était l'enfant gâté ; on s'occupait de sa toilette, on le flattait de la main ; son poil, exactement peigné, était devenu luisant.

Il fallut se résoudre un jour à tuer Martin, comme on l'appelait. La barque aux vivres n'était pas venue depuis plusieurs jours. La situation des captifs était affreuse, ils avaient dévoré tout ce qui avait pu fournir un aliment à leur faim,

PORT ET FORTERESSE DE CABRERA.

rats, lézards, reptiles. Exténués, sans forces, les malheureux se traînaient péniblement jusqu'au sommet des rochers pour tâcher de distinguer quelque voile à l'horizon. Les journées se passèrent sans rien voir venir. Beaucoup tombaient d'inanition et ne se relevaient plus, tandis que d'autres expiraient dans des convulsions affreuses. Certains cherchaient à dévorer la pierre, le bois, et succombaient en proie à des accès de rage. L'âne fut donc sacrifié ; on fit en pleurant 1500 morceaux de son corps ! La barque aux vivres arriva le lendemain, mais beaucoup alors engloutirent leur part de pain d'un seul coup et succombèrent aussitôt victimes de leur avidité.

Quelques évasions se produisirent qui indiquaient chez les captifs une volonté et une persévérance extraordinaires. Certains gagnèrent Barcelone sur de mauvais canots qu'ils avaient construits eux-mêmes. D'autres, ayant observé que les pêcheurs majorquins s'étaient aventurés parfois la nuit jusque près des côtes de Cabrera, forgèrent un grappin, firent une provision de vivres sur leurs chétives rations et cachèrent le tout dans les rochers. Ils veillèrent pendant trois semaines, épuisés déjà par les privations antérieures, et, au cours d'une nuit sombre, aperçurent enfin les barques tant désirées. Au moment où l'une d'elles passe à portée, le grappin est lancé, on tire sur la corde, et quatorze captifs sautent à bord. Les Majorquins, effrayés, se cachent le long du plat-bord ; on les ligotte, on s'empare de leurs vêtements, et la barque prend le large. Après quelques péripéties les fugitifs débarquèrent à Tarragone, occupée alors par les Français.

« Nous ne négligions rien de ce qui était capable de nous procurer les moyens de fuir notre prison, porte la relation du caporal de grenadiers Wagré, prisonnier à Cabrera. Quarante officiers, dont moitié appartenant à la marine, avaient formé un projet de fuite. Quoique privés d'outils et de matériaux propres à la construction d'une barque, ces officiers étaient parvenus à en faire une. Elle leur avait demandé trois mois de temps et de sacrifices. Jour et nuit ils y travaillaient. Ils avaient démonté de vieux seaux cerclés en fer, et avec les cercles ils avaient formé des scies et des couteaux qu'ils aiguisaient sur la pierre. De vieilles chemises et des morceaux de hamac avaient servi à faire les voiles ; les cordages avaient aussi été fabriqués avec des cordes de hamac et avec du chanvre qu'on était parvenu à acheter secrètement. Pour le goudron on avait recueilli de la résine sur les pins de l'île, et on s'était privé de sa ration d'huile pour sa composition.

« Chacun y prêtait la main, et par son travail s'il était menuisier ou charpentier, et par des privations s'il ne l'était pas. Tant d'efforts furent perdus : un faux frère, un Piémontais, dénonça au gouverneur de l'île l'entreprise de ces officiers, et la barque fut saisie.

« Les Espagnols amenaient de temps à autre quelques tonneaux d'eau douce pour notre consommation. Un jour qu'ils arrivaient avec leur chargement, nous étions en assez grand nombre sur le rivage, les uns comme baigneurs et les autres comme spectateurs. Lorsque les matelots furent prêts à amarrer leur barque, quarante-deux Cabrériens, à un signal convenu, sautèrent dedans, jetèrent les marins à l'eau, s'emparèrent de leurs rames et virèrent de bord. Ils eurent le bonheur de rejoindre l'armée française sur les côtes d'Espagne. »

Cependant les captifs, au milieu de leur misère, avaient fait des essais de police et d'organisation, édicté des pénalités, fondé un misérable hôpital, pourvu aux sépultures.

« Dans les premiers temps où des Français furent déportés à Cabrera, leurs officiers étaient avec eux, et conservaient toute leur autorité, dit Lardier dans sa relation ; cette autorité était bien nécessaire avec des hommes aigris par le malheur, et que l'exaspération rendait injustes, querelleurs, et sans cesse prêts à se battre. Ils avaient cependant toujours la même déférence pour leurs chefs, se soumettaient à leurs décisions, et ne se refusaient pas à subir les punitions qui leur étaient infligées.

« Mais les officiers et sous-officiers furent transportés en Angleterre. Les prisonniers, livrés à eux-mêmes, et voyant les excès qui se commettaient journellement, eurent le bon esprit de choisir entre eux un Conseil chargé de juger leurs différends, de prononcer sur les délits, et de décider sur tout ce qui était relatif à l'ordre et à la police de la colonie.

« Les arrêts de cette espèce de cour étaient irrévocables, presque toujours rigoureux, et exécutés aussitôt que rendus.

« Les séances se tenaient en plein champ, les juges étaient assis sur des pierres disposées circulairement pour cet objet ; une foule immense les entourait, attendant leur décision et prête à la mettre à exécution. Souvent un soldat était accusé d'avoir volé du pain à un camarade : c'était le crime le plus grand et le plus irrémissible qu'on pût commettre à Cabrera. »

Après avoir édicté des lois, on songea aux distractions : les captifs avaient même établi un théâtre dans une citerne desséchée, et ils avaient écrit au fond de la scène : *Castigat ridendo mores*. On y débuta par le *Philoctète* de Laharpe. Trois cents personnes emplissaient la citerne, à laquelle on descendait par une échelle ; le prix des places avait été fixé à deux sous. Les soirs de représentation, la salle, éclairée par des branches de pin allumées, était comble.

Plus tard on institua une loge maçonnique et l'on fonda deux ou trois établissements où l'on vendait des galettes, du biscuit, du vin, des oignons, de la poterie, des piments et des caroubes.

Ce marché, amas de baraques ornées d'auvents invraisemblables qui garantissaient les étalages, prit le nom de *Palais-Royal*. On y trouvait en outre un peu de pain desséché, des poissons salés, des lambeaux d'étoffes, du fil, des aiguilles, du poivre, etc. On pouvait acheter une aiguillée de fil, une prise de tabac, dont les trois coûtaient un sou. On y vendait des souris et des rats que certains avaient eu la patience d'apprivoiser pour les faire multiplier afin d'en faire un objet de commerce. Une souris se vendait cinq fèves et un rat vingt-cinq, selon sa grosseur.

Aucun prisonnier ne demeurait inoccupé ; il y avait des tailleurs, des cordonniers, des crieurs publics, des ouvriers en cheveux, en os, en écaille. Deux cents Auvergnats, débris d'un régiment de dragons, s'étaient logés dans une grotte où ils faisaient des cuillers en racine de buis qu'on achetait, pour un prix modique, soit à Palma, soit au Palais-Royal de Cabrera.

Ces dragons ne possédaient, entre tous, qu'un pantalon et un uniforme en mauvais état, qu'ils faisaient endosser à celui d'entre eux qui allait recevoir les vivres.

Mais ce qui abondait surtout à Cabrera, porte la relation de Lardier, c'étaient les professeurs en tout genre. La moitié des prisonniers donnaient des leçons à l'autre moitié. Partout on voyait des maîtres de musique, de mathématiques, de langues, de dessin et surtout d'escrime, de danse et de bâton. Quand il faisait beau, tous ces professeurs donnaient leurs leçons au Palais-Royal, à des distances assez rapprochées les unes des autres. Il n'était pas rare de voir un pauvre diable à moitié nu, et qui souvent n'avait pas mangé depuis vingt-quatre heures, chanter un air de contredanse fort gai, et l'interrompre de temps en temps pour dire, avec beaucoup de sérieux, à son élève vêtu d'un soupçon de caleçon : « Allons, balancez vos dames ! rond de jambe ! donnez-vous de la grâce ! » Un peu plus loin, un bâtonniste enseignait le moulinet à quatre faces, et cherchait à flatter l'amour-propre et à exciter l'émulation d'un élève en lui disant : « C'est bien, je suis content de vous ; si vous continuez avec le même succès, en moins de quinze jours vous pourrez vous présenter en société ». Un chiffon de papier, grand comme la main, et placé en évidence, servait d'enseigne aux plus huppés de ces professeurs.

Si les captifs avaient conservé, dans leur misère, un peu de cette insouciance et de cette gaieté qui rendent si amusants les campements de nos soldats, ils avaient gardé aussi une grande susceptibilité quant au point d'honneur. Les duels étaient fréquents. Comme on était privé, à Cabrera, d'épées de combat, on se battait avec des ciseaux, des rasoirs, des lames de couteau, des alènes et au besoin avec des aiguilles à voile. Ces objets fixés à l'extrémité de bâtons, on se rendait au cimetière. C'était l'endroit choisi habituellement pour ces combats singuliers.

Cependant un peu d'aisance était venue, car les Espagnols, qui ignoraient la mort de près de trois mille captifs, avaient continué à envoyer le même nombre de rations. Mais un nouveau recensement eut lieu, et la situation des prisonniers devint de nouveau très précaire ; leurs forces s'affaiblirent au point que plusieurs perdirent toute intelligence.

Enfin, le 16 mai 1814, après cinq années d'abandon et de souffrance sur ce rocher, des bâtiments de transport français, commandés par un capitaine de frégate, arrivèrent à Cabrera. La nouvelle se répandit vite, et les captifs accoururent, les uns comme des fous, les autres en pleurs, tandis que plusieurs, affaiblis, poussaient des cris et se traînaient sur les genoux. A la vue de cette multitude de spectres demi-nus, en haillons, pâles, émaciés, la chevelure hérissée, les yeux hagards, le capitaine et les hommes d'équipage fondirent en pleurs et détournèrent les yeux de cette scène lamentable.

Puis l'embarquement eut lieu ; les malades, les exténués, et leur nombre était grand, furent chargés sur les épaules de leurs camarades et transportés à bord.

Deux mille et quelques captifs à peine, sur cinq mille cinq cents qui avaient été jetés sur le rocher de Cabrera, revirent leur patrie. Les ossements des malheureux qui avaient succombé demeurèrent longtemps sans sépulture. Bien des années plus tard, le prince de Joinville leur rendit les derniers devoirs. Voici l'extrait du *Moniteur universel* du 12 juin 1847 relatif à la cérémonie qui eut lieu, à cette occasion, sur le rocher de Cabrera :

« On écrit de Palma, le 3 juin :

« L'escadre d'évolutions, commandée par M. le prince de Joinville, vient de faire une courte apparition sur notre rade, et les heures qu'elle y a passées y ont été consacrées à une simple et touchante cérémonie.

« Le prince de Joinville avait entendu dire l'année dernière que l'îlot de Cabrera, prison et tombeau des Français tombés aux mains des Espagnols à Baylen, était couvert des ossements de ces infortunés restés sans sépulture. Le temps lui avait manqué alors pour s'assurer de ce fait ; à peine mouillé hier sur la rade de Palma, le prince envoya à Cabrera la corvette à vapeur le *Pluton*. Au retour de ce navire l'ordre du jour suivant fut publié :

« Le commandant en chef a été informé que l'on voyait sur plusieurs points de
« l'île de Cabrera des ossements sans sépulture, tristes restes de nos malheureux
« compatriotes faits prisonniers à Baylen et morts de misère sur ce rocher. Le
« *Pluton* s'est rendu par ses ordres au mouillage de l'île. Les officiers et l'équi-
« page, guidés par un Espagnol qui a assisté à la lente agonie de nos soldats, ont
« recueilli une grande quantité d'ossements qui gisaient sur le sol, exposés à
« toutes les insultes. Demain le *Pluton* retournera à Cabrera avec l'abbé Coque-
« reau pour déposer ces tristes débris dans une sépulture chrétienne. L'amiral
« propose à l'escadre de faire placer sur le lieu de la sépulture une pierre avec
« cette inscription :

« *A la mémoire des Français morts à Cabrera.*
« *L'escadre d'évolutions de 1847.* »

« En conséquence de cet ordre, le *Pluton* est retourné ce matin à l'île de Cabrera,
« et le commandant de ce navire est descendu à terre avec M. l'abbé Coquereau,
« aumônier de l'escadre, pour accomplir la religieuse mission qui leur avait été
« confiée. Nulle pompe, nul appareil militaire n'a été déployé pour donner à cette
« cérémonie funèbre un éclat qu'elle ne devait point avoir ; seulement le *Pluton* a

« eu son pavillon à mi-mât et ses vergues en croix tout le temps qu'a duré le service
« divin et les prières pour les morts. Rien de plus touchant que de voir les quinze
« ou vingt cultivateurs qui forment toute la population de cet îlot sauvage, age-
« nouillés à côté de nos matelots et s'unissant à leur pieux recueillement. La messe
« finie et les dépouilles de nos malheureux soldats rendues à la terre, une croix
« de bois a été placée sur la fosse qui les a reçues, en attendant la pierre qui doit
« les recouvrir.

« Les officiers et les matelots n'ont pas voulu laisser à la générosité du prince
l'honneur de faire les frais de cette sépulture. Une souscription, à laquelle tous ont
pris part et qui s'est élevée à 2000 francs environ, en acquittera le prix. »

SÉPULTURE DES CAPTIFS.

SUR UNE ROCHE ARDUE SE DRESSE IBIZA...

CHAPITRE VII

Le *Jayme Segundo*. — Le *Cojo*. — Le *canónigo*. — La cité d'Ibiza — Les *aguadores*. — Les femmes d'Ibiza. Les mendiants. — Scènes de la rue. — Les *pescadores*.

« PESCADOR. »

Et maintenant que nous avons parcouru ensemble Majorque, Minorque et Cabrera, nous irons, si vous voulez me suivre, visiter le groupe des Pityuses, que par les pures journées on distingue, comme un mince filet d'azur à l'horizon, des hauteurs de la sierra de Majorque.

Les Pityuses, moins connues encore que les Baléares, dont elles font cependant partie, et au sujet desquelles on raconte des choses farouches. Allons vers ces terres dont les habitants sont des Maures, dit-on. Le vapeur va partir, un vieux petit vapeur à grandes roues, portant le nom d'un roi, et qui, tout cassé qu'il est, s'en va comme un vieillard gémissant, tremblotant, toussant, sans se presser. Il arrive à Alicante après bien des heures de traversée et un repos à l'escale d'Ibiza.

Nous jouirons d'une belle journée : Comme l'eau est calme dans le port! Comme le ciel est pur, la brise légère! On croit recevoir des caresses du soleil et du vent!

La cloche sonne le départ, la machine souffle trois cris enroués. Le *capitan* est sur la passerelle ; il commande et ses commandements sont transmis par un marin juché sur une échelle. « En avant ! » crie le capitaine. « En avant ! » répète le matelot penché sur la sombre ouverture de la machine. Les roues lentement se meuvent. « A gauche ! — A gauche ! » puis : « Tout droit ! — Tout droit ! » C'est original.

Le soleil du matin semble verser de la poussière d'or sur l'île que nous quittons, le ciel rayonne, et quelques jolis nuages roses voguent lentement, s'effilochent et se fondent dans l'éther bleu.

Le *Jayme Segundo* s'en va bravement ; ses roues énormes font un tel bruit, jettent de chaque côté du navire tant d'écume neigeuse dans une mer de saphir, qu'on ne s'aperçoit pas qu'il est vieux et voûté. Les rayons radieux qui flambent sur ses cuivres, sur ses canots de couleur vermeille, sur ses mâts aux tons d'or, sur ses cordages vibrants, lui refont une jeunesse. Des railleurs disent qu'il est de complexion délicate, que par égard pour son âge et ses longs services on ne va plus l'exposer aux intempéries hivernales ; ce serait, à les entendre, son dernier voyage.

D'autres rapportent que les ingénieurs d'Alger, après l'avoir visité, il y a trente ans bientôt, ne lui donnaient pas six mois d'existence. Moi j'ai confiance surtout lorsqu'il fait si beau temps dans ce navire qui doit avoir vu bien des choses. Voyez les énormes pistons de la machine logée dans ses entrailles : ils se soulèvent alternativement au-dessus du bord comme les battements énergiques et réguliers d'un vieux cœur de monstre marin !

Le pont est très animé, les matelots chantent, des passagers se promènent, examinant le ciel et la mer d'un œil satisfait, des enfants piaillent, des poules attachées par la patte gloussent, des mouettes blanches suivent le navire. Un mousse les considère tout en dévorant une grenade ; le jus vermeil du fruit ruisselle à travers ses dents blanches. Vers l'arrière on voit les montagnes de Majorque s'estomper peu à peu en s'abaissant, devenir fluides comme une vision, tandis que vers l'avant apparaissent les collines d'Ibiza et la côte bardée de précipices de l'île Tagomago. Un moment nous longeons une falaise écroulée ; le flanc de la montagne est à nu et comme ensanglanté.

Bientôt, sur une roche ardue, se dresse la ville d'Ibiza, enserrée de remparts cuivrés, avec ses maisons blanches, aux toits plats, étagées et en amphithéâtre comme la Kasbah d'Alger, et que dominent une cathédrale et une sombre forteresse.

Le *Jayme Segundo* paraît redoubler d'ardeur ; il a mis neuf heures à nous amener de Palma, mais il pose sa fumée comme un panache sur sa cheminée de fer, contourne à grand bruit le phare de *Botafoch* et, fièrement, entre dans le port, tandis que la population réunie sur le môle lui fait une ovation bien sentie.

Le soleil va se coucher, entourant la ville d'une gloire de flammes ; la foule aux

LA CITÉ D'IBIZA.

costumes bariolés se meut dans l'ombre, houleuse, criarde, agitée; des mariniers arrivent avec leurs barques et bientôt font irruption sur le pont du navire. L'un d'eux saisit ma valise, un autre s'empare de mon parasol, un troisième de ma couverture de voyage. Puis de nouveaux venus se précipitent sur ma malle qu'ils emportent avec de grands efforts. Arrivé sur le quai, la même scène se reproduit et je ne suis en paix que dans une chambre de la *fonda* où je me suis réfugié.

J'ai congédié les porteurs, qui ne cessaient de s'éponger le front pour me témoigner combien mes bagages étaient lourds.

La chambre, blanchie à la chaux, n'a pour tout ornement que quelques lithographies accrochées aux murs. Ma surprise est grande, c'est l'affranchissement de l'Italie, les batailles de Marignan, de Montebello, les combats de Palestro, de Varèze, etc., dessinés par Gustave Doré. Une vue de Bayonne et des chasses de Victor Adam complètent cette décoration.

Je songeais, en considérant ces lithographies françaises, à une aventure singulière qui m'était arrivée, il y a quelques années déjà, dans le Sud Oranais.

Je voyageais à cheval dans un pays solitaire, criblé de crevasses, sans arbres, sans cultures, sans fleurs, où passait silencieusement une rivière salée, l'oued Malah, aux rives pleines de tortues à l'odeur nauséabonde, lorsque nous aperçûmes une blanche coupole.

« C'est Mohammed-ben-Aouda, le pays des fanatiques, me dit mon ami et compagnon de voyage Godelier, alors capitaine d'état-major; c'est un lieu de pèlerinage renommé. Peu de chrétiens ont foulé cette terre de tristesse et de désolation. »

A notre approche, les cigognes sacrées, dont ce pays est peuplé, s'envolaient de toutes parts. Bientôt le minaret voisin de la *koubba* sainte se dressa près de nous, tandis qu'un chant arrivait à nos oreilles.

C'est la voix du muezzin, pensai-je, que par intervalles le vent apporte jusqu'à nous. Mais, la voix étant devenue distincte, nous demeurâmes stupéfaits en entendant le refrain d'une chansonnette en vogue. C'était un ouvrier français qui chantait joyeusement en réparant les ornements extérieurs de la mosquée.

Le seul objet de luxe de cette chambre de la fonda d'Ibiza est un couvre-lit orné d'un grand dessin représentant la Vierge soutenue par des anges, et sur lequel je lus cette inscription : *Nuestra Señora de la Aurora, venerada en la villa de Benejama* (Notre-Dame de l'Aurore, vénérée dans la ville de Benejama). J'allais donc passer mes nuits à Ibiza sous la protection immédiate de la Vierge et des anges du Paradis.

La ville d'Ibiza, avec sa population de sept mille âmes, ne possède qu'un seul hôtel, dépourvu de tout confort.

L'aubergiste porte un nom sonore : *José Roig y Torres*. Dans le monde on l'appelle *el Gajo* (le Boiteux), à cause de cette infirmité qui le caractérise. Je vois encore cet affreux Gojo avec son énorme tête et ses yeux aux regards mauvais, clignotant sous des sourcils épais semblables à des buissons épineux, balançant son tronc lourd sur ses jambes difformes, tournant autour de la table avec des allures d'ours à la chaîne, crachant sans cesse à mes pieds, me soufflant avec son haleine de fauve les bouffées d'un tabac empesté.

Et ces sauces inouïes où flottaient je ne sais quels mets barbares qu'il me mettait sous le nez, répétant à chaque fois : « Ceci, *señor*, est une chose exquise ! »

« VINCENTA ».

Je crois bien qu'il grimaçait un sourire devant mon effroi en présence des aliments et des breuvages qu'il m'offrait ou qu'il m'adressait par une sorte de sorcière déguisée en servante, la vieille *Vincenta*.

Lorsque j'avais pénétré dans l'escalier de la fonda, une odeur immonde m'avait saisi à la gorge et j'avais été obligé de fermer la porte du *comedor* pour y échapper un peu. La nuit était venue et je pouvais voir, à travers les vitres de la grande fenêtre donnant sur le port, la lune toute grande se lever sur la mer. Afin de mieux contempler ce beau spectacle je priai le Cojo d'ouvrir largement la croisée, mais je m'en repentis bientôt : une odeur nauséabonde, venant du port cette fois, envahit la pièce et me souleva le cœur.

On m'avait bien prévenu à Majorque qu'Ibiza était malpropre, mais je ne croyais pas à une telle infection.

Après dîner je vais errer à l'aventure par les rues de la ville ; un beau clair de lune favorise ma promenade solitaire. Ici, comme à Palma, les lanternes ne sont pas allumées lorsque les rayons de la lune sont suffisants pour éclairer les rues ; il paraît même qu'on oublie habituellement d'en faire usage par les nuits sombres.

Les maisons, toutes blanches, argentées par instants de clartés lunaires, ont des effets très saisissants : les rares passants qu'on rencontre dans l'ombre translucide s'y meuvent comme des fantômes. Je monte dans le haut quartier par des pentes raides, je traverse une porte fortifiée avec pont-levis et je m'égare dans un dédale de ruelles.

Une vieille femme, autant que je puis en juger, accroupie sur le seuil de sa porte, mange je ne sais quoi dans une écuelle, sous la pâleur de l'astre des nuits. Plus loin, sur un bâton planté dans le mur au-dessus d'une porte, j'aperçois une masse noire. Je m'approche : c'est une poule qui dort sur ce perchoir inusité.

Toutes les fenêtres et tous les balcons sont munis de chaque côté d'une hampe ; je suppose que ce sont des préparatifs de fête pour le lendemain : mais, au jour, je m'aperçus que ces hampes étaient reliées par des ficelles et servaient à étendre du linge, qu'on met ainsi à sécher devant la façade des maisons. J'arrive, cheminant par des rues, des ruelles, des pentes, des escaliers, presque au haut de la ville.

Je redescends ensuite, sans rencontrer âme qui vive, comme si j'avais été errant dans une ville abandonnée.

Pourtant une vague lueur filtre à travers une porte entr'ouverte ; c'est une église ; des femmes sont agenouillées sur la pierre, silencieuses, recueillies. Elles prient, des cierges brûlent lentement devant les retables d'or.

Tout impressionné par le silence funèbre des rues inextricables, par la vision dernière des chapelles mystiques, je regagne ma chambre de la fonda, où les moustiques vont, par de cuisantes piqûres, me ramener au sentiment de la réalité.

L'excellent et vénérable don Francisco de los Herreros ne m'a pas laissé quitter Palma sans me bourrer les poches de lettres de recommandation. J'en ai pour l'alcade, pour *don Manuel Palau, vicario capitular, dean de la catedral*, pour *don Juan Torres y Ribas, canónigo*, etc.

Dans ce pays, où les étrangers débarquent rarement, il est difficile de pénétrer dans les mœurs et le cœur même des coutumes. La capitale seule est pourvue d'un hôtel, dont j'ai essayé de donner un aperçu : mais, dans l'intérieur de l'île, les communications sont à peu près impossibles : un inconnu pourrait, dit-on, s'y aventurer en toute sécurité pour sa personne et son argent, mais il ne saurait à qui demander le gîte et le manger. Ma première visite doit être pour l'autorité officielle, l'alcade : le lendemain, de bonne heure, je grimpe les rues, qui ressemblent à une série d'escaliers, pour le trouver. Son accueil ne laisse rien à désirer : « Demandez, me dit-il, et je serai heureux de vous servir en tout ce qu'il vous plaira ».

Comme je n'avais pas songé aux services que je pourrais recevoir de lui, je me contentai de l'assurer que je profiterais, à l'occasion, de ses bonnes dispositions et de son pouvoir.

Don Francisco de los Herreros, en me remettant ces lettres, avait poussé l'obligeance jusqu'à écrire en même temps par le courrier aux personnes chez lesquelles il m'accréditait, et tandis que je pensais à m'enquérir de la demeure du *señor* Juan Torres y Ribas, *canónigo* d'Ibiza, ce prêtre venait me rendre visite à la fonda, où il ne me rencontrait pas.

J'errais à ce moment par les rues, considérant une fenêtre d'architecture mauresque festonnée de verdure et de fleurs, à travers lesquelles un visage aux grands yeux noirs se montre curieusement pour disparaître aussitôt; cette fenêtre est encadrée par trois arcs qui viennent s'appuyer sur les chapiteaux, filigranés en quelque sorte, de deux colonnettes en marbre, sveltes et délicates : c'est la *ventana comasema*. J'étais arrêté ensuite devant un écusson ombragé par le cimier d'un casque, incrusté dans la façade d'une maison rose qu'un rayon frangeait d'or, lorsqu'un ecclésiastique m'aborde : c'est le canónigo. Il est jeune, d'un beau visage pâle avec un grand œil doux et contemplatif dont la paupière supérieure, épaisse et allongée, voile à demi le regard; un sourire attristé semble errer sur ses lèvres. Nous remontons ensemble vers sa demeure, située tout au haut de la ville, près de la cathédrale et du palais épiscopal. Nous jetons, en passant, un coup d'œil sur le *castillo*, habité par le gouverneur militaire d'Ibiza, antique *almudaina*, vieille forteresse qui élève son farouche donjon rongé par les années, émietté par les vents, mais fier encore d'allure lorsqu'on l'aperçoit du large. Il supporte, comme sans sourciller, les outrages du temps et la tristesse de l'abandon. — Le front perdu, en quelque sorte, dans les souvenirs d'un passé glorieux, il offre, dans ses flancs crevassés, un asile aux oiseaux nocturnes qui font tressaillir dans leurs couches les campagnards superstitieux, lorsque leurs cris lugubres traversent les ténèbres.

« VENTANA COMASEMA ».

Un factionnaire, sorte d'anachronisme vivant, passe par intervalles, d'un pas grave et lourd, sur ces vieilles murailles.

Le dernier évêque étant mort et son corps étant déposé pieusement dans le chœur de la cathédrale, l'épiscopat d'Ibiza est demeuré sans titulaire.

Le palais est habité, à l'heure actuelle, par don Manuel Palau, *vicario capitular, dean de la catedral*.

La demeure, simple, solitaire, appuyée aux sombres murailles du castillo, sommeille dans sa blancheur.

En face se trouve, à demi ruiné aussi, l'édifice de la *curia*, ancien tribunal. L'ornementation de la porte offre une belle combinaison des styles gothique et mauresque. Un écusson, aux armes d'Aragon, la surmonte; la pierre, émiettée à sa base, ne laisse plus lire entièrement l'inscription qui s'y trouve gravée.

Devant la curia s'étend une petite terrasse d'où l'on aperçoit distinctement l'île de Formentera, la Pityuse *minor* des anciens. Les balancelles vont et viennent journellement entre cette île et Ibiza. Je fis part au canónigo du projet que j'avais formé de visiter Formentera, mais il m'en dissuada vivement. « C'est un rocher aride, me dit-il, où vous ne trouverez que deux lacs amers et trois églises fortifiées semblables à celles que vous verrez ces jours prochains dans les environs d'Ibiza. Et pour ces choses vraiment sans intérêt, vous risquez de passer quelques semaines abandonné sur ce rocher, dans l'ennui et la misère. Si le vent, favorable ces jours-ci, vient à tourner, il vous sera impossible de revenir. » Je me rendis à la justesse de cette observation et renonçai au projet que j'avais formé de visiter ce rocher.

Quelques instants après, nous étions dans la demeure du canónigo. Il vit là avec sa mère, toute pâle aussi, toute pensive, et une jeune nièce douce et charmante, nommée Pepita.

Le deuil est entré dans cette maison comme dans la plupart des autres de ce pays. Depuis deux années la diphtérie exerce

L'ANTIQUE « ALMUDAINA » ET LE PALAIS ÉPISCOPAL.

des ravages sur les jeunes enfants et même sur les adultes. Des familles qui avaient sept enfants n'en ont plus un seul. L'épidémie semblait diminuer d'intensité, lorsque depuis quinze jours une recrudescence subite s'est manifestée. Deux petites-nièces du canónigo et leur mère sont mortes en quelques jours. Le prêtre devient plus pâle encore en me confiant ces douleurs, et des larmes coulent silencieusement le long des joues amaigries de sa mère.

Le canónigo, qui remplit les fonctions de secrétaire du gouvernement ecclésiastique, a pris ses dispositions pour être libre. Nous quittons sa maison, où, dans le crépuscule des salles, flottent tant de douleurs, pour retrouver dans la rue claire la lumière et la gaieté du ciel. Par exception la *señorita Pepita* nous accompagne. Les femmes à Ibiza sortent rarement. Elles vivent d'une existence morne, dans des demeures silencieuses où ne filtrent que de pâles reflets. C'est, je pense, un reste des coutumes maures. Il n'est pas séant à Ibiza de voir une femme souvent dehors. Du reste, sauf quelques rares visites que les dames se font entre elles, ou les grandes

L'ANTIQUE « CURIA ».

sorties vers les propriétés de la campagne, on peut se demander quel serait le but de leurs promenades. Il n'y a pas de place publique proprement dite, pas de grande allée ombreuse où le soir, comme dans la plupart des pays chauds, on puisse respirer la fraîcheur. En été la chaleur est accablante dans ces rues toutes blanches, pierreuses, et c'est un véritable voyage pour une population indolente que de grimper les hauteurs où se dressent le vieux donjon de la forteresse et le haut clocher de la cathédrale. Aux heures du soir, où, après une journée ardente, les souffles de la mer apportent un peu de fraîcheur dans les rues embrasées, aux heures où dans les pays de France, d'Espagne, d'Italie, les femmes passent joyeuses dans les promenades, les *señoras* d'Ibiza entr'ouvrent alors les persiennes et, accoudées aux balcons, regardent, alanguies, dans l'espace, les yeux vers cette mer qu'elles n'ont cessé de voir depuis leur enfance et où les ombres crépusculaires descendent lentement.

Là-haut, dans ce quartier élevé, ceint d'épaisses murailles rouges où les canons qui autrefois faisaient trembler la mer gisent çà et là, rongés de rouille, la bouche sanglante, mordant la terre comme dans une agonie, devant des embrasures ruinées, les señoras rêvent dans le silence et dans la nuit de vieilles demeures mortes. Les rues que le soleil ne baigne pas ont comme des reflets lunaires et des lueurs de phosphore; on y perçoit seulement de temps à autre, sur les pavés polis, le pas fatigué des *aguadors*, des prêtres mystérieux et furtifs ou de quelque servante. Cette ville est une ville arabe en quelque sorte; les *serenos* même, qui animent Palma et Mahon, chantant les heures nocturnes, n'existent pas à Ibiza. Leur voix ne s'élève pas dans le silence des nuits, apportant une note étrange, mais vivante, dans ces murs où semblent errer des souffles de moribonds. Jamais sous des balcons ou dans les profondeurs des cours mystérieuses ne résonne le grincement d'une guitare. Seuls le grondement de la mer ou les sifflements du vent aux jours de tempête réveillent les échos endormis de la vieille cité ensevelie sous des préjugés et des coutumes d'un autre âge et d'une autre race, tandis qu'un climat merveilleux l'enveloppe de chaudes caresses et qu'un flot idéal baigne doucement ses pieds.

La cathédrale *Santa Maria la Mayor*, que le canónigo me fait visiter, n'offre aucun intérêt tant au point de vue architectural que dans sa décoration intérieure. Dans un angle seulement qui touche à la sacristie, se perdent dans l'ombre une porte gothique basse et un retable orné d'intéressantes peintures primitives.

C'est là sans doute tout ce qui reste de l'œuvre de don Jayme I*er* el Conquistador, qui concéda les Pityuses à l'archevêque de Tarragone *don Guillermo Mongriu* sous condition de délivrer les îles de la domination des Maures et d'ériger ensuite dans la forteresse d'Ibiza un temple chrétien dans lequel, chaque jour, serait célébrée une messe pour le repos des âmes de ceux qui trouveraient la mort dans cette entreprise.

Le vaillant archevêque devint maître des îles avec l'aide de l'infant *don Pedro de Portugal*, seigneur de Majorque, du comte *del Rossellon, don Nuño Sanz*, et fit construire une basilique.

Si cette église actuelle est d'un aspect banal, ce qui tient sans doute à des remaniements postérieurs qui ont laissé subsister de rares vestiges de l'édifice primitif, la sacristie et les objets du culte témoignent d'une grande pauvreté. Dans la *Sala capitular*, où traînent quelques vieux fauteuils en cuir couverts de poussière, rongés par les rats, le canónigo me montre les portraits des évêques du diocèse d'un mauvais presque réjouissant, et celui du roi Charles III, lequel en 1782 octroya le titre de *ciudad* (cité) à l'ancienne *villa ó real fuerza de Ibiza* (ville ou royale place forte d'Ibiza).

Une restauration complète a rendu cette image grotesque : la face du roi, toute rouge, avec des yeux effarés sortant de la tête, se détache sur un fond noir et fait l'effet des diables sortant d'une boîte qui font tant peur aux petits enfants.

Du haut du clocher se déroule sous les yeux un panorama magnifique. Vers le nord, des plaines parsemées de blanches maisons s'étalent, et, au loin, à perte de vue, jusque dans l'azur du ciel, les collines boisées ondulent en douces vagues. A l'ouest, la plaine encore, des salines reflétant le ciel, la mer dessinant les contours des moindres accidents de la côte, qui va mourir vers le sud, où se dressent, sur l'horizon, les silhouettes allongées du rocher de Formentera et de l'îlot *del Espalmador*. A l'est enfin sont des jardins et la baie, à vos pieds le port et la ville, qui s'écroule toute rose et toute blanche comme un rêve de cité orientale.

Je me suis engagé un jour dans la plaine cultivée qui borde le port d'Ibiza à travers des bouquets de palmiers, des fleurs, des verdures inconnues, des végétations grasses, des demeures scintillant sous un ciel joyeux.

Mais ces fleurs sont empoisonnées ; les fruits savoureux viennent d'un sol où dorment des ruisseaux d'eau croupie, et les émanations des végétaux décomposés, jointes à celles des eaux stagnantes du port, engendrent des malarias redoutables. La fièvre y est endémique. A voir de loin la ville d'Ibiza baignée de clarté avec quelques maisons roses ou azurées, à voir ce beau et vaste port où les édifices miroitent dans les eaux frissonnantes, où passent des voiles rapides comme des ailes d'oiseaux, où s'abritent des balancelles aux noms tendres et poétiques (*Flor del mar*, *Estrella*, *Paloma de Ciudadella*), à voir enfin cette ville d'un aspect idéal comme Alger, et où les flamants roses dorment perchés sur une patte, avec cette gaieté de couleur, cet éclat, ce pittoresque, ce mélange de romantique et d'oriental produit par les forteresses ruinées et par la lumière et les constructions, on ne penserait jamais que c'est un asile de misère, de tristesse, de douleurs. Ce n'est pas de la musique qui traversait habituellement les airs, mais le glas funèbre des cloches et des sanglots étouffés et lointains.

En dehors de ces causes extérieures qui font naître ou alimentent les épidémies, telles que la putréfaction des végétaux, la stagnation des eaux, la malpropreté des rues où coulent des ruisseaux d'eaux immondes, la nourriture précaire, l'existence passée dans des demeures humides, tristes, sans lueurs, une coutume pratiquée depuis les âges reculés y contribue singulièrement. Quelqu'un vient de mourir, les cloches tintent ; aussitôt on réunit les enfants du voisinage qui viennent donner le baiser d'adieu éternel au cadavre et appuient leurs lèvres sur sa face glacée. La contagion se propage ainsi, et les habitants d'Ibiza, qui créent autour d'eux des foyers d'infection, s'étonnent de la persistance des fléaux.

Il faut avoir parcouru le labyrinthe de ruelles du vieux quartier de la Marine, où des maisons étroites, humides, sombres, s'entassent sans lumière, sans air, infectées par des odeurs nauséabondes, ruisselantes d'ordures, pour bien voir les causes premières de l'insalubrité d'Ibiza.

Dans certaines rues de la haute ville, qui est en quelque sorte le quartier aristocratique, il n'est pas rare de voir devant quelques maisons modestes des poules attachées par la patte, des cochons et même des moutons qu'on élève ainsi avec des détritus de légumes, quelques herbes et des pelures de fruits. Je dois dire cependant que cette partie de la ville se distingue en général par une propreté relative, tandis que vers la Marine l'aspect des rues est toujours repoussant.

La misère, la malpropreté et la mort, dans cette vision blanche qui est Ibiza, me serraient le cœur et me faisaient voir toutes choses sous un aspect tragique, aux premiers jours, lorsque j'allais cheminant par les sentiers caillouteux des collines du nord ou que je m'égarais dans le dédale des petites rues et des carrefours.

Mais comme on s'habitue à tout, et que d'autre part je me sentais prisonnier dans cette île où le vapeur allant à Palma ne passe que tous les dix jours et lorsque le temps est beau, je m'étais fait à la perspective de demeurer dans ce milieu plein de désolation et de danger.

Et alors, oubliant les agonisants sur leurs couches, les maisons aux pâleurs de tombeaux, les réalités sinistres, les silences équivoques ou lugubres, les émanations horribles, les souffles fiévreux, les infections constantes, la tristesse des longs jours dans le crépuscule des grandes demeures, je ne vis plus que les manifestations extérieures de la vie dont le spectacle bizarre m'amusait et ne cessait de m'intéresser. Le ciel bleu, la mer lai-

UNE RUE DE LA « MARINA ».

teuse, les costumes éclatants, tout le rayonnement de la lumière et de la gaieté des choses étaient bien faits pour voiler l'existence des êtres qui vivent comme des larves mystérieuses dans des asiles sombres.

Le quartier de la Marine, du reste, contraste singulièrement avec l'ancienne ville emmurée. La *Marina*, habitée par les pêcheurs, les mariniers et la population commerçante d'Ibiza, s'est développée seulement à partir de l'époque où les Baléares ne vécurent plus sous l'impression de terreur que les corsaires causaient, avec juste raison, à leurs habitants. Avant la prise d'Alger par les troupes françaises, quelques maisons seulement venaient se hasarder hors des remparts. Aujourd'hui il y a là un quartier populeux, vivant et de mœurs bien distinctes de la ville haute. Les maisons du quartier emmuré se dressent en amphithéâtre; elles sont baignées par les brises de la mer. Celles de la Marina, au contraire, sont construites sur une surface plane généralement.

Les deux quartiers sont donc bien distincts : là-haut, c'est la mort apparente ; ici, c'est une exubérance de vie.

Dès le matin, aux premières lueurs du jour, les paysans avec leurs femmes et leurs enfants arrivent en bandes nombreuses, à âne, à mulet, en carriole ou à pied.

D'aucuns sont fièrement campés sur des tas de légumes, la cigarette aux lèvres, les fillettes passent rieuses, les femmes causent. Certains chantent sur un rythme monotone, en se laissant aller au balancement de la bête qui les porte.

C'est une confusion charmante de visages humains, de têtes d'animaux, de légumes, de fruits éclatants; tout cela vient par la route blanche de *San Rafael*, sous le ciel bleu, par des fonds estompés encore de vapeurs matinales, tandis que le soleil pétille sur les oliviers, flambe sur les maisons blanches qui bordent le chemin ou se joue dans la capricieuse construction d'une noria qui tourne sous l'effort d'une mule. Les fouets claquent partout, cinglant les airs, faisant cette gaieté des choses plus bruyante encore.

A la même heure, les *aguadores* commencent à exercer leur rude industrie. Je les ai souvent observés aux heures matinales, assis sur le parapet de l'antique porte fortifiée de *las Tablas*, seul passage direct entre la Marine et le haut quartier.

Cette porte s'ouvre dans le rempart; elle est pourvue d'un pont-levis et ornée d'un écusson énorme aux armes d'Espagne. Une inscription gravée dans la pierre apprend que le portail de las Tablas a été construit en 1585, sous le règne de Philippe II, catholique et très invincible roi d'Espagne et des Indes Orientales et Occidentales.

Deux statues en marbre de grandes dimensions, restes de l'occupation romaine, ont été utilisées pour sa décoration et placées dans des niches de chaque côté du portail. Toutes les deux sont mutilées; l'une représente un sénateur romain, et l'autre une prêtresse.

Le quartier emmuré est privé de fontaine, la ville d'Ibiza n'en possédant qu'une, située près du port. Là-haut, certaines maisons ont des citernes; mais, outre leur petit nombre, elles ne sont même pas suffisantes pour la consommation de la maison dont elles dépendent.

Chaque matin donc les aguadors se pressent autour de la fontaine, les uns avec une petite charrette chargée de jarres, d'autres ayant mis ces jarres à même sur un âne, les autres enfin, hommes ou femmes, portant le fardeau sur les épaules. Le spectacle est très animé; on se presse, on crie, on gesticule; souvent même des disputes surviennent, mais il y a généralement plus de bruit que de mal.

Les aguadors n'y sont pas seuls; des ménagères d'Ibiza, servantes ou femmes du peuple s'y pressent en grand nombre. Puis l'ascension commence; tout ce monde de gens et de bêtes monte crânement d'un pas délibéré. Mais, vers le milieu du jour, les pauvres ânes, à moitié fourbus, s'en vont la tête basse, le poil mouillé, l'échine endolorie; les hommes et les femmes se courbent davantage sous le fardeau, traînant les jambes, s'arrêtant parfois pour reprendre haleine.

LES « AGUADORES ».

C'est un métier rude par les journées de chaleur sur ces pavés glissants, dans les rapides pentes, et il faut peiner longtemps pour atteindre les dernières maisons. Un vieil aguador surtout était infatigable. Il allait sans trêve, montant ou descendant les hauts quartiers, la cigarette aux lèvres, égayant la monotonie du chemin par quelque couplet d'une antique *malagueña* ou par un bout de conversation avec son âne lorsque celui-ci, comme il arrive souvent à ses congénères, s'arrêtait sans motif plausible.

LE VIEIL AGUADOR.

J'ai fréquemment remarqué dans le midi de la France cette habitude qu'ont les gens du peuple de parler aux animaux, comme si ces derniers comprenaient et allaient répondre.

Le vieil aguador se plantait en face de son baudet, l'apostrophait ou lui tenait un long discours. J'étais trop éloigné pour entendre ses paroles, mais je voyais la bête remuer de temps à autre sa tête, comme pour répondre, ou dresser ses oreilles, afin, me semblait-il, de ne pas perdre un mot des choses intéressantes que lui racontait son maître.

J'aurais pu soupçonner le vieux d'avoir lu l'*Iliade*, où les héros parlent à leurs chevaux, les caressant du geste et de la voix, leur tenant des discours tendres ou pathétiques.

Cet aguador, que j'avais fini par connaître, s'arrêtait volontiers pour causer avec moi et il me parut même très flatté un jour lorsque je lui demandai de poser pour son portrait. Un étranger, me dit-il, était venu à Ibiza et l'avait dessiné en même temps que son âne, sans les faire arrêter, tandis qu'ils gravissaient une rue escarpée. Ce *señor*, ajouta-t-il, avait une petite machine dans laquelle un esprit diabolique devait certainement passer, car il n'est point au pouvoir des hommes seuls de faire des choses aussi extraordinaires.

Cette ville d'Ibiza est en bien des points curieuse, et les scènes du dehors y sont toujours fort intéressantes. Tous les vendredis matin, de dix à onze heures dans le quartier haut, et tous les samedis dans celui de la Marine, on donne aux pauvres. Ce sont les jours de la *limosna* (l'aumône).

Jamais je n'ai vu réunis une telle quantité de pouilleux, d'estropiés, de vieilles à la face jaune, de jeunes filles toutes pâles, émaciées, avec des yeux tout grands, de vieillards aux mains crochues, aux doigts de squelettes. Ils vont, jouant des coudes, querelleurs, hâves, dépenaillés, certains enveloppés ne montrant que deux yeux clignotants et mauvais. Tout cela se meut, se grouille, rampe, bave, tousse, crache, grogne, et ne rit jamais.

Je passais un matin dans une rue toute blanche, solitaire d'habitude, lorsque je tombai sur ce tas de haillons. Les pauvres se tenaient tous devant une porte, sur la haute marche de laquelle une jeune fille aux bras nus, pleine de santé, prenait des centimes dans une petite bourse et les mettait un à un et au fur et à mesure dans les mains tendues vers elle. Puis chacun de ces mendiants s'éloignait, l'un comptant le nombre des petits centimes déjà reçus dans la matinée, l'autre se drapant dans ses loques et disparaissant ensuite comme une ombre dans le carrefour voisin.

Un jour je donne une pièce de cinq centimes à un mendiant qui se tenait accroupi devant le portail de las Tablas. Surpris d'une telle libéralité, il se dresse et me dit avec un grand geste : « *Señor*, que Dieu vous mette dans sa gloire !... »

Au marché d'Ibiza, comme à celui du *Ponte Rialto* de Venise, on peut acheter pour un, deux ou trois centimes, du pain, des fruits ou des légumes.

Le haut quartier, avec ses maisons closes, sa tristesse habituelle, m'attire peu et je n'y vais plus guère que dans le but de rendre visite au canónigo ; on n'y voit aucun magasin, il n'y existe même pas de fonda, c'est le silence, la solitude et l'abandon. En revanche il est pourvu d'églises nombreuses. Une petite chapelle nommée *Santo Cristo del cementerio* est l'objet d'une vénération particulière depuis une époque très reculée. Récemment encore, toutes les embarcations du pays avaient coutume de saluer *el Santo Cristo* avec leur pavillon tant à leur sortie du port qu'à leur rentrée. Autrefois et au commencement de ce siècle même, les navires armés qui croisaient dans les parages des Pityuses pour repousser les corsaires ne passaient jamais en vue de la chapelle vénérée sans la saluer par un coup de canon.

Un matin, j'arrive chez le canónigo. Pepita et sa cousine partent pour la campagne : elles descendent, rieuses, charmantes, agitant l'éventail, les marches d'un haut escalier. La joie brille sur leurs visages : quitter ces sombres demeures, se baigner de lumière, s'inonder de soleil, voir des fleurs, des horizons veloutés de verdure, quelle fête !... Fleur de ces pâles demeures, charmante Pepita, combien vous êtes joyeuse ! Elle me salue de son éventail et monte lestement sur la mule. Quel bon fauteuil dressé sur la bête, quelle jolie draperie jetée négligemment sur ce siège, et comme la petite cavalcade fait sonner le pavé du bruit des sabots des montures et réveille les échos par ses rires argentins ! Quelques fenêtres s'ouvrent, puis se referment vivement. Que va-t-on dire de vous voir aller respirer

DÉPART DE PEPITA.

le grand air et prendre quelques heures d'innocente joie dans les champs? Vous êtes encore en deuil et vous savez qu'il n'est d'usage de recevoir à dîner ou même de sortir que trois mois après les funérailles. Ces fenêtres qui viennent de se refermer brusquement sans que j'aie pu apercevoir les visages de ceux qui les avaient ouvertes expriment du mécontentement. Les jeunes filles tournent le coin de la rue, tandis que le vent soulève leurs mantilles; les servantes les suivent en courant. Une señorita ne s'aventure pas dehors sans être escortée ainsi, et jamais un domestique mâle ne l'accompagne, c'est la coutume à Ibiza.

Les fauteuils variés de forme et très anciens, mis sur les mulets et les ânes, sont bien jolis à voir, elles ont aussi de bien charmantes attitudes sur ces bêtes, les jeunes filles d'Ibiza aux grands yeux noirs où passent les lueurs d'une race ardente, des Maures leurs ancêtres.

Le quartier de la Marine m'attirait beaucoup; le soir j'y pouvais errer à mon gré sans être persécuté comme dans la journée par les gamins qui ne cessaient de me suivre et de m'incommoder par leurs cris. Il n'était pas rare cependant de voir un garde municipal venir à mon secours et me débarrasser de cette marmaille, qui fuyait de tous côtés devant ses menaces. Quelquefois même des personnes de la ville, en vue de m'obliger, les chassaient. On me disait : « Ce n'est point pour vous ennuyer qu'ils vous suivent ainsi, mais ils sont désœuvrés et voient si rarement des étrangers! »

L'archiduc Salvator, qui a séjourné longtemps à Ibiza, où il recueillait les éléments du beau livre qu'il a écrit sur cette île, leur distribuait de la menue monnaie pour les éloigner, mais ils ne cessaient alors de venir en plus grand nombre pour se faire renvoyer avec une gratification et je suis convaincu que par certains jours aucun enfant de la ville ne manqua de rôder autour de lui. Durant mon séjour, tous ces enfants, sans excepter les tout petits, avaient la cigarette aux lèvres et fumaient sans discontinuer. Comme je paraissais surpris de cet usage, on m'apprit que les médecins de la ville avaient prescrit de leur faire contracter cette habitude afin de les préserver de la contagion de la diphtérie. Cette recommandation faite par les médecins de faire usage du tabac en temps d'épidémie a été renouvelée récemment en Europe par les célébrités médicales. A Berne, les médecins ont remarqué que pendant que toute la population de la ville de Vevey souffrait de l'*influenza*, aucun des 600 ouvriers de la manufacture de tabacs n'était atteint.

Le docteur Velpeau avait observé déjà que les jeunes gens du département du Lot se portaient mieux que la plupart de ceux de leur âge dans les autres départements et il attribuait leur résistance à la maladie à l'habitude qu'ils ont de fumer de bonne heure.

Une expérience de M. Tessinari, soumise en janvier dernier à l'Académie des sciences, confirme et corrobore cette manière de voir. Cet expérimentateur a prouvé que la fumée des cigares diminue la vitalité des microbes et même la détruit complètement. La fumée des cigarettes est beaucoup moins active et ne fait que ralentir un peu leur développement ultérieur.

FLAMBAGE.

Je me demande ce que doit penser de ces observations, faites par des hommes éminents dans la science, la Société contre l'abus du tabac.

Mais revenons à Ibiza. Des spectacles nouveaux se présentaient sans cesse à mes yeux dans ce quartier populeux de la Marine. Souvent, dans la journée et le soir même, j'ai vu, en pleine rue, tuer les cochons, les flamber, les découper, en faire des boudins et autres charcuteries. La rue appartient à tout le monde, chacun s'y installe et exerce son industrie sans s'inquiéter des passants.

Un soir, comme la lune brille, je fais une promenade sur les quais. J'entends quelques chants, des frôlements de guitare s'échappant de tavernes qui réunissent les marins; partout s'ouvrent des portes basses où, à travers une épaisse fumée, vaguent des formes humaines.

J'aperçois des boutiques entre-bâillées où pénètrent de rares acheteurs. Les balancelles amarrées au quai gémissent de temps à autre tandis que l'eau clapote et semble venir chuchoter sur les bords. La lune se reflète dans les eaux frissonnantes, une buée légère flotte à leur surface, estompant l'espace et les silhouettes des navires éloignés.

Quelles belles nuits que celles d'Ibiza! Je les ai parfois contemplées de longues heures de ma fenêtre de la fonda, les yeux vers le port, vers la mer, vers l'infini.

« MATANSA DU PORC ».

J'oubliais alors le Cojo, les odeurs nauséabondes, les moustiques et d'autres piqûres plus cuisantes de la vie, ainsi que bien des tristesses. Je n'éprouvais aucunement le désir de voir quelque barque glisser à la surface de l'eau, d'entendre un chant de pêcheur. Les frissons de la mer elle-même étaient mélodieux, et le passage lent, dans le ciel, de quelque brume légère, frangée d'un rayon de lune, animait suffisamment l'espace.

Mais ce soir-là je courais les rues, et le spectacle de la mer et des choses mystérieuses du port m'arrête quelques instants seulement. Je m'égare bientôt dans un dédale de ruelles sombres, étroites, heurtant les passants, enfonçant mes pieds dans des flaques fétides, et je débouche sur une place. Un homme, une femme, je n'ai pu le savoir tout d'abord, s'est installé au milieu.

Ce personnage plonge une énorme fourchette dans un grand chaudron où

FABRICATION DES BOUDINS.

bouillonne un liquide. La fumée l'enveloppe et lui donne une apparence de sorcière de Macbeth. De temps à autre les flammes s'élèvent et viennent lécher les bords noircis de la marmite infernale. La fourchette remonte avec un grand chapelet de boudins jaunes, arrosés de safran. Un moment leur propre poids les fait se rompre, une partie tombe à terre. L'homme, car c'en est un, allume une lanterne avec une braise qu'il prend au foyer, et sur laquelle il souffle, ramasse les morceaux tombés, les remet vivement dans la marmite sans les avoir essuyés.

— La seule industrie que j'aie vu exercer à Ibiza est la fabrication de jarres. Sous la domination romaine, et bien longtemps après encore, les vases fabriqués à Ibiza avaient la réputation de ne pouvoir renfermer de poisons. L'origine de cette croyance peut être attribuée à la renommée qu'avait ce pays de n'abriter aucun animal venimeux. On était persuadé, à ces époques lointaines, que la terre qui servait à la confection de ces vases avait le privilège de neutraliser les poisons, et qu'on pouvait par suite boire sans crainte les liquides les plus dangereux qu'ils pouvaient contenir.

Cette croyance donna une grande impulsion à la fabrication et au commerce de ces vases, qui, dit-on, devinrent l'objet d'un article d'exportation important, et furent extrêmement recherchés.

L'histoire d'Ibiza est peu connue et des documents certains manquent pour l'établir. Plusieurs auteurs attribuent sa fondation aux Phéniciens, d'autres aux Carthaginois et en fixent l'époque à environ cent soixante-dix ans après la fondation de Carthage. Sa stérilité lui avait fait donner le nom d'*Ebusus*, qui en langue punique signifie « Infructueux ». On peut toutefois supposer qu'elle a eu le même sort que les autres îles de cet archipel et qu'elle aura été la proie des mêmes envahisseurs : Phéniciens, Carthaginois, Romains, Goths, Vandales, Arabes, Catalans. Pourtant on est frappé à Ibiza par le caractère arabe de la plupart des visages. J'aurai même occasion, dans la suite de ce récit, de signaler des chants et des mœurs qui témoignent combien les Africains ont laissé de traces vivantes dans cette île perdue.

Dans la ville d'Ibiza, le caractère facial arabe est moins frappant que dans l'intérieur de l'île. Du reste les mœurs des habitants de la ville diffèrent totalement de ceux de la campagne. Les premiers parlent des autres avec mépris, les traitant de sauvages et de barbares. Un certain antagonisme existe dans la cité même, entre la Marine et le haut quartier. Les *pescadores*, pêcheurs, forment une classe distincte; ils se considèrent comme bien supérieurs aux campagnards, qu'ils traitent presque avec dédain. Ces pêcheurs passent la plupart de leurs journées en mer sur des barques nommées *faluchos*, longeant les côtes des Pityuses et le nord du rocher de Formentera. La plupart sont rasés, rarement ils laissent croître leur barbe. Je dessinai le portrait de l'un d'eux, coiffé de sa *gorra*, vieil écumeur de mer, hâlé par le vent, tanné par le soleil.

Les côtes des Pityuses fourmillent de poissons ; on en compte, dit-on, cent quarante espèces, et, sauf le cas de très mauvais temps, la pêche est toujours fructueuse. Mais la vente est si précaire que les pêcheurs sont condamnés à la pauvreté. Les poissons les plus recherchés valent 1 franc le kilo, la seconde qualité se donne à 50 centimes, et la troisième à 25 centimes.

El notario (le notaire) d'Ibiza a une tout autre façon de pratiquer la pêche. C'est un habitué de la mer, et ses actes de sauvetage ne peuvent plus se compter. Il se plaît quelquefois à plonger et peu après on le voit remonter à la surface tenant un poisson dans sa bouche, entre ses dents, et un autre dans chacune de ses mains. Lorsque je le voyais se promener sur les quais, haut en couleur, avec sa barbe blanchissante et sauvage, suivi d'un grand lévrier, je n'aurais jamais songé que j'avais devant moi un notaire, mais plutôt quelque dieu des tempêtes.

Le chien du *notario* était superbe aussi, maigre, allongé, famélique, invraisemblable.

Ces lévriers, qu'on attribue aux Baléares et qui pourtant n'appartiennent qu'à Ibiza, semblent des chiens héraldiques détachés de quelque vieux blason. Les rues d'Ibiza en sont pleines, on les dit peu fidèles. Ils dorment au soleil, contre les masures, frileux et maigres.

PESCADOR
RACCOMMODANT UN FILET.

Le climat de l'île d'Ibiza est encore plus doux que celui de Majorque. Dans les années les plus froides, le thermomètre s'est maintenu à 12 degrés, et par les fortes chaleurs de l'été il dépasse rarement 32. Les pluies y sont aussi moins fréquentes.

Les îles qui composent l'archipel des Baléares diffèrent entre elles tant comme climat que comme habitants. Nous avons vu Majorque douce comme un rêve, Minorque venteuse, décharnée, nous sommes à Ibiza, climat chaud, terre fertile. A Majorque la population est patriarcale, à Minorque elle est cosmopolite; à Ibiza nous la trouvons fière, hautaine, dans la ville; nous allons la voir rude et sauvage, mais très hospitalière, dans la campagne.

Les campagnards sont superstitieux. Un jour, je demandai à l'un d'eux que je rencontrai sur la route comment se nommaient de grands oiseaux que j'apercevais dans le port perchés sur leurs pattes. « Ce sont des *garces*, me dit-il. Ces oiseaux possèdent de grandes vertus médicales. Nous employons leur graisse pour faire des onguents, et le duvet qui se trouve entre les plumes de la queue et certaines autres parties de leur corps, appliqué sur la peau d'un homme atteint d'une maladie du sang, le guérit radicalement. » Cet oiseau est, sans doute, le butor, dont on entend les sifflements à la tombée de la nuit.

Pour combattre les rhumatismes, les campagnards appliquent sur leur peau, après les avoir fait chauffer, des branches d'un arbre résineux nommé *sabina*.

EL NOTARIO.

On pourrait presque dire que les citadins ont l'horreur des paysans ou *pagesos*. A chaque instant les bruits de crimes commis par ces derniers arrivent dans la ville.

Je me demande si ce n'est point une exagération et s'ils sont aussi sanguinaires que leur réputation les fait. Pourtant l'alcade m'affirme que, cette semaine encore, un jeune homme a eu le ventre ouvert d'un coup de navaja et qu'un autre, criblé par les balles d'un tromblon, vient d'être apporté mourant à l'hôpital.

Je vais ces jours prochains vivre avec ces farouches insulaires et les observer de près.

LÉVRIERS D'IBIZA.

ÉGLISE FORTIFIÉE DE « SAN ANTONIO ».

CHAPITRE VIII

San Antonio. — *Flores de la Virgen*. — *Es caramelles de Natividad*. — Le costume. — *Santa Eulalia*. — Le coup de tromblon. — Les danses. — Les appels lugubres. — Les meurtres. — *Et joch del gall*. — *Lou fasteig*. — Adieu, Ibiza !

EN « CANTADO ».

En route pour San Antonio ; le *canónigo* m'emmène, une tartane nous attend à l'angle d'un vieux rempart. On dirait qu'une belle journée se prépare....

Hier, au couchant, de grands nuages cuivrés montaient lentement sur la mer. Lorsque le soleil eut disparu, ils devinrent d'un gris d'acier, puis livides, et la lune se montra tremblante et voilée. Un orage paraissait imminent ; tout faisait présager qu'il éclaterait dans la nuit.

Pourtant, ce matin, aux premiers rayons, les derniers flocons des nuages amoncelés la veille se sont peu à peu évanouis, un arc-en-ciel immense composé de deux arcs concentriques s'est posé en brillant diadème sur l'île entière, phénomène très fréquent à Ibiza et d'un bon augure si l'on en croit les gens du pays.

En route donc pour San Antonio. Le ciel semble sourire ; je vais d'un pas rapide au rendez-vous, et de loin j'aperçois, sous le vieux rempart, la soutane noire du canónigo. Nous sommes installés bientôt dans une antique tartane dont la toile déchirée par endroits nous permet de voir le paysage.

Le chemin, un peu montueux, passe sur la croupe des collines comme un blanc sillage, filant tout droit vers San Rafael, dont l'église blanchissante se dresse au loin sur une hauteur.

Nous apercevons, disséminés dans les champs, des hommes occupés à cultiver la terre; ils relèvent la tête pour nous voir passer et se remettent ensuite à leur besogne. Une sorte de long tablier, en peau de chèvre, garantit leurs jambes des chardons et autres plantes épineuses dont le sol est hérissé.

Nous franchissons un profond ravin. « C'est un torrent », me dit le canónigo. Je ne vois qu'un fond de roches propres, luisantes, des amas de graviers, mais sans la moindre goutte d'eau.

Aux grandes pluies d'hiver et par les violents orages de l'été, un flot considérable descend tout à coup par cette fissure, charriant des arbres, des animaux et entraînant même quelquefois des passants. Deux femmes qui s'étaient abritées un jour, avec leurs montures, sous le pont qui le traverse, furent surprises par une irruption soudaine et emportées dans la mer, où elles disparurent.

Ce torrent a été nommé depuis *el torrente de ses Donas*, « le torrent des Femmes ». Il est utilisé comme sentier, car il est à sec la plupart du temps.

Les pagesos d'Ibiza donnent aux torrents, en général, le nom de *torrentes roigs*, « torrents rouges », à cause de la couleur sanglante qu'ils prennent dans les crues. Ces flots impurs se précipitent comme affolés dans la baie, où l'on peut suivre des yeux, jusqu'à l'horizon, leur longue trace de pourpre.

Les bords du chemin que nous suivons et les champs d'alentour sont parsemés de petites fleurettes blanches au parfum très capiteux; l'air en est embaumé. Par endroits, on dirait une douce neige répandue sur la terre. Ce sont les *ramallets de la mare de Déu* ou *flores de la Virgen*.

En ce pays, les mamans disent aux petits enfants cette simple légende :

Aqui la mare de Déu va stendre es drapets del petit Jesus, y tot va sorti plé de ramallets. « Là, la mère de Dieu étendit les langes du petit Jésus, et le sol se couvrit de fleurettes. »

Après une heure de chemin environ, au bon trot de la mule, nous arrivons à cette église de San Rafael que j'avais aperçue des portes d'Ibiza. Comme je cherche des yeux le village, le canónigo m'explique que dans l'île où nous sommes un village n'est pas toujours formé par une agglomération de maisons et qu'une simple église solitaire en est souvent le centre. Les maisons sont éparses, on en voit dans les bas-fonds, au loin sur les hauteurs, contre les pentes, sous des massifs verdoyants. Le dimanche seulement les habitants de la paroisse se retrouvent : la messe les réunit. Sans l'église certains d'entre eux ne se verraient peut-être jamais, car les habitations sont parfois séparées par de grandes distances.

Depuis le départ nous avons frôlé en passant des fermes fortifiées, des maisons d'aspect arabe ombragées de palmiers, des terrains cultivés, des champs d'avoine et de lin, des pacages où paissent quelques troupeaux de moutons noirs, des lisières de bois étoilées de bruyères. Nous avons vu des oliviers magnifiques, non plus, comme à Majorque, difformes, étranges, mais droits et puissants, les arbres résineux nommés dans le pays *sabina*, dont les branches chauffées guérissent si bien les rhumatismes, selon la croyance populaire ; puis, des caroubiers, des amandiers, des figuiers. Ces derniers arbres sont à tel point chargés de fruits que les branches de la plupart d'entre eux sont soutenues par des pieux plantés dans le sol, formant une sorte d'enceinte circulaire. Chaque arbre devient ainsi une charmille où passants et travailleurs peuvent s'abriter des rayons du soleil.

Les hochequeues nous ont constamment précédés, sautillant sur la route, tout près de nous, familiers et charmants. Des deux côtés de la vallée, des collines veloutées de vert tendre ont fermé l'horizon ; nous n'avons cessé de monter.

A partir de l'angle très obtus que le chemin forme à San Rafael, nous descendons vivement, piquant droit vers San Antonio qui scintille tout au loin, sur les bords d'un beau golfe, le *Portus Magnus* des anciens.

Bientôt nous distinguons davantage les maisons blanches du village, groupées autour d'une sorte de forteresse ; plus loin s'élève, merveilleux décor, l'île Conillera, avec son phare planté sur une cime, et ses falaises rouges dont les ombres incisives précisent les effroyables ravins. Et par delà cette symphonie de vert tendre, de rose, de blanc et de lilas, la mer s'étale jusqu'à l'infini.

Plus avant, des bois moutonnent, des figuiers tordent leurs branches grises, des maisons neigeuses éclatent, un ruisselet bordé de lauriers-roses murmure joyeusement au bord du chemin. Ce paysage m'enchante. Le canónigo est heureux de mon ravissement, sa figure alanguie s'éclaire d'un bon sourire.

Nous arrivons au presbytère, adossé à la vieille église, autour de laquelle se sont élevées depuis peu d'années quelques blanches maisonnettes, habitées par des pêcheurs.

Le curé de San Antonio, agréablement surpris par notre visite inopinée, perd un peu la tête à l'idée que notre déjeuner va être insuffisant peut-être. Il ne cesse de s'agiter, multipliant les conciliabules avec sa servante, envoyant des serviteurs de tous côtés.

Nous étions arrivés à onze heures du matin : à trois heures du soir seulement nous prenions place à table ; il est vrai de dire qu'un véritable festin nous fut offert.

Dans l'intervalle nous avions visité l'église et les environs. Cette église, construite au xiiie siècle, est une véritable forteresse: deux tours massives la flanquent de chaque côté, et l'abside est soutenue par un rempart en mode de contrefort. Auprès des créneaux des hautes tours gisent encore les anciens canons, dont la gueule était dirigée vers la *cala de los Moros*, où débarquaient habituellement les corsaires. Aussitôt que les guetteurs signalaient leur approche, les habitants des maisons éparses dans la montagne accouraient se réfugier dans la nef sacrée. Ayant mis en sûreté dans l'église les objets les plus précieux, munis de provisions, alimentés d'eau par un puits qui existe encore recouvert de dalles sur lesquelles on s'agenouille, ils se défendaient. Les murailles ont plus de trois mètres d'épaisseur, et le mâchicoulis placé au-dessus du portail permettait de cribler les assaillants de projectiles.

Le soir nous ramène à cette église, où le curé, après nous avoir promenés jusqu'au crépuscule sur la côte déchirée, doit nous faire entendre les antiques chants de la Nativité : *es caramelles de Natividad*.

Lorsque nous pénétrons, quelques cierges sont allumés, une clarté douteuse éclaire vaguement la vaste nef froide, aux murailles nues, tandis que dans les chapelles les ors anciens des retables reluisent de fauves lueurs.

Nous prenons place dans le chœur. Des hommes, des femmes, des enfants même, que cette cérémonie avait attirés, s'agenouillent dans les angles ténébreux.

Les musiciens arrivent et se rangent devant l'autel. On prélude : pauvre musique bien naïve, musique des peuples pasteurs qu'une étoile guida aux premiers âges du christianisme, je vous retrouve telle que je vous ai rêvée, dans toute la naïveté de votre foi! Ces chants légendaires sont accompagnés par un *flaütin*, flûte assez longue, par un *tambó*, tambourin, et par un instrument de métal qui ressemble au triangle.

Les chants religieux, les chants d'amour, les premiers avec la fraîcheur d'une aube nouvelle, les autres que j'entendrai ensuite, tristes, farouches, sanglotés presque, répondent bien au caractère de cette population aux croyances naïves, aux passions violentes.

Le tambó prélude seul et accompagne toujours ensuite avec les autres instruments.

Les chanteurs disent sur une musique simple et charmante une légende composée d'un nombre infini de couplets. A la fin de chacun de ces couplets la ritournelle, dont le flaütin forme la dominante, est la chose la plus charmante de fraîcheur et d'originalité qu'on puisse entendre.

Je pouvais me former une idée de ces vieilles coutumes de Noël, mais la mise en scène manquait. Il aurait fallu voir la messe de minuit, avec l'église illuminée, lorsque le prêtre s'est assis, tournant le dos à l'autel, et que les notables, en grand costume de gala, d'énormes castagnettes aux doigts, chantent au peuple assemblé la naissance du Christ, avec cet accompagnement de galoubets et de tambourins.

A l'occasion de ces fêtes, les *pagesos* composent une soupe qui est un plat classique et, à certains égards, un mets africain. C'est une association de poulet, de mouton, de porc, d'amandes pilées, d'œufs et de miel en forte proportion. Le tout, assaisonné de poivre, de cannelle, de clous de girofle, est filtré et transformé en une sorte de crème qu'on fait cuire lentement en la remuant toujours dans le même sens.

A Majorque, Minorque et Ibiza, on retrouve la musique simple du moyen âge dans les chants religieux. Mais, dans les manifestations postérieures et profanes de cet art, les différences sont bien tranchées.

A Majorque, population douce, policée, les chants, comme on a pu le voir, sont mélodiques et simples; ils ont plus de sentiment, à vrai dire, que de science musicale. A Minorque, île cosmopolite, ayant subi longtemps des conquérants civilisés, les compositions sont plus savantes, leur caractère est moins particulier, la mélodie a des affinités avec la musique sacrée de certains maîtres italiens. A Ibiza, population rude, presque barbare, ayant échappé à toute influence extérieure depuis les Maures, les chants ont une étrangeté caractéristique. Les poètes improvisateurs connus sous le nom de *cansonés* (chansonniers) y sont nombreux. Les *cantados*, ou chanteurs qui ne chantent pas, psalmodient, en s'accompagnant du tambó, soit des légendes mélancoliques ayant quelques rapports avec les ballades des temps passés, soit des romances sentimentales. Ces dernières exhalent habituellement, en strophes interminables, les plaintes et les douleurs d'un amant délaissé. Ces strophes, nasillées, interrompues par de gros soupirs, se terminent par une espèce de trille du plus singulier effet.

La musique notée ne peut donner qu'une faible idée de ces chants bizarres, monotones, lugubres même parfois.

Il y a peu d'années encore, les jours de fête, dans les villages et principalement à San Antonio, les hommes de la paroisse se réunissaient devant l'église, avant la messe, au nombre de trois cents quelquefois, en grand costume de gala, armés de tromblons et de pistoles chargés jusqu'à la gueule.

Ce costume de gala qui tend à se perdre et que j'ai vu porter encore par des anciens, et plus rarement par les jeunes gens, se compose d'un bonnet rouge, généralement bordé de noir, dont la pointe retombe sur le côté. Les jours de fête, les jeunes gens l'ornent parfois d'un petit bouquet artificiel. La chemise est à col haut et très raide avec de grandes manchettes retroussées; quelquefois le devant est plissé. Au lieu de cravate, ils entourent leur cou d'un foulard aux couleurs vives. Le gilet de soie noire est habituellement orné de deux rangées de gros boutons pendants en forme de grelots, et d'argent ciselé. Par-dessus, ils endossent une veste fort courte, noire ou bleue, et également ornée de deux rangées de boutons en pendeloque. Le pantalon blanc, large dans le haut, va se rétrécissant de plus en plus jusqu'aux chevilles. Beaucoup ceignent leurs reins d'une large ceinture noire ou pourprée, et enfoncent dans ses plis une *navaja* ou une pistole dont ils ont la coquetterie de laisser voir le manche ou la crosse.

Par les jours de fraîcheur, ils jettent sur leurs épaules un grand manteau brun sans manches.

Ce costume donne aux habitants d'Ibiza une grâce singulière et beaucoup d'originalité.

Les femmes en costume de gala ont un aspect moins théâtral. Elles portent un corsage généralement noir, dont les manches étroites sont garnies de petits boutons dorés. Elles enveloppent leurs épaules d'un châle semé de fleurs aux couleurs vives. La jupe est si longue, si étroite, qu'elles sont obligées de la relever lorsqu'elles veulent marcher un peu vite. Cette jupe est taillée dans une étoffe grossière à la trame serrée ; elle forme, dans le sens vertical, une infi-

PAGESOS EN COSTUME DE GALA.

nité de plis, que les femmes obtiennent en l'humectant et en la mettant sécher à l'air, lorsqu'elles l'ont plissée, sous la pression de grosses pierres. Un tablier brodé d'arabesques polychromes et un large foulard à la tête complètent ce costume.

Elles aiment les bijoux et se parent habituellement de croix d'or, de colliers et de médailles.

Mais la chose la plus singulière de leur toilette consiste dans la façon de tordre leurs cheveux, qui retombent le long du dos, ficelés en quelque sorte dans des rubans, ce qui leur donne l'aspect d'une queue, laquelle se termine par un crépon roux retenu par un ruban jaune !

Mais revenons à la fête patronale. L'image du saint de la paroisse est exposée au dehors devant le portail de l'église.

Précédés de l'alcade portant à la main un bâton de commandement, les hommes armés du tromblon marchent en rang, suivant un ordre déterminé, et, chaque fois qu'ils passent devant l'image vénérée, ils déchargent leur arme, en dirigeant le canon vers le sol.

L'excavation produite par ces décharges a été quelquefois si profonde qu'une personne eût pu s'y tenir cachée.

Il n'était pas rare de voir l'arme, ainsi chargée jusqu'à la gueule et fortement bourrée, éclater dans leurs mains.

Aussi rencontre-t-on dans toutes les paroisses d'Ibiza des hommes mutilés ; mais ces accidents n'ont pu les guérir de l'amour des armes à feu et de l'habitude de les charger outre mesure.

D'autres fois, souvent même le contre-coup les soulevait du sol, et, tandis que le sable et les pierres volaient en éclats, le tromblon, s'échappant de leurs mains, était projeté à d'assez grandes distances ou blessait les assistants.

Le curé était obligé de préluder à ces exercices en tirant le premier devant le saint ; toutefois, par déférence, son arme ne contenait qu'une légère charge de poudre.

L'autorité a prohibé ces dangereuses cérémonies, qui ont lieu pourtant encore, mais qui sont dépourvues de la pompe d'autrefois.

Devant l'église de San Antonio j'ai vu une large pierre creusée ainsi par les détonations répétées des escopettes, des tromblons et des pistolets.

— Quelques jours se sont écoulés depuis l'excursion à San Antonio. Mon séjour à Ibiza ne peut se prolonger davantage et je dois me rendre à Santa Eulalia le dimanche suivant. Le canónigo, qui, par suite d'une circonstance imprévue, ne peut m'accompagner, me dit en m'exprimant ses regrets : « Allez, on vous attend ». Comme j'ai l'air surpris, il ajoute : « Ne soyez point en peine, c'est un ami qui vous recevra. »

Je pars donc sans lettres de recommandation, sans savoir même le nom des personnes chez lesquelles je vais être reçu. Mais j'ai appris à connaître le prêtre et cela me suffit. Quoiqu'il n'y ait point, à vrai dire, de fonda à Santa Eulalia, je n'aurai point le désagrément de coucher à la belle étoile et de chercher ma nourriture dans les anfractuosités du rivage.

Don José Roigt y Torres, dit *el Cojo*, est venu dans ma chambre me confier, d'un air important, qu'une belle voiture attelée d'un magnifique cheval est devant la porte et qu'avec un tel équipage on arrive vite.

Je descends et me trouve en présence d'une petite carriole sans capote, flanquée de deux énormes roues, recouverte intérieurement de sparteries. Le conducteur s'assied sur le devant, je m'enfouis dans une sorte de panier où je puis à peine me mouvoir. « *Vamonos!* » On traverse alors doucement quelques rues, on côtoie une sorte de promenade, et nous voilà sur la grande route, qui longe le port.

Pour me prouver alors que nous avons un cheval à l'allure rapide, l'homme le tape à tours de bras avec le manche de son fouet, et l'animal s'en va de son mieux, tout efflanqué, plein de misère.

Les coups ne cessent de pleuvoir sur sa maigre échine, dont le poil est tout hérissé et où chaque coup frappé avec le manche du fouet se dessine en sillons luisants.

Après une grande heure de supplice, secoué, ballotté comme un corps inerte, la carriole oblique à droite pour prendre un chemin ou plutôt un sentier plein d'ornières, de cailloux aigus, fait de montées âpres et de descentes rapides. Je risque avec prudence ma tête hors des sparteries : nous côtoyons la lisière d'un bois ; les bruyères toutes fleuries émaillent le sol ; sur les hauteurs, et aussi loin que mes regards peuvent porter, des maisons blanches éparses scintillent au milieu de collines mamelonnées, tapissées de verdure. Les villageois passent en foule, se rendant à la ville, les uns apportant des provisions pour le marché, les autres venus dans le but d'entendre la messe.

Les costumes sont charmants, les plus belles couleurs étincellent.

« Que Dieu vous donne une bonne journée, *señor* », disent-ils. Je réponds :

« *Buen Dia tenguen* (Bonjour). »

Pauvre cheval qui nous mène! c'est le calvaire pour lui. Par instants, ne pouvant plus aller, il s'arrête essoufflé, son pauvre corps secoué de frissons.

Je supplie le conducteur, je le tire par sa veste, je cherche à arrêter son bras implacable, il frappe toujours. Enfin, je m'échappe du véhicule. La marche, quelque pénible qu'elle soit dans cet affreux sentier, est encore mille fois préférable au supplice que me font endurer les cahots.

Quelle délivrance! Je puis voir la mer, les monts verdoyants, me repaître de lumière, suivre de l'œil les sinuosités de la *cala longa* à travers l'ombre mystérieuse des profonds ravins.

Le joli village que j'aperçois tout à coup là-bas! A travers les oliviers il se dresse blanchissant dans l'azur, sur une colline isolée dont les flots baignent la base.

Je vais par la route éclatante, heureux de vivre sous ce gai soleil, émerveillé de cette vision, de l'aspect singulier de cette église pareille à une mosquée, de ces champs qui poudroient, de ces hauteurs veloutées entre lesquelles s'étend la mer, la vaste mer dont le murmure des flots alanguis caresse mon oreille.

Au milieu de cet éblouissement nous voyons descendre et comme couler sur

RETORN DE LA MESSA A SANTA EULÀLIA

les flancs de la colline une foule brillante. C'est la sortie de la messe de Santa Eulalia. Par instants, et venant de points divers, des détonations traversent l'espace : on célèbre sans doute quelque fête dans le pays.

Bientôt, au tournant du chemin, débouche une bande joyeuse.

Quel charmant spectacle, sous la lumière ardente, offrent ces paysannes, la poitrine constellée de croix d'or, de colliers, la tête couverte de foulards jaunes, blancs et rouges, les lèvres vermeilles, la jupe retroussée afin de pouvoir marcher plus vite! Et tandis qu'elles passent, les oliviers au léger feuillage frissonnent au soleil, versant sur le chemin des flaques d'ombre légère ; la lumière ruisselle arrachant des étincelles aveuglantes aux bijoux, aux visages, aux feuilles, aux pierres même du chemin, et le lointain se noie dans une poussière lumineuse, vibrante sous le ciel incandescent.

Nous arrivons bientôt au pied du coteau dominé par l'église et la cure de Santa Eulalia, autour desquelles se groupent quelques maisons. Le village, assez important, s'étale sur la plage un peu plus loin, au bas du versant opposé.

Après avoir traversé tant de torrents desséchés, je ne pouvais m'attendre à rencontrer une sorte de gave dont l'eau bruyante se brise en écumant à travers les roches. Le plus joli pont qui se puisse voir permet de le traverser : il date des Arabes, et, selon l'usage du pays, il est passé au lait de chaux.

Ce pont est à peine franchi que des appels venus du sommet du coteau nous font relever la tête. Peu d'instants après, quelques personnes dévalent par un étroit sentier. Un ecclésiastique les précède. C'est le curé de Santa Eulalia, prévenu de mon arrivée par le canónigo d'Ibiza. Il vient en hâte, suivi des notables du pays, pour m'offrir l'hospitalité dans sa demeure. Quelles cordiales poignées de main nous échangeons bientôt! Les souhaits de bienvenue, les protestations de dévouement, tout ce qu'un langage enfin peut avoir d'aimable, de gracieux, de séduisant, m'est adressé.

C'était un spectacle touchant de voir ce prêtre, ces hommes dont plusieurs étaient presque centenaires, se presser, attentifs, autour d'un étranger qu'ils ne devaient jamais revoir sans doute, et le combler de tout ce que des hôtes hospitaliers peuvent imaginer de prévenances et de politesses.

Nous étions assis bientôt dans le patio de la cure, où je me délectais d'un sorbet, lorsque la cloche de l'église tinta au-dessus de nos têtes. On allait célébrer la deuxième messe; le curé disparut alors, appelé par les devoirs de son ministère.

Je me reposai, entouré de ces braves gens, en face de la mer égayée de quelques voiles blanches, jusqu'au moment où l'on vint me prévenir que la sortie de l'église avait lieu.

Le porche est très vaste : c'est une sorte de galerie mauresque dont la voûte est soutenue par des rangées de colonnades. Les jeunes gens qui ont quitté l'église avant la fin de la cérémonie s'y trouvent réunis. Les femmes et les jeunes filles défilent lentement sous leurs yeux, et cette foule s'écoule par les petits sentiers bordés de cactus qui serpentent sur les flancs de la colline. Les jeunes hommes partent à leur suite, isolés ou par petits groupes.

Quelques instants après, et alors que nous étions demeurés, le curé et moi, sur la hauteur, devant les blanches murailles de l'église, les mêmes détonations qui m'avaient surpris sur la route se faisaient entendre.

Comme je lui demandais des explications à ce sujet, le curé m'entraîna vivement dans un sentier jusqu'au pied du coteau. Tandis que nous contournions sa base, j'aperçus une jeune fille qui s'avançait, regagnant sa demeure ; un jeune homme se montra bientôt à sa suite, pressant le pas. Au moment où il la rejoignait, il tira vivement à ses pieds un coup du tromblon dont il était armé. Sous la détonation formidable, la terre vola en éclats et la jeune personne disparut jusqu'à la taille dans un tourbillon de poussière.

Mais, sans sourciller, elle continua de s'avancer lentement, im-

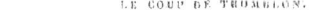
LE COUP DE TROMBLON.

passible, sereine, comme si rien d'insolite ne s'était produit.

Le jeune pagès se mit aussitôt à ses côtés, et tous deux poursuivirent la route, devisant joyeusement.

Le curé me fit assister à plusieurs scènes semblables dans les sentiers de la petite plaine qui s'étale autour de Santa Eulalia. Cette salutation aussi bruyante qu'originale se pratique dans toute l'île, et les jeunes filles mettent une sorte de point d'honneur à ne pas être émues par les détonations qui les surprennent à l'improviste, car les amoureux, chaussés d'*espardenyas* légères, s'avancent sans bruit derrière elles.

Mais ce n'est pas seulement à la sortie de la messe que les jeunes gens saluent ainsi : le soir, à la veillée, lorsqu'un jeune homme quitte une maison, il tire un coup de pistolet au milieu de la salle et ajoute ensuite : « *Buenas noches* » (Bonne nuit). Cette forme de l'adieu indique de sa part des intentions pacifiques à l'égard de tous les membres de la réunion.

Mais si ce jeune homme salue tout d'abord en partant et fait entendre, aussitôt après, la détonation de son arme, s'il fait parler la poudre, selon l'expression arabe, c'est un défi qu'il porte à l'adorateur du moment. Aussitôt après, il quittera la salle et ira se placer au dehors, devant la porte. Celui auquel le défi est adressé l'accepte toujours, se hâte de sortir, et il est rare qu'un combat sanglant ou un meurtre ne s'ensuive.

Le curé de Santa Eulalia me dévoilait ces coutumes tandis que, assis sous un olivier, nous nous reposions un peu à l'ombre avant d'entreprendre l'ascension inévitable pour rejoindre la cure.

Un soleil de plomb tombait sur la campagne livide, calcinant les pierres, desséchant les arbustes. Un silence sépulcral régnait. Les quelques rares insectes, sauterelles ou escarbots, qui existent dans l'île, étaient blottis sous les cailloux, à l'abri des rayons implacables.

Ce morne silence d'Ibiza, par les jours de chaleur, est d'une sensation poignante.

Ailleurs, au cœur de l'été, dans les moments les plus calmes de la nature, des bruissements mystérieux et confus peuplent les solitudes, réjouissent l'oreille. Ce sont les genêts qui pétillent, les oiseaux froissant les branches en sautillant, les mouches qui bourdonnent, les insectes qui esquissent un son musical, les infiniment petits qui se meuvent.

A Ibiza, rien.... Un silence lugubre, sous un ciel aveuglant, blanc comme du métal en fusion, enveloppe une terre fendillée, haletante, que ne frôle ni un souffle d'air ni une vague haleine, où des flaques d'eau stagnante brillent par places, pareilles à des miroirs ardents.

L'ascension de la petite colline fut pénible et nous arrivâmes à la cure baignés de sueur.

Vers le soir, lorsque l'ardeur du soleil se fut apaisée, la brise de la mer vint raser les murailles et nous descendîmes au village, où l'on dansait.

Sur le chemin, une maison de pagès arrêta mes regards par sa blancheur et l'originalité de sa construction. L'intérieur n'offrait rien de particulier, les murs étaient passés au lait de chaux, quelques meubles frustes la meublaient. Des enfants, accroupis dans un coin, grelottaient la fièvre : « *Tenen las tercianas* », ils ont la fièvre tierce, me dit-on, comme je remarquais la couleur jaune caractéristique de leur visage.

Hélas ! à Santa Eulalia comme à Ibiza et dans toute l'île, les fièvres sont endémiques. Une nourriture insuffisante ne permet pas à ces pauvres gens de réagir contre les exhalaisons des eaux croupies, et la mal'aria s'empare d'eux dès le berceau. Rares sont les visages qui ne portent pas à un degré quelconque les stigmates de l'infection ! Et pourtant il n'existe pas aux environs de marais proprement dits, mais la terre n'absorbe pas les eaux qui séjournent à sa surface.

On dansait donc sur la place de Santa Eulalia.

Aux sons du tambó et du flaútin, des jeunes gens se démenaient furieusement, tandis que les jeunes filles avec leur costume aux vives couleurs, les yeux modestement baissés, allaient, ondoyantes, les coudes aux hanches, les mains à demi relevées, dans l'attitude de certaines idoles hindoues.

Cette danse n'a pas le caractère voluptueux de celles des Arabes ; la jeune fille n'a aucun rapport avec les almées langoureuses ; elle tournoie doucement dans une sorte de valse lente et modeste.

Le danseur, au contraire, un foulard roulé autour du cou, un mouchoir ou des castagnettes énormes (*castagnolas*) à la main, en costume de gala ou vêtu simplement d'une veste courte, se démène, se trémousse, fait des bonds de toutes ses forces et, par intervalles, jette ses pieds furieusement de chaque côté.

Ai-je bien compris la signification de cette danse ?

La jeune fille se balance, douce et chaste ; le danseur, toujours en face d'elle, la protège, la suit, semblant écarter à grands coups de pied les prétendants, puis un bond joyeux indiquerait sa victoire.

Cet exercice est très fatigant pour les hommes : ils quittent le bal couverts de sueur et sans haleine.

... Le crépuscule tombe, les divertissements ont cessé, nous remontons vers la cure. Le doux et poétique tintement de l'angélus nous arrive de l'église, qui est proche.

Nos compagnons, qui marchaient en avant, tandis que je cheminais aux côtés du *profesor* de Santa Eulalia, que j'avais rencontré, se découvrent et courbent la tête.

Le prêtre récite la prière : « Angelus Domini », etc.

Les paysans répondent et se signent.

Puis, lentement, on se remet à gravir l'âpre sentier, tandis que les dernières lueurs du crépuscule de novembre rougissent vaguement le ciel à l'horizon, sur la ligne assombrie de la mer.

Ma curiosité était vivement excitée par ce que j'avais entendu dire à Ibiza des pagesos et ce que j'en avais entrevu déjà moi-même ; mais je sentais bien qu'une grande partie de leurs mœurs m'échappait et que les personnes qui me

MAISON DE PAGÈS.

recevaient dans cette île avec tant de bienveillance et de cordialité évitaient, par un sentiment que je comprenais et que je trouvais légitime, de me livrer complètement la vie mystérieuse de leurs compatriotes et le côté barbare de leurs coutumes.

La nuit est arrivée lorsque nous apercevons la cure blanchissante sous le ciel étoilé, à l'extrémité du sentier raboteux. Dans l'atmosphère assoupie on n'entend que le bruit régulier du ressac sur la plage, les souffles légers de la brise dans les hauts palmiers ou le froissement des roseaux qui, par instants, semblent chuchoter dans les ténèbres.

Tout à coup un cri lugubre traverse l'obscurité : « hou..., hou..., hou... » A travers une gorge un même appel répond, sorte de cri de guerre, semblable au rugissement de quelque bête fauve.

Dans le lointain, perdus dans l'espace, d'autres appels se font entendre, entremêlés de sourdes détonations des tromblons et des pistoles.

Puis, tout retombe un instant dans le silence, et le bruit charmant de la mer, les souffles mélodieux de la brise se mettent à remonter des profondeurs obscures.

Le profesor frissonne ; son bras appuyé sur le mien ne cesse de trembler.

« Vous souffrez? lui dis-je. — Non, señor, mais je ne puis entendre ces affreux hurlements sans être impressionné jusqu'au fond de mon être. » Et il continue à voix basse : « Avez-vous jamais entendu rien de plus farouche? » Parfois, trop souvent même, dans le silence de la nuit, au sortir des fatales veillées qui se prolongent quelquefois jusqu'aux premières heures du matin, dans le doux mystère et la paix nocturnes, sous le ciel étoilé, un cri, un cri aigu, un cri de détresse retentit, puis une plainte douloureuse déchire l'air. C'est tout; le silence se fait ensuite, rien ne vient plus troubler le calme de l'obscurité profonde. C'est un cadavre de plus jeté dans quelque ornière et qu'on retrouvera demain.

Le meurtrier invisible, son forfait accompli, est parti à travers les bois, errant quelques heures peut-être, puis il a regagné avant l'aube sa demeure.

Qui donc connaîtra l'assassin? La justice se transportera bien sur les lieux, mais les moyens d'enquête lui manqueront. L'arme demeurera cachée dans une broussaille au milieu des bois.

La justice sera impuissante ; les personnes qu'elle consultera l'égareront au lieu de la servir. — Les parents de la victime eux-mêmes ne livreront pas le nom du meurtrier s'ils le connaissent; chose plus étrange encore, et qui prouve combien ces forfaits sont dans les mœurs et quelle horreur ces gens ont de toute ingérence étrangère, la victime à son lit de mort, si elle n'a pas succombé immédiatement, ne révélera jamais le nom de son assassin. — L'an dernier, dans une sorte de duel farouche, deux jeunes gens se sont couverts d'affreuses blessures. On les a trouvés gisants dans les bois presque mourants, mais serrant encore dans leurs mains crispées les terribles navajas. Transportés à l'hôpital d'Ibiza, ils y sont morts tous deux sans avoir voulu déclarer comment ils avaient reçu ces blessures mortelles, niant même dans leur dernier souffle leur farouche combat.

Les parents et les amis n'ont jamais voulu confier à âme qui vive les causes de ce duel sans merci.

Depuis peu on a institué les assises; c'est pis encore. Les coupables, lorsque la justice a réussi à les saisir, sont presque toujours acquittés faute de preuves suffisantes.

Un juge d'instruction vient d'être nommé à Ibiza; il est venu de Palma en même temps que moi sur le *Jayme Segundo*. Sa mission sera aussi ardue que délicate, et je m'explique maintenant l'attitude un peu attristée que j'avais remarquée en lui. Il songeait, sans doute, aux difficultés sans nombre que de pareilles mœurs allaient lui susciter.

« Tenez, reprend le profesor, la nuit est venue, entendez leurs voix. » J'écoute. Des jeunes gens passent, et les quelques paroles qu'ils prononcent sont dites d'une voix de tête. Ils changent leur voix comme font les masques en carnaval. Ils ont

LES DANSES A SANTA EULALIA.

une telle habitude de ce changement, qu'il est impossible de reconnaître le timbre ordinaire de l'un d'eux. D'autre part, ils portent le même costume, ils connaissent mieux que personne le pays, sont très agiles, et c'est en vain qu'on chercherait à les atteindre pendant la nuit.

Ce parti pris de changer leur voix dès qu'arrive le soir a non seulement pour but de leur éviter d'être reconnus, mais même d'être interrogés sur les personnes qu'ils ont pu voir à travers les ténèbres.

Du reste, lorsqu'ils se rencontrent après le coucher du soleil, ils ne se saluent jamais ; à ces heures un salut est considéré comme une grave injure.

On m'a affirmé que cette même particularité existe dans la Cerdagne espagnole : à partir du coucher du soleil, on ne salue plus personne en chemin, et deux voyageurs, en se croisant, ont bien soin de prendre chacun le côté opposé de la route.

Quant aux pagesos d'Ibiza, ils ont une telle habitude d'employer la voix de tête, qu'en temps de carnaval ils vont tout masqués à la porte des jeunes filles dont le fiancé est absent, cherchant par de fallacieux propos à l'éloigner de son amoureux. Une jeune fille n'a jamais pu savoir, dans ces conditions, le nom de celui qui l'avait ainsi longuement intriguée, et pourtant elle connait tout le monde.

Voilà ce que m'apprit le profesor. Je le revis le soir après dîner, et, tandis que le prêtre était retenu par des paroissiens, je causai encore avec lui.

Bien des jugements qu'il porta sur les Ibizins corroboraient ce que j'avais déjà lu dans les ouvrages de l'archiduc Salvator et ce que je savais de certains traits de leur caractère, que je résume.

Les Ibizins suivent religieusement les pratiques extérieures du culte, ils ne manquent jamais la messe du dimanche et des jours de fête; souvent même on peut les voir dans les églises dévotement agenouillés dans un coin solitaire, implorant avec ferveur la Vierge et tous les saints du paradis.

Cela ne les empêchera pas d'avoir la conscience très large lorsqu'il s'agira de tromper leur prochain.

Leur religion se teinte d'une sorte de fatalisme : s'il survient un grand malheur dans leur maison, ils disent : « *Dios lo ha dispuesto* (Dieu l'a voulu ainsi) », et ils se résignent.

J'ai déjà dit qu'ils sont extrêmement superstitieux : le taon apporte de bonnes nouvelles, la rencontre de certains animaux est funeste, la vue de certains autres est d'un bon augure. Les chats jouissent d'une considération particulière ; les Ibizins croient fermement qu'un malheur s'abattra dans le courant de l'année sur celui qui tue un de ces animaux. Le chant du hibou les frappe de terreur, le mardi est néfaste, ils n'entreprennent rien ce jour-là.

L'archiduc Salvator rapporte une pratique à laquelle les pagesos d'Ibiza ont recours pour guérir une mule prise de maux de ventre. Deux d'entre eux placés de chaque côté de l'animal se passent alternativement une poule blanche en troquant leurs noms. De sorte que Pedro la donne à Pablo et lui dit : « Prends, Pedro » ; et Pablo la rendant à Pedro dit : « Prends, Pablo ». Après cette réjouissante et inoffensive opération, ils sont convaincus de la guérison de la mule.

Ils attribuent aussi à la peau de phoque la vertu de faciliter les accouchements.

Les pagesos sont d'une politesse extrême. Je demandais au curé de Santa Eulalia en lui montrant une maison tout au loin : « Quelle est cette demeure là-bas ?

— C'est, me répondit-il, une maison de campagne qui m'est venue d'un héritage, elle m'appartient, mais elle est à vous aussi, señor. »

Lorsque nous rentrions, après quelque course, il s'écriait : « Nous voici arrivés à la maison ; je me trompe, ajoutait-il, à votre maison, señor ».

Je n'ai jamais pu obtenir d'aucun d'eux une réponse formelle et catégorique. Ils ont une sainte horreur de l'affirmation.

Je disais à un pagès : « Viendrez-vous à la veillée avec nous, ce soir ?

— Cela pourrait être, répondait-il, señor ; ce serait, dans ce cas, pour vous accompagner. »

A Santa Eulalia j'assistai au spectacle nommé *joch del gall*, « jeu de coq », divertissement cher aux pagesos. Ce jeu se pratique de diverses façons. Quelquefois l'animal est mis simplement à terre, les pattes liées, et les jeunes gens lui lancent des pierres, tirant dessus comme sur une cible. Chaque coup de pierre se paye cinq centimes, qui sont remis au propriétaire de l'animal ; celui-ci peut, si la chance le favorise, réaliser ainsi un bon prix de son coq, mais il risque aussi de perdre l'animal dès le début; néanmoins, comme la distance est mesurée de façon à rendre le but difficile à atteindre, toutes les chances sont généralement pour lui.

Dans la scène à laquelle j'assistai, le coq fut suspendu par les pattes à une branche d'arbre. Les jeunes gens qui prenaient une part active à ce divertissement furent amenés à tour de rôle, les yeux bandés, et le bras armé d'une vieille rapière. Le premier s'escrima longuement dans le vide, se butant aux troncs d'arbres, frappant les feuilles, s'éloignant de plus en plus du but. A la fin, couvert de sueur et sans haleine, il renonça à continuer. Un autre, plus heureux, atteignit bientôt la pauvre bête et la fit tomber lardée de coups.

Mais c'est principalement aux *vetlladas*, veillées, que les gens d'Ibiza se divertissent.

Nous descendons un soir de la cure par un sentier cahoteux, la rosée rend les pierres glissantes, elles sont toutes mouillées et reluisent aux clartés de la lune. Le curé est accompagné de quelques personnes. De temps à autre l'un de ces hommes dit d'une voix sourde : « *Corazon! corazon!* » un autre répond : « *Corazon! corazon!* (Du cœur! du cœur!) » et le prêtre ajoute d'un timbre grave : « *Vamos con Dios! vamos con Dios!* (Allons avec Dieu! allons avec Dieu!) »

On est tellement habitué aux embûches dans ce pays, que les gens ne vont jamais par la nuit sans s'encourager entre eux par ces paroles, qui justifient d'une crainte instinctive.

Nous allons toujours descendant l'âpre chemin vers une demeure dont nous distinguons la vague blancheur sur le flanc d'une colline lointaine. Vers la mer, les silhouettes se dessinent nettement, et je reconnais bien l'île de Tagomago, accroupie sur les flots comme un monstre aux aguets. Le ciel étincelle, la mer est toute frissonnante sous les rayons de l'astre des nuits.

Bientôt nous percevons les sons du tambó et du flaútin. A travers les troncs des oliviers et les branches tremblantes une lueur semble se jouer. Les aboiements d'un chien nous annoncent. Nous arrivons. « *Deu los guard* (Dieu vous garde) », nous dit un homme en nous introduisant dans sa demeure.

La salle est pleine de monde, jeunes gens pour la plupart. On se lève à notre entrée, le prêtre et l'étranger sont accueillis avec beaucoup d'égards.

Le curé avait déjà fait entendre que je venais pour étudier les antiques coutumes du pays, que mon voyage n'avait pas d'autre objet.

Nous étions assis aux côtés du maître de la maison dans un angle de la salle avec les hommes qui nous avaient accompagnés. Les jeunes gens causaient à voix basse, réunis par groupes, et, de temps à autre, s'élevait une phrase étrange, psalmodiée d'une voix nasillarde et sur un mode lugubre par un des assistants ; puis le flaútin se remettait à égrener quelques fraîches notes que le tambó accompagnait sourdement. La vetllada, que notre arrivée avait interrompue, continuait.

Dans un coin se tenait une jeune fille à la poitrine ornée de croix et de bijoux, la tête couverte d'un foulard, un fichu aux vives couleurs sur les épaules, un mouchoir à la main. Un jeune homme était assis à ses côtés, tournant le dos à l'assistance, penché fort amoureusement vers elle. De temps à autre, l'amoureuse trillait un rire perçant. Puis on n'entendait que le bourdonnement des conversations à voix basse, les coups sourds du tambó et les reprises du flaútin qui montaient avec la fraîcheur d'un chant d'oiseau dans cette rumeur confuse.

Après un certain temps le jeune homme se leva et alla sans mot dire retrouver ses compagnons, tandis qu'un autre venait s'asseoir à la place laissée vide auprès de la jeune fille, qui recommençait avec le nouveau venu les mêmes causeries à voix basse, les mêmes coquetteries, qu'elle entremêlait par intervalles de son même rire aigu.

Je ne sais combien de jeunes gens passèrent ainsi, à tour de rôle, auprès d'elle.

Il y eut cependant des intermèdes, occupés par la danse. Je revis cette même danse qui m'avait frappé sur la place publique, mais plus étrange cette fois sous la lueur jaunissante d'une mèche fumeuse qui ajoutait encore au caractère farouche des visages.

Ces réunions du soir où l'on peut entendre les chants nasillés très expressifs que les gens d'Ibiza sanglotent, où l'on peut voir les danses et surout *lou fasteig*, « le flirt », ont lieu les dimanches et jours de fête et quelquefois dans la semaine, le jeudi.

La jeune fille s'assied toujours, ainsi que je venais de le voir, sur un des bancs de pierre de la maison, ou sur une chaise basse, en ayant soin d'étendre sur le siège qu'elle doit occuper avec ses prétendants une sorte de fichu en laine appelé *abrigay*, le même dont elle se sert en hiver pour abriter sa poitrine et ses épaules.

Lorsqu'un galant s'attarde trop auprès de la jeune fille et que celle-ci semble lui témoigner une préférence marquée, les autres appellent son attention soit en toussant, soit en manifestant des mouvements d'impatience, jusqu'à ce qu'il cède la place.

Si le galant persiste, il n'est point rare que celui qui doit le remplacer ne lui fasse payer sa trop longue assiduité par un coup de pistolet ou de navaja au sortir de la veillée.

Quelquefois même il est arraché brutalement d'auprès de la jeune fille et jeté au milieu de la salle. Cette querelle se vide ensuite au dehors d'une façon sanglante.

D'autres fois encore, mais plus rarement, les jeunes gens se divisent en deux camps, prenant parti pour l'un ou pour l'autre, et une collision générale s'engage, dont les conséquences sont toujours funestes pour plusieurs.

Pourtant, un jour, la jeune fille a fixé son choix, elle est fiancée et son enlèvement a lieu avec le consentement et l'appui effectif des parents qui l'amènent eux-mêmes chez son amoureux.

« LOU FASTEIG » (LE FLIRT).

«EL JOCH DEL GALL» LE JEU DU COQ

Le profesor m'a affirmé que parfois cet enlèvement n'est pas consacré par un mariage final. Certaines jeunes filles, après plusieurs fugues semblables, rentrent au domicile sans que leurs parents y voient rien à redire; et ceci ne les empêche pas de trouver par la suite de nouveaux adorateurs et de se marier.

Pour étudier à fond ces coutumes si particulières, si intéressantes même, un long séjour aurait été nécessaire, et le moment était venu de quitter Santa Eulalia. Monté sur un âne, comme on allait aux temps primitifs, accompagné par le curé, si hospitalier et si prévenant, je repris le chemin d'Ibiza. Au détour du sentier je m'arrêtai pour donner un dernier regard à ce village, à cette cure mystique et blanche, à cette vieille église flanquée d'antiques remparts.

La nature, immortelle, indifférente aux passions des hommes, s'illuminait toujours aux rayons d'un soleil d'or.

A voir cette sérénité des choses, je ne pouvais croire à la réalité des spectacles étranges auxquels j'avais assisté, des coutumes barbares que j'avais entrevues; je me figurais être le jouet d'une hallucination. Cette nature semblait dire : « Voyez comme vous êtes petits, vous qui vous croyez grands : je vous donne le bonheur et la joie par mes jours de brillant soleil, par le calme de mes ciels voilés, par mes nuits constellées d'étoiles, par les balancements mélodieux de la mer, par le frémissement des feuilles, par la grandeur même de mes convulsions qui ne sont que les manifestations de ma vie universelle : et vous ne savez pas regarder, vous ne savez pas sentir. Vous ne voyez ni le ciel, ni la terre, ni la ramée, ni les fleurs, vous passez indifférents sans écouter ma musique si douce qui traverse les nuits, les pâleurs de l'aube et les rêveries du crépuscule : et vous ne devenez que poussière après vous être usés à des luttes stériles, alors que vous auriez pu garder en vous une parcelle de mes rayons lumineux vivifiants et immortels! »

Je revis en chemin des fermes fortifiées et tout un appareil de défense et de lutte.

Un instant, cheminant dans cette île perdue, avec ce prêtre grave, sur ce chemin caillouteux bordé par des terres incultes et des maisons crénelées, je me crus reporté à l'époque où ce pays vivait dans la terreur des corsaires.

... Je retrouve Ibiza.

Le vapeur venant d'Alicante doit passer dans la nuit même. Le canónigo n'a pas voulu me laisser seul le soir de ce départ. Devant la fenêtre ouverte sur le port nous sommes restés de longues heures, causant à voix basse, ou perdus dans des rêveries devant le ciel constellé d'étoiles et la mer murmurante.

...Le *Jayme Segundo* part, il s'en va doucement sur la mer calme, dans les souffles tièdes de la nuit. Son sillage étincelle comme si toutes les étoiles du ciel étaient tombées derrière lui dans les flots. Sous l'étambot les roues se meuvent dans un feu d'artifice de flammèches bleuâtres, de gouttes lumineuses, de pétillements diamantés. C'est la mer phosphorescente, magique illumination des eaux, phénomène très fréquent à Ibiza par les temps de chaleur. Des torrents de pierreries passent de chaque côté du navire; partout des lueurs s'allument, s'éteignent, montent, descendent, ondoient, scintillent dans le remous des flots. Les barques qui s'éloignent semblent flotter sur des flammes de punch. C'est un spectacle merveilleux!

Je dis adieu à Ibiza dont la silhouette sévère, à cette heure, s'élève déchiquetée dans le ciel obscurci. Je distingue çà et là quelques pâles lueurs, des chambres de malades sans doute, de fiévreux consumés par un feu dévorant ou grelottants et glacés, de pauvres enfants peut-être qui, dressés sur leurs couches, en proie à une angoisse horrible, les yeux hagards, leurs petites mains à la gorge, cherchent dans un effort désespéré l'air qui manque à leur poitrine.

Et dans les collines lointaines de l'île qui vont se perdant dans la nuit, je crois entendre encore ce cri lugubre qui faisait tant frissonner le profesor, et des détonations sourdes suivies de cris de détresse.

Le doux et pâle visage du canónigo m'apparaît alors, il me regarde tristement tandis qu'une larme s'échappe de sa paupière; et je lui dis dans mon âme : vous reverrai-je jamais, ami que le hasard m'a fait rencontrer sur cette terre farouche, retrouverai-je un jour, cher exilé, votre âme tendre, élevée, faite pour le dévouement, le sacrifice et la souffrance? *Quien sabe!*

UNE FERME FORTIFIÉE.

LA PLACE DU DIAMANT A AJACCIO.

CHAPITRE I

Ajaccio. — Souvenirs de Napoléon. — Le château de Pozzo di Borgo. — Sbarella. — Sampiero Corso. — Zicavo. — La cascade de Camera. — Étranges superstitions. — Les châtaigniers géants. — Incendies des forêts. — *Schioppetto, stiletto, strada.* — La vendetta. — Le vocero et les voceratrices. — Lugubre chevauchée. — L'Inceduse. — Rencontre de bandits. — Le Taravo. — Le pacte sanglant.

LA MAISON BONAPARTE.

Que de fois, traversant la Méditerranée, par les nuits sereines ou aux clartés de l'aube, aux heures où l'on rêve sur le pont du navire silencieux, j'avais songé à la Corse, la plus belle île des mers latines, terre peuplée d'une race forte, et qui élève, entre les deux immensités d'azur du ciel et des flots, des cimes de porphyre couronnées de neiges éblouissantes !

J'avais vu l'Algérie fauve, j'avais parcouru les blondes Baléares, il m'était réservé d'admirer un jour la Corse farouche et superbe.

Il ne faut pas demander à la Corse de fréquents sourires : sous son soleil d'or, sous son ciel bleu, avec ses fleurs et ses aromes, elle demeure habituellement tragique et funèbre. Les hommes y sont graves, réservés ; les femmes, aux yeux profonds, passent leur existence vêtues de noir ; les enfants ne jouent pas, sinon à quelques jeux violents, au bandit ou au soldat.

On sent des luttes récentes encore dans cette race. Ces luttes aujourd'hui ont pris une forme particulière, mais on devine qu'elles reprendraient sans peine les allures sanglantes d'autrefois. Les habitants de la Corse participent du caractère violent, austère, tourmenté, de la nature qui les entoure; ils en ont aussi, sous certains aspects, la grandeur.

Le soleil qui brille dans la feuillée, sous les dômes verts du mont Coscione, dans des forêts primitives, restées vierges, s'irise des colorations mystiques, furtives, visionnaires, en quelque sorte, des vitraux anciens. Des rayons y filtrent parfois comme des lueurs perdues à travers l'encens des cathédrales. Ils scintillent sur le vieil or des feuilles, sur le velours des mousses, miroitent d'un reflet fugace sur quelque roche austère. Le silence règne,... seul le vent qui passe dans les hautes ramures fait entendre, par intervalles, comme des sons d'orgues lointains.

A voir ces forêts, on dirait des nefs étranges, des cloîtres grandioses, merveilleux, dont les colonnes sont les troncs immenses des arbres plusieurs fois centenaires.

Ces basiliques naturelles, vieilles comme le monde, dont les arbres, mourant de vétusté ou frappés par la foudre, s'effondrent et s'allongent sur le sol pareils à des cadavres de géants aux ossements blanchis, ces forêts monumentales de hêtres monstrueux, de pins, de châtaigniers, ont été, pendant deux mille ans, la sauvegarde de l'indépendance des Corses. Là, ils ont trouvé, avec un asile impénétrable, un aliment simple mais assuré, le fruit du châtaignier.

La race corse est une race aux mœurs pures, trempée par de longs siècles de combats héroïques, préservée de l'amollissement, pratiquant les vertus antiques, fidèle aux traditions, fidèle aux amitiés, mais par contre vindicative et susceptible à l'excès. Les Corses ont toujours accepté la vie comme un rude devoir, comme une souffrance presque; ils sont pauvres et fiers, ardents à la lutte, prêts aux plus nobles sacrifices.

Ils se montrent Français et très Français, poussent l'amour de la patrie aux dernières limites : en 1870, trente mille d'entre eux étaient sous les drapeaux. Aucun département ne fournit un aussi grand nombre d'officiers et de sous-officiers. Ils sont vraiment nés pour le métier des armes. Victimes d'un état social funeste, que je n'ai point à apprécier ici, délaissés par la patrie, en proie à des passions politiques stériles, ils usent leurs dons surprenants en luttes vaines. Quand on les connaît bien, on les estime davantage, on apprécie leurs qualités rares, mais on souffre de les voir se débattre sans rien créer, ni faire produire, dans un pays où la nature a prodigué tant de richesses et tant de beautés.

Quelle est donc la partie du monde où dans une si petite étendue se trouvent accumulées de pareilles splendeurs ? En quittant, à l'aube, Ajaccio, Corte, Sartène ou Calvi, on peut dans la journée même contempler les flores africaine, provençale et alpestre, aspirer l'arome pénétrant des maquis, frissonner dans l'horreur des gorges les plus sauvages, s'enfoncer dans des forêts vierges, traverser des torrents impétueux, gravir des sommets de porphyre et, le front dans les nuées, toucher aux neiges éternelles !

La nature seule a embelli la Corse. Les hommes qui tour à tour y sont venus, attirés soit par sa position géographique, soit par sa beauté, n'y ont exercé que des ravages. Le génie des conquérants ou des envahisseurs romains, goths, arabes, génois et pisans n'y a laissé aucun reflet d'art. Aussi les grandes figures qui ont surgi des monts corses sont-elles presque toutes d'action et de combat : Sampiero, sorte de guerrier d'aventure, Paoli, organisateur, législateur et soldat, Napoléon, le génie des batailles. On peut dire qu'aucun d'entre eux ne s'est illustré dans les sciences, les lettres ou les arts. Aujourd'hui ils sont guerriers encore. Lorsque les bataillons passent dans les rues d'Ajaccio, le matin, au son du tambour, revenant des manœuvres, il faut voir les bandes de gamins en haillons précéder le régiment, armés de bâtons en guise de fusils, marquant le pas, marchant sur les mains, se cambrant avec fierté, exécutant mille tours divertissants. Dans les villages, lorsque la troupe est de passage, les enfants vont la recevoir, arrachant aux soldats fatigués par l'étape le fusil, qu'ils mettent avec fierté sur l'épaule.

On aime les militaires en ce pays, et le plus misérable trouvera toujours dans sa demeure quelque chose à leur offrir. D'habitude le chef de la famille cède son lit au soldat qu'il doit loger, et, s'il n'en a point d'autre, il s'en va coucher à la belle étoile ou dans les fagots.

Un soir, en septembre dernier à Ajaccio, au théâtre Saint-Gabriel, j'assistais à une grande représentation donnée au bénéfice des incendiés de la Martinique et de la Guadeloupe.

Après l'audition de l'admirable *Ave Maria* de Gounod, un comédien s'avança sur la scène, avec un chapeau de feutre dont la calotte était enlevée. Avec ce simple accessoire, il imita, en modifiant sa forme, toutes sortes de coiffures, depuis celle de Polichinelle jusqu'au bonnet des magiciens. Puis, boutonnant vivement sa redingote, il parut coiffé du chapeau légendaire de Napoléon Ier dont il prit l'attitude consacrée, les mains derrière le dos, tandis qu'un clairon sonnait le boute-selle. Aussitôt la salle tout entière, électrisée, se leva en proie à un enthousiasme indescriptible, et de longs bravos accueillirent le pitre ingénieux. Comme je témoignais à mon voisin la joie que j'éprouvais de retrouver chez les Corses cette flamme que j'avais déjà remarquée en eux et qui les fait sortir de leur apathie apparente devant l'évocation d'un grand souvenir ou devant l'expression d'une pensée noble ou chevaleresque, il me raconta, dans un entr'acte, l'anecdote suivante qui, bien typique, me paraît résumer le caractère si vibrant de ce petit peuple.

LA TOUR DE « CAPITELLO ».

Durant la sombre période de la guerre franco-prussienne, une dépêche parvint à Ajaccio, annonçant que l'empereur Napoléon III victorieux venait de faire quarante mille prisonniers. C'était l'après-midi, pendant une procession qui promenait dévotement saint Roch par les rues de la ville. A la nouvelle de ce succès inespéré de nos armes, le saint fut déposé à terre, la foule délirante se dispersa en poussant des cris de joie, les hommes allèrent chercher des fusils, et des coups de feu ne cessèrent de se faire entendre toute la soirée et toute la nuit dans la ville illuminée. Le saint était resté de longues heures oublié dans le coin de rue où il avait été déposé, le clergé lui-même ayant pris part aux manifestations patriotiques sans plus songer au bienheureux. Cependant des mains pieuses le recueillirent vers le soir et le ramenèrent à l'église. Le lendemain, une autre dépêche, officielle cette fois, apprenait la capitulation de Sedan. Aussitôt des cris et des imprécations s'élevèrent; les femmes, en proie à des crises nerveuses, tombèrent dans les rues, tandis que d'autres, atteintes de syncopes, s'évanouissaient de toutes parts. Mais, spectacle plus inattendu, bientôt les rues se jonchèrent des débris des portraits de la famille impériale, que les habitants jetaient par les fenêtres. Puis, après cette explosion de colère, des tentures de deuil glissèrent lentement sur les façades des maisons, des drapeaux noirs s'allongèrent à toutes les croisées, la circulation s'arrêta, on n'aperçut plus personne, et la ville d'Ajaccio, recueillie dans sa douleur, devint comme morte et abandonnée.

En temps ordinaire, cette ville est peu attrayante, les beaux monuments y font défaut et ses maisons ressemblent à des casernes, mais sa situation est admirable.

De loin, elle paraît descendre d'une forêt d'oliviers et s'avancer timidement au bord des flots comme pour s'y mirer. Alors ses constructions sans style, ses clochers, sa vieille forteresse jaune se profilent sur un fond de hautes montagnes dont les croupes étagées finissent par élever dans l'azur leurs fronts puissants chargés de diadèmes neigeux. — Un des plus beaux golfes du monde entoure Ajaccio d'une écharpe de 50 kilomètres de rivages accidentés, golfe immense et doux, caressé de souffles tièdes qui flottent jusqu'aux pentes des grands maquis, où ils se pénètrent de senteurs embaumées.

Enfin, Ajaccio, fondé par Ajax, à ce que l'on prétend, rappellera toujours l'odyssée napoléonienne. Les statues de marbre ou de bronze sont là pour parler du premier empereur.

Sur la place du Diamant, vous le trouverez accompagné de ses quatre frères; sur la place du marché, il s'élève, vêtu de la toge romaine, grave et pensif. L'eau d'une source murmure doucement à ses pieds, des arbustes odorants le caressent de leurs fines branches, et les oiseaux ne cessent de piailler alentour. Et lui, tandis qu'un rayon de soleil se joue sur son

GROTTE DE NAPOLÉON.

visage, semble considérer à travers les feuilles ce coin du rivage où le flot vient doucement mourir et d'où son aigle s'envola pour planer sur le monde :

<blockquote>
Il avait un regard pour mesurer le monde
Et des serres pour l'embrasser.
</blockquote>

La nuit, à la clarté de la lune, son visage apparaît dans ce bosquet comme une blanche vision; si la brise agite les feuilles, des lueurs viennent palpiter autour de sa prunelle qui semble s'animer, tandis que des silhouettes, mouvantes ombres peut-être des grands compagnons de sa gloire, se penchent vers lui, chuchotant tout bas je ne sais quels héroïques récits.

Ainsi il m'apparut un soir, et cette grande image est restée dans mon souvenir entourée de l'apothéose discrète célébrée par les choses de la nuit. L'eau frissonnait doucement sur le rivage, des clameurs étouffées traversaient par instants les horizons assombris de la mer, quelques nuages déchirés flottaient dans le ciel comme des étendards, au loin les maquis flambaient, tout rouges, par places, comme des feux de batailles, les fumées livides montaient lentement dans la nuit en volutes tourmentées, tandis que les eaux du golfe miroitaient de reflets qu'on eût dit ensanglantés.

Cette mer n'est-elle point peuplée de souvenirs et de légendes? Là-bas, sur la rive opposée du golfe, la tour de *Capitello*, massive, crevassée, blanchit vaguement au-dessus des flots. C'est là que Napoléon combattit les paysans corses soulevés par Paoli. Il demeura seul dans cette tour, environné d'ennemis, n'ayant pour toute nourriture, pendant trois jours, que la chair d'un cheval mort.

C'est de ce port qui est sous nos yeux, qu'autrefois et peut-être encore aujourd'hui les sorcières appelées *mazzere* traversaient furtivement la mer sur une mauvaise barque de pêcheurs, à l'heure où le crépuscule estompe les choses, pour se rendre aux côtes barbaresques. Elles étaient de retour à l'aube, ayant accompli deux fois dans la nuit cette route prodigieuse, et comme elles rapportaient des grappes de dattes fraîches, on n'en pouvait douter. Les vieilles femmes, à Ajaccio, savent bien que ces êtres existent, que leurs voyages nocturnes s'effectuent encore ; elles savent aussi que si vous rencontrez les mazzere lorsque l'heure de midi tinte, en plein soleil, dans un lieu solitaire, vous ne serez plus, aussitôt, qu'un cadavre ; dans un rayon de leurs petits yeux clignotants elles auront absorbé votre âme.

Abandonnons à leurs œuvres infâmes les maudites sorcières, qui vont par les nuits sombres déterrant les cadavres des nouveau-nés, employant les ossements au succès de leurs maléfices, pour revenir aux souvenirs de Napoléon, qui n'est point, lui, une création fantastique, dans ce pays plein de légendes et de superstitions.

L'aire de l'aigle est une vaste maison sans grand caractère, comme toutes celles d'Ajaccio. Cependant on ne peut y pénétrer sans recueillement. On y voit le bois de lit de Mme Lætitia, la chaise à porteurs dans laquelle la mère de l'Empereur, prise par les douleurs de l'enfantement, se fit transporter de l'église voisine, où elle était, jusque chez elle. On y remarque une crèche en ivoire, rapportée d'Égypte en 1799 par Bonaparte, et la trappe par laquelle il s'enfuit en 1793 pour échapper, je crois, aux partisans de Paoli.

C'est devant cette maison que l'an dernier se présenta Édouard Philippe, du *Figaro*, qui se trouvait parmi les invités du Président de la République.

« Qui êtes-vous? lui demanda le gardien, le voyant toucher au piano. — L'accordeur de M. le Président », répondit-il sans sourciller.

Et, retirant de l'instrument une ou deux cordes hors d'usage, il ajouta : « Voyez-vous, ce sont toutes ces machines-là qui l'empêchent de fonctionner;

mieux vaut les enlever. » Il emporta ainsi un souvenir du clavecin de Mme Lætitia.

Une visite au musée, dans le palais Fesch, sera toujours intéressante, surtout si l'on a la bonne fortune d'être guidé par le directeur, M. Peraldi, artiste de talent et homme d'esprit. On admire, en dehors de quelques belles toiles de maîtres, des primitifs de la plus grande rareté.

L'hôtel de ville renferme quelques portraits remarquables de la famille impériale.

Les excursions autour de la ville, soit dans les montagnes voisines, soit au bord de la mer, sont attrayantes.

CHATEAU POZZO DI BORGO.

Sur le sommet d'un mont, à 660 mètres au-dessus du niveau de la mer, s'élève un palais magnifique, reproduction exacte de l'œuvre de Philibert Delorme détruite en 1871.

Une plaque de marbre rouge y porte, en lettres d'or, l'inscription suivante :

« Jérôme duc de Pozzo di Borgo et Charles, son fils, ont fait construire cet édifice avec des pierres provenant du Palais des Tuileries, incendié à Paris en 1871, pour conserver à la patrie corse un précieux souvenir de la patrie française. L'an du Seigneur 1891. »

La vue dont on jouit du sommet de la montagne où a été édifié ce palais est admirable. Au nord Cargèse miroite sur son promontoire, et le golfe de Sagone déroule ses rivages gracieux ; à l'est s'élèvent les massifs neigeux des monts corses ; au sud Ajaccio semble sommeiller près des flots azurés.

Sans aller trop loin, à quelques minutes du cours Grandval, s'ouvre la grotte célèbre dans laquelle Napoléon enfant aimait à se réfugier pour étudier ou méditer. De cette hauteur le golfe étale sous les yeux sa nappe infinie, tandis que la ville, dominée par de hautes montagnes, scintille comme une vision d'or à travers le feuillage cendré des oliviers.

En suivant la côte, dans la direction des Îles Sanguinaires, on peut vivre des heures charmantes, bercé par le rythme des flots, sur un chemin, sorte de voie sacrée aux tombeaux épars où s'épanouit la flore africaine, sous les pentes ensoleillées couvertes de massifs de pins, d'oliviers et de chênes verts. Dans les roches cuivrées que caresse ou fouette tour à tour la vague s'accrochent des grenadiers, des lentisques et des térébinthes étrillés par les vents du large.

Le climat d'Ajaccio mériterait d'être mieux connu ; la végétation qui l'entoure indique un climat plus chaud que celui de Cannes et de Nice. En hiver l'air y est sec pendant plus de quatre mois sur six. Cette sécheresse de l'atmosphère, dit le docteur Benett, laisse passer les rayons du soleil et constitue un climat admirable pour tous ceux dont la vitalité est abaissée, qui ont besoin d'être stimulés, fortifiés, vivifiés, pour les très jeunes enfants débiles ou scrofuleux, pour les vieillards souffreteux, pour la plupart des phtisiques; en un mot, pour tous ceux qui sont atoniques, anémiques, faibles, languissants. Cependant certaines organisations nerveuses ne peuvent supporter cette stimulation constante.

— Souvent, le matin, durant les quelques jours que je passai dans cette ville, je me rendais sur la plage voir les pêcheurs retirant la *reta*, le filet. Ce spectacle m'intéressait toujours, tant par l'aspect de ces hommes colorés comme les bronzes florentins et au visage de grand caractère, que par la beauté ou l'éclat des poissons qu'ils prenaient et que je voyais frétiller sur le sable.

Si vous êtes à Ajaccio en carême, n'oubliez pas de voir les funérailles du carnaval célébrées par une quantité de gamins munis de gourdins et frappant de toutes leurs forces des tonneaux dévalant par les rues. On m'a assuré que le jour du vendredi saint il se fait dans les églises un vacarme affreux.

Presque journellement aussi vous verrez des pénitents de toutes couleurs suivre les enterrements, et vous ne regretterez pas de vous être arrêté pour les observer.

Quant aux femmes d'Ajaccio, on ne peut dire qu'elles sont vraiment belles, mais généralement leur figure pâle se distingue par une certaine noblesse et une énergie particulière. Elles sortent peu et seulement vers le soir sur la place du Diamant où elles se promènent.

Je ne m'attarde point à Ajaccio, ville un peu cosmopolite, admirablement située pour les oisifs et les valétudinaires, mais où rien ne fait rêver d'art et où les habitants passent leur existence entre un trottoir et un café. J'ai hâte de trouver la vraie Corse dans son individualité, en prenant la direction du massif du Coscione, pays sauvage, primitif, m'a-t-on dit, peuplé de villages qui sont de vrais nids de soldats.

Un matin, sur une calèche conduite par un jeune Corse du nom d'Antô, je prends la route. Elle contourne d'abord le golfe pendant 2 kilomètres. Sous de grands arbres à travers lesquels pétillent les feux du soleil matinal, on aperçoit la mer, miroir de saphir et d'émeraude, où glisse quelque voile blanche, où les mouettes s'ébattent comme une nuée de blancs papillons. De temps à autre passent des laitières et quelques femmes d'Alata avec leur grand chapeau de paille.

Après avoir quitté le rivage et traversé le *campo del Oro*, le champ d'Or, petite plaine fertile formée par les alluvions de la Gravona, nous suivons une vallée. Nous voilà loin de toute civilisation, le paysage est désert, et si quelqu'un se montre au

PÊCHEURS RETIRANT LA « RETA ».

tournant des routes, c'est un Corse à cheval, vêtu de velours noir ou de gros drap en poil de chèvre et tenant son fusil en travers de la selle. Des croix de bois s'élèvent sur les bords du chemin ; cela fait courir un petit frisson entre cuir et chair, car ces croix indiquent des meurtres.

Puis nous prenons une montée de 16 kilomètres. Sur le flanc de la montagne que nous gravissons et tout à côté de nous grouille le charmant village de Suarella avec son gros arbre dans lequel on a établi des étages (un autre *Robinson*).

L'immense cirque qui forme le fond de la vallée s'estompe de vapeurs légères d'où émergent des monts rougeâtres rayés d'ombres perpendiculaires ; c'est au milieu de ces gorges, derrière Suarella, que fut tué par trahison Sampiero Corso, aïeul des maréchaux d'Ornano, et qui fut, d'après Brantôme, un des plus vaillants capitaines de son siècle. Parti de l'île natale en simple soldat d'aventure, ce fils d'un berger de Bastelica, ce précurseur de Paoli et de Napoléon, après avoir fait ses premières armes sous les enseignes noires du fameux condottière Jean de Médicis, conquit, au service de la France, sous François Ier et Henri II, les titres de *mestre de camp* et de colonel général. Tout couvert de gloire, il songeait à son pays natal écrasé sous le joug des Génois et rêvait de le délivrer et d'incorporer la Corse à la France. A son appel l'île tout entière se souleva pour combattre. Il triompha à peu près partout et partit ensuite pour le Levant.

En l'absence de Sampiero, des agents génois persuadèrent à sa femme Vanina de se rendre à Gênes, où elle obtiendrait la restitution de la seigneurerie d'Ornano que l'office avait confisquée. Vanina, croyant agir dans l'intérêt de ses enfants, se laissa persuader et s'embarqua, une nuit, sur une felouque avec le plus jeune de ses fils. Mais elle fut arrêtée devant Antibes par un ami et confident de Sampiero, puis renvoyée à Aix, où siégeait le parlement de Provence.

Sur ces entrefaites, Sampiero revient, se fait livrer sa femme par la justice, la ramène à Marseille et lui annonce qu'elle doit mourir. Comme il pense à faire exécuter sa sentence par des esclaves turcs qui l'accompagnent, la malheureuse créature se jette à ses pieds, lui disant que, puisqu'elle est condamnée, elle demande, comme dernière faveur, d'avoir la vie ôtée par celui qu'elle avait choisi pour mari à cause de sa valeur et de son courage. Sampiero lui met un mouchoir au cou et l'étrangle !...

C'est donc près de Suarella, dans cette vallée charmante où les feux du soleil matinal se jouent capricieusement sur les roches, dans les arbres verts, sur les pentes fleuries, que Sampiero trouva lui-même la mort par trahison. Le 17 janvier 1567, il tombait dans une embuscade génoise. Entouré subitement d'assaillants, il avait tiré son épée pour se défendre, lorsqu'un de ses écuyers, nommé Vittolo, soudoyé, croit-on, par les parents de Vanina, lui donna, par derrière, un coup d'arquebuse qui le renversa mortellement atteint. Les Génois s'acharnèrent sur son cadavre ; sa tête tranchée fut apportée au gouverneur Fornari ; à Ajaccio, ses membres épars furent livrés à la populace.

Le canon tonna et les cloches sonnèrent durant trois jours. Gênes célébrait ainsi la mort d'un patriote corse, son plus implacable ennemi.

Le nom de Vittolo est demeuré ici comme synonyme de traître, et la plus mortelle injure qu'on puisse faire à quelqu'un consiste à le flétrir de ce nom.

Après avoir traversé le village de Cauro, la montée continue, la calèche roule lentement au grand soleil endormant, sur la route blanche qui serpente à travers les maquis, sous le ciel bleu. Les grelots tintent à peine par intervalles, le postillon d'une voix gutturale chante un antique lamento :

Nelle monte di Coscione nato ciera una zitella
E la so cara mammona gli facova la nannarella
Adormentati porpena alegreza di mammona.
. . . .

Hue !... le fouet claque, les mules secouent les grelots qui se réveillent — une bouffée de vent a emporté la fin de la mélopée, qui reprend :

Quandu tu sare maggiore ti faremu la bestitu
La camiggia e la barretta a l'imbusto ben
Ti daremu la marito....   [guarnita

STARELLA.

Le soleil darde, les feuilles des arbustes penchés sur le bord du chemin éclatent comme des milliers d'étincelles, la route monte toujours.... Des arbouses rouges comme du sang frissonnent, suspendues par grappes parmi les branches vertes. Un nuage blanc et rose passe dans l'azur, doucement, rasant les cimes lointaines noyées dans la lumière.

Le lamento a cessé. On n'entend plus que le bourdonnement sourd de la vieille calèche, dont les essieux gémissent par instants, et le bruit assoupi des grelots qui chantent comme les grillons, le soir, dans les solitudes des plaines. Tout dort sous le soleil de feu, les arbres n'ont plus un frisson, les grands espaces couverts de maquis sont immobiles, et dans le ciel bleu ne passe plus un nuage ni un oiseau. Dans les montagnes lointaines, enveloppées d'une chaude buée, les torrents paraissent figés et leurs flots immobiles ont des éclats de métal fondu.

Nous arrivons pourtant au col de San Giorgio, où des bouffées d'air frais viennent nous ranimer.

En me retournant pour donner un regard à la région parcourue, j'aperçois l'Asinara et une pointe de la Sardaigne, flottant sur une mer brillante comme du métal en fusion. Devant nous la route descend en rapides lacets sur la vallée du Taravo, et les maisons de Santa Maria d'Ornano blanchissent à travers des massifs d'yeuses.

Abritons-nous un instant à la bonne auberge où nous trouverons du *broccio* délicieux, et tandis que les mules reposeront, descendons ensuite au hameau où l'antique demeure de Vanina, l'épouse infortunée de Sampiero, dresse sa vieille façade couturée d'une porte à pont-levis.

De Santa Maria d'Ornano à Zicavo, le paysage est une succession de sites admirables.

On ne peut voir nulle part d'aussi imposantes masses d'arbres, une allure aussi grandiose des plans et des fonds offrant des lignes si simples et si pures. Cela reporte aux chefs-d'œuvre du Poussin et de Salvator Rosa.

« Santa Maria d'Ornano, a dit un charmant écrivain anonyme, est un pauvre village, mais que les peintres qui nous liront peut-être se souviennent de ce nom, s'ils vont jamais en Corse. Beaucoup de belles pages des grands maîtres du paysage pourraient être datées d'ici. Peut-être affirmerions-nous que le Poussin y a travaillé, car nous avons vu, dans un palais de Rome, une dizaine d'études sur nature que nous croyons retrouver à chacun de nos pas.

« Quiconque a pratiqué les anciens paysagistes et les contrées méridionales, connaît ces *motifs* et les devine d'avance. C'est l'ordinaire agencement de collines vertes et tourmentées, se détachant sur un fond bleuâtre ; de touffes d'yeuses au tronc robuste, arrondies en coupoles, projetant une ombre opaque, ou penchées en grappes élégantes, qui au moindre souffle balancent sur les torrents leurs rameaux inférieurs souples comme des lianes. Les fleurs y sont rares, car le soleil émousse ses rayons sur ce feuillage de bronze. C'est le *lucus* des poètes latins, le bois sacré plein d'horreur, d'où le berger surveille son troupeau, en accordant ses pipeaux rustiques ; où se cache le faune épiant la nymphe endormie ou quelque jeune ondine au saut du bain. Un merveilleux paysage de style ! »

La nuit cependant était venue tandis que nous suivions la rapide montée de Zicavo. A Guitera le soleil colorait encore de reflets de feu les cimes des grands massifs d'yeuses. Puis ces lueurs pâlissant peu à peu s'éteignaient. Au crépuscule nous franchissions le Taravo, dont les flots mugissaient tout en bas dans un chaos de roches blanchissantes. L'eau sombre à cette heure miroitait de reflets d'acier, hurlait lugubrement ou rôdait, toute grondante, autour de blocs arrondis. Alentour et par des pentes que le mystère grandissait, des arbres frissonnants se penchaient, découpant leurs cimes dans le ciel pâle où rêvait une timide étoile.

Maintenant la route est plus raide encore, les mules soufflent, on ne parle plus, on écoute les grandes voix des eaux qui s'élèvent comme des sanglots et des plaintes étranges. « Dans quel enfer sommes-nous donc entrés? Où est le village, Antó? Voici une gorge profonde; des roches aiguës nous entourent comme des armées menaçantes, les arbres déjetés tordent leurs branches noires, au fond du précipice, on dirait qu'une grosse couleuvre, dont les écailles reluisent, rampe par instants! »

MAISON DE VANINA D'ORNANO.

Je crois que ce paysage farouche m'étreint et peuple mon âme de fantômes, car il me semble voir Antó sourire en me désignant du doigt quelques clartés sur les flancs de la montagne. « C'est Zicavo, me dit-il, et votre grande couleuvre n'est autre que le torrent la Molina. »

Après nous être enfoncés un instant sous le couvert de grands châtaigniers, des lueurs de brasiers signalent les premières maisons. Ces reflets d'âtres éclairent des portes toutes grandes ouvertes où des silhouettes sombres se meuvent confusément.

Des hommes passent, le fusil sur l'épaule, tenant à la main une torche résineuse aux éclats fauves. Les flammèches qui s'en détachent allument un fugitif éclair dans leurs yeux noirs.

Au reste, tous ces terribles passants saluent les voyageurs : *Bona notte*.

Nous sommes sur une petite place; l'auberge devant nous. Dans l'ombre de la nuit s'élève une construction ruinée avec des fenêtres béantes, des arceaux de cloître, d'où pendent des touffes d'herbes dont les fines dentelures se détachent sur le ciel constellé d'étoiles. Quelle inquiétante auberge en vérité où rien ne se meut, où ne brille aucune lumière, quel triste lamento que celui du vent dans les châtaigniers!

« Hé, Peretti, hé!... » s'écrie mon guide. Des pas alors se font entendre vers les arceaux ruinés, une lumière vacillante au bout d'un maigre bras éclaire vaguement une sorte de balcon de pierre auquel il faut accéder par un escalier aux planches disjointes.

Je ne sais ce que je dévore quelques instants après devant une table, est-ce du sanglier ou du mouflon?...

Au matin, dans mon demi-sommeil, je perçois des bêlements lointains, des chants d'oiseaux, des rumeurs confuses qui me bercent de leurs champêtres harmonies. Puis un rayon de soleil vient frapper ma paupière et je me réveille dans une sorte de cellule monacale. Bientôt, par la fenêtre ouverte, je vois s'étaler sous mes yeux le village et se développer les monts. Je me hâte de descendre pour aller examiner à l'extérieur la pittoresque auberge ; c'est bien un ancien couvent de Franciscains qu'elle occupe. Ses murs à demi ruinés n'ont plus la physionomie dramatique du décor nocturne, mais ils se mélancolisent, sous le gai soleil, de la tristesse des choses mortes. Dans ce qui reste de l'église apparaissent des tombeaux entr'ouverts, des ossements gisent çà et là, et des pourceaux noirs errent en grognant dans ce lieu sacré.

Durant toute la journée je parcours les rues du village et ses environs frappé par le caractère du visage où l'énergie domine, même chez les jeunes filles. Je salue en passant l'antique maison des Abbatucci, si puissante il y a quelques années, et qui a donné à la France impériale tant d'hommes illustres.

La bourgade de Zicavo s'accroche, comme un nid d'aigle, aux flancs de la montagne. Ses maisons, disséminées çà et là, s'entourent de jardins, de vergers, et sont ombragées par d'épais massifs de châtaigniers. De toutes parts l'eau ruisselle en cascatelles argentines, son frais et joyeux murmure se mêle au concert d'une multitude d'oiseaux. De cette hauteur de Zicavo l'œil s'égare dans des gorges mystérieuses veloutées de verdure où sont blottis d'humbles hameaux, tandis qu'une muraille de roches sauvages clôt le lointain horizon. Nous sommes bien là dans le plein cœur de la vieille Corse ; c'est là qu'on peut le mieux étudier les hommes de cette race et se pénétrer, en même temps, des beautés de la nature. J'y ai noté au jour le jour les impressions ressenties et les conversations entendues. Ces notes ayant gardé quelque chose de la sensation directe de la nature, j'en détacherai quelques pages.

2 août 1890. — La rivière de Zicavo, la Molina, est décidément une merveille, et jamais je n'ai trouvé mieux réalisé le type que l'on rêve d'un torrent. C'est un amoncellement de roches à travers lesquelles l'eau gronde, des cascades succédant à des cascades ; sur les côtés, des arbres énormes se retiennent aux pentes par des racines monstrueuses. Des gouffres perfides et sombres qui dorment silencieux reflètent vaguement les choses d'alentour ; des sortes de regards diamantés luisent à leur surface.

On va de découverte en découverte dans l'immense ravin, toujours attiré par de nouvelles et sauvages perspectives.

Un moment, auprès d'un précipice, dans un sentier, « si l'on peut lui donner ce nom », s'ouvre une petite grotte aux parois d'émeraude, d'une fraîcheur inimaginable. Toute une flore capricieuse s'y épanouit dans le mystère d'une nuit verte.

CASCADE DE GAMERA.

Les gouttelettes qui suintent diamantent le bord des feuilles; sous ce léger poids elles s'inclinent par instants et les gouttes s'égrènent comme les perles d'un collier. Des fleurettes en larmes se penchent et se relèvent sans cesse sous les caresses de l'eau. Comme on regrette que la fiction des anciens qui peuplaient ces lieux charmants de nymphes et de naïades ne soit pas une réalité!... L'eau de cristal s'élance en mince jet par une fissure du rocher et retombe dans le sable fin. On ne peut s'empêcher d'en humecter ses lèvres.

J'ai suivi, des heures entières, cette gorge qui aboutit à la plus belle cascade qu'on puisse voir : la cascade de Camera. Sur des roches bleuâtres, brillantes, polies par les eaux et les galets que le torrent grossi roule sans cesse durant l'hiver, les flots éblouissants se précipitent d'une hauteur de plus de 40 mètres. Le soleil étincelle de toutes parts, et au-dessus, dans une légère buée d'azur, une forêt, sorte de cascade feuillue, moutonne. Un pêcheur, les jambes nues, saute de rocher en rocher, et à chaque instant sa ligne cingle les eaux et ramène une truite frétillante.

6 août. — Ce soir, après une journée de chaleur accablante, de grandes vapeurs ont couvert le sommet des montagnes. Longtemps elles ont rampé comme indécises, s'enfonçant dans les plis des ravins, se déchirant aux crêtes, tandis que la lune élevait son disque sanglant à demi effacé.

JEUNE FILLE DE ZICAVO.

Comme je suis dehors, l'hôtesse approche et me dit : « Monsieur, ne demeurez pas ainsi sous ces méchants brouillards, ils sont peuplés de *Gramante*. »

Je l'interroge du regard, elle me considère un instant avec tristesse et se retire sans me répondre.

« Qu'est-ce donc que les Gramante? » ai-je demandé au vieux pêcheur de truites qui passait.

Il m'entraîne dans sa demeure, me fait asseoir, et, comme le jour s'achève, allume une torche de résine.

« Les plaintes des eaux, me dit-il ensuite, le chant nocturne des hiboux, le vol des oiseaux, les sons vagues qui s'élèvent le soir, le passage des escarbots crépusculaires qui vous effleurent de l'aile, les silhouettes des nuées, les gémissements du vent, toutes les formes, tous les bruits de la nature ont une signification pour celui qui sait voir et comprendre. Nos ancêtres, qui, sans cesse en éveil, habitaient les forêts, avaient appris à lire dans le grand livre, avaient observé et pouvaient présager l'avenir. Aujourd'hui les générations nouvelles ne vivent plus autant avec la nature et ne savent pas écouter ses voix. Dans ces nuées qui descendent maintenant sur le flanc de la montagne et vont recouvrir le village d'un pâle suaire, les esprits malfaisants qu'on appelle les Gramante vont s'envelopper et descendre avec elles. Gardez-vous de demeurer exposé à leurs maléfices, il faut tenir les portes closes, et veiller à ce que la maison soit pourvue d'eau bénite.

« L'homme n'est point seul sur la terre, continua-t-il : en dehors des animaux, il y a les éléments qui souffrent et pleurent, et des êtres que nos sens ne perçoivent pas, mais qui existent sûrement. Les *Streghe*, par exemple, ou vampires. Ce sont des apparences de vieilles femmes qui s'introduisent la nuit dans les maisons sans qu'on puisse les apercevoir, qui s'attachent à la gorge des petits enfants, et aspirent leur sang avec avidité. Le lendemain les pauvres mères trouvent les petits êtres étouffés. Dans les temps anciens on a vu quelquefois de ces horribles créatures ; aujourd'hui elles sont invisibles, et la mort seule des petits témoigne leur venue. « Prenons garde aux Streghe », se disent entre elles les femmes de nos montagnes à l'heure du coucher, et certaines mettent alors sous leur oreiller quelque vieille serpe ou une faucille pour tuer les vampires.

« Les *Acciacatori* sont tout aussi dangereux ; leur nom seul frappe de terreur beaucoup de personnes. Ce sont des hommes comme vous et moi, qui dans la journée vaquent à leurs occupations ou se promènent. La nuit venue, ils se mettent au lit comme les autres. Mais leur corps seul reste couché, tandis que leur esprit se lève, s'en va, en hâte, s'embusquer dans les carrefours, vers les ravins les plus sauvages, et là, armé d'une hache invisible, attend les gens attardés, voyageurs ou pèlerins égarés, qu'on retrouve le lendemain étendus à terre, le crâne fendu. » Les Acciacatori sont tout simplement des gens qui exercent des vendette, pensai-je.

« Et les meutes diaboliques! dit-il ensuite. Parfois des aboiements furieux s'élèvent subitement d'un champ et une meute qu'on ne voit pas se précipite dans la profondeur des vallées. Elles dévalent ainsi longtemps, ces meutes, aboyant toujours, puis un cri de douleur traverse l'espace, et tout retombe dans le silence. Lorsqu'on peut reconnaître la voix qui a poussé ce cri d'angoisse suprême, c'est un signe infaillible de mort pour cette personne. Ces mêmes meutes, dans leur descente vertigineuse, font entendre des hurlements qui ressemblent aux lamentations des vocératrices. La prompte mort de quelqu'un est alors certaine au village.

ÉTRANGES SUPERSTITIONS.

« Le *Spirdo*, ajouta-t-il, est également un présage avec lequel il faut compter.

« Si, dans la rue, une personne s'avance à votre rencontre et si vous la confondez avec une autre, c'est l'esprit, le Spirdo de l'autre qui s'est montré, et cette dernière succombera dans la semaine. Cependant, si, tout en venant vers vous, la personne prend une rue ou un chemin montueux, elle échappera au danger; si elle descend, au contraire, un sort fatal est inévitable. »

Il y a bien d'autres croyances qu'on m'a signalées en Corse : les roulements de tambour qu'on a parfois entendus à minuit et qui sont un indice de la mort prochaine d'un habitant du village; les voix nocturnes qui appellent tristement et avec insistance celui qui doit mourir; les trépassés se levant du cimetière et qu'on a vus aller en procession lugubre, à travers les ténèbres, et réciter le chapelet à la porte des malades ou des agonisants.

8 août. — Les bons moments que je passe avec ce vieux pêcheur de truites, tantôt dans sa pauvre maison, lorsque le soleil est ardent, tantôt, la nuit venue, assis à côté de lui sur les pierres de la route! Alors plusieurs anciens s'approchent, et, sous la voûte sereine, devant cette grande vallée pleine d'ombre et de mystère, j'écoute des récits d'autrefois. Récits de batailles, de chasses merveilleuses au mouflon, au sanglier ou au cerf, dans le Coscione tout voisin, récits d'hivers rigoureux durant lesquels des troupeaux de mouflons chassés des hauteurs par les neiges sont venus se réfugier dans les étables.

D'autres fois, on s'en va sur le chemin de Guitera, assez loin, jusqu'à l'endroit qui m'avait tant effrayé le soir de mon arrivée. Sous les grands châtaigniers, près d'une source, des jeunes gens se réunissent pour chanter.

C'est vraiment une douce chose, par ces soirées calmes et parfumées, que ces lamenti qu'on entend de loin, sorte de chants de douleur résignée, de mélopées dont les accents un peu nasillards s'élèvent par intervalles réguliers de l'obscure futaie.

Ces chants sont empreints d'une poésie poignante; par instants, lorsqu'ils cessent, je me sens soulagé d'une oppression douloureuse, et j'écoute avec plus de plaisir encore la fraîche voix de la petite source.

9 août. — Quelle merveille de voir cette vallée éclairée par la lune! Dans le ciel pâle l'astre luit, inondant les monts et les bois de sa clarté. Des vapeurs estompent les fonds, quelques lumières rouges percent les façades des maisons. Une brise venue de la montagne passe quelquefois comme un soupir, soulevant sur son passage des chuchotements très doux parmi les herbes et les fleurs. Les grillons jusqu'à l'infini ont commencé leurs concerts; par instants une sauterelle, dans un buisson, donne comme un coup d'archet par un frémissement d'ailes. La chouette, par intervalles, miaule, et l'effraie élève dans la nuit sa note sépulcrale.

Tous ces bruits, tous ces sons, toutes ces musiques se mêlent au murmure des cascatelles, et la voix grave du torrent monte des profondeurs comme un accompagnement de basse.

Quelquefois, dans la nuit noire, des lueurs se meuvent dans les bas-fonds; ce sont des habitants qui arrosent leurs jardins. Ces scènes nocturnes à la clarté jaune de torches résineuses portées à la main sont fort étranges. Ces braves gens ne connaissent guère l'usage des lanternes, ils sont très pauvres. Leur situation s'est pourtant bien améliorée, car autrefois elle était pire encore. Ainsi, à Zicavo, au commencement du siècle, les hommes ne commençaient à porter des chaussures qu'à l'âge de vingt ans. Cette chaussure, qu'on nommait la *crudiccia*, se composait d'une semelle en cuir de porc retenue au pied par une simple lanière. On ne se chaussait même que l'hiver: l'été on allait nu-pieds.

M. Colonna d'Istria m'a conté qu'à l'occasion du mariage d'un de ses ancêtres, on fit placer devant chacun des chevaux des personnes qui étaient venues y assister, et ils étaient au nombre de cent, une *narpia* (sorte de sac en peau de porc) pleine d'orge. Ce fait est demeuré légendaire, il est encore cité comme un acte de munificence extraordinaire, et comme la preuve d'une grande richesse.

Que de bonnes heures vécues dans ce village perdu, dans ce nid de verdure suspendu au-dessus des torrents! Et aussi quels braves cœurs j'y ai trouvés, et comme je le sens bien à la chaude poignée de main que ces hommes me donnent!

Elles sont bien charmantes aussi et bien laborieuses, les jeunes filles de Zicavo; sans cesse elles vont à la fontaine, mince filet d'eau qui coule lentement en cette saison, et elles y emplissent leurs cruches. Leur visage grave s'éclaire d'un sourire lorsqu'elles adressent un salut à l'étranger, au continental, comme on nous nomme en Corse.

Le jour ou s'en va souvent dans la montagne, par les ravins, voir une cascade s'égarer dans une forêt, courir tout au loin dans des endroits sauvages connus seulement des pasteurs.

Tout autour du village et quelquefois assez loin dans les chemins, les troncs des arbres sont tout tailladés de coups de hache. Ces colosses servent de cible aux jeunes gens, c'est sur eux qu'ils exercent leur adresse et qu'ils étudient la puissance de pénétration des projectiles. Ici, le tir se fait toujours à balle; le gibier des environs serait insensible au petit plomb, car on chasse surtout le sanglier et le mouflon, sans parler de la chasse à l'homme, peut-être encore plus fréquente. Après chaque coup de fusil on va rechercher le projectile, à l'aide d'une hachette, dans l'épaisseur de l'écorce et du bois.

Les Corses ont un véritable culte pour les sources. De loin en loin, en suivant un sentier dans la montagne, un doux murmure vous arrête : c'est une source.

LES CHATAIGNIERS GÉANTS.

Il est rare que vous ne rencontriez pas quelqu'un auprès. Le cheval est attaché par la bride à une branche, le fusil est appuyé contre un arbre, et le voyageur, muletier, passant ou bandit peut-être, a improvisé un canal avec des feuilles arrachées à un arbre voisin. Et quelles légendes!... Voici une eau qui guérit de l'hydropisie : *similia similibus curantur*. Une autre fontaine, là-haut, dans le mont Coscione, est tellement froide qu'elle dévore les objets qui y tombent.

Sur la route de San Pietro di Verde, à 1 kilomètre à peine de Zicavo, tout au bord du chemin, s'élève un vieux châtaignier au tronc évidé. A travers ses racines en nœuds de couleuvres, une fontaine s'écoule. Les passants n'ont garde de l'oublier, et tous, religieusement, y trempent leurs lèvres. « Vous pouvez être en sueur, elle ne vous fera aucun mal », disent les gens du pays. Et je faisais comme eux, comme eux aussi je m'abritais du soleil ardent sous le vieil arbre au tronc rugueux, difforme, couvert de verrues et de gibbosités.

Plus loin, un sentier serpente à travers des vallons, et aboutit à un ruisseau torrentueux, au lit encombré de roches moussues. C'est un endroit célèbre par ses châtaigniers géants, dont plusieurs mesurent jusqu'à 16 mètres de tour. J'y fus accompagné par MM. Abbatucci et leur parent M. Colonna d'Istria.

Ce dernier habite comme moi l'antique monastère, ma chambre est toute voisine de son appartement. Nous passons parfois nos soirées ensemble après avoir partagé quelque plat de truites que nous arrosons d'une bouteille de vieux vin de son cellier. Quelle douceur et quelle énergie à la fois dans ses prunelles noires où passent tour à tour de sombres éclairs et des caresses! Combien ses récits, que j'écoute les coudes sur la table, m'intéressent!

C'est ainsi que je pénétrais dans le cœur même des croyances corses, conservées encore par les vieilles gens, par les bergers des sommets, par les habitants d'obscurs villages enfouis dans le pli de quelque haute montagne que les nuées caressent en passant.

Que de coutumes bizarres et de superstitions rares il y avait en ce pays et qui vont disparaissant! Mais bien des années s'écouleront encore avant d'avoir déraciné cet attrait du merveilleux qu'on trouve chez les montagnards.

Les enchanteurs du feu, par exemple, commencent à se laisser oublier. Et ce n'est point le feu que de vieilles femmes enchantaient seulement, mais les malades piqués par un insecte venimeux, l'eau, les chiens, etc. Les chiens enchantés par des pratiques cabalistiques n'aboyaient plus, et les bandits ont eu souvent recours aux enchanteurs lorsqu'ils ont voulu se porter, la nuit, dans le voisinage d'une maison ennemie.

Quant à la *jettatura* ou mauvais œil, c'est une croyance très répandue. Lorsqu'une mère suppose que son enfant est *innochiato*, ou frappé du mauvais œil, elle appelle une vieille femme experte dans l'art de conjurer les maléfices. Celle-ci s'entoure d'un certain mystère, fait allumer des lampes et apporte à l'incantation à laquelle elle va se livrer une véritable mise en scène. Elle se signe trois fois, marmotte des prières, allume une lampe en fer et verse de l'eau dans une assiette. Toujours en prières, elle place l'assiette contenant cette eau au-dessus de la tête de l'enfant, plonge deux de ses doigts dans l'huile de la lampe et laisse tomber les gouttes dans l'eau. Suivant la manière dont se comportent les gouttes d'huile, l'enfant est déclaré délivré du sortilège, ou bien d'autres opérations bizarres recommencent jusqu'à ce que la jettatura soit conjurée.

Les pratiques ayant pour but de connaître si ce sont les vers qui tourmentent un enfant sont également curieuses. Pour procéder à cette recherche, la vieille femme prend une balle en plomb qu'elle dépose dans une lampe en fer non garnie d'huile. Cette lampe est placée sur des charbons ardents. Lorsque le plomb est fondu, elle le verse dans une assiette pleine d'eau en faisant trois fois le signe de la croix et en marmottant des mots cabalistiques. Si, au contact de l'eau, le métal se divise en petits fragments rectilignes, le petit malade est vraiment atteint d'helminthiase ; s'il ne se sépare pas, l'enfant souffre d'un mal auquel les vers sont étrangers et qu'on découvre par d'autres moyens.

16 août. — Je vois sans cesse, aux murailles des maisons dans lesquelles je pénètre, une herbe accrochée par les racines à un clou. C'est l'herbe de l'Ascension. Le matin de cette fête, avant l'aube, les femmes courent la montagne à la recherche de la plante, qu'elles emportent pieusement chez elles, car elle a le don merveilleux de vivre dans la maison simplement suspendue la tête en bas, de pousser des feuilles, de faire remonter lentement ses tiges et d'avoir sa floraison le jour de la Saint-Jean. Si on ne la cueille point absolument avant l'aube le jour de l'Ascension même, elle meurt aussitôt, tandis que les autres se conservent deux mois environ.

On garde aussi, précieusement, les œufs pondus ce jour-là, car ils ont le privilège de préserver de la foudre, des maladies et de toutes sortes de maléfices. Aussitôt qu'un orage gronde, les ménagères se hâtent d'exposer devant les fenêtres ces œufs qui assurent l'immunité de la maison.

Les jours des fêtes de Saint-Pierre, de Saint-Antoine et de Saint-Roch, on cuit, dans les ménages, des petits pains qui sont apportés à l'église où on les fait bénir. Ces petits pains, de même que les œufs de l'Ascension, conjurent les dangers, préservent des tempêtes. Pendant les orages ils sont exposés devant les demeures en même temps que les œufs.

Lorsqu'un animal est malade, on lui fait avaler un de ces petits pains pour le

INCENDIES DES FORÊTS.

guérir. Quand s'allume un incendie, ils sont jetés au milieu des flammes, qu'on a la conviction d'éteindre ainsi.

17 août. — Aujourd'hui, tout à coup le tocsin a sonné, portant au loin l'épouvante. Vers la montagne, tout là-haut, d'épais nuages de fumée blanchâtre passent en se roulant sur les crêtes. Le feu est dans les bois. « Vite, qu'on me cherche une mule. » Voilà des hommes qui courent à leurs serpes, d'autres sont partis déjà. « Je vous prie, Perreti, dis-je à l'hôte, trouvez-moi une mule. » Il se presse et bientôt me ramène une bonne bête toute sellée.

Il est une heure du soir, la chaleur est atroce; dans les sentes ravinées, je vois la population gravir les pentes à travers les châtaigniers, et disparaître.

La cloche sonne toujours; par instants elle s'arrête comme oppressée, puis reprend de nouveau son tintement lugubre.

Des cris déchirants arrivent des hauteurs : *Al foco!* au feu! Ces voix sont effrayantes, on dirait qu'elles sortent d'une fournaise, l'angoisse les étreint....

GORGE DE SILCIA PORGO.

Après une heure d'ascension par des sentiers affreux, côtoyant des torrents, penchés sur des abîmes, nous arrivons en face de la montagne qui brûle.

J'entends les pétillements de la flamme, je la vois comme une tourmente infernale ramper, monter, s'abaisser et éclater en fourmillements d'étincelles. Les arbres calcinés s'écroulent, allongeant comme des moignons noirs leurs branches tordues. Un ronflement formidable domine tous les bruits, la fumée blafarde se roule sous les rafales du vent et monte ensuite lentement, toute penchée vers le ciel. De temps à autre, des cris d'appel se font entendre, des coups de hache résonnent sourdement. Dans une clairière je vois distinctement les travailleurs, hommes et femmes, luttant courageusement, tandis que d'autres, autour de l'immense brasier, font la part au dévorant.

Ces êtres sont pareils à des pygmées attachés à un labeur de géant. Jamais ils n'arriveront à dominer l'élément destructeur.

Je considère longtemps ce terrible et superbe spectacle. Le feu diminue d'intensité ; un torrent détourné de son cours se précipite à travers les flancs de la montagne incendiée ; les infiniment petits auront raison du fléau....

« Redescendons », dis-je au fils de Perreti qui m'avait accompagné. Nous dévalons par le sentier jusqu'au lit d'un torrent. La bonne mule s'abreuve à longs traits, je plonge entièrement mon visage dans cette onde fraîche qui jase ici à travers les cailloux et gronde plus bas dans les roches éboulées.

Le soir arrive, les derniers rayons frissonnent dans les sommets, on dirait un fourmillement d'or.

Quel bon repos sous les feuilles, dans la fraîcheur des bords, parmi les hautes menthes fleuries! La truite court rapide dans le flot, des grenouilles tigrées pareilles aux galets de granit du fond de l'eau regardent, comme sans voir, avec leurs grands yeux jaunes.

Je m'arrache enfin à la douceur de cette heure pure et je reprends le sentier scabreux qui borde un instant la gorge sauvage de Siccia Porco, sorte d'avalanche de roche vertigineuse.

Ce soir une partie du ciel est comme enflammée, le soleil est pourtant couché depuis longtemps. Ce sont les reflets des grandes forêts qui brûlent de toutes parts. La chaleur de ces foyers d'incendie et les haleines du sirocco, qui souffle par instants, rendent l'atmosphère étouffante. Pauvre Corse qui, tous les ans, voit périr par le feu des milliers d'arbres séculaires!

En treize années seulement, de 1874 à 1886, le feu a détruit un neuvième de l'étendue des forêts. De 1878 à 1886, quatre-vingt-onze incendies ont dévoré 2679 hectares de forêts domaniales!

— Les journées radieuses se succèdent, et c'est avec bonheur que, tous les matins, j'accueille le rayon de soleil qui vient percer les volets, car cette nature où j'ai appris à lire à ma manière, comme le vieux pêcheur de truites à la sienne, me réserve chaque jour de nouvelles émotions. Je ne me lasse point d'admirer, je passe des heures à m'égarer dans les sentiers étoilés de cyclamens, sous l'épaisse feuillée, sur les pentes inondées de lumière, à travers les maquis aux parfums pénétrants, au bord de l'eau si fraîche et si pure.

Les enfants de Zicavo ne craignent point les flots glacés, sans cesse j'en aperçois des bandes qui prennent leurs ébats dans le torrent. Leur endroit préféré est une sorte de conque rocheuse encadrée de mousses et de feuillages scintillants. Une cascatelle, glissant dans une fissure, vient rider légèrement la surface de la nappe endormie. Les enfants grimpent sur les hauts rochers et se précipitent dans le gouffre. L'eau est à ce point transparente qu'on peut suivre des yeux jusqu'au fond les petits baigneurs. Ce sont de vrais tritons bronzés par le soleil et d'une audace incroyable.

A la tombée du jour, lorsque les troupeaux rentrent au village, se produisent aussi des scènes charmantes. Les chèvres, ici, sont particulièrement belles avec leur long poil soyeux, et leurs têtes ont un caractère héraldique vivement accusé.

LA BAIGNADE.

Leurs robes offrent une très grande variété; j'en ai vu de noires comme l'ébène, de rousses comme des feuilles mortes, de toutes blanches et d'autres couleur de lilas. Elles côtoient les torrents, grimpant aux endroits les plus scabreux comme leurs congénères des autres pays, suivant les bords capricieux du chemin, tout en hâte, pour vite rentrer aux bergeries. La clochette du bouc, le bruissement du torrent, le cri d'un oiseau attardé, les appels dans la montagne, tout cela semble dire un dernier adieu au rayon du couchant qui flambe sur la lisière de la forêt.

Puis, les pâtres, le fusil sur l'épaule, descendent les sentiers rapides encombrés de blocs de granit. Par instants ils disparaissent derrière les racines des grands châtaigniers pour surgir subitement dans une mâle attitude, sur quelque haute roche.

A mon arrivée en ce pays de Zicavo, j'avais été vivement impressionné en rencontrant sans cesse des hommes armés dans les sentiers et dans les rues même du village. J'avais constaté avec surprise que les conseillers municipaux arrivaient à la mairie avec leur fusil, qu'ils déposaient devant la porte de la salle des séances. Ce n'était point certes un sentiment de crainte que j'avais éprouvé, je savais bien que les montagnards corses respectent le voyageur et le secourent même avec empressement au lieu de le molester, mais j'avais comme la sensation d'un milieu nouveau qui m'échappait, d'un entourage dont je ne pénétrais point les mystères. De vagues indices me laissaient entrevoir des tragédies ou des drames occultes de la veille ou du lendemain. J'avais parfois surpris, luisant dans l'ombre, des regards qui semblaient attendre un ennemi, et le fusil sans bretelle, que plusieurs portaient toujours à la main, dans l'attitude de chasseurs aux aguets, m'indiquait nettement des haines inassouvies, des *vendette* à satisfaire. La physionomie de ces hommes à l'allure fière et un peu dure me donnait à penser. « *Corpo di Baccho!* me disais-je, il ne ferait pas bon se mettre en guerre avec eux : leur salut est souvent sec comme le craquement d'une batterie de carabine. »

SOPHIA.

« A l'odeur seule, disait Napoléon à Sainte-Hélène, je devinerais la Corse, les yeux fermés. » Non seulement la végétation de cette île possède une senteur spéciale, mais sa forte individualité a conservé le parfum sauvage d'autrefois. Aujourd'hui encore les Corses ne peuvent se faire à l'idée de la loi.

Cette justice de la société a-t-elle été équitable pour eux? Certainement non.

M. Bournet, dans une étude spéciale, cite ce mot terrible du paysan Franchi, à Bastia, lors de l'acquittement du fils Bonaldi, juge de paix, qui l'avait blessé d'un coup de pistolet : « Les jurés l'ont absous, moi je le condamne ». L'idée que les Corses se font de la justice est tout entière dans cette phrase.

Ils disent : « Je fais plus de cas d'un bon fusil que d'un conseiller à la cour ». Ils ajoutent : « Quand on a un ennemi, il faut choisir entre trois S : c'est-à-dire, *schiopetto*, *stiletto*, *strada*, fusil, stylet, fuite ». Ils réservent à leurs ennemis la *palla calda* ou le *ferru freddu*, la balle chaude ou le fer froid.

M. Paul Bourde, dans un livre saisissant que tout le monde a lu, a jugé la situation morale des Corses. Pour moi, je ne puis parler de leur état d'esprit et de ses conséquences funestes sans en signaler un peu les causes. Ces études ne sont point, à vrai dire, l'affaire d'un artiste venu pour essayer d'exprimer la beauté et le caractère de la nature ou des hommes. Je me bornerai donc à citer M. Bourde afin que le lecteur puisse s'expliquer pourquoi un petit peuple si brave, si loyal, si généreusement doué, consacre son existence à nourrir des haines.

« Le désordre administratif et judiciaire a des conséquences lointaines ; car un attentat reste rarement isolé, il fait des petits, en provoque d'autres par représailles. Quand un premier meurtre arme l'une contre l'autre deux familles, personne ne saurait dire combien s'ensuivront.

UN CORSE DE ZICAVO.

.... « L'habitude de se faire justice soi-même est évidemment un pis-aller. Cependant, en l'absence d'une justice sociale, il faut bien y recourir, à moins d'abdiquer toute dignité personnelle. Les anciens Corses en firent leur point d'honneur, obligèrent, sous peine de mépris, l'injurié et sa famille à poursuivre par tous les moyens le châtiment de l'insulte. Il était moins pénible chez eux de s'exposer à la mort qu'à la honte de rester sans vengeance.

« Qu'aurait-il fallu pour les faire renoncer à cette habitude? Leur inspirer confiance dans nos tribunaux. Nous n'y avons pas réussi jusqu'à présent, parce qu'au lieu de détruire l'esprit de clan, nos divers gouvernements n'ont fait que le fortifier.

« Il en résulte que les Corses d'aujourd'hui professent toujours, envers celui qui tue pour se faire justice, une opinion analogue à celle que nous avons sur le continent pour celui qui a tué en duel. C'est un homme *dans le malheur*, que l'on plaint, que l'on admire même quelquefois en secret pour son courage, et qu'en tout cas on ne blâme jamais.

« Le dévouement des siens et de son clan lui reste acquis ; tout le monde se ligue pour le soustraire à cette justice en qui l'on n'a pas confiance.

« S'il devient bandit, on le nourrira, on le protégera contre les embuscades des gendarmes.

« S'il est traduit devant les tribunaux, on emploiera tous les moyens pour le tirer d'affaire à bon compte. »

Non seulement les hommes en Corse doivent à leur race de combat un aspect sombre, mais les femmes elles-mêmes, coiffées du *mezzaro* noir, voilent leurs yeux de tristesse, où, par instants, passent des éclairs froids comme des lames de poignards.

Je revois encore Sophia, une excellente et douce créature au visage empreint de résignation et de vagues douleurs. Le sourire rarement venait voltiger sur ses lèvres, mais, comme j'avais occasion de converser fréquemment avec elle, je pouvais remarquer les lueurs fauves qui passaient dans ses grands yeux à certains instants.

Et puis, comment ne pas être troublé par ce pays où tout est violent, les rayons du soleil et le parfum des herbes, le vent et les orages, les torrents, les arbres, les rochers et les hommes ! Et pour quelques instants de douces caresses, combien d'heures farouches vous réserve-t-il !

Vous traversez le village, contemplant les horizons bleus qui se déroulent sous vos yeux à travers les éclaircies des châtaigniers. Vous arrivez à la fontaine où les femmes, matin et soir, viennent puiser de l'eau, vous êtes séduit par leurs attitudes, par le caractère de leurs vêtements noirs qui descendent en longs plis ; eh bien, un drame sanglant s'y est déroulé il n'y a pas longtemps, l'an dernier même. Une véritable bataille a eu lieu devant cette source entre deux familles de Cozzano en inimitié. En un instant quatre victimes sont tombées sur la route, trouées de balles. Le curé passait, il courut auprès des moribonds, se pencha vers eux dans la poussière, mais les coups avaient porté, son ministère était inutile, ils rendaient le dernier soupir. Cependant il put se dresser entre les autres combattants, leur parlant de Dieu qui pardonne, offrant sa poitrine à leurs balles, à leurs stylets, et son attitude superbe évita une plus grande effusion de sang.

Les familles étaient nombreuses, le pays allait être ensanglanté, les meurtriers avaient gagné le maquis. Les personnes influentes du pays, les Abbatucci, les Colonna d'Istria, interviennent alors et, unissant leurs efforts, arrivent à faire conclure un traité de paix. Les deux familles avec toute la parenté sont convoquées à l'église d'Aullène. Les cloches sonnent à toute volée, une cérémonie religieuse a lieu en grande pompe, le saint sacrement est exposé, on chante un *Te Deum* et les ennemis signent l'un après l'autre le traité sur l'autel même, devant une population nombreuse accourue des villages environnants. Ah! ces inimitiés, ces vendette, quelle question pour la Corse! à chaque pas nous la verrons surgir, dissimulée derrière les roches, errante dans les maquis, accroupie dans l'âtre des demeures.

LA VEUVE.

Une seule femme à Zicavo avait toujours le sourire sur les lèvres et c'était une veuve! Très gracieuse, tout en dehors, son aspect différait complètement de celui de ses compagnes. Et pourtant j'appris qu'elle portait toujours un poignard et qu'elle disait à ses frères : « Ce n'est point vous autres que le soin de ma vengeance doit occuper, j'y suffirai moi-même. Elle avait une vendetta à exercer! Qui sait!... à l'heure actuelle peut-être aussi l'aimable créature a-t-elle les yeux baignés de larmes, et le rire joyeux a-t-il à tout jamais abandonné son visage!

Et puisque nous en sommes aux impressions farouches, je détacherai de nouveau quelques pages du cahier où j'ai noté les scènes de la mort telles que je les ai senties à Zicavo.

18 août. — Une femme est morte ce soir, les cloches ont tinté tristement tandis que le crépuscule descendait sur les vallées. Des processions de femmes vêtues de noir, la tête recouverte du *mezzaro* ou de la *faldetta*, se sont acheminées silencieusement vers la demeure mortuaire. Dans cette maison, aussitôt que le dernier soupir s'est exhalé, on a éteint le feu, on a fermé les volets des fenêtres, et les parents ont poussé des cris lamentables, se déchirant le visage avec leurs ongles, s'arrachant les cheveux. Les voisines, dès leur arrivée, ont préparé les plus beaux vêtements pour en revêtir le cadavre, et des *voceri*, sorte de chants de douleur, en vers, ont été improvisés. Ces chants ont duré jusqu'à l'angélus, puis les voisins ont quitté la maison, où seuls les parents et les amis sont restés.

Autrefois, dans les demeures mortuaires, on laissait passer trois jours sans rallumer l'âtre, sans ouvrir les fenêtres, sans préparer aucune nourriture. Maintenant cette coutume est abandonnée, à Zicavo du moins, et un repas nocturne a lieu auprès du défunt. Quant à la table sur laquelle a été exposé le cadavre, elle demeure huit jours dehors sans qu'on y touche; ce laps de temps écoulé, elle est replacée dans la maison pour servir, comme d'habitude, aux usages domestiques.

19 août. — Il est six heures du matin; j'ai entendu un tintement de cloche venu de l'église; me voici dehors. La vallée est baignée de vapeurs bleuâtres qui voilent légèrement les profondeurs; les premiers rayons du soleil dorent les cimes des hautes montagnes. Je me dirige vers la maison en deuil. La morte n'est pas encore exposée au dehors. Par la porte ouverte, je l'aperçois à la lueur pâlissante des flambeaux, étendue sur une table, revêtue de sa parure de mariée. Elle s'est éteinte dans la consomption; son visage émacié, couleur d'ivoire, empreint de grandeur et de majesté suprême, apparaît comme une pâle vision sur les murailles sombres de la salle, où les lueurs des flambeaux agonisent.

Bientôt, abandonnant pour toujours cette demeure où elle a passé sa vie, elle est transportée au dehors, sur une table, devant la porte. Des enfants répandent discrètement quelques fleurs sur sa parure nuptiale.

Étrange spectacle que celui de ce cadavre en vêtement d'épousée, qui semble célébrer ainsi son union avec la mort, rigide et jauni dans la blancheur immaculée de la couche où il repose, entouré de femmes graves, drapées de noir, immobiles comme des fantômes et dont plusieurs ont laissé retomber sur leurs épaules des chevelures aussi sombres que les ailes des corbeaux! Sous le ciel froid du matin les yeux sont plus rougis, les larmes semblent plus âcres, les pommettes plus luisantes, et les fatigues de l'insomnie, les empreintes de la douleur s'accusent davantage. Par la porte ouverte, auprès du foyer vide, on voit les cierges, pleurant leurs grosses larmes de cire, s'éteindre en frissonnant.

Une vocératrice, toute pâle, la chevelure flottant au vent, improvise un chant funèbre, interrompu, de temps à autre, par les sanglots des assistants. « Écoute, dit-elle en chantant, penchée vers le cadavre :

Chi nó consulera mai,	Qui nous consolera jamais,
O speranza di a to mamma,	O espoir de ta mère,
Avà chi tu ti ne vai	Maintenant que tu pars
Ihwe u Signor ti chiammu?	Appelée par le Seigneur?
Oh! perchè u Signor anchellu	Pourquoi le Seigneur lui-même
Ebbe di te tanta bramma?	T'a-t-il tant désirée?
Ma tu, ti riposo in célu,	Mais tu reposes au ciel,
Tutta festa e tutta risu.	Où tout est fête et sourires.
Perchè un n'era degnu u mondu	Est-ce parce que la terre n'était pas digne
D'avè cusi bellu risu?	De posséder un si beau visage?
Oh! quantu sara più bellu	Oh! combien sera plus beau
Avale u Paradisu! etc.	Maintenant le Paradis! etc.

Et tandis que le vocero continue, des femmes, la bouche contre l'oreille de la morte, lui parlent tout bas comme si elle entendait encore, et déposent, de temps à autre, un baiser sur son front.

Par instants, de nouvelles venues, levant les bras au ciel, poussent des cris déchirants et se précipitent sur le cadavre. Puis le chant du trépas interrompu reprend, soulevant, par intervalles, des gémissements ou des éclats de douleur, jusqu'au moment où la vocératrice, hors d'haleine, brisée d'émotion, fait appel à une de ses compagnes pour la remplacer.

J'étais affreusement impressionné, jamais la mort ne m'était apparue sous cet aspect de grandeur lugubre.

Ah! les Corses, indifférents à la joie, savent entourer le dernier jour d'une mise en scène qui épouvante!

Et le soleil, en doux rayons, descend lentement au fond de la vallée, couvrant les montagnes prochaines et les grands bois de larges bandes d'or, le ciel s'illumine davantage et la nature entière se reprend à vivre joyeusement autour de la demeure sombre. A travers les sanglots, accompagnant la morne cantilène, j'entends, antithèse poignante, le gazouillement des oiseaux et le chant virginal des sources.

Mais le prêtre arrive, l'heure de l'enlèvement du corps est venue, les voceri se transforment en cris déchirants, la douleur en désespoir. Puis les hommes viennent s'emparer du cadavre, qu'ils transportent à l'église, le visage découvert dans son cercueil.

Je vois cette funèbre procession d'hommes aux costumes sévères, de femmes voilées de noir monter le sentier et disparaître ensuite dans l'ombre des châtaigniers. Maintenant je ne les aperçois plus, mais j'entends les sanglots, et, par instants encore, des lambeaux du vocero poignant viennent frapper mes oreilles et serrer mon cœur.

Dieu! que la mort est lugubre ici, que ces femmes ont des accents terribles!

Le silence s'est fait.... A cette heure, c'est la voix mystique du prêtre dans la paix de l'église, c'est le murmure des prières du dernier jour.

Puis, c'est l'ensevelissement. Les parents se précipitent sur le cadavre, qu'ils étreignent dans un dernier baiser et qu'ils arrosent de larmes. On cloue la bière, j'entends les coups de marteau que l'écho sinistrement répercute....

Ces scènes de désespoir me poursuivirent longtemps, et longtemps les accents de la vocératrice ont hanté mes nuits et assombri mes jours.

Après un meurtre, les scènes mortuaires ont un caractère plus farouche et plus violent encore.

Je ne les ai point vues, mais Paul de Saint-Victor en a fait la magnifique description que voici :

« Quand un homme a été tué en Corse, par la balle ou le stylet d'un ennemi, on transporte son corps dans sa maison, on l'étale sur une table, la face découverte ; ses amis accourent dans la chambre mortuaire, et la *gridatu* (vocifération) commence.

« C'est d'abord un grand bruit de lamentations et de plaintes, orage de douleur, que traversent comme des éclairs de brûlants serments de vengeance. Les hommes tirent les poignards de leurs manches et font résonner les crosses de leurs fusils sur les dalles ; les femmes agitent leurs cheveux dénoués et trempent leurs mouchoirs dans les plaies du mort. Parfois le vertige les saisit : elles se prennent par la main et dansent autour du corps, en poussant des cris saccadés, la ronde funèbre du *Caracolu*.

« Un silence morne succède à cette crise. Alors une des parentes du défunt sort du groupe de ses compagnes, et colle son oreille à la bouche du mort, comme pour prendre de lui le mot d'ordre ; puis d'une voix vibrante elle entonne le vocero. Le vocero est le chant de guerre de ces violentes funérailles, l'*évohé* pathétique de ces bacchanales de douleur. Les femmes qui le prononcent l'improvisent sur un rythme haletant et court, qui semble suivre les palpitations de leur cœur.... La vocératrice s'adresse d'abord aux parents du mort, et les lance comme des vautours à la curée des meurtriers. L'appel à la vendette commence, infatigable comme un tocsin de bronze.

« Qu'on se figure l'effet de ces plaintes sur l'âme irascible de ceux qui les écoutent.

« L'eau des larmes est un philtre avec lequel les femmes fanatisent ; ici les larmes chantent et tombent sur du sang. Aussi le vocero a-t-il toujours été la fanfare des guerres de la vendetta. A son appel les armes tressaillent, les stylets s'aiguisent, les chiens des fusils crient sous la main des hommes, et, la nuit venue, un fils, un frère, un parent rôde déjà dans les noirs fourrés des maquis. Quelquefois, par un contraste étrange, on trouve une prière entrelacée au chant homicide, comme un scapulaire au cou d'un bandit. On dirait ces poignards du moyen âge qui récitent le *Pater* et la *Salutation angélique* gravés sur leur lame[1]....»

Le cimetière, à Zicavo, est une sorte de chemin raviné par les orages, bossué par la roche granitique à nu par endroits où se penchent vers la poussière quelques croix de pierre ou quelques pierres de chevet indiquant les sépultures. Comme ils doivent être bien là ces morts qui aiment à être foulés aux pieds, ces

---

1. *Hommes et dieux* : Les vocératrices de la Corse.

LE VOCERO.

TRANSPORT DU CADAVRE.

morts qui *so succagliosi*, qui ont les pieds boueux, comme on dit en Corse, car les pluies de la Toussaint, les pluies des trépassés, le *scumbapio*, ainsi qu'on les nomme, détrempent la terre, et les infiltrations boueuses arrivent jusqu'aux cadavres.

A Zicavo on n'ensevelit pas seulement au cimetière, on trouve des croix de sépulture partout, dans des sentiers perdus, sous quelque châtaignier, au bord d'un champ, dans les fossés de la route même. Le curé du village m'a dit que des habitants lui avaient, à diverses reprises, manifesté le désir d'être placés, après leur mort, devant la porte de l'église, endroit constamment piétiné par la foule.

Dans le cimetière actuel, on a vu souvent, après un décès, des chiens hurler longtemps sur les tombes et gratter la terre avec leurs pattes pour retrouver leur maître. Certains qui jetaient l'épouvante dans le village par des hurlements nocturnes sans trêve ont dû être tués.

Autrefois, et il n'y a pas de longues années encore, en plusieurs points de la Corse on jetait les cadavres dans des charniers, sans être mis en bière, mais vêtus de leurs plus beaux habits. Le charnier de Zicavo se trouvait dans l'antique église ruinée devant l'auberge que j'habitais, à l'endroit même où erraient les pourceaux noirs.

Ces porcs de Zicavo, j'ai omis de le dire, ne ressemblent pas aux autres : pourvus d'une crinière hérissée, ils ont l'apparence sauvage des sangliers. Afin de les empêcher de pénétrer dans les jardins, on leur met autour du cou des carcans triangulaires. On les voit alors s'en aller d'un air triste et piteux comme s'ils avaient honte d'être affublés ainsi.

Après les scènes lugubres, les visions de cadavres, de fusils à la détente facile, de poignards à demi tirés de leur gaine, j'aspirais à des impressions plus douces. Pourtant je m'applaudissais d'avoir vu certains côtés farouches ou superbes de cette nature et de ces hommes.

Car visiter Ajaccio, Bastia, Calvi, la plus grande partie du littoral même, ce n'est point voir la Corse. Pour retrouver l'individualité de ce pays, il est nécessaire de pénétrer dans la montagne, de s'enfoncer même dans les forêts monumentales du Coscione de San Pietro di Verde, de gravir des sommets comme l'Incudine, le monte Cintho ou le San Angelo.

Sur les flancs de plusieurs de ces monts s'accrochent des bourgades perdues, et plus haut, vers les cimes, vivent, du printemps à la fin de l'automne, des peuplades de bergers nomades qui pratiquent des mœurs spéciales, ayant subi peu d'altération depuis des siècles.

La Corse ne se révèle pas au voyageur qui se contente de la traverser ; les mœurs lui échappent, les paysages merveilleux ne se rencontrent point toujours devant ses pas.

LES PORCS AU CARCAN.

Si l'on pouvait pour quelque temps se faire berger !... On s'en irait vers les nuages, sur la lisière des forêts du Coscione, sur des hauteurs faites de chaos de roches, d'où se contemplent la mer, la silhouette lointaine de l'Asinara et des ondulations bleuâtres sur l'horizon qui indiquent la Sardaigne. On aurait devant soi la cime chauve de l'Incudine où les dernières végétations viennent ramper et mourir. Et puis ne serait-ce point une joie de tous les instants que cette existence? Être réveillé le matin au bruit des sonnailles, s'en aller dans la fraîcheur des monts sur quelque roche élevée, et voir le soleil glorieux se lever sur la mer Tyrrhénienne!

Et, tandis qu'on boirait la vie apportée par le souffle des brises, exhalée par les plantes aromatiques, on verrait les brouillards délétères, livides de fièvre, ramper lourdement, tout en bas, sur les plages. On pourrait, en cueillant quelque fleur étoilée, rencontrer un bandit qui deviendrait votre guide, chasser avec lui le loir, le cerf, le mouflon, le sanglier, l'écureuil dans les grands hêtres; pêcher la truite, s'abreuver à des sources pures. Aux repas on trouverait, chez les bergers, du chevreau quelquefois et toujours du lait et du broccio exquis.

Le soir, lorsqu'on aurait assez contemplé la lune, vu filer les étoiles, écouté l'aboiement lointain des chiens répondant au cerf qui brame, on rentrerait pour entendre les bergers réciter des chants entiers du Tasse ou de l'Arioste, raconter des légendes surprenantes et révéler des superstitions étranges. Et, lorsque le sommeil alourdirait les paupières, on s'étendrait sur des feuilles de hêtre fines comme la soie, ou, roulé dans un manteau en poil de chèvre, le *pelone*, on dormirait sur la terre nue, les pieds devant l'âtre fumeux.

Que de fois, durant mon séjour à Zicavo, après une ascension de l'Incudine, où nous errâmes trois journées dans les sommets, j'ai pris une mule pour revenir aux grands bois, aux bergeries, aux pâturages!

L'ascension première eut lieu en août; les nuits étaient encore chaudes et nous avions la presque certitude que les brouillards ne voileraient point l'horizon.

Je vais encore détacher les feuillets qui ont trait à cette excursion :

— Ce matin, avant le jour, des cailloux jetés contre mes volets m'apprennent qu'il est l'heure de partir.

Le soleil levant dore la crête des monts, tandis que le village et les vallées dorment encore dans l'atmosphère diaphane des premières heures du matin. Déjà les mules sont arrivées et ont été attachées aux arceaux de l'antique cloître. Le guide est là, le fusil sur l'épaule, une longue ligne de pêche à la main. J'ai déjà, en faisant mes préparatifs, la vision de mouflons roulant sur les pentes, frappés d'une balle, et de truites brillantes frétillant au bout de l'hameçon. Nous ne manquerons point de guides, car un jeune homme se joint à nous pour le plaisir seul d'être de la partie, et Peretti augmente notre escorte en y joignant deux de ses fils.

« Nous vous accompagnerons », m'avaient dit le docteur, l'avocat Bucchini son frère, le magister lui-même. Mais tout notre monde n'était pas arrivé. On met toujours beaucoup de temps, en Corse, pour se préparer à une expédition quelconque; j'ai eu par la suite, dans le cours de mon voyage, occasion de le constater bien souvent.

Aussi le soleil brille depuis longtemps lorsque la chevauchée s'en va, suivie de la mule aux provisions, bien chargée, car nous serons absents deux ou trois jours, et l'air vif des sommets aiguisera l'appétit.

Nous prenons un sentier d'une raideur extraordinaire afin de couper au plus court, grimpant à travers la rocaille roulante où s'enchevêtrent les racines de châtaigniers géants qui s'accrochent de toutes leurs forces à ce sol raviné. Ils s'élèvent tordus, pleins de nœuds, de verrues, de gibbosités, étendant au-dessus des pentes leurs branches convulsées. De toutes parts l'eau s'échappe en gazouillant, descendant en toute hâte les versants, se butant aux roches, éclaboussant les talus. Bientôt nous rejoignons la route, et quelques instants après, la cascade de Camera, éblouissante de lumière, de ruissellements et d'écume, gronde auprès de nous. On quitte cette apparition lumineuse pour contempler en passant la gorge de Siccia Porco, belle horreur déjà vue. La forêt de chênes verts où nous pénétrons ensuite nous réserve des visions plus douces. Le soleil y filtre à travers le mystère des feuilles en rayons diamantés, allumant des reflets d'or et de velours vert sur les antiques troncs d'arbres, sur les roches vêtues de mousses opulentes.

Après avoir quitté la forêt, toujours suivant le sentier montueux, nous traversons un plateau dénudé. Si nous n'avons plus en ce moment le doux mystère des bois, nous apercevons l'épervier planant dans les nues, et notre regard va se perdre au loin vers des horizons bleus, jusqu'à la mer lointaine. Puis, nous retrouvons la forêt; l'yeuse et le châtaignier ne se rencontrent plus sur ces hauteurs, mais le hêtre superbe et le robuste chêne. On traverse un torrent qui gronde dans les rochers sous la voûte obscure des bois. J'étais en avant avec le docteur, lorsque, à travers une éclaircie, cinq hommes se montrent. Au même instant les chiens de leurs fusils craquent et ils épaulent. Mais aussitôt, abaissant leurs armes, ils continuent à venir vers nous silencieux. Cette scène a été rapide comme l'éclair. Ils passent à nos côtés, sans mot dire, sans même, chose rare, adresser un salut. « Quels sont donc ces hommes à visage farouche? demandai-je, encore tout frissonnant, au docteur. Pourquoi nous ont-ils mis en joue? — Je ne les connais pas, me répond M. Bucchini; ils sont étrangers au canton, et ils se tiennent sur la défensive; ils se gardent, comme vous avez pu voir. Croyez bien qu'ils ont des motifs graves pour avoir une telle attitude. »

Il est midi, le soleil darde sur les monts chauves que nous apercevons à travers les éclaircies; sous bois même la fraîcheur matinale a disparu et les oiseaux qui s'égosillaient tout à l'heure encore dans les branches se sont tus. Nous voici arrivés à l'humble ermitage de San Pietro, où nous déjeunons, assis sur l'herbe, sous l'ombre épaisse de grands hêtres, autour d'une source où se mirent quelques fleurs.

La chapelle de San Pietro, bâtie vers l'an 1500, doit, d'après la légende, son origine à une étrange histoire de vendetta.

Chaque année, au 1ᵉʳ août, le curé de Zicavo y vient dire la messe, et c'est l'occasion, pour les habitants des villages de la montagne et pour les bergers, de divertissements qui durent toute la journée. On danse dans la clairière, *sub tegmine fagi*, au son des instruments chers à Virgile.

Après ce repos, nous nous reprenons à gravir, pareils à des larves, dans la forêt monstrueuse dont jamais la hache du bûcheron n'a fait retentir les échos. Depuis

BERGERIES DE FRACLETTO.

les premiers âges du monde, elle demeure inviolée ; les mouflons et les bandits qu'elle abrite en connaissent seuls les profondeurs.

A partir de San Pietro, aucun arbre jeune n'a été rencontré : la vieille forêt ne produit plus ; tous les sujets qui la peuplent, semblables à des vieillards, portent de longues chevelures de lichen blanchâtre. Les mousses épaisses recouvrent comme de grands manteaux effilochés les branches noueuses.

Par instants ce sont d'immenses nécropoles, d'étranges hypogées presque où de grands squelettes d'arbres blanchis et dénudés s'allongent sur le sol, pareils à des monstres antédiluviens. Dans leur chute, ces colosses foudroyés, rompus par le vent ou victimes d'un écroulement sénile, se sont écrasés sur la terre, qui gardera leur empreinte longtemps. Leurs racines grises, tourmentées, rampent encore à travers des roches tigrées de lichens, accrochées à la terre comme des serres de vautours.

Après avoir traversé ces grands bois solitaires, où règne un silence mystique, on voit s'élever tout à coup, plus haut, vers les cimes, aux approches du ciel, une région âpre, dénudée, où quelques arbres rageurs se tordent encore, bravant de leurs branches menaçantes les lourds nuages qui les meurtrissent en passant. Là, chaque crête, chaque ossature de la montagne est un écroulement. Sur les pentes ravinées, mises à nu par places, sont des amoncellements de roches où s'enfouissent quelques masures. Tout d'abord on a peine à les distinguer au milieu de ces blocs arrondis dont elles ont la couleur. « C'est Fraudetto », disait le vieux guide en me désignant un point de son doigt crochu. Et je regardais et je ne voyais rien que le ciel, les amoncellements rocheux; je voyais un paysage désolé, implacable, farouche, solitaire, et tout au loin, vers la gauche, le pic de l'Incudine dressant sa cime dépouillée, où planaient lentement des éperviers. Puis, plus bas s'étalaient sous mes regards des landes où vaguaient des points noirs qui étaient des troupeaux.

Enfin, je percevais les cabanes des bergers, derniers habitants de ces sommets.

Ils vivent là ces bergers, dont certains grelottent la fièvre qu'ils ont rapportée des plages insalubres, dans le silence des monts, sous un soleil torride en août, sous un froid noir quelquefois dès septembre. Aux derniers jours de ce mois,

LES MASURES DES BERGERS.

chassés de ces hauteurs par les frimas, ils descendront à ces plages où la fièvre les guette toujours. De là-haut, des cimes dénudées où ils demeurent immobiles, dressant leurs silhouettes sur le ciel, appuyés, tout graves, sur leur bâton, ils contemplent la mer lointaine qui, toute luisante, s'étale comme une immensité de plomb fondu.

Dans l'intérieur des masures, l'âtre qui enfume, des lits de feuilles de hêtre, des sièges faits d'un morceau de bois à peine équarri. Le mur à travers lequel passent les vents perfides est construit en pierres sèches; la toiture, en planches frustes, est recouverte de quartiers de roches afin de mieux résister aux souffles violents de l'aquilon.

Partout des ustensiles ayant conservé les formes primitives de l'âge pastoral et qui servent à la cuisson du lait et à la fabrication des fromages. C'est, en dehors d'un lit pour les femmes et les jeunes enfants, lit composé d'une simple paillasse en feuilles de hêtre, tout le mobilier de ces pauvres demeures. Des objets sont souvent suspendus à un tronc d'arbre mort, au milieu du *stazzo* (bergerie).

Aujourd'hui encore, comme aux époques reculées, les bergers couchent sur la terre nue, devant l'âtre, avec un morceau de bois en guise d'oreiller, abrités, aux jours froids, par leur pelone. Les vêtements sombres qui les couvrent sont tissés par les femmes avec la laine des brebis. La nourriture de ces familles patriarcales consiste en laitage, en *polenta* et en pain de seigle ou d'orge, dont on prépare à l'avance une certaine quantité qu'on fait sécher au four afin d'éviter la moisissure et qu'on doit faire tremper dans l'eau pour le ramollir.

UN BERGER.

La première impression devant ces bergeries abandonnées dans ces chaos de roches, sur ces cimes, est lugubre; mais, lorsque le soleil, à son déclin, allongera les ombres, que les crêtes s'illumineront de rayons de feu, tandis que les grandes forêts qui couvrent les vallons seront noyées dans une vapeur légère, le spectacle se trouvera empreint de poésie et de grandeur.

Les bergers du Coscione ont conservé les croyances et les coutumes de leurs ancêtres. Très affables, ils tiennent à honneur d'exercer l'hospitalité. A contempler sans cesse de vastes étendues et des horizons lointains, leur physionomie est devenue grave et leur œil méditatif.

Ils ont l'esprit hanté par des superstitions sans nombre; le soir, aux veillées, devant la braise rouge, les enfants écoutent, leurs yeux noirs grands ouverts, les récits que font les anciens, les légendes des farfadets (*folleti*) racontées par leurs mères. Parfois un frisson passe sur l'assemblée entière lorsque le *mal achelo*, oiseau de mauvais augure, fait entendre sa plainte ou que le vent souffle et se lamente dans les pierres disjointes des masures. Ils entendent aussi, avec épouvante, des voix passant dans les airs, et certains les ont perçues criant nuit et jour, des semaines entières.

Les bergers ajoutent la plus grande foi aux présages; lorsque la belette se promène, ils ont la certitude que les pluies seront prochaines. Ils lisent dans les œufs tachés ou à coquille tendre que pondent certaines poules.

Lorsqu'une épizootie sévit, ils courent à Zicavo chercher la clef de l'oratoire de Saint-Roch et la jettent au milieu du troupeau. La maladie, selon leur dire, disparaît aussitôt comme par enchantement. Dans le même cas, les bergers des environs de Sartène emploient la clef de l'église de Saint-Damien et se hâtent de tuer tous les animaux qu'elle a touchés. Puis ils aspergent leurs bêtes avec des raclures du mur de l'église.

Jamais les bergers du Coscione ne vendront un animal le lundi, ce jour étant réputé néfaste. Ils reconnaîtront la tombée prochaine de la neige à un beuglement particulier des bœufs.

Les femmes croient au mauvais œil. Elles supposent, comme beaucoup de montagnards de la Corse, du reste, que le regard et les éloges de certaines personnes ont une influence funeste. Les enfants peuvent ainsi être frappés subitement de maladies mortelles. On conjure le maléfice en parfumant les petits malades avec des branches d'olivier et de palmier bénies le jour des Rameaux.

Les vieux bergers se réunissent dans les circonstances graves, et, après avoir

LES BERGERIES DE PALAGHIOLE.

égorgé un bouc, un agneau ou un chevreau, ils examinent l'omoplate de la victime et prononcent des oracles.

Près des fourches d'Asinao, montagne fatidique, voisine du Coscione, terminée par trois aiguilles de roche gigantesques, les anciens se réunirent une nuit, sous le premier empire, tandis qu'une grande agitation régnait dans le Fium'Orbo, et immolèrent un chevreau. L'augure, après avoir longuement examiné l'omoplate, s'écria : « Une ligne sanglante traverse la côte orientale, les femmes vont pleurer et bien des pères diront un éternel adieu à leurs enfants!... » Chose étrange, ce présage funèbre ne tarda point à se réaliser.

Les bergers sont poètes et musiciens. A midi, lorsque le soleil ardent étincelle sur les monts, ils donnent le *merezzare* (nourriture de midi) aux troupeaux, et, s'asseyant à l'ombre de quelque hêtre, récitent des chants du Tasse ou de l'Arioste ou improvisent des poésies qu'ils chantent au son de la cithare.

Voici, recueillis par l'abbé Galletti dans son Histoire de la Corse, quelques vers qu'ils se plaisent à dire, et qu'on croirait empruntés à Ossian :

Fra l'orror di notte tetra,
E tra il sibilo dei venti,
Mesto al suon di antica cetra
Io qui accoppio i miei lamenti ;
Ma tu dormi, ed io frattanto
Alzo invano all' acre il canto.

Se la notte fossa priva
Delle sue fulgide stelle,
Dio potrebbe, o cara diva,
Colle tue luci sì belle
Adornare in un momento
D'altre stelle il firmamento.

Dans l'horreur de la nuit sombre,
Et pendant que les vents mugissent,
J'accompagne mes plaintes
Du son de l'antique cithare ;
Mais tu dors, et moi pourtant
J'élève en vain mes chants dans les airs.

Si la nuit perdait
Ses étoiles resplendissantes,
Dieu pourrait, ô ma déesse,
Avec tes yeux étincelants
Orner en un instant
Le firmament d'autres étoiles.

En dehors de la cithare, les instruments de musique dont ils jouent sont la flûte de Pan, le chalumeau et la cornemuse.

Les bergers sont les protecteurs des bandits, ils pourvoient à leur nourriture, et au moyen de signaux convenus les mettent en garde. Durant mon séjour à Zicavo, les brigades de gendarmerie des environs ne cessaient de se concentrer vers l'ermitage de San Pietro, et jamais elles n'ont réussi à opérer une seule capture. Cependant une quarantaine de bandits se trouvaient à ce moment dans les solitudes du Coscione.

Après cette visite à Frauletto, nous allâmes aux bergeries de Palaghiole, pénétrant dans les masures, assistant à la fabrication des fromages, et je fus surpris de la propreté qui régnait dans les humbles demeures. Puis on dit au revoir à ces braves gens, donnant rendez-vous aux plus jeunes sur la cime de l'Incudine le lendemain, à l'aube.

Nous nous reprenons encore à chevaucher, descendant, à travers bois, jusqu'au bord d'un torrent où des champs de delphiniums énormes, à la fleur bleue, s'étalent à perte de vue.

Je m'attardai un peu auprès de ces fleurs que j'admirais et autour desquelles bourdonnaient des insectes par essaims.

Puis, coupant droit par la lande rocheuse, à travers la bruyère, je m'efforçais de rejoindre mes compagnons qui avaient pris de l'avance, lorsqu'une scène étrange se présenta à mes regards. Un vieillard, vêtu d'un grand pelone, se dressait comme un fantôme sur un cheval tout frémissant et comme épouvanté. Ce vieillard allait, rigide, la tête haute, les yeux clos et le visage très pâle : c'était un cadavre.

Une fourche fixée à la selle soutenait son menton, et à travers les plis de son manteau j'aperçus des cordes et des morceaux de bois qui lui maintenaient le tronc. Bientôt après le passage de cette vision funèbre, je me trouvai en présence de la petite escorte qui accompagnait le mort. Ces gens allaient au village natal du vieillard, vers le Fium'Orbo, pour le faire mettre en terre le lendemain matin.

Cette funèbre apparition m'avait vivement frappé et cependant je savais que ces chevauchées lugubres avaient lieu quelquefois.

M. Bucchini père m'avait raconté, à Zicavo, qu'un matin, avant l'aube, traversant le torrent où nous avions été mis en joue le matin même par de farouches passants, il avait aperçu, sous un rayon de lune, un cadavre sur un brancard que les porteurs avaient mis à la fraîcheur, dans l'eau. Ils dormaient dans le bois en attendant le jour pour continuer leur route. Le curé avait fait aussi une étrange rencontre. Il voyageait un soir avec un de ses amis vers Guitera, lorsque les chevaux, dont l'allure était vive, s'arrêtèrent court. Les voyageurs distinguèrent alors, sur le bord du chemin, un cadavre allongé sur un brancard. Les porteurs du lugubre fardeau se reposaient un peu plus loin devant un feu qu'ils avaient allumé.

Le transport des bergers morts ne s'effectue à cheval qu'à travers les régions impraticables. Pour amener un cadavre des bergeries du Coscione dans le Fium'Orbo ou à Zicavo, le brancard ne peut être employé qu'une partie du chemin : la plupart du temps le cheval est nécessaire.

Les chevaux, dit-on, ont conscience du cavalier macabre qu'ils portent. On prétend qu'ainsi chargés ils pressent le pas, mais ne trottent jamais. D'autre part ils seraient en proie à un tel énervement et à une telle fatigue qu'ils ne peuvent plus ensuite rendre de services, et restent fourbus. Les bergers ont remarqué aussi que durant le trajet, le cheval ne manque jamais de s'arrêter aux endroits où le défunt avait l'habitude de faire halte.

Le soleil allait se coucher au moment où je rejoignais la caravane ; il fallut se hâter de gravir la dernière pente, qui est certainement la plus rude de toutes celles que nous avions rencontrées. Les sentiers n'existaient plus ; on alla à travers une forêt, parmi des éboulements de roches, heurtant des troncs d'arbres morts, en butte à mille difficultés qu'augmentait le crépuscule. A la nuit noire, après bien des péripéties, nous arrivâmes au point que le vieux guide avait choisi pour camper.

Là viennent s'arrêter les dernières végétations ; plus haut c'est le sommet de l'Incudine, où seul le genévrier rampe bravant les vents et les frimas.

D'énormes blocs de granit forment comme des salles naturelles sous la voûte merveilleuse d'un firmament étoilé. On a attaché les mules aux hêtres voisins ; à la lueur d'un grand brasier fait de troncs d'arbres morts, on a cueilli les branchées qu'elles mangeront toute la nuit. Puis on a dévoré en hâte quelques provisions, on a bu longuement aux gourdes, on s'est allongé sur le sol, les pieds vers le feu, et l'on s'est endormi les yeux vers les étoiles.

LUGUBRE CHEVAUCHÉE.

Une heure avant l'aube le guide nous réveille et nous grimpons vivement, laissant les mules à la garde des jeunes gens.

Nous voici sur la cime extrême de l'Incudine, où souffle un vent glacial. A l'orient une lueur annonce la venue du soleil, la mer blanchit vaguement; on dirait, dans le mystère de cette heure indécise, qu'un chaos de montagnes s'écroule à nos pieds. Lorsque, un peu plus tard, les sommets de ces monts déserts se sont éclairés de rayons roses, nous avons poussé tous un cri d'admiration.

SOMMET DE L'INCUDINE.

Spectacle de chaque jour que le lever du soleil, mais qu'on passe des années sans contempler!

Maintenant une ligne à peine perceptible indique les côtes d'Italie; la Sardaigne étale au contraire ses rivages et ses monts, et je crois bien distinguer le Gennargentu et les pics de Limbara. Tout auprès de nous se dressent les fourches d'Asinao où les bergers augures prophétisèrent; la région du Fium'Orbo se développe nettement; Sartène, Bonifacio blanchissent au loin. Derrière nous Ajaccio se distingue, puis les monts Rotondo et Renoso nous cachent une partie de l'île; tandis que vers le nord la vue s'étend jusqu'au cap Corse, dont l'éperon s'avance dans la mer. Pendant que nous contemplons ce beau spectacle, les bergers de Palaghiole, le fusil sur l'épaule, arrivent auprès de nous, accompagnés de deux personnages également armés.

Puis nous voilà tous arc-boutés, poussant des pieds et des mains d'énormes blocs de rochers qui roulent, éclatent, se brisent ou vont, en bonds vertigineux, disparaître dans des abîmes dont nos yeux ne peuvent mesurer la profondeur. Un bruit de tonnerre monte d'en bas, à travers des nuages de poussière.

Les chasseurs observent ensuite les cimes voisines, où les mouflons, nombreux en cette région, se réfugient quelquefois, effrayés par l'éboulement des roches et le bruit infernal qu'elles produisent.

Ce matin-là ces animaux étaient éloignés de ces parages, car toutes les tentatives faites pour les découvrir demeurèrent vaines.

Un des individus qui avaient accompagné les bergers attirait mon attention, et malgré moi je ne cessais de le considérer. Petit de taille, l'air fier et l'allure singulièrement dégagée, il retroussait sa fine moustache, tandis qu'un froid sourire, qui laissait voir ses dents blanches, paraissait stéréotypé sur son visage. Debout sur la dernière cime, ses yeux d'une étrange mobilité scrutaient l'immensité. Pas un détail ne semblait échapper à son œil d'aigle.

C'était le fameux et redouté bandit Giovanni, l'ami et compagnon de Rocchini, exécuté à Sartène.

L'autre personnage était également un bandit, mais de moindre renom.

J'appris à Zicavo seulement que je m'étais rencontré avec eux, et Giovanni me fit dire que l'insistance que j'avais mise à l'observer ne lui avait point échappé.

Laissons les bergers et leurs camarades continuer leur chasse pittoresque, et redescendons retrouver les mules pour gagner ensuite les pâturages du Coscione et les prairies mouvantes de Castel Rinuccio.

Ces prairies, qui recouvrent comme d'un grand manteau vert la surface d'un plateau, sont en quelque sorte tissées d'un gazon très fin de thym, de serpolet et de menthe. Les racines de ces plantes s'entrelacent de telle manière qu'elles forment un tissu moelleux et impénétrable de 25 à 30 centimètres d'épaisseur. Ce sol oscille à de grandes distances à chaque pas que l'on fait, et malgré soi on éprouve une certaine appréhension en s'y aventurant. Mais les troupeaux y paissent sans danger et le sabot des mules ne s'y enfonce même pas. En prêtant l'oreille, on entend par endroits le bruissement des eaux au-dessous de la prairie : la couche de gazon est posée sur une nappe liquide.

Les bergers, à l'aide de pioches, creusent des ouvertures, et avec un filet qu'ils passent dans ces trous, ils prennent des truites de petites dimensions, qu'ils mettent cuire sur des pierres plates bien chauffées au feu et enduites de beurre frais.

Jusqu'au lendemain, nous errons dans les pâturages, dans les grands bois, dormant dans le creux des rochers, pêchant la truite, faisant retentir les échos

GORGES DU TARAVO.

d'une fusillade adressée à des écureuils, ou passant des heures entières à écouter les légendes des bergers.

Maintenant il faut partir : adieu, Frauletto, Palaghiole, bergeries perdues dans les nuages, je ne vous reverrai sans doute jamais plus. Je m'enfonce dans les bois étranges et grandioses du Coscione, tandis que le soleil décline et que ses rayons frissonnent sous la voûte sombre des grands hêtres.

On ne parle plus, on sent la fatigue, on descend, la tête penchée et l'air rêveur. Les arbres succèdent aux arbres, les roches aux roches encore. Nous arrivons au plateau de bruyères au moment où s'allume la première étoile.

Les montagnes lointaines se sont enveloppées d'ombre. Au loin la mer pâlissante miroite vaguement et va s'évanouir dans les profondeurs mystérieuses de l'horizon.

Dans la forêt de chênes verts, il fait nuit noire, le chemin est affreux. Il faut se fier à la sûreté des mules, que l'on encourage en s'écriant *a concha*, « prends garde ».

Les montures ont le pied sûr, mais un faux pas, toujours possible, serait dangereux. Quelle prudence et quel instinct elles ont pourtant, ces bonnes bêtes ! Elles paraissent réfléchir un instant avant d'aventurer un pied, et avec leur tête baissée jusqu'à toucher le sol on dirait qu'elles cherchent à reconnaître leur route et à se rendre compte des obstacles à franchir. Malgré la confiance qu'elles nous inspirent, nous sommes un peu anxieux dans cet infernal sentier, et nous mettons pied à terre, jetant la bride sur le cou des mules. Alors c'est bien pis, on se heurte à tout instant à un tronc d'arbre, à un rocher ; on fait des sauts inattendus à se rompre les os, on met les pieds jusqu'à la cheville dans les flaques d'eau glacée.

Soudain un coup de fusil retentit dans la forêt ; d'autres coups lui succèdent, des appels se font entendre.

C'est une bande de jeunes hommes venus à notre recherche. On nous croyait perdus ; les gens du village étaient inquiets. Ah ! les braves montagnards, quelle joie ils témoignaient de nous retrouver !

« Nous avons tous nos fusils, disaient-ils, pour vous défendre, et nous étions résolus à passer la nuit à votre recherche. »

« Et les lanternes, m'écriai-je, pour éclairer ces horribles chemins, où sont-elles ? » Ils n'y avaient pas songé un instant, et pourtant elles auraient été plus utiles que les armes. C'est bien encore là un trait caractéristique du caractère des Corses. Ne nous voyant pas revenir, ils avaient aussitôt songé à exposer leur vie, c'était leur unique pensée : nous étions des amis pour eux, ils devaient se faire tuer au besoin.

Nous avions rejoint la grande route et chacun de nous était remonté à cheval. Nos défenseurs nous suivaient ; on n'entendait plus, dans le silence de cette heure, que le bruit des pas des montures qui pressaient l'allure, le bruissement, par instants, de quelque cascade qui s'agitait, toute blanche, dans l'obscurité, et on ne voyait, sur la route indécise, que les étincelles jaillissant sous les sabots.

Bientôt des lumières percent le noir feuillage des arbres : nous sommes à Zicavo.

Quelques jours après, MM. Abbatucci m'accompagnèrent jusqu'au Taravo, qui roule son cristal sur un lit rocheux, dans des gorges profondes, que traverse un pont hardi.

L'accès de ces gorges est difficile, de hautes falaises de granit les enserrent, et des arbres suspendus au-dessus des abîmes laissent retomber leurs branches comme des toisons frissonnantes.

Les eaux du Taravo, après un cours torrentueux où elles élèvent des clameurs et se brisent écumantes et irritées, se glissent ensuite en sommeillant dans le mystère du profond défilé.

Quelles douces heures passées au bord du torrent solitaire ! Pourquoi nos jours n'ont-ils point, comme lui, le calme et la fraîcheur après les agitations et les douleurs qui nous brisent !

Nous sommes arrivés aux derniers jours d'été. Des brouillards naissent la nuit au fond des vallées, rampent lourdement, dès l'aube, sur le flanc des montagnes et s'évanouissent ensuite aux rayons du soleil un peu pâli. Les torrents, grossis par les pluies d'orage, grondent ; par instants, la brise fraîchie apporte comme des éclats de leurs grandes voix sonores ; certaines nuits même je les ai entendus élevant des clameurs sauvages à travers les rafales.

Le village, lorsque les feux s'allument aux heures matinales, est voilé d'une buée bleuâtre à travers laquelle il semble flotter. L'âtre, sans cheminée, est placé au milieu de l'unique pièce de la maison afin de chauffer une sorte de claire-voie où les châtaignes sont mises à sécher, et la fumée, n'ayant pas d'autre issue, s'échappe lentement par les interstices des murailles et de la toiture. C'est une chose étrange à voir que ces maisons exhalant, en quelque sorte, des vapeurs.

Vienne *novembre del oro*, novembre d'or, apportant une abondante récolte de glands, de châtaignes, et pourra mugir le lugubre *scumbapio*, précurseur de la froidure et des frimas, les portes seront closes, la braise égayera le foyer, les provisions d'hiver seront toutes à l'abri.

C'est le moment des grandes veillées où, à la lueur des torches de résine, tandis que le vent se lamente ou grince au dehors, se racontent de sombres histoires, exploits de bandits, guerres du temps passé, alors que les Corses se levaient en armes et s'enfonçaient dans les profondeurs des forêts, pour mieux résister aux envahisseurs.

Les soirées étant déjà plus longues, on se réunit dans quelques maisons, et j'ai pu passer de bonnes heures, le soir, au coin du feu. Certaines histoires que j'ai entendues, en ces circonstances, m'ont singulièrement frappé, car elles témoignent combien les montagnards comprennent avec grandeur l'hospitalité.

On racontait que les bandits, qui vont habituellement par deux, cimentent leur amitié par un crime. Ce pacte sanglant doit les attacher l'un à l'autre par un lien indissoluble. Le fait suivant s'est passé à Zicavo, j'ai lieu de le croire, il n'y a pas bien longtemps.

Deux bandits erraient dans les bois d'alentour, lorsqu'un jour l'un d'eux dit au compagnon avec lequel il s'était tout nouvellement associé de lui donner un témoignage de son dévouement en allant abattre d'un coup de fusil, dans une maison, l'individu qui l'habitait.

L'autre, sans plus d'explications, se dirige vers cette demeure, tue l'homme qu'il y rencontre et prend la

PONT SUR LE TARAVO.

fuite. La gendarmerie, par suite de je ne sais quelle circonstance, se met immédiatement à sa poursuite. Sur le point d'être pris, le coupable se réfugie dans une maison.

« Je viens de tuer un ennemi, dit-il en entrant, les gendarmes vont s'emparer de moi, je vous demande asile. »

Il est tard, on donne à souper au fugitif, et le maître de la maison lui cède ensuite son propre lit.

Le lendemain, il fait nuit encore lorsque l'hôte va le réveiller : « Il faut te hâter de partir avant le jour, lui dit-il, afin de n'être vu de personne. » Le bandit se lève et le suit. Lorsqu'ils sont arrivés à une certaine distance du village, l'hôte s'arrête et, s'adressant au meurtrier : « Tu m'as demandé asile, je t'ai ouvert ma maison; tu avais faim et soif, je t'ai fait manger et boire; tu étais las, je t'ai donné mon lit; et cependant celui que tu as tué hier était mon parent. Fuis donc aussitôt de ma présence, fuis, car maintenant que tu n'es plus sous mon toit, je te poursuivrai de ma haine. » Le meurtrier s'excuse, il ignorait.... « Eh bien, interrompt l'autre, je t'accorde une heure pour t'en aller au loin; passé ce délai, nous serons ennemis, tu te garderas et je me garderai. »

LES BERGERS ÉMIGRANTS.

Les lueurs de l'aube pâlissaient le ciel lorsque les deux hommes se quittèrent.

Je ne sais comment s'est terminée cette aventure, car les Corses deviennent d'une extrême réserve lorsqu'on les interroge. Le fait est authentique, mais je n'ai pu apprendre exactement s'il s'était passé à Zicavo même ou dans ses environs.

J'ai voulu revoir une fois encore les bergeries étranges auprès desquelles les bandits ne cessent d'errer, et, un jour, j'ai gravi les hauteurs et traversé les grands bois. Le ciel était menaçant, de lourdes nuées se traînaient sur les solitudes. Je ne retrouvai plus la magie du soleil dans les feuilles, les forêts étaient sinistres, les plateaux déserts, et les bergers, grelottants, se préparaient à quitter les sommets.

Peu de temps après, dans un sentier, je vis passer ces pâtres en longues caravanes. J'aperçus des charrettes sur lesquelles étaient entassés les objets du ménage, ainsi que les chaudrons qui servent à leur industrie ; les poules y étaient suspendues par les pattes, et les chats retenus aux hardes par un lien qui entourait leur cou. Le troupeau suivait, précédé d'un chien, tandis que d'autres chiens formaient comme une arrière-garde. Les mules étaient chargées de narpias, bondées d'objets divers. Les plus jeunes enfants étaient attachés sur le dos de ces bêtes, et, parfois, un adolescent s'y tenait en même temps en croupe. Souvent les femmes et les jeunes filles suivaient à pied tandis que l'homme était fièrement campé sur un cheval, le calumet aux dents, la crosse du fusil à l'arçon de la selle.

Les émigrants s'arrêtaient parfois pour se reposer, puis, reprenant ensuite la route, ils s'en allaient, dévalant par les pentes, vers les plages lointaines, là-bas, vers Sartène ou vers les rivages de la mer Tyrrhénienne, regagnant leurs campements d'hiver, sous un climat meilleur. Arrivés sur les plages, les bergers parquent leurs troupeaux auprès de cabanes qu'ils construisent eux-mêmes, fort habilement, avec des rameaux de lentisque et de myrte.

Après les longs jours voilés et les orages qui annonçaient la fin de l'été, le calme s'était fait dans la nature, et le soleil brillait, favorisant le retour des bergers à leurs campements d'hiver. Je profitai de ces belles journées pour faire des excursions intéressantes dans la contrée, et je visitai, en compagnie de MM. Abbatucci, la forêt de San Pietro di Verde. La route en est charmante, les pentes qu'elle suit sont couvertes de châtaigniers, la clématite et le chèvrefeuille enguirlandent les chênes verts, des cascatelles murmurent, et, sur les montagnes, des villages blanchissent à travers la verdure. Nous traversons Cozzano, nous apercevons Palneca, aux mœurs violentes, nous frôlons une maison aux fenêtres garnies de meurtrières, encore une histoire de vendetta qui peut redevenir sanglante demain, et nous nous enfonçons enfin dans la forêt. C'est une des plus belles de la Corse : des torrents y mugissent à travers des futaies de pins gigantesques. La forêt descend d'un écroulement de roches que d'effroyables ravins couturent de noires entailles, hérissées de pins. Plus haut les hêtres moutonnent, et sur la cime des monts s'étend une région de pâturages.

Au milieu de cette forêt, sur un talus, s'élève la chapelle vénérée de San Antonio. Le 28 juillet, les bergers de ces parages, ceux du Coscione même et les habitants des communes voisines s'y réunissent en foule. Après la messe et le prône, fait en plein air sous un grand hêtre, on dépouille de ses vêtements le saint vénéré, statue grossière en bois, pour l'habiller de neuf. L'étoffe dont il était revêtu est découpée en tout petits morceaux, que le prêtre attribue aux assistants. Toute la population assemblée se précipite vers lui, chacun veut avoir une part de la relique, on se bouscule, on crie, des injures s'élèvent même parfois, et le prêtre a beaucoup de peine à satisfaire toutes les exigences.

On dit que la statue fut trouvée autrefois en ce lieu même par des passants, qui la transportèrent aussitôt au village de Palneca, tout voisin. Mais, la nuit même, elle revint au point où elle avait été découverte. C'est alors que, pour obéir au désir manifeste du bienheureux, la chapelle actuelle fut construite pour l'abriter.

On raconte aussi que sur l'emplacement de l'oratoire actuel il y avait un poirier. Les passants grimpaient dans l'arbre et mangeaient autant de fruits qu'il leur plaisait, mais s'ils en mettaient dans leurs poches, une force invisible les empêchait d'en redescendre.

Ma dernière excursion à Zicavo eut pour objet la recherche d'une cascade que j'avais aperçue du col de Granace et qui me paraissait extraordinaire, tant par la hauteur d'où elle se précipite que par le volume de ses eaux. Voisine du village mais enfoncée dans les replis d'une montagne, la cascade de Piscia n'alba était connue de nom, mais personne ne savait en indiquer le chemin. Une journée entière nous errâmes au milieu de précipices affreux sans la rencontrer. Une nouvelle tentative, avec un pasteur pour guide, fut couronnée de succès, et nous arrivâmes assez facilement au sommet de la chute. Afin de la contempler dans tout son développement je dus me hasarder à suivre des corniches suspendues sur des abîmes, descendre à travers des éboulis de pierres qui roulaient au fond des précipices avec des bruits de tonnerre, m'égarer sous des enchevêtrements d'arbustes, dans les passages frayés par les sangliers. La cascade est admirable, les eaux se précipitent d'une hauteur de 150 mètres dans un des paysages les plus solitaires, les plus sauvages qu'il m'ait été donné de contempler.

JEUNE FILLE ALLANT A LA FONTAINE.

L'ABIME.

CHAPITRE II

Une sorcière. — Encore les bandits. — Le Monte d'Oro. — Corte. — L'Inzecca. — L'Escala de Santa Regina. — Le Niolo. — Un village de géants. — Le bandit Capa. — Une Vendetta. — Eviza. — L'Aïtone. — La Spelunca. — La forêt d'Aïtone. — Un village grec. — Le pope et le bandit.

MOULIN DU NIOLO.

Pris un jour je quittai Zicavo, entouré, au moment du départ, par les amis que je m'étais faits, par un pauvre garçon bien dévoué et bien doux qui essuyait une larme furtive, par le vieux pêcheur de truites, qui suivit un instant la voiture en grimaçant, sans que j'aie pu deviner s'il souriait ou s'il pleurait.

Ce n'est point sans regrets que je quittais ce village où j'avais tant vu et tant senti, dont j'aimais presque les arbres, les rochers, les torrents et les visages.

Longtemps je tournai la tête pour l'apercevoir encore, jusqu'au moment où la dernière maison disparut à un coude du chemin.

Allons, voyageur, passe.... Ne garde qu'un reflet dans les yeux et un souvenir dans la mémoire; ne laisse de ton cœur ni aux hommes, ni aux choses, si tu le peux, car on doit toujours, ici-bas, dire adieu, et il est téméraire d'ajouter : au revoir !...

Le soir j'étais à Ajaccio, et, quelques jours après, un matin le train m'emportait vers Vizzavone.

Si je n'avais pas connu et tant admiré les nymphées de Guitera, la vallée du Taravo, Zicavo et le Coscione, cette route eût pu m'intéresser ; elle me parut triste et sombre. De toutes parts je n'apercevais que pentes brûlées, terres noires, arbustes roussis. Vers Vizzavone, des croupes de montagnes fumaient encore tandis que d'autres montraient leurs flancs gris dénudés et comme couverts de lèpre.

L'incendie avait passé par là. Les pluies, les orages avaient ensuite lavé le sol, et les troncs des arbres morts, demeurés debout, convulsés, cloués sur place pour ainsi dire, se dressaient semblables à des fantômes, tout pâles, et comme pleins d'effroi.

Je ne sais si l'aspect tragique du ciel exagérait leur caractère farouche, mais il contribuait certainement à l'augmenter.

A Bocognano, où je m'arrêtai, je parcourus toute la journée des sommets arides. Jusque vers l'horizon, dans l'immense gorge qui s'ouvrait béante sous mes yeux, les monts se succédaient, dégradant leurs colorations tragiques jusqu'à l'infini. Des trouées lumineuses perçaient, par endroits, un océan de lourds nuages, et la succession des sombres ravines qui se creusaient sous ce ciel épaissi avait des horreurs infernales.

Un instant, le Monte d'Oro montra, à travers une déchirure, son sommet éblouissant. Cette apparition brillante sur un coin de ciel bleu entr'ouvert, au-dessus des vallées noires, fut merveilleuse.

Puis le crépuscule descendit lentement sur la terre, des feux se mirent à trembloter çà et là dans les montagnes, les lueurs rouges des maquis en flammes serpentèrent comme des laves de volcan, et d'épaisses fumées, pareilles à des trombes marines, montèrent rejoindre lentement les sombres nuées du ciel.

Une vieille femme passait, la tête couverte d'un voile épais ; sa silhouette fantastique se profilait sur une bande lumineuse du couchant. Je m'étais attardé sur les flancs du Monte d'Oro, quelques lumières lointaines m'indiquaient Bocognano, mais j'avais perdu le chemin.

Je hélai la vieille, qui s'arrêta aussitôt. Son nez crochu, ses yeux de faucon, ses doigts maigres et noueux comme des griffes d'oiseau de proie lui donnaient l'apparence d'une sorcière de Macbeth vaguant par les landes désertes. Le son de sa voix même laissait après elle comme un vague glapissement, et lorsqu'elle souleva ses bras pour me montrer d'un doigt recourbé le village dans les noires profondeurs, son mezzaro, qui flottait au vent, s'agita comme de sombres ailes d'oiseau nocturne.

« Suivez-moi, suivez-moi », fit-elle en toussotant, toute tremblante de sénilité, trottinant à petits pas à travers le sentier qui dévalait.

Elle s'arrêta tout à coup : « Voilà Busso, regardez un instant, dit-elle, et vous verrez. » Je tournai mes yeux dans la direction qu'elle m'indiquait et je ne distinguai que quelques maisons blanchissant au loin dans l'ombre. Puis une lueur incertaine, flottante et très pâle, s'éleva au-dessus du village, augmenta lentement de volume, d'intensité et s'éteignit. Quelques instants après, elle se montra encore pour disparaître de nouveau.

La vieille me considérait d'un œil oblique.

« Quelle est donc cette lueur ? » lui demandai-je.

Elle s'assit sur une pierre du chemin, poussa un soupir et me dit : « Il y avait, dans les temps anciens, à Busso, un seigneur très pieux qui, dans son château, entretenait un chapelain, lequel avait pour charge de lui dire les prières, au retour de ses chasses. Le seigneur les écoutait dévotement, devant l'autel, à la lueur des cierges, son fusil à la main, et la meute à la porte. C'était un grand chasseur. Un soir il s'attarda à la poursuite des mouflons, et lorsqu'il arriva au château, les prières étaient dites et le moine couché. Le seigneur, pris d'une violente colère, se précipita sur son chapelain et lui passa son épée au travers du corps.

LA SORCIÈRE.

« Depuis ce moment, le moine revient toutes les nuits errer dans le village, un cierge allumé à la main, cherchant l'emplacement de la chapelle pour y célébrer la messe, comme il faisait du temps de son seigneur. »

Tandis que l'étrange guide me contait cette légende, je voyais par intervalles réguliers la lueur fantastique s'élever, augmenter d'éclat et mourir. La nuit était épaisse, je suivis la vieille, qui descendait sans bruit à travers la pierraille, je la suivis à sa silhouette qui par moments semblait s'effacer, à ses toussotements, à ses soupirs. Puis elle disparut tout à coup. J'étais à Bocognano, les lumières de l'auberge brillaient joyeusement dans la rue obscure.

Je m'assurai, le lendemain, que je n'avais pas été le jouet d'une hallucination. Cette flamme nocturne s'allume vraiment et disparaît ensuite; ce fait a intrigué bien des gens. Mais personne, jamais, n'a pu déterminer le point exact où la lueur s'élève, car elle s'évanouit peu à peu à mesure qu'on approche du village, tandis que de loin on la distingue toujours.

Il y a évidemment là un phénomène physique qui s'est dérobé aux recherches et que je ne tenterai pas d'expliquer.

Quant à la vieille, c'était bien une sorte de sorcière venue de Corte. Je me mis à sa recherche dans le village; lorsque je la retrouvai, elle se disposait à partir. Elle consentit cependant à poser pour son portrait. Mais, pareille aux oiseaux nocturnes, elle redoutait les rayons du soleil, et je lui fis subir un supplice en la plaçant en pleine lumière.

C'est aux environs de Bocognano, à Pentica, que les bandits Bellacoscia, véritables rois des montagnes, reçurent les hommages d'un préfet de la Corse, d'un brillant écrivain mort depuis et d'un député bien connu. Ils sont peu intéressants, et il y a lieu d'être surpris qu'une légende en quelque sorte héroïque se soit formée autour de leur nom. En définitive ces individus ont été condamnés à mort chacun quatre fois pour meurtres ou autres crimes, et la seule particularité qui les distingue des autres bandits, c'est que depuis cinquante ans peut-être ils échappent à la gendarmerie.

« Quoi d'étonnant? dit le docteur Bournet. De Bocognano à Ajaccio les habitants, au lieu de leur être hostiles, leur prêtent les mains. Ajaccio est pour eux plein d'asiles. »

Aujourd'hui Pentica est occupé par la gendarmerie et personne ne sait où se sont réfugiés les Bellacoscia.

C'est, du moins, ce qui me fut dit à Bocognano, et dont je doute fort.

J'emprunterai au récit du lieutenant G..., publié dans un fort intéressant ouvrage anonyme écrit certainement par un artiste, les aventures suivantes qui ont failli leur être fatales.

« Xavier Suzzoni, de Nogario, avait été condamné pour meurtre à quelques années de bagne. Désirant, sa peine expirée, vivre en Corse, il demanda au maire de sa commune un certificat constatant que son retour ne pouvait inspirer de craintes à personne. Le maire, connaissant les mauvais penchants de cet homme, refusa la pièce demandée. Quelques jours après, Suzzoni le tuait d'un coup de pistolet. Il prit ensuite le maquis, assassina deux de ses parents et voua une haine implacable à Jean Battesti, maire de Nogario, qui avait exprimé le mépris que lui inspirait ce coquin.

« Suzzoni s'adjoignit les frères Antoine et Jacques Bonelli, dits les Bellacoscia, de Bocognano.

« Jacques Bellacoscia et lui arrivèrent un soir dans la commune de Nogario et firent prévenir le maire que deux personnes l'attendaient pour lui parler. Battesti devina le piège, mais comme il était brave, il s'arma d'un stylet et de deux pistolets et se rendit à l'endroit indiqué. Les bandits étaient suivis d'un chien énorme, devenu plus tard légendaire en Corse. Lorsque Battesti voulut s'en aller, après une conversation insignifiante, deux fusils furent braqués sur lui, et il fut sommé de marcher devant ses ennemis. Le maire dut s'incliner, et ils se dirigèrent tous trois vers la montagne de Venaco, pour de là rentrer à Pentica, repaire des Bellacoscia.

« Arrivés près de Corte, où Battesti avait un frère curé, ils chargèrent une femme de se rendre vers ce prêtre, de lui dire que son frère était entre leurs mains et qu'il avait trois mille francs à verser s'il voulait le délivrer.

« Le curé mit un certain temps à réaliser cette somme. Quarante-huit heures passèrent. Il n'y avait plus de vivres et tous étaient accablés de fatigue et de faim. Alors Jacques commanda au chien d'aller prendre une chèvre dans un troupeau qui paissait au haut de la montagne. Le chien partit et revint bientôt avec une jeune chèvre, qui fut tuée, dépecée et mangée de suite sans pain. Le trait de ce chien, qui semble extraordinaire, est connu de tous.

« A la fin du second jour la femme vint avec l'argent. Battesti relâché gagna Corte et prévint la justice.

« Me trouvant brigadier à Vivario, je fus informé de ce fait et je partis aussitôt avec mes sept hommes. Supposant que les bandits avaient traversé le col de Vizzavone, pour pénétrer dans Pentica par le Monte d'Oro, je fis garder ce passage. Il y avait beaucoup de neige, car c'était au cœur de l'hiver. Nous commencions à ne plus pouvoir tenir contre le froid, quand nous vîmes arriver en éclaireur le fameux chien qui, nous ayant éventés, revint prévenir ses maîtres, par un aboiement que j'entendis à une centaine de pas de là.

« Comme les bandits ne pouvaient plus passer la montagne couverte de hautes neiges, que par la bouche de Manganello, entre le Monte d'Oro et le Monte Rotondo, je résolus d'arriver avant eux et de les y attendre.

« Mais nos efforts échouèrent devant des masses énormes de neige ; nous risquâmes notre vie pour n'arriver que quelques minutes après eux.

« Le 2 janvier, étant parvenu à me renseigner sur le repaire des Bellacoscia, je demandai à mes chefs de me laisser partir, avec quatre hommes de ma brigade, à la poursuite de ces criminels, ce qui me fut accordé. Nous partîmes à la nuit tombante, chargés comme des bêtes de somme de huit jours de vivres chacun, et nous arrivâmes vers minuit à la caserne de Bocognano, où nous étions attendus. Nous passâmes là le reste de la nuit et toute la journée du lendemain, bien cachés, pour ne pas donner l'éveil.

« La nuit suivante, je me fis conduire par un des hommes de Bocognano sur les crêtes de Vico et de Tasso, qui bordent le repaire de Pentica.

« Nous voilà donc perchés sur les neiges de ce pays accidenté, où ni moi ni mes hommes n'étions jamais venus. A l'aurore du 7 janvier, je sortis d'une grotte où nous étions blottis en pleine forêt. Entendant un chien qui donnait de la voix, à l'extrémité supérieure du canal dit Pentica, je compris que les bandits étaient là. Je me dirigeai de ce côté. Vers neuf heures, un bruit se fit près de nous : c'était un sanglier que le chien poursuivait, mais je me gardai bien de tirer, pour ne pas donner l'éveil.

« A onze heures, nous aperçûmes deux hommes qui se glissaient dans la forêt et, au bout d'un instant, une petite fumée qui dépassait la cime des arbres. Nous accélérâmes notre marche et nous découvrîmes bientôt trois hommes assis, les fusils sur les genoux, un chien à leurs côtés. C'étaient nos quatre ennemis. Nous déposâmes nos bagages et nous prîmes nos dispositions pour les cerner. Mais le chien nous signala par un aboiement sec et impérieux. Les bandits, mis sur pieds, l'un jurant : « *Sangue de la Madona!* », aperçoivent mes hommes et tirent sur eux. Ceux-ci répondirent par un feu de peloton.

« Me trouvant trop bas pour rien voir, je saute sur un tronc d'arbre, et j'aperçois un bandit fuyant vers la montagne ; je l'ajuste,... mais il reste derrière un rocher. Toujours en joue, j'en aperçois un autre qui le suivait ; je l'ajuste à son tour, je fais feu et il tombe. Le premier le saisit par la main, et, se couvrant toujours du rocher, cherche à le relever ; je lui envoie à lui deux projectiles, à la joue et au bras droit. Il lâcha son camarade, qui, frappé d'une balle entrée par l'oreille droite et sortie par la gauche, était tué raide, et prit la fuite avec son frère Jacques, tandis qu'ils lâchaient le chien sur moi. Je le vis venir à fond de train ; ayant rechargé mon arme imparfaitement, je criai à voix basse : « Tirez au chien ! tirez au chien ! » Un de mes gendarmes, qui avait appuyé de mon côté et avait rechargé sa carabine, voyant le danger auquel j'étais exposé, se lève. Le chien fond alors sur lui. Le gendarme lui appuie la bouche du canon en pleine poitrine et le foudroie. C'était une terrible bête, bien connue dans toute l'île, et à laquelle ses maîtres avaient dû la vie plus d'une fois.

LE MONTE D'ORO.

« Celui qui tomba sous mon coup de feu était le fameux Suzzoni. Les autres étaient les frères Bellacoscia, que nous laissâmes gagner les montagnes, la poursuite étant désormais sans but.

« Ils laissèrent sur les lieux leurs provisions et différents objets. La justice n'arriva à l'endroit qu'avec beaucoup de peines, et le corps de Suzzoni fut couvert de pierres sur place, la terre manquant absolument sur le sol où il était tombé. »

— Lorsque je quittai Bocognano, le temps s'était rasséréné et le Monte d'Oro, d'une couleur idéale, dressait à travers les forêts, dans le ciel inondé de lumière, sa cime éblouissante de neige, ses roches, ses escarpements.

A partir de Vizzavone la route que l'on suit en diligence n'est plus qu'une descente vertigineuse. On brûle Vivario, on roule avec un bruit d'enfer, côtoyant des précipices, tandis que les eaux vertes du torrent, comme une émeraude liquide, serpentent au fond de la vallée, dans un lit rocheux. Il faut gravir ensuite une montée rude, atteindre San Pietro, d'où l'on découvre un beau panorama, puis redescendre en contournant les flancs d'un massif. Des villages scintillent plus loin sur des monts roses et dénudés, et Corte se montre tout à coup.

LA CITADELLE DE CORTE.

Étrange ville que Corte avec son antique citadelle dressée fièrement sur un roc farouche et noir, aux éclats de feu, et ses maisons couleur de poudre accrochées aux aspérités de la pente ! On dirait qu'elle garde partout l'empreinte des grandes luttes passées. Par endroits même c'est à croire qu'elle combat encore ; à travers des murailles crevassées, sous des toitures en ruines, s'avancent des membrures noircies, menaçantes, rigides comme des tronçons d'épées, et quelques fenêtres béantes, sans volets, s'étalent comme d'affreuses blessures.

L'une d'elles, la maison Gaffori, habitée encore, montre une façade branlante criblée par les balles des espingoles génoises. Les ornements qui en décoraient l'extérieur sont effrités, les murailles lézardées ; cette demeure est un glorieux débris de luttes acharnées.

En 1746, le général Gaffori chassa les Génois de la ville et les refoula dans la forteresse. Ceux-ci, qui s'étaient emparés du jeune enfant du général en soudoyant sa nourrice, l'exposèrent sur les remparts et firent savoir au père que sa maison serait détruite et son enfant décapité s'il tentait l'assaut de la citadelle. Le général passa outre : par miracle son enfant ne fut point sacrifié et les Génois capitulèrent.

En 1750, les Génois, en l'absence de Gaffori, firent le siège de sa maison. Comme il était question de se rendre, la femme du général approcha une mèche allumée d'un baril de poudre, décidée à faire sauter la maison plutôt que de la livrer. Son attitude énergique prolongea la résistance et permit à Gaffori de venir au secours des siens.

Plus tard, cette femme héroïque eut la douleur de voir son mari assassiné par son propre frère, que les Génois avaient corrompu à prix d'or. Elle conduisit son fils, celui-là même qui avait été exposé sur les remparts, devant le cadavre, et lui fit prêter le serment de se souvenir. L'enfant avait alors douze ans : il grandit, se souvint et vengea la mort de son père.

LA MAISON GAFFORI.

Que de drames ont ensanglanté ces murailles de Corte, quelle farouche énergie s'y est déployée dans les luttes, et quelle noblesse, quelle grandeur ont montrées les Corses ! Le patriotisme y fut poussé à un tel degré d'héroïsme que les jeunes filles, en 1729, firent le serment solennel de ne point se marier tant que l'ennemi foulerait le sol de la patrie, afin de ne pas donner le jour à des esclaves....

Les Corses n'ont point oublié les procédés odieux de ces ennemis qui eurent sans cesse recours à la trahison. Leur nom est encore maudit. Certains m'ont répété, avec fureur, ce cri de Dante :

Ah! Genovesi, uomini diversi,
D'ogni costume e pien d'ogni magagna,
Perchè non siete voi dal mondo spersi!...

(Ah! Génois, hommes de mœurs étranges et pleins de tous les vices, que n'êtes-vous bannis de l'univers!)

Dans cette maison guerrière de Gaffori, dont les descendants, qui l'habitent, respectent religieusement les cicatrices, devait être conçu, rapprochement singulier, un des plus grands capitaines du monde. Le père et la mère de Napoléon l'occupaient à la fin du siècle dernier, et c'est là, dans ces murs criblés de balles, que Mme Lætizia se trouva enceinte de ce fils qui remplit le monde de son nom.

Sans doute, aux veillées d'hiver, dans les antiques demeures crevassées du haut quartier, tandis que la neige couvre les sommets et que le torrent gronde avec fracas autour du rocher, les lamenti, transmis par les ancêtres, psalmodient les hauts faits de Sampiero, de Paoli et de Gaffori.

De toutes parts, derrière l'étrange cité, s'élèvent des cimes hautaines, des crêtes dénudées, des aiguilles de pierre, des sommets sublimes dont les plans se dégradent et vont se perdant dans le ciel. A travers ce chaos rocheux, des ravins ont déchiré les entrailles des monts, et deux gorges sauvages s'ouvrent violemment livrant passage à des torrents superbes : le Tavignano et la Restonica. Leurs eaux sont d'un cristal vert pâle, elles roulent à travers des blocs de marbre polis, blancs comme la neige.

L'imagination ne peut concevoir une ville plus bizarre, plus pittoresque, plus imprévue, des lignes plus désordonnées, on ne peut admirer des gorges plus belles, des eaux plus limpides.

En bas du roc de Corte, la ville moderne contraste par sa rectitude avec l'ancien quartier. Les maisons sont banales et des cloaques immondes en font une ville empestée.

Dans le cours de mon voyage j'avais eu l'agréable surprise de recevoir une lettre de M. Bianconi, inspecteur d'académie, me pressant d'aller le retrouver à Ghisoni, où il était venu passer quelque temps dans sa famille. M. Brossard, l'éminent sénateur de la Loire, m'avait valu cette gracieuse attention, ainsi que bien d'autres que je trouvai en quelque sorte échelonnées aux étapes de ma route, plus tard, en Sardaigne.

L'accès de Ghisoni est difficile par Corte; les cochers corses et surtout ceux de cette région, qui font, avec certains hôteliers, le plus grand tort à leur pays, ont des exigences telles, que, pour ma part, je préférai attendre le départ de la diligence qui passe à Vivario, point le plus rapproché de Ghisoni.

L'attente fut longue. J'errai par les rues des heures entières, puis je sommeillai dans la diligence jusque passé minuit.

Le véhicule s'ébranle enfin.... Qu'ils ont du charme ces voyages nocturnes avec ce bruit de grelots qui vous accompagne, ce lamento que là-haut nasonne le conducteur, tandis que les lanternes éclairent vaguement la route et que des silhouettes fantastiques semblent follement courir sur les talus!

A quatre heures et demie, par la nuit noire, on est à Vivario. La diligence s'arrête, me dépose, et poursuit sa route. Bientôt un profond silence m'environne.... Devant moi un escalier de pierres, une porte close, une façade noire sur laquelle le vent du matin fait grincer une branche desséchée qui indique une auberge.

Seules dans la nuit, cette branche sur le mur et les étoiles dans le ciel paraissent animées.

Je cogne à la porte à l'aide d'un caillou; des pas lourds résonnent, quelques instants après, la serrure grince, la porte s'ouvre et je pénètre dans un pauvre réduit éclairé par une chandelle que l'hôtesse tient à la main. Bientôt un feu de branches pétille. J'avais froid, je m'assieds dans un coin de l'âtre, où je sommeille en attendant le jour.

Quelques hommes arrivent lentement et s'attablent : ce sont des chasseurs qui vont courir la montagne, des Lucquois et des Sardes qui travaillent à la voie ferrée en construction. Leur nombre augmente, la misérable salle s'emplit et la fumée âcre du tabac corse épaissit l'atmosphère.

Au petit jour les chèvres passent, les buveurs s'en vont peu à peu. L'hôtesse a trouvé une calèche pour me conduire à Ghisoni et je quitte l'hôtellerie.

Quel drôle de clocher que celui de Vivario! Ses cloches sont suspendues à des traverses placées entre les branches d'un platane, et les cordes qui les mettent en branle descendent jusqu'au sol.

La route s'élève rapidement par des lacets et des montées très dures jusqu'au col de Sorba, c'est-à-dire jusqu'à 1 314 mètres. On est vite en pleine forêt, une forêt de pins larix splendide et sauvage, en face de laquelle se dresse le Monte Rotondo gigantesque. Plus à droite s'étalent des horizons infinis. L'œil ne peut en quitter les lignes grandioses, faites de monts dénudés, de ravines, de croupes où scintillent quelques villages.

Je distingue peut-être le pauvre hameau de Perello où naquit, au IXe siècle, le pape Formose, pieux, indulgent, lettré, dont le cadavre subit un farouche jugement.

Sur la pente rocheuse que nous gravissons, les grands pins s'élèvent à une hauteur prodigieuse, droits comme des fûts de colonnes. Mais si leur tronc est rigide et fier, le vent a pris leurs branches, les a tordues et comme précipitées ensuite vers l'abîme au-dessus duquel elles ont, toutes noires, des sortes de mouvements d'horreur. Le pin larix aime les hauteurs, les escarpements rocheux, il affronte les tourmentes, la neige, les frimas.

Là-haut, bien haut encore, le vent pousse des clameurs dans leurs cimes frisson-

ENTRÉE DES GORGES DE LA RESTONICA.

nantes; par instants on croirait entendre le bruissement de cascades prochaines.

Au col et du côté opposé, les vautours, dans l'espace, planent silencieux sous les nuages éclatants, autour de sommets graves. Devant nous, des monts couverts de forêts dévalent, plus loin se dressent les escarpements de Ghisoni, les gorges du Fium'Orbo se creusent en sombre sillon, et aux dernières convulsions des montagnes qui vont s'évanouir à la plage d'Aleria, le lac d'Urbino miroite et Ghisonacce blanchit tout au bord de la mer bleue.

Nous descendons rapidement à travers bois, les pins bientôt font place aux châtaigniers et la température s'adoucit.

Ghisoni sommeille dans une sorte d'entonnoir, dominé par une chaîne de montagnes dont les aiguilles monstrueuses se dressent sinistrement dans les airs. Par certains éclairages elles sont d'une horrible beauté. Tandis que les monts corses s'éclairent de lueurs fauves, les monts de Ghisoni, sévères et dénudés, sont livides, sombres ou violacés. Des fissures verticales séparent les obélisques prodigieux dont ils sont faits. Une cime plus étrange domine les autres, c'est le *Christe-Eleison*, nom mystique, dont l'origine semble se perdre dans la nuit des temps.

On raconte que, pendant la Révolution, un prêtre des environs, persécuté,

LE CHRISTE-ELEISON.

s'était réfugié dans une grotte qui s'ouvre au pied de la plus haute cime. Là il vécut en prières, célébrant la messe à laquelle les bergers, gravissant les pentes du rocher, venaient assister. Ils apportaient au pauvre prêtre des aliments et c'est ainsi qu'il put se soustraire à ses persécuteurs. Le nom de Christe-Eleison donné à ce sommet ne doit-il pas son origine à cette circonstance? Une chaîne toute voisine, mais d'aspect moins grandiose, est connue sous le nom de *Kyrie-Eleison*. On prétend qu'un autre prêtre vécut également, dans les mêmes conditions et à la même époque, dans une caverne de ces monts fantastiques.

Je reçus de M. Bianconi l'accueil le plus cordial, et le souvenir de son hospitalité ne m'abandonnera jamais.

Le soir même de mon arrivée, tandis que nous cheminions sur la route, un grand bruit s'éleva; puis, éclairés par des torches résineuses, d'énormes chars, traînés par douze ou quinze mules, se montrèrent.

Ils venaient de la forêt de Marmano, chargés de poutres géantes, et devaient, le lendemain, suivre les défilés de l'Inzecca pour se rendre à Ghisonacce, où des navires... italiens en prennent le chargement.

Quel spectacle grandiose offraient à la fois, aux lueurs jaunes des torches, les visages farouches, les immenses madriers, géants des forêts allongés sur les grands chars retentissant du bruit des grelots et des imprécations des charretiers!

Le lendemain, de très bonne heure, nous prenions la direction des défilés de l'Inzecca où ces attelages allaient passer.

Au sortir de Ghisoni, un joli pont génois se mire dans l'eau transparente d'un ruisseau, tandis que, vers le fond, les arêtes sauvages du Christe-Eleison dressent leurs aiguilles monumentales.

Nous arrivons bientôt au Fium'Orbo, qui coule dans une belle gorge; quelques pins se montrent dans son lit même, entre les roches. Plusieurs, battus par les flots d'hiver, meurtris par les blocs, élèvent un tronc blanchissant et tordent leurs branches brisées dans des attitudes plaintives. Les rocs d'alentour sont comme hachés par une effroyable tourmente, les dalles perpendiculaires des arêtes ont glissé comme sous un ébranlement monstrueux, jonchant les petits plateaux et couvrant les ravins, jusqu'au lit du torrent, d'éboulements désordonnés. Quelques pins gisent sur les pentes, d'autres ont été entraînés au fond des gorges, en morceaux épars. Des chênes verts se suspendent aux parois, et leurs massifs au fin feuillage s'avancent, tout tremblants, sur des abîmes.

Le Fium'Orbo a creusé son lit dans la roche dure, qu'il a rongée et polie. L'eau sommeille dans de petits gouffres transparents et trompeurs. On dirait comme une coulée de flots d'émeraude qui se seraient figés. Quelques frissons d'argent, quelques lueurs d'acier, quelques cascatelles blanches indiquent seulement qu'elle est mouvante.

La gorge va se resserrant et devient de plus en plus farouche. Les falaises qui la bordent sont à pic, sombres, évidées, et de leurs fissures se précipitent des flots épais de verdure.

Puis une vallée s'ouvre, un gracieux village scintille sur les hauteurs revêtues de forêts.

Après cette douce vision, après une apparition inattendue de la mer, on s'enfonce dans le plus étroit défilé de l'Inzecca. La route en corniche suit les flancs de la roche taillée à pic. En côtoyant ces abîmes on est pris de frayeur, et les chevaux qui nous portaient, en proie à la terreur, refusèrent d'avancer.

Tout au fond, dans un chaos de rochers, gronde le Fium'Orbo, le fleuve aveugle. Il y a dans ce précipice un tel amoncellement de roches, que des Titans semblent avoir ébranlé les montagnes voisines, dont les quartiers de roches se seraient détachés et auraient roulé jusqu'au fond de l'abîme.

Les grandes charrettes portant les madriers arrivèrent. Nous les vîmes l'une après l'autre franchir le principal tournant, dont le coude est brusque. Un moment les pièces de bois, à l'arrière des chars, se trouvèrent côtoyer l'abîme sans s'appuyer au sol.

On raconte qu'une pauvre femme s'étant un jour allongée sur un madrier, comme il arrive aux conducteurs de le faire parfois, s'endormit. Le mouvement brusque de la pièce de bois et les cris des charretiers la réveillèrent au moment où la poutre passait sur l'abîme. Elle en éprouva une telle frayeur qu'elle mourut sur-le-champ. Plusieurs passages de l'Inzecca sont dangereux, du reste, et de nombreux accidents s'y sont produits.

Nous passâmes la journée entière dans ces gorges, et les heures me semblèrent courtes, dans une société si sympathique, au milieu d'un paysage prodigieux.

Les maisons du village de Ghisoni sont groupées dans un bas-fond, contrairement à la plupart des autres villages de Corse, dont les habitations se trouvent généralement disséminées sur des hauteurs.

D'autre part, en ce qui concerne les sépultures, Ghisoni se différencie vivement de Zicavo, dont il est voisin.

A Ghisoni les personnes un peu aisées enterrent les morts dans leurs propriétés, et laissent sans culture le coin de terre où leur parent repose. On ne voit ni ornements ni fleurs sur les tombes, mais une simple croix solitaire. Les parents désormais fuiront le lieu où gît la dépouille, ils éviteront même avec le plus grand soin de prononcer le nom du défunt, comme s'ils voulaient le vouer à un éternel oubli. Pourtant, nulle part on ne porte les signes extérieurs du deuil plus longtemps que dans ce village.

Aux jours de fête, et surtout en temps de carnaval, il est d'usage, dans la contrée, de préparer des beignets variés. Les familles en deuil passent des années sans en faire; une circonstance extraordinaire, un mariage ou une naissance dans la famille, les fera déroger à cette tradition, mais une année seulement après le décès.

Lorsque quelqu'un est gravement malade et qu'on le croit en danger de mort, la famille lui fait porter le viatique, ainsi que partout ailleurs.

Mais aussitôt, coutume particulière à ce pays, le prêtre appelle les habitants à l'église au son de la cloche. Lorsque la population est rassemblée et que chaque assistant a été muni d'un cierge, le prêtre, portant le viatique, prend la direction du domicile du malade, suivi de la foule, qui psalmodie des chants funèbres.

Pendant que le prêtre administre les derniers sacrements, la population récite devant la porte les litanies et les prières des agonisants.

Puis le prêtre, au moment de quitter la demeure, s'arrête sur le seuil et, au nom du mourant, demande pardon des offenses qu'il a pu faire. Il ajoute que le mourant pardonne lui-même à ceux qui l'ont offensé. Aussitôt le peuple se prosterne et repart ensuite pour l'église en chantant un *Te Deum*.

Cette cérémonie, si imposante, produit ordinairement un effet désastreux sur le malade, qui s'épouvante et se croit perdu. La famille elle-même y aide en faisant tous les préparatifs pour l'enterrement, commandant la bière, confectionnant des vêtements neufs et de couleur blanche s'il appartient à la confrérie des pénitents.

Il est rare que la mort ne survienne pas après toutes les émotions qu'a supportées le malheureux accablé déjà par ses maux physiques.

Lorsque le défunt est de la confrérie des pénitents, ce qui a lieu d'ordinaire, tous les membres de cette confrérie, vêtus de blanc, la tête recouverte d'une cagoule, suivent le cercueil jusqu'au cimetière. Au retour, ils ne cessent de chanter le

LES DÉFILÉS DE L'INZECCA.

Miserere jusqu'à l'église, où ils retournent ensuite. Il est impossible d'imaginer un spectacle plus sinistre que celui de ces fantômes qui passent, un cierge à la main, psalmodiant d'une voix sépulcrale.

— Après un séjour trop court, au gré de mes désirs, à Ghisoni, je dis adieu à M. Bianconi et à sa gracieuse famille; je revis Corte et, le soir, j'arrivais à Bastia.

En allant en Corse, j'avais eu pour but d'étudier les régions inconnues, celles où le caractère du pays et de ses habitants a conservé un côté caractéristique. La ville de Bastia n'est plus, à vrai dire, une ville corse : ses habitants sont policés, faciles à vivre, et n'ont rien de la rudesse qu'on rencontre même à Ajaccio. Les environs de la ville sont charmants, mais dépourvus d'originalité : ils ont une grande analogie avec certaines parties de notre Provence.

Calvi, *civitas semper fidelis*, est plus pittoresque, dressée qu'elle est sur un promontoire vertical. Dans les fentes de la roche s'enchevêtrent les raquettes des cactus, elles en sont tout hérissées.

— Une nuit à Corte,... au matin une carriole devant la porte et... en route pour Niolo!

Je retrouve les montées abruptes, les descentes folles, le Golo mugissant. « Va, pauvre bête qui me traînes, les coups pleuvent dru sur ta maigre échine, et ce jeune homme qui tient les rênes ouvre de grands yeux surpris lorsque je lui recommande de ne point frapper si fort. Tu es si faible, si lasse, que lorsqu'il arrête son bras, tu ne chemines plus. Il faut pourtant que ce soir nous arrivions dans les vallées perdues après avoir traversé la sombre Escala de Santa Regina. Malgré ta misère, malgré la pitié que tu m'inspires, il s'agit de marcher, je ne puis que te plaindre sans pouvoir maudire ton bourreau. » C'est ainsi que, *in petto*, je m'adressais à notre haridelle.

La voici, cette gorge de Santa Regina. Elle s'ouvre sinistrement.... Jusqu'à des hauteurs inconcevables les falaises montent, rayées de gorges, lézardées de précipices affreux. La roche, dure, primitive : granit, dolomite ou porphyre, est sombre ou couleur de feu, et cependant au soleil elle étincelle. Des vents, des météores, des neiges, des frimas, de toutes les douleurs de la nature, de toutes ses convulsions elle porte l'empreinte.

Les arbres accrochés à ses flancs ont des attitudes crispées, les monts sont tout taillados de blessures. Des blocs monstrueux se dressent altiers, solennels, d'autres s'inclinent comme attirés par l'abîme.

Au fond de la gorge, dans un lit d'une étrange blancheur qui contraste singulièrement avec la couleur fauve des parois, passe le Golo. A voir cette mise en scène d'un mélodrame de Titans, on croirait que le torrent mugit, se brise, écume. Non, à l'époque où nous sommes, les sources tarissent, et puis le Golo est si petit dans cette immensité! Non, c'est un torrent aux eaux vertes, limpides, qui dort silencieux sur un fond immaculé.

Mais quels réveils terribles elle prépare cette eau perfide, cette fée aux yeux d'émeraude! A certains jours, ou plutôt à certaines heures, toutes les fissures de la montagne se transforment en cataractes sous un ciel noir, les roches rongées à leur base s'écroulent avec des bruits formidables, la rivière devient monstrueuse et bondit dans son lit trop étroit avec des clameurs sans nom. Aux maisons de Santa Regina, perdues au bord du chemin, dans cette solitude, il y a deux années, le 1ᵉʳ janvier 1888, onze personnes se mettaient à table, à six heures du soir, dans une demeure que les ponts et chaussées avaient fait bâtir. Il pleuvait depuis vingt-quatre heures et le Golo rugissait. Soudain un cyclone passe à travers la tourmente, ébranle les sommets, une tranche de la montagne glisse et vient s'abattre sur la maison, qui est précipitée jusqu'au torrent au milieu de blocs de rochers et de flots de fange.

Lorsque la tempête se fut apaisée, on chercha les victimes; parmi elles se trouvaient trois conducteurs. Cinq cadavres n'ont jamais été retrouvés....

Où dorment-ils, sous quelle roche ou dans quel gouffre? Personne ne l'a su.

Une pauvre vieille met son pain au four à côté des ruines de la maison. Je la questionne sur cette catastrophe. Ses yeux deviennent hagards et des larmes s'échappent de ses paupières. « J'étais là-bas, de l'autre côté de la route, et je n'ai pas eu le temps de voir, dit-elle : tout a été emporté dans un tourbillon avec un bruit épouvantable. Ces gens avaient chez eux des livres impies, ils étaient protestants. Dieu les a frappés, leurs corps ne seront jamais retrouvés! »

Autrefois, et il n'y a pas longtemps encore, puisque la route n'est ouverte que de cette année, on pénétrait dans le Niolo par un sentier de chèvres qui suivait, au hasard, les caprices des falaises. Lorsqu'un obstacle insurmontable se dressait, le sentier gagnait les hauteurs. Un de ces détours compte quatre vingt-quatre petits lacets, qui en font une sorte d'escalier, dirigé vers les sommets bleus, vers le ciel, d'où le nom d'Escala de Santa Regina donné à ces défilés.

C'est dans cette gorge, par les sommets déserts qui dominent les maisons de Santa Regina, que les bandits Massoni et Arrighi furent tués par les gendarmes. M. Germond de Lavigne, dans un opuscule qu'il a bien voulu me communiquer, a raconté la mort dramatique de ces deux bandits.

« A la pointe du jour, dit-il, les gendarmes cernent une gorge dans laquelle ils étaient réfugiés, lorsqu'une pierre roule, donne l'éveil, et tout aussitôt un coup de pistolet est tiré sur eux sans les atteindre. Ils ripostent et Massoni tombe mortellement frappé. Se sentant mourir, il appelle à lui le gendarme qui l'a blessé.

« — Écoute, lui dit-il, je te pardonne ma mort; tu as fait ton devoir, aide-moi

L'ESCALA DE SANTA REGINA.

« faire le mien,... tourne-moi du côté du soleil, mets-moi une pierre sous la tête, « récite-moi les prières des agonisants. » Et il expira.

« Massoni était mort le 13 septembre au matin ; Arrighi, son compagnon, tenait encore dans la nuit du 16 au 17.

« Vers minuit, enfin, il se décide à abandonner son repaire et se glisse le long de l'entrée de la grotte où il était caché, fait feu, et des deux coups de son arme tue un brigadier, blesse grièvement un gendarme. Puis il recharge son fusil, en battant en retraite, s'élance d'une hauteur de 7 mètres, bondit sous la fusillade, et enfin s'arrête, atteint par deux balles.

« Le maréchal des logis Pasqualaggi suit le bandit en se glissant d'arbre en arbre, et le somme de se rendre.

« Les deux hommes se connaissent, des liens de famille les ont rapprochés autrefois. Le bandit, blotti sous les roches, protégé pour quelques heures par la nuit qui est venue, appelle le sous-officier.

« — Écoute, lui dit-il, je ne veux pas me rendre et je sais que je suis un homme « perdu ; tu as été mon ami : puisque je dois être tué, j'aime mieux que ce soit par toi.

« — Comme tu voudras, fit le sous-officier tout ému.

« — A une condition, reprit le bandit.

« — Laquelle ?

« — J'ai sur moi, dans ma ceinture, 137 francs : tu les prendras, tu iras trouver « notre curé, tu lui demanderas vingt messes, tu les payeras et tu porteras le reste « de l'argent à ma famille ; tu me le promets ?

« — Je te le promets.

« — Merci, fit Arrighi. Eh bien, alors, tue-moi.

« — Oui, dit Pasqualaggi, mais je ne te vois pas.

« — Alors, reprit Arrighi, attends. La lune va se lever dans une heure : aussitôt « qu'elle nous éclairera, je me laisserai voir. »

« Pasqualaggi, craignant une ruse de bandit, tend l'oreille, et, l'arme prête, tient son regard fixé vers le point où Arrighi est caché. La fatigue de ces journées anxieuses, l'immobilité de son poste actuel produisant sur le maréchal des logis une espèce de fascination, il s'endort à demi.

« ... Peu à peu une douce lueur s'élève à l'horizon. Les masses se prononcent, leurs formes se dessinent, et quand la lumière se fait, elle éclaire Pasqualaggi immobile, à l'affût, appuyé contre un arbre, la carabine en joue. Alors un homme se lève lentement au-dessus des rochers. Puis une voix se fait entendre.

« — Eh bien, Pasqualaggi, es-tu prêt ?

« — Me voici », dit le maréchal des logis.

« Le coup part, et le bandit tombe frappé à la tête. »

L'Escala de Santa Regina, toute convulsionnée, est longue à traverser. A la fin cependant les sommets s'abaissent, les précipices sont moins affreux, les formes moins violentes.

La nuit vient au moment où nous quittons cet enfer. Nous gravissons une pente très dure, puis, dans le mystère de la nuit, sous un ciel criblé d'étoiles, s'ouvre une vallée entre des collines aux molles ondulations : c'est le Niolo. Nous atteignons

CALACUCCIA ET LE MONTE CINTO.

bientôt le village de Calacuccia et nous pénétrons dans l'auberge Verdone, où de braves gens nous font le meilleur accueil.

Le lendemain, au point du jour, en compagnie de M. Verdone et d'un de ses amis, nous trottions, à dos de mulet, vers Calasima, le village le plus élevé de toute la Corse et que j'avais hâte de visiter, car le temps qui favorisait mon voyage pouvait changer d'un jour à l'autre.

Sur la route poudreuse, on s'en va gaiement sous les rayons d'un beau soleil d'automne. Une vapeur bleuâtre enveloppe la vallée. A travers cette gaze les cascades reluisent dans les monts comme des flots de métal. A Albertacce nous nous engageons dans un sentier rapide. Maintenant nous avons gagné les hauteurs et c'est à travers un chaos de roches éboulées, de blocs énormes, que le chemin a été frayé. Sur la droite, et aussi haut qu'on peut voir en relevant la tête, se dresse la roche aride, fissurée, qui s'effrite en larges dalles toutes polies.

Devant nous, Calasima se montre, accroché, en quelque sorte, au flanc d'une montagne dominée par les hautes cimes du Monte Cinto.

Tout au bord d'un ruisselet s'assied le plus joli moulin qu'on puisse imaginer. Il a été établi à peu de frais : un tas de pierres sèches, un tronc d'arbre évidé, une roue qui tourne comme elle peut. Mais quelle richesse dans les lierres qui capitonnent la muraille, et quelles charmantes décorations forment les clématites qui l'enveloppent de festons capricieux !

Au moment où nous mettons pied à terre, sur une sorte de petite place, la population accourue se précipite vers nous. Alors ce sont des souhaits de bienvenue qui nous accueillent au milieu d'un brouhaha indescriptible, et des embrassades sans fin qu'il faut subir.

Pauvres gens, isolés dans ces sommets, personne jamais ne vient visiter leur hameau perdu, et ils sont si heureux de notre arrivée qu'ils ne savent comment manifester leur joie. On s'arrache pourtant à leurs étreintes ; les femmes reprennent leurs quenouilles, leurs fuseaux, et nous parcourons les ruelles avec l'escorte d'enfants et de chiens qu'il est facile d'imaginer.

Quelques hommes, assis devant les portes, se lèvent sur notre passage et soulèvent poliment leur bonnet. Leur stature est étonnamment haute, leur aspect énergique, ils ont les cheveux blonds, les yeux bleus, le nez busqué. Calasima serait donc un village de géants ?

UNE FILEUSE A CALASIMA.

D'où vient la race qui, aux époques reculées, a peuplé ce village ?

Une nuit profonde s'étend sur les origines de la Corse, et l'on ne sait exactement quels furent les hommes que le flot torrentueux des migrations préhistoriques entraîna, comme des épaves, jusqu'à certaines côtes de la Méditerranée.

On a prétendu depuis peu, de l'autre côté des Alpes, que les Corses sont d'origine italienne. Une certaine analogie dans la langue y ferait songer, il est vrai ; mais lorsqu'on étudie le caractère des visages, lorsqu'on pénètre dans les mœurs, on s'aperçoit vite que cette prétention ne repose sur aucun fondement.

En dehors du langage, il n'y a rien de commun entre la Corse et l'Italie, il existe plutôt une antipathie profonde entre les deux races.

L'Italie, depuis l'oppression génoise, n'est-elle point toujours, pour les Corses, l'ennemi héréditaire ?

La dénomination de *Lucchese*, Lucquois, qu'ils appliquent à tout Italien, qu'il soit de Rome, de Florence, de Lucques ou de tout autre point de la péninsule, constitue une injure si grave qu'un véritable Corse ne la pardonne pas. S'il emploie au travail de ses terres six ouvriers, par exemple, dont deux Italiens, il dira : « J'occupe quatre hommes et deux Lucquois » ; il ne dira jamais : « J'occupe six ouvriers ou six personnes ».

Une jeune fille séduite est consolée par le dicton populaire :

> *Alla fin di tanti guai*
> *Un Lucchesu n' manca mai.*
>
> Après tant de dommages
> Un Lucquois ne fait jamais défaut.

Ce dicton s'applique également aux filles laides qui ne trouveraient pas un Corse pour les épouser, mais que sûrement quelque Lucquois viendra rechercher.

Dans certaines régions des montagnes qui ont échappé à tout contact depuis les origines, et surtout dans le Niolo, qu'un enchevêtrement de gorges et de cimes sans chemins de communication isolait autrefois, on remarque un type particulier qui a la plus grande analogie avec celui des anciens Goths. Des historiens autorisés ont affirmé que cette race était venue jusqu'en Corse.

Lorsque je voyais, à Calasima, des hommes d'une taille dépassant sept pieds, obligés de se courber en deux pour pénétrer dans leurs demeures, j'étais stupéfait. Par les rues ils allaient la tête haute, l'allure fière, revêtus d'un lourd pelone que j'aurais eu de la peine à soulever. Près d'eux, j'aurais pu imaginer facilement que, nouveau Gulliver, ils s'amuseraient à me ramasser pour me considérer de près dans le creux de leur main.

Les aimables compagnons qui m'avaient révélé ce curieux village m'entraînèrent dans une salle où plusieurs de ces hommes jouaient aux cartes. A notre entrée tous se levèrent, et certains touchaient, de la tête, au plafond. Le plus grand des habitants de Calasima était absent : il mesure 2 m. 25 ; je le rencontrai le lendemain à Calacuccia. L'un des joueurs avait la taille déjà respectable de 2 m. 18. Celui-là, longtemps en vendetta à la suite d'affaires toutes à son honneur de Corse, fut condamné et prit le maquis afin de se soustraire à la justice. Mais il passait dans sa maison la plus grande partie de son temps.

Un jour, les gendarmes, au nombre de dix, viennent pour l'arrêter. Tandis qu'ils cognent à la porte, lui s'élance par la fenêtre, retombe au milieu d'eux, en renverse plusieurs et, profitant de la stupeur générale, se sauve dans la montagne. On n'a jamais pu le saisir. Il est très redouté, car il joint à une force herculéenne une prodigieuse agilité.

Plus tard, la paix survint entre les familles en inimitié, elle fut consacrée à l'église même de Calasima, avec la pompe accoutumée, et notre géant n'a jamais

UN VILLAGE DE GÉANTS.

plus été inquiété par la gendarmerie. Cette église, dans laquelle nous avons jeté un regard, est bien pauvre et le presbytère est bien humble aussi; une petite croix de pierre sur le pignon distingue seule la demeure du prêtre des autres masures.

Nous nous égarons un peu aux alentours du village; on nous montre l'endroit où ont été mis en terre Massoni et deux hommes de sa bande, loin du cimetière, sur le penchant de la montagne.

C'est bien la dernière demeure qui convenait à des bandits.

Ils dorment, solitaires, vers les sommets arides, près des nuages grimaçants, couchés dans une terre rude, hérissée de buissons épineux, près d'un torrent farouche. Les flots, meurtris contre des blocs de porphyre couleur de sang, se précipitent courroucés à travers une ravine, avec un bruit qu'on dirait plein de menaces et d'éternelles imprécations.

Arrighi, leur camarade, après avoir reçu fièrement, dans la tête, sous un rayon de lune, la balle de Pasqualaggi, fut jeté au fond d'une gorge. Quelques années plus tard, M. de Saint-Germain, errant dans l'Escala de Santa Regina, rencontra la tête du bandit sous ses pas. Des restes d'une barbe rouge adhéraient encore au menton. Dans la bouche entr'ouverte il retrouva la balle qui l'avait frappé, l'occiput portait le trou rond par lequel le projectile avait pénétré.

UN GÉANT DE CALASIMA.

Ce corps, donné en pâture aux oiseaux de proie comme une carcasse de bête mauvaise, s'était déchiré aux buissons, avait laissé des lambeaux de sa chair aux aspérités de la roche, et le crâne, dans un jour de tourmente, avait roulé dans le précipice.

Nous quittons Calasima, dont le nom signifie, en corse, « voisin du sommet », toutes les mains restent tendues vers nous, et au bas de la colline, à travers les mugissements du torrent, nous entendons encore des voix puissantes nous crier adieu! adieu!

Au crépuscule nous rentrions à Calacuccia.

Il est doux, le soir, dans une vallée perdue, au milieu d'un pauvre village qui dort appuyé contre un grand mont dénudé, de trouver de bons visages, des soins empressés et un couvert luisant sur une nappe blanche auprès d'un feu qui pétille.

UN VIEUX NIOLAIN.

En regardant au dehors, le front contre les vitres, dans la nuit transparente et froide, tandis que des lueurs d'âtres vacillent dans les plis de la terre et que des étoiles tremblent dans le ciel, on est porté à songer longuement.

Par la fenêtre de l'auberge Verdoni, je regardais ainsi et je songeais.... Le Niolo, cette vallée de pasteurs, s'étendait sous mes yeux, avec la tristesse de son sol aux ondulations vagues, ses vastes pâturages, ses bouquets d'arbres clairsemés, les sombres forêts et les montagnes qui l'entourent.

Nous attendions des voyageurs qui ne venaient pas. Partis la veille pour se rendre aux dernières bergeries où ils devaient coucher, ils avaient, dans la nuit même, escaladé cette pointe du Cinto qui s'élevait mystérieuse et grande sur le ciel pâle, pour assister au lever du soleil.

A cette heure tardive ils auraient dû être de retour depuis longtemps. On s'inquiétait, car l'ascension de cette cime aux précipices de pierres roulant sans fin est pénible et scabreuse.

J'aperçus enfin leurs silhouettes indécises s'avancer sur la route blanchissante, et, quelques instants plus tard, ils étaient auprès de nous, prenant place autour de la table où la soupière fumante présidait. Ils étaient exténués, mais enthousiastes encore; leurs yeux semblaient pleins des choses infinies de l'espace et des beautés sauvages de la montagne. « Que de pierres! que de pierres! » s'écriait, de temps à autre, M. Payot, professeur au lycée de Bastia, que j'avais connu dans le midi de la France et que je retrouvais inopinément dans ce val perdu.

Après le dîner, ces messieurs vont vite se coucher, car ils repartiront avant l'aube pour regagner la ville. Nous autres, les simples visiteurs de Calasima, qui ne ressentons qu'une légère fatigue, nous demeurons autour de la table, en compagnie assez nombreuse, quelques personnes du pays étant venues passer la soirée à l'auberge. On cause et j'écoute.

Le bandit Capa me paraît très estimé dans la vallée du Niolo, on dit même que les gendarmes ne le recherchent jamais. Sa capture entraînerait certainement de sanglantes représailles, que la maréchaussée, surtout, a intérêt à éviter.

On raconte que ce bandit est respectueux de l'étranger, très brave et sobre, qualités fort estimées en Corse. Lorsque la faim le presse, il entre dans la première maison venue, et demande simplement un peu de pain, du fromage et un verre d'eau, car il ne boit jamais de vin. Il n'a pas avec lui de compagnon, selon l'habitude des bandits de marque ; il vit seul.

Un jour, un autre bandit cherche à se mettre en rapports avec lui dans le but d'associer sa vie errante à la sienne.

« Crains-tu la faim et la soif? lui demande Capa; bois-tu du vin?

— Je bois certainement du vin », répond l'autre en lui tendant sa gourde pleine. Capa écarte du geste le breuvage.

« As-tu l'habitude de fumer? ajoute-t-il.

— Oui, voici le tabac, le briquet et l'amadou à ton service.

— Vois-tu, dit alors Capa en secouant lentement la tête, je ne puis avoir de compagnon, car avec moi il faut souffrir de la faim et de la soif, abandonner le tabac et éviter le vin : ce luxe est inutile et même dangereux quand on est bandit.

« Notre existence ne nous permet d'être esclaves d'aucune habitude : moi je dors sur la terre nue, une pierre sous ma tête ; je brave le vent, le froid, la neige, les ouragans, le soleil qui brûle. Je vais des journées entières comme un maudit dans les mornes solitudes, veillant aux embuscades, évitant les gendarmes et guettant toujours mes ennemis. »

Dans le défilé de Santa Regina s'élève au bord du chemin, près d'un abîme, une simple croix de bois. C'est là que Capa, dissimulé dans le creux d'une roche, guetta, des semaines entières, avec la constance d'un Peau-Rouge, deux de ses ennemis qui devaient passer et qu'il foudroya un jour du même coup.

Une des inimitiés célèbres du Niolo est celle qui a divisé autrefois les familles Leca et Tartarola.

Une vingtaine de meurtres de part et d'autres avaient déjà surexcité les haines, lorsque se produisit l'événement qui suit.

Un soir Leca revenait des environs, où il s'était mis en embuscade avec deux des siens, pour attendre ses ennemis qui devaient arriver de la plage. Ne les ayant pas aperçus, il rentrait chez lui. Mais, pour regagner son domicile, il était obligé de traverser le hameau que ses ennemis habitaient.

Arrivé à une certaine distance des maisons, Leca paraît redouter un piège et devient hésitant; certains indices qui ont échappé aux autres l'ont mis en éveil; il fait part de ses appréhensions à ses deux affidés et on délibère à voix basse.

Ses compagnons, en fin de compte, ne partageant pas ses craintes, poursuivent la route. Lui, certain du sort qui l'attend, prend une résolution suprême : il s'avance résolument vers le hameau et va frapper à la porte de Tartarola, le chef de ses ennemis, et tandis que la porte s'entre-bâille, le crépitement d'une fusillade lointaine traverse l'obscurité.

« Qui va là? s'écrie Tartarola, pendant que plusieurs membres de sa famille courent aux armes.

— C'est Leca Hilaire, ton ennemi, qui vient te demander l'hospitalité pour cette nuit. » En même temps il passe son pistolet, son stylet et son fusil par la porte entr'ouverte, pour témoigner quelle confiance il met dans la loyauté de son adversaire.

« Entre », dit simplement Tartarola.

On fait bon accueil à cet ennemi devenu un hôte, on lui dit de s'asseoir, on lui offre à manger. Il refuse les aliments et n'accepte qu'une place auprès du foyer. Comme il ne veut pas se coucher, son ennemi et sa famille se décident à passer la nuit entière avec lui, auprès du feu, causant sur toutes sortes de sujets sans que, de part et d'autre, il soit prononcé un seul mot ayant trait à l'inimitié qui les divise.

Au matin, lorsque les premiers rayons du soleil dorent la cime des montagnes, Leca manifeste le désir de regagner sa demeure. Tartarola l'accompagne après avoir recommandé aux siens de surseoir à toute attaque. Il lui serre la main en le quittant et lui dit : « Maintenant nous voici de nouveau ennemis comme par le passé, va, et lorsque nous nous rencontrerons, ce seront les fusils ou les stylets qui s'adresseront un salut. »

Les coups de feu entendus la veille au moment où s'ouvrait la porte avaient tué ses deux compagnons. L'embuscade était réellement préparée : l'instinct de Leca ne l'avait pas trompé.

Le Niolo a été autrefois tristement célèbre par ses vendette. Aujourd'hui les passions sont un peu apaisées, les haines presque éteintes.

Les fusils ont pourtant la détente toujours facile dans le Niolo. La foire qui se tient à Casamaccioli le 8 septembre est très tumultueuse et trois brigades de gendarmerie s'y rendent pour maintenir l'ordre et empêcher les batailles fréquentes entre les habitants. Cette année, il s'est produit une simple tentative de meurtre pour un motif futile. Mais, au moment où l'on procédait à l'arrestation de l'agresseur, trente canons de fusils se sont dirigés vers les gendarmes. Le maire alors est intervenu, il a calmé les esprits, et comme force devait rester à la loi, en

LA FEMME CORSE.

apparence du moins, il a laissé arrêter le prévenu, s'engageant vis-à-vis des autres à le faire remettre en liberté aussitôt après, ce qui a eu lieu en effet.

La population du Niolo est composée en grande partie de pasteurs qui émigrent comme ceux du Coscione, et descendent passer l'hiver sur les plages, la vallée se recouvrant de neige en cette saison.

Cependant, ici, les bergers à leur départ n'emmènent pas leurs enfants et leurs femmes, qui demeurent dans le village, occupant leur hiver à tisser de la toile et du drap et à confectionner des vêtements pour toute la famille.

La femme corse vit dans un état d'infériorité réelle; son existence peut se résumer en trois mots : travail, soumission et sacrifice. Comme ces fleurs qui naissent et s'épanouissent un instant pour s'incliner presque aussitôt desséchées sur leur tige, leur jeunesse est éphémère, leur vieillesse prématurée. Elles ignorent l'âge intermédiaire, floraison charmante de la femme du continent.

Cependant ces femmes ne paraissent pas souffrir de la condition qui leur est faite. Dès l'enfance elles s'habituent à une existence de labeur qui ne cessera qu'à leur mort. La femme, en Corse, ne s'assied point à la table, devant le foyer domestique : son rôle consiste à préparer les repas et à servir les autres. Dans certains ménages même on cuit deux qualités de pain, l'un, le meilleur, pour l'homme, et l'autre, de qualité inférieure, pour le reste de la famille.

Dans les partages des successions, les filles admettent tout naturellement un droit pour les garçons à une plus grosse part, et à la faveur d'occuper la maison paternelle. L'opinion publique, qui pèse lourdement sur les Corses, serait hostile à la jeune fille qui n'abandonnerait pas la quotité disponible, au cas même où un testament aurait établi que les parts doivent être égales entre les enfants.

Il faut cependant reconnaître que si le garçon retire plus d'avantages de la succession que la fille, il accepte en même temps des devoirs et des charges auxquels il ne faillit jamais. Il prend le lieu et place du père, fait instruire ses sœurs et les dote. Le plus souvent même, il reste célibataire, afin de pouvoir faire une situation meilleure à la famille dont il est devenu le chef. Quelle différence entre la conduite de ces frères et celle de certains, trop nombreux, hélas! du midi de la France, qui, après avoir absorbé pour leur éducation la dot future de leurs sœurs, s'emparent plus tard, avec l'aide de connivences coupables, de leur part de succession. Eh bien, j'aime les Corses pour leur droiture, leurs sentiments d'honneur, leur fidélité aux grands devoirs de la vie.

Quelles créatures dévouées et fortes elles sont ces femmes de Corse! L'histoire de l'île est pleine du récit de leurs faits héroïques. J'ai relaté en dépeignant Corte l'énergie de la femme de Gaffori.

Elle était du Niolo aussi, celle qui alla se présenter à Paoli et lui dit : « Général, j'avais trois fils; deux sont morts dans les guerres précédentes. On prétend que celui qui me reste est exempt du service parce que je suis veuve. Le pays est en danger : je viens de faire quinze lieues pour vous l'offrir. »

Paoli allait succomber après une lutte acharnée au couvent de Bozio, lorsqu'une femme, Mme Cervoni, engagea vivement son fils à aller à son secours avec ses hommes. Le fils hésitait, il avait eu à se plaindre de Paoli : « Il ne s'agit pas ici de ton injure personnelle, s'écrie la mère, mais la liberté va périr avec son défenseur! Marche donc, ou je maudis le sang et le lait que je t'ai donnés! »

Lorsqu'un de leurs parents tombe sous les coups d'un meurtrier, ces femmes si passives dans leur rôle de ménagères se transforment alors en véritables Euménides, se précipitant sur le cadavre, trempant leur mouchoir dans les plaies, suçant le sang qui coule des blessures et faisant appel à la vendetta pour laver l'outrage et venger cette mort.

Lorsque, jeunes filles, elles sont séduites ou simplement compromises, elles désignent le séducteur à leurs parents et ceux-ci le mettent en demeure de consentir au mariage. S'il refuse ou se dérobe, la guerre est déclarée et les familles du jeune homme et de la jeune fille entrent en vendetta. Il est quelquefois innocent du fait dont on l'accuse, il proteste et jure qu'il n'y est pour rien. Mais il doit se sacrifier s'il veut éviter de graves complications. Quelles conséquences terribles ont eues ces allégations des jeunes filles, et que d'exemples je pourrais citer, si ces faits ne touchaient à des questions si délicates et si douloureuses pour certaines familles!

Après quelques journées consacrées à cette vallée du Niolo si intéressante à explorer, je quittai le village de Calacuccia, l'excellente famille Verdone et M. Ordioni, grand chasseur, charmant et jovial compagnon, qui avait égayé nos excursions. Je traversai une seconde fois l'Escala de Santa Regina, Corte, Vizzavone, Bocognano, et je rentrai à Ajaccio, où j'étais appelé.

Peu de jours après, j'entrepris de visiter la côte occidentale, et je retrouvai le fidèle Antô pour m'accompagner.

La route d'Ajaccio à Vico est, au début, assez peu intéressante. Elle serait presque ennuyeuse par une journée grise. Mais toutes les choses n'ont-elles pas une beauté sous un ciel pur, sous des rayons d'or qui cisellent les broussailles, frissonnent dans des touffes d'herbes, burinent d'un trait incisif des ombres d'améthyste sur des murailles de granit rose!

Les hautes falaises rayées de précipices du Monte Rosso et du Gozzi sont ainsi bien belles à mes yeux par cette matinée radieuse d'automne. La route toute blanche scintille, des graminées balancent mollement aux souffles de la brise leurs aigrettes miroitantes, et l'alouette monte dans les airs avec des cris joyeux.

Plus loin, après avoir frôlé Appietto endormi dans un pli de la cime du San Sistro, je ne perçois, en gravissant une rampe, que des pentes monotones, poudreuses, sans arbres et sans rochers, sans verdure et sans fleurs. Par places, de maigres maquis s'étalent et le golfe de Lava échancre la côte de ses flots tristes et mornes. Maintenant la terre est à nu, de grandes traînées de cendres grisâtres glissent sur le flanc des monts; le sol est noir et comme carbonisé par endroits. Les incendies ont encore accompli là leur œuvre de destruction.

Les oiseaux de rapine planent sans cesse sur les hauteurs. Les oiselets qui égayaient ces maquis, ne retrouvant plus leurs abris verdoyants d'autrefois, se sont réfugiés sur quelques points que l'incendie a épargnés, et les oiseaux de proie les guettent.

A cette heure, et comme pour augmenter l'aspect désolé du paysage, des nuées passent dans le ciel et voilent le soleil; la mer est de plomb, une tristesse infinie est descendue sur les terres desséchées. La route monte toujours.

Au col de San Bastiano, le spectacle change subitement. Le ciel est pur et les golfes de la Liscia et de Sagone étalent sous les yeux leur immensité. Des monts veloutés de verdure s'élèvent, égayés par des villages qu'on aperçoit à demi, les fumées des charbonnières flottent au-dessus des forêts, et, au loin, vers l'horizon, un promontoire rose, sur lequel scintille doucement le village grec de Cargèse, s'avance dans les flots.

Auprès de nous, à nos pieds, Calcatoggio, bourgade charmante adossée à la montagne, s'abrite souriante dans les feuilles, caressée par les souffles tièdes du large, embaumée des parfums des herbes et des fleurs.

Faisons halte au bord de la route, à l'auberge blanche, et, accoudés à la fenêtre, contemplons le golfe, l'espace infini s'étalant sous de chauds rayons. C'est un tableau d'une richesse, d'un charme et d'une douceur inoubliables, un accord de roses, de lilas, de bleus pâles et aériens, dans des lointains faits de moires et de satins impalpables qui chatoient, miroitent et tremblent comme des visions.

La montagne sur le flanc de laquelle est bâti le nid appelé Calcatoggio va se glissant jusqu'à la plus jolie plage de sable rose qu'on puisse rêver. Je vois de cette fenêtre, où je suis toujours accoudé, le mouvement rythmé des petites vagues dont un mince frisson d'argent souligne régulièrement la forme. Ces vagues semblent venir coquettement se mirer l'une après l'autre dans le frais miroir de sable humide et s'évanouissent aussitôt.

Comment détacher ses yeux d'un spectacle si charmant, de lueurs si douces? Le temps fuit sans qu'on en ait conscience.

L'hôtesse me ramène à des joies plus prosaïques et verse dans mon verre un flot de rubis, en me faisant asseoir devant la table où elle a servi le déjeuner.

« Bonne hôtesse, lui dis-je, qu'avez-vous donc à ce bras que vous portez en écharpe?

— C'est, répond-elle, un mal qui me revient de loin en loin, une sorte d'enflure, qui disparaît ensuite.

— Ce mal doit avoir une raison d'être.

— C'est une foulure, dit-elle, rougissante.

— Ah! l'hôtesse, il y a là une cause que vous me cachez. »

Elle m'avoue alors qu'elle a reçu une balle dans ce bras et que cette balle n'a jamais pu être extraite. Enfin elle s'estime heureuse d'en être quitte ainsi, car c'est à sa vie qu'on en voulait.

Les fusils et les stylets se dresseront donc toujours devant moi, en Corse, et sous ce soleil joyeux, devant ces coteaux, ces forêts et ces monts superbes, devant cette mer et ces rivages d'azur et d'or, ce seront donc des drames seulement que les gens auront à me conter! Ah! Corses, braves, intelligents, pourquoi vivre indifférents devant les merveilles que la nature vous a prodiguées? pourquoi, l'air farouche et fatal, le front penché, vous promener ainsi de long en large, éternellement, sur vos places publiques trop étroites? Oubliez donc la politique funeste, les rancunes passées, relevez la tête, souriez et contemplez!

« Au revoir, bonne hôtesse!

— Au revoir, et revenez », dit-elle, tandis que la calèche s'en va par la route qui descend en lacets jusqu'à la jolie plage, pour courir ensuite le long du beau rivage que j'apercevais de la fenêtre.

Nous traversons l'estuaire du Liamone, sorte de vaste étang marécageux aux bords peuplés de troupeaux. La malaria s'exhale de la plaine où dorment ces eaux mortes.

Sagone, que nous traversons, est un misérable hameau qui fut autrefois une grande ville, siège d'un évêché au vi[e] siècle.

La route s'élève ensuite et serpente longuement dans un vallon à travers les maquis. Dans la montagne s'ouvre une sombre déchirure : est-ce un antre, une gorge, le lit d'un torrent mystérieux? mon guide l'ignore. Au-dessus un village s'adosse à d'âpres roches cuivrées que les derniers rayons du couchant enflamment : c'est Balogna.

La nuit est venue lorsque nous arrivons au col de Saint-Antoine et les lumières de Vico brillent dans un cirque vaste, profond et noir, entouré de hautes montagnes aux silhouettes sévères.

... Quittons Vico au soleil levant tandis que la vallée est toute baignée d'ombre, que la *Sposata*, étrange roche au profil d'épousée, découpe sa silhouette sur le ciel pâle.

Les premiers rayons dorent les maisons de la bourgade; le couvent, blotti dans la forêt, sur la pente d'une colline, sommeille dans le mystère. Les yeux, à cette heure, s'égarent dans la fraîcheur des vallées, se reposent dans des transparences bleuâtres. Sur les sommets les rayons du soleil apportent comme une douce gaieté, et les choses, forêts ou roches, monts ou collines, semblent sourire au ciel qui les caresse.

Enfouie dans une conque verdoyante, bordée de cimes grandioses, cette bourgade entourée de tombeaux épars, de clochetons de chapelles qui couronnent les pentes ombreuses, est bercée par la rumeur du Liamone roulant dans la profondeur des gorges voisines.

Remontons lentement jusqu'au col, sur la route d'Evisa, jouissant du beau jour que Dieu nous donne, de l'air doux et embaumé, de ces montagnes qui vont s'évanouir au loin en nuances diaphanes.

Maintenant le soleil s'est allumé davantage, la ville étincelle sous ses rayons, les arêtes rocheuses se dessinent avec fermeté. Là-haut, devant nous, presque sur nos têtes l'Inscinosa élève ses flancs dénudés et la cime du San Angelo voit son âpre granit égayé par quelques lueurs d'or.

La montée est pénible, les chevaux soufflent, mais le paysage est toujours enchanteur.

Jusqu'au col de Levi nous irons, traversant des bosquets de châtaigniers, des bois d'yeuses, frôlant quelques villages perdus dans des vallons. Puis, aux approches du sommet, nous ne trouverons plus que des solitudes de pierre, l'Inscinosa, le San Angelo, le silence et l'aridité, nous n'apercevrons au bord de la route que quelque vieux pâtre mélancolique, gardant des chèvres, le fusil en travers sur ses genoux.

Plus loin, ce seront des plateaux creusés de sillons où glissent quelques ruisseaux sans murmures, sources de rivières ou affluents, et ce sera tout.

Mais au col, où nous arrivons enfin, il faut s'arrêter pour contempler un gigantesque éboulement de forêts vertes et de roches rouges qui va se précipitant vers la mer lointaine. Prenons la descente, des chênes verts robustes et noirs, des châtaigniers à l'épais feuillage cachent, par instants, l'horizon. Lorsqu'il se montre à travers les sombres futaies, c'est en échappées ruisselantes de vives couleurs et de lumière.

Evisa est le village le plus pittoresque de la Corse avec son décor de roches sanglantes, d'aiguilles, de précipices, et son envolée sur la mer. Du petit balcon de l'auberge on domine ses étranges beautés.

La Spelunca, à Evisa, est une sombre déchirure pleine d'étrangeté et d'horreur; c'est un précipice infernal, un puits immense dans lequel on descend pendant deux heures par le chemin le plus affreux qu'il se puisse voir. Evisa est à 840 mètres

EVISA.

d'altitude : le fond de la Spelunca n'est peut-être pas à 300 mètres au-dessus du niveau de la mer. C'est donc plus de 500 mètres qu'il faut dévaler avec le vide devant les yeux, des abîmes de toutes parts, par un sentier taillé dans le roc, pavé, par instants, de dalles polies par les eaux d'hiver et très glissantes. Je n'ai rien vu de plus vertigineux que cette descente.

Que de charmantes choses nous attendent pourtant dans cette pente ! Ici une source musicale s'écoule goutte à goutte, là le sentier disparaît sous un berceau de feuillage. Sur les cimes aiguës de quelque haute roche se dressent en silhouette des chèvres sauvages. Les pasteurs qui les ont menées dans ces précipices ne pensaient pas sans doute qu'ils auraient tant de peine à les retrouver. Certaines y vivent depuis bien des années. Allez donc les chercher dans ces abîmes, à travers ces rocs où elles s'enfuient lestement. Vous suivrez péniblement une corniche, elles auront gagné un sommet, et, penchées sur l'immense gouffre, elles vous regarderont d'un air moqueur. Un coup de fusil en a seul raison, et encore n'est-on pas certain de les retrouver une fois mortes ?

Une simple croix de bois se montre au bord du sentier. Un vieillard avait perdu sa mule, il la chercha vainement dans la Spelunca ; tandis qu'il remontait, un orage se déchaîna, et le pauvre vieux, couvert de sueur, trempé par la pluie, fut surpris par les eaux torrentueuses qui avaient envahi le sentier. Il s'assit sur le talus et expira à l'endroit même où est plantée cette croix.

LA FORÊT D'AITONE.

Les arbousiers sont énormes, à travers leurs troncs la mer reluit dans une échancrure bordée de promontoires roses, à leurs branches noires, étendues au-dessus de ma tête, se balancent des grappes de fruits d'un rouge incarnat. J'en cueille aisément en me dressant sur les étriers.

De chaque côté donc les falaises se précipitent du zénith pour arriver aux fonds ténébreux, elles convergent, en quelque sorte, vers l'abîme. La Spelunca est un entonnoir dont le soleil frappe les bords et dans la profondeur duquel passe, sous un crépuscule livide, un torrent grondeur.

Un petit pont construit par les Génois enjambe ce torrent que des blocs de granit encombrent, le sentier suit une pente abrupte et le village d'Ota s'accroche aux flancs pierreux d'une haute montagne. Sur cette cime, un roc gigantesque est suspendu comme une terrible menace sur le village, car les chutes de rochers sont fréquentes dans ces parages. Dans la Spelunca, aux jours d'hiver, des blocs se détachent soudain qui roulent et se brisent au fond du précipice après avoir, dans leur course furibonde, mordu les falaises, broyé les arbres, pulvérisé la pierraille.

Mais une légende apprend qu'Ota ne verra jamais la roche se détacher. Elle est retenue par un réseau de fils en poil de chèvre, de ces fils solides avec lesquels est cousu le drap corse et le pelone, et des moines bénis demeurent tout exprès là-haut pour retenir ces liens. Chaque nuit, tandis que le village dort, des femmes gravissent les cimes et vont porter des aliments aux bons moines qui veillent à la sécurité d'Ota; elles leur fournissent, en même temps, de l'huile pour arroser les liens, qui se conservent mieux ainsi.

Un ancien proverbe dit de ce village :

Paese maladetto,
Ne staccio ne cantaretto.
Pays maudit, sans balance, sans tamis.

En 1876, une jeune fille d'Ota, la belle Fior di Spina, que l'instituteur du village avait rendue mère, voyant que son amant allait épouser une autre femme, le tua d'un coup de pistolet à la porte même de l'église où il devait recevoir la bénédiction nuptiale. Elle fut acquittée par le jury, et une de ses compagnes improvisa un vocero de triomphe demeuré célèbre.

Le soir, tandis que le crépuscule envahissait le ciel et que les derniers rayons ensanglantaient les cimes, la lune, élevant lentement sa face de fantôme sur les profondeurs tragiques, me voyait sortir de l'antre plein de noirceur.

Là-haut je retrouvai l'espace, les souffles caressants de la brise marine, la terre foulée par les humains et je m'écriai, comme Dante quittant les enfers :

E quindi uscimmo a riveder le stelle.
Et de là nous sortîmes pour revoir les étoiles.

DANS LA FORÊT D'AÏTONE.

Toute la nuit, la vision de la Spelunca me harcela. La main dans la main de Virgile, dont le manteau flottait au souffle des vents noirs, je ne cessai, dans mon rêve, d'errer d'abîme en abîme et de frissonner d'horreur.

Le lendemain, le premier rayon du soleil me trouva sur la terrasse de l'auberge, contemplant les nuages vermeils qui flottaient lentement dans l'espace, au-dessus de la mer et des abîmes. Je ne pouvais me croire en automne. La mélancolie des jours voilés et plus courts ne se fait pas sentir sur cette côte. Les fougères jaunissantes, les grands châtaigniers dont les fruits se dorent, témoignent seuls des approches de l'hiver.

J'avais rencontré la veille, au fond de la Spelunca, un jeune homme originaire d'Evisa, où il était venu passer quelques jours. Il m'avait offert très gracieusement d'être mon compagnon et mon guide dans l'excursion que j'avais projetée dans les forêts d'Aïtone et de Valdoniello. J'avais accepté avec empressement.

Il ne se fit pas longtemps attendre le lendemain, et de bonne heure nous prenions place dans la calèche, qui nous emporta à travers la route forestière.

La forêt d'Aïtone est belle: c'était même, autrefois, avant une exploitation exagérée, la plus belle de la Corse.

Sans cesse, à travers le sombre feuillage des pins, se dresse la muraille rocheuse d'un gris cendré qui court de l'autre côté du torrent; les pins, aux cimes aiguës, semblent escalader cette falaise et en tenter l'assaut. Nous allons dans le silence des bois, mais par moments, dans ces ramures hautes, à travers les troncs élevés, les vents qui passent soulèvent de vagues mélodies, et quelques oiseaux, pigeons ramiers ou grives, s'envolent tout à coup à tire-d'aile et sans pousser un cri. La forêt est silencieuse. Les oiseaux y chantent peu en cette saison. La route forestière monte rudement et il faut compter deux grosses heures pour atteindre le col de Vergio.

MOULIN PRIMITIF.

Nous autres, peu pressés d'arriver, nous quittions souvent le chemin, descendant vers le torrent pour contempler une belle cascade, passant de longs instants près d'un joli moulin primitif qui s'assied dans les roches, au milieu de la forêt, tout inondé de lumière, et entouré d'une épaisse ceinture d'ombre.

A mesure qu'on s'élève, cette forêt change de caractère, des ruisseaux torrentueux traversent la route, l'air fraîchit, et les hêtres, les sapins, les mélèzes et quelques bouleaux rabougris se montrent.

Nous nous apercevons bien maintenant, sur ces froides hauteurs, que l'automne est venu, car certains feuillages ont rougi et d'autres se sont parés d'une teinte chaude et transparente.

Le soleil sonne d'éclatantes fanfares à travers les richesses de ces colorations.

Si la forêt de pins est monotone, silencieuse et recueillie, le hêtre, avec son tronc d'argent, ses plaques de velours, ses fourrures, le mystère harmonieux de ses profondeurs, flatte les yeux par son opulence. Les sapins, ces grands sapins célébrés par Pierre Dupont dans un chant empreint de grandeur, s'élèvent robustes et noirs, perçant l'océan de feuillage de leurs cimes altières. La nature les a couverts de grandes barbes grises faites de lichen qui leur donnent un aspect très vénérable.

Plus haut encore, près du ciel, la violence des vents a tordu et convulsé la végétation. Les arbres recroquevillés accrochent leurs racines dans les fissures des rochers et se penchent comme affolés, battant l'air de leurs branches noires à demi dépouillées, comme si le sol se dérobait sous eux.

LA ROUTE DES CALANCHES.

Au col même de Vergio, une croix étend lugubrement ses deux bras. Un homme est mort de froid à cette place il y a quelques mois à peine.

Maintenant la vallée du Niolo, que j'avais parcourue naguère, étale devant nous la monotonie de ses ondulations, et les pentes de porphyre rouge du Monte Cinto et du Cabo Tafonato semblent bercer sa tristesse et son isolement.

Après un frugal déjeuner près d'une source, au bord de la route, nous pénétrons un peu dans les splendeurs de la forêt de Valdoniello, et le soir nous rentrons à Evisa.

— Je croyais, après une journée passée dans la Spelunca, avoir épuisé tout ce que les convulsions de la nature peuvent enfanter d'épouvantes et d'horreurs. Je me trompais....

Personne ne m'avait parlé de l'horrible déchirure qui borde le village ; le jeune étudiant mon compagnon de la veille m'a conduit à ce chaos, que j'avais entrevu de la lisière de la forêt.

A dix minutes à peine du bourg, après avoir grimpé derrière les maisons et traversé une châtaigneraie, on voit subitement à ses pieds le plus infernal paysage que l'on puisse imaginer. On l'appelle le *Calanquone* ; ce n'est plus un entonnoir, comme la Spelunca, mais une déchirure d'une profondeur prodigieuse, au fond de laquelle roule le torrent d'Aïtone descendant de la forêt.

Le précipice s'ouvre béant, il faut avancer avec prudence, car le moindre faux pas précipiterait dans des gouffres au fond desquels on n'arriverait même pas : les roches ardues, farouches, qui se dressent comme de sombres bataillons, vous mettraient aussitôt en pièces. L'antre infernal est fait de parois aux formes violentes et

LES CALLICRÂNES AU CLAIR DE LUNE.

de couleur livide. En face, une falaise sanglante tombe à pic comme un immense rideau rigide et tragique. En suivant des yeux le bord des escarpements de cette déchirure on aperçoit les cimes qui entourent la Spelunca et, tout au loin, la mer.

CASCADE DE PORTO.

Quel effroyable et superbe abîme !

Deux jeunes garçons du village nous ont suivis et se sont mis à faire rouler des blocs de rochers. Ces blocs se sont précipités avec un bruit épouvantable, on aurait dit qu'une montagne entière s'abîmait dans les profondeurs, et les échos d'alentour répercutaient longuement et comme avec fureur ces bruits d'écroulement.

Longtemps je les ai vus ces enfants agiles comme des mouflons, courir dans les escarpements, à la recherche de rocs plus gros encore, faisant retentir sans trêve les gouffres noirs.

— La route d'Évisa à Porto est superbe : à un moment la Spelunca s'étale dans toute son horreur ; cette vision passe vite pour faire place à Ota, adossé à la muraille rocheuse sous l'énorme roche qui menace toujours de l'écraser dans sa chute.

Après cette suite de paysages grandioses ou terribles, la nature se reprend à sourire, le soleil brille dans les arbres verts, une cascade coule en flots d'argent sur le bord du chemin, et le golfe de Porto découvre ses flots bleus qui caressent les falaises rouges des promontoires.

La route se poursuit devant l'immensité, sous les arbousiers où s'égosillent les oiseaux.

Si jamais, lecteur, vous suivez cette route, déjeunez à la fontaine que vous rencontrerez bientôt : vous aurez sous les yeux un paysage idéal, les oiseaux vous donneront un concert, la brise inclinera des branches chargées d'arbouses toutes rouges. Et puis, après ce repos sous les feuilles, les yeux encore voilés d'azur et des mélodies bruissant doucement à vos oreilles, vous arriverez en peu d'instants au milieu du plus étrange décor qui se puisse rêver : les Calanches.

LE RIVAGE AU-DESSOUS DES CALANCHES.

Durant 2 kilomètres les roches les plus bizarres, les formes les plus fantastiques s'élèveront de chaque côté du chemin. Puis des précipices insondables s'ouvriront jusqu'à la mer, tout en bas, tout au loin. Ces roches évidées, rongées par les vents et les météores, sont couleur de feu; on dirait au soleil du cuivre incandescent.

J'ai suivi ce chemin par la lune, et jamais sous mes yeux spectacle plus étrange ne s'est montré. La poésie de la mer argentée de doux rayons, les éperons de caps lointains entrevus dans les vapeurs, les monstres de pierre, noirs à cette heure, semblant hurler ou souffrir, étendant des bras difformes, ouvrant des yeux de cyclopes, tout concourait à donner à la scène une beauté et une grandeur inoubliables. La Corse est un pays troublant avec ses paysages tragiques, auxquels succèdent aussitôt les caresses du soleil, les chants des sources, le parfum des fleurs.

Cargèse, 14 octobre. — J'ai passé la journée entière dans le village de Cargèse. Ces jours derniers j'avais frémi dans les abîmes d'Evisa, hier au soir j'errais par la lune dans l'étrange décor des Calanches, aujourd'hui je me suis promené doucement en Grèce, parmi des orangers et des cédratiers, sur un promontoire embaumé de plantes aromatiques, au milieu d'une population complètement différente des Corses, tant au point de vue des mœurs que par le type, qui rappelle la beauté marmoréenne des sculpteurs classiques.

Histoire bien intéressante que celle de cette petite colonie de Spartiates qui vit aujourd'hui calme et laborieuse après des épreuves et des vicissitudes sans nombre.

Les musulmans désolaient la Grèce. Plusieurs familles de la Laconie, afin d'échapper à leur joug, projetèrent de quitter le sol natal pour adopter une nouvelle patrie et, dans ce but, chargèrent un des leurs d'aller à la recherche d'un coin de terre où ils pourraient vivre à l'abri des exactions et des fureurs de leurs ennemis.

Après avoir erré dans les îles de la Méditerranée, visitant longuement la Sicile, qui ne répondit point à son attente, cet envoyé se rendit à Gênes et exposa au sénat ligurien les malheurs des siens et ses pérégrinations infructueuses.

La république l'envoya alors en Corse, où il trouva au-dessus du golfe de Sagone un territoire et un climat rappelant sa patrie. L'envoyé apporta enfin la bonne nouvelle si longtemps attendue, et deux navires chargés d'émigrants quittèrent Maïna, en Laconie. Une flotte turque surprit l'un de ces navires, dont les passagers furent massacrés. L'autre aborda heureusement à Gênes.

Après un accord intervenu avec la république, les émigrants débarquèrent en Corse le 14 mars 1676, et s'établirent à l'endroit choisi par le mandataire, et auquel sa forme en queue de paon et sa beauté firent donner le nom de *Paomia*.

UN VIEUX GREC DE CARGÈSE.

Après tant de malheurs et de vicissitudes, les Grecs pouvaient espérer, sur cette côte de vermeil et d'azur et loin de leurs ennemis, le repos et le bonheur; leur repos et leur bonheur furent éphémères. Les Corses, après le départ des Génois, les assaillirent, ravagèrent leurs propriétés, pillèrent leurs troupeaux et les obligèrent à se réfugier à Ajaccio.

Là il leur fut accordé pour l'exercice de leur culte une chapelle, dite *Madona del Carmine*, désignée depuis sous le nom de chapelle des Grecs.

Enfin, quarante-trois ans après, les Français les établirent à Cargèse, érigé en marquisat sous Louis XVI. M. de Marbeuf, gouverneur de la Corse, fit bâtir sur le promontoire de Cargèse un superbe château, qui fut brûlé en 1793, tandis que les Grecs étaient de nouveau chassés de leur patrie d'adoption.

Ils y sont revenus depuis, protégés par des familles corses avec lesquelles ils avaient, à la longue, contracté des alliances.

Ces alliances sont devenues plus nombreuses, mais une bonne moitié de la population de Cargèse est demeurée fidèle à ses origines. Le grec moderne est parlé aujourd'hui par la plupart des familles, tandis que, dans les cérémonies religieuses, le grec ancien est usité.

Les Corses fixés à Cargèse, les *paysani*, comme on les désigne, suivent en assez grand nombre les cérémonies du rite grec; lorsqu'ils dominent dans l'assistance, le pope, par condescendance, prêche en italien. Quant au cimetière, il est commun aux deux rites. Les gens de Cargèse sont doux, policés, extrêmement laborieux.

Pendant mon séjour, le village est désert et comme abandonné; tous les habitants sont aux champs ou à la mer. J'ai cette même sensation d'abandon que j'ai éprouvée dans la plupart des villages de nos Pyrénées où, par le soleil d'été, on n'entend durant la journée, dans les rues solitaires, qu'un clair et sonore chant de coq s'élever par instants.

Ce petit pays industrieux exporte du blé et des cédrats; il est aisé de voir que le bien-être, fruit du travail, y règne.

Cependant, en dehors des impôts qu'ils payent à l'État, les habitants ont des redevances occultes à satisfaire. Parfois, la nuit, on vient frapper aux portes des maisons. C'est un homme menant une mule, dont le dos est chargé de la narpia traditionnelle, muni d'une lettre écrite au crayon par un bandit et d'une liste indiquant les objets ou les vivres dont il a besoin. Cette demande est simplement signée par le bandit.

Les bandits ont ainsi leurs percepteurs nocturnes, non seulement vers le pays de Cargèse, mais dans presque toute la Corse.

Cargèse, 15 octobre. — Ce matin, le ciel est voilé, et la mer couleur d'acier poli est unie comme un miroir; c'est à peine si quelques frissons d'argent viennent frôler ses bords et scintiller en éclats diamantés autour des rochers du rivage. Des gouttelettes de pluie fine et douce tombent par intervalles, sans humecter même le sol altéré.

Le pope, que j'avais visité dans la journée, est venu me voir après le soleil couché. Nous descendons ensemble sur la route, le long du rivage. La nuit est calme, les étoiles scintillent doucement dans le ciel et la voie lactée se mire vaguement dans la mer, dont l'immensité se devine.

Le pope est un homme jeune, fort aimable ; il a vécu longtemps à Rome, poursuivant ses études théologiques.

La soirée que nous passons ensemble sur cette route, devant les flots, me restera comme un bon souvenir. C'est là que j'ai entendu de sa bouche la curieuse aventure qui suit.

Le pope était un soir, il y a deux ans, chez un de ses parents, à Ota, et il devait repartir le lendemain pour rentrer à Cargèse, lorsqu'on frappa à la porte. Un homme du pays venait lui dire que, ayant appris son départ pour Cargèse le lendemain, il venait, gracieusement, lui offrir une place dans sa carriole, des affaires personnelles l'appelant de ce côté.

Le pope accepta avec empressement cette offre, sans laquelle il aurait dû, très probablement, faire la route à pied, et la distance est grande.

Le lendemain, de bonne heure, en compagnie de son gracieux conducteur, il quitte le village.

Tandis que, arrivés dans le voisinage des Calanches, ils gravissent péniblement la montée, un bruit particulier vient frapper leurs oreilles. L'individu arrête aussitôt le véhicule et dit au pope d'un air grave : « Ce bruit que vous venez d'entendre est produit par deux cailloux entre-choqués. C'est le signal employé habituellement par les bandits, comme vous le savez, lorsqu'ils veulent faire connaître leur présence et s'entretenir avec quelqu'un. Je sais qu'il y en a un là, dans la broussaille, qui désire absolument vous parler. Ne craignez rien, descendez et il ne vous sera fait aucun mal. »

Le pope tremblait de tous ses membres. Mais que faire ! Il quitta la voiture ; alors un homme se montra à travers le maquis et, écartant les branches, s'approcha des deux voyageurs. Sa mine n'était pas faite pour inspirer la confiance, sa barbe était inculte, ses cheveux ébouriffés et son visage ravagé. Il tenait un fusil à la main ; la crosse d'un pistolet et le manche d'un stylet sortaient de sa ceinture. « C'est vous, dit-il en s'adressant à l'ecclésiastique, qui êtes le pope de Cargèse, César Coty ? Je savais que vous alliez revenir et je voulais vous voir au passage : ne craignez rien de moi, je suis d'Ota et ami de votre père. » Ce disant, il embrasse le pope avec effusion. Puis, penché vers son oreille, il ajoute à voix basse : « J'ai besoin de recevoir de vous le sacrement de la pénitence, j'ai bien des aveux à vous faire, bien des forfaits à expier. Suivez-moi là, dans ce maquis. » Et, s'adressant au conducteur, il s'écrie brusquement : « Allez plus loin, entendez-vous, je veux être seul avec le pope. »

Le bandit et le prêtre s'enfoncent dans le maquis. Ce dernier, peu rassuré, dit : « Pourquoi ne vous êtes-vous pas confié au curé d'Ota, votre pays ? » Il lui est répondu rudement : « Que vous importe, n'êtes-vous pas aussi un prêtre ? »

Les voilà tous les deux au milieu des broussailles. Le pope s'est assis, tout ému, sur une pierre. Le bandit a enlevé de sa ceinture son pistolet et son stylet, les a déposés à terre, à côté de son fusil, puis, s'agenouillant parmi les ronces, il a frappé avec force sa poitrine.

. . . .

« Je lui ai donné l'absolution, devant son repentir », me dit le pope.

Puis ils se quittent, le bandit embrasse plusieurs fois son confesseur, le remercie chaleureusement du bien qu'il lui a fait : il n'est plus oppressé maintenant, il souffrait beaucoup dans sa sauvage solitude où les remords l'obsédaient. C'était le bandit Pascuale, originaire d'Ota, que, trois mois après, les gendarmes surprenaient et « détruisaient » dans une grotte voisine, au milieu de ce même maquis où il s'était confessé et avait reçu l'absolution.

En Corse on emploie toujours le verbe « détruire » lorsqu'il s'agit des bandits.

Tandis que le pope me raconte cette histoire, nous nous sommes rapprochés de Cargèse; des voix lointaines, perdues dans la nuit, chantent d'antiques lamenti.

LE POPE DE CARGÈSE.

SARTÈNE.

CHAPITRE III

Sartène. — Les mariages. — Procession nocturne. — Le *catenaccio* et les pénitents noirs. — Une vendetta. La Trinité. — Bonifacio. — Une grotte d'azur. — Le lion de Roccapina.

PÉNITENTS BLANCS.

Nous étions déjà loin sur la route lorsque les rayons du soleil levant illuminèrent le promontoire rose où Cargèse est blotti comme un nid d'oiseaux de mer. Je vis ses maisons blanches et les clochers de ses deux églises de rites différents scintiller, ses haies et ses champs d'opuntias allumer d'étincelles leurs fruits de pourpre ou d'or. Puis un son de cloches s'éleva lentement dans les airs, quelques fumées légères montèrent en spirale dans le ciel, et, au tournant du chemin, la douce vision de ce village s'évanouit tout à coup.

Antô, silencieux d'ordinaire, jette au vent du matin les fragments d'un lamento plaintif, tandis que les chevaux, devinant leur retour prochain à l'écurie, ont pris une allure rapide.

Nous roulons sur la route, tout auprès des flots, route charmante, ensoleillée, abritée du vent, baignée d'effluves amers, embaumée du parfum des herbes sauvages.

Nous traversons l'antique Sagone, l'embouchure du Liamone aux souffles paludéens, et nous revoyons Calcatoggio, le golfe radieux, l'auberge blanche, la bonne hôtesse blessée.

« Maintenant c'est adieu qu'il faut nous dire », fit-elle, tandis que nous repartions après un assez long repos.

« Adieu pour toujours, sans doute », pensai-je en détournant mes yeux de son visage d'une pâleur mortelle.

Le lendemain, je prenais à Ajaccio le vapeur de Propriano. La nuit avait été mauvaise, des orages n'avaient cessé de gronder sur la Corse, les hautes montagnes pareilles à des fantômes se levaient toutes blanches de neige à travers les nuages affolés qui couraient dans le ciel.

Ajaccio, jouissant d'une immunité habituelle, sommeillait dans la lumière, la brise agitait à peine ses palmiers, et la mer clapotait doucement au pied de ses hautes demeures. Mais les rivages du golfe, aux approches du large, étaient battus par les flots courroucés; des masses d'écume neigeuse s'élevaient sur l'horizon, et le cap Muro disparaissait, par instants, à travers l'embrun.

La traversée, dont la durée n'est que de deux heures, fut pénible. Accroché aux bastingages, je ne quittai pas le pont du navire, et je pus voir un écueil fauve, en forme d'aigle prêt à s'envoler, disparaître bien des fois sous les vagues pour surgir ensuite tout ruisselant.

A Propriano, port ouvert aux vents d'ouest, la mer se précipitait en mugissant sur le rivage, et le débarquement fut laborieux.

Mouillés d'écume, fouettés par le vent, les voyageurs grimpèrent dans la diligence qui assure le service de Sartène.

La route serpente longuement, traverse le Rizzanèse, et tourne ensuite à droite. Alors sur le flanc d'une montagne, près d'une cime, à travers un éboulement de rochers d'où les oliviers descendent en cascades livides, apparaît Sartène.

Quelle ville étrange! Adossée à un mont, au milieu d'un chaos de granits âpres, de couleur violacée, avec ses maisons régulières, rigides, d'une hauteur singulière, et les ouvertures de ses fenêtres noires comme des meurtrières, on dirait une vaste forteresse.

Vers la gauche, et comme pour compléter ce robuste décor, l'Incudine montre sa cime désolée, et les aiguilles fatidiques d'Asinao semblent poignarder les nues.

Des tombeaux blanchissent sur les pentes de la montagne qui porte cette ville à son flanc; plusieurs la couronnent d'un pâle diadème. Les morts ici ont des demeures plus joyeuses que celles des vivants.

Ils reposent sur les hauteurs ensoleillées plantées d'oliviers au feuillage tremblant que caresse le souffle des brises, dans les entrailles d'un sol ardent paré de floraisons aux parfums capiteux. Les souvenirs des trépassés dominent cet âpre pays; de la haute mer on voit les monuments funéraires étinceler comme les koubbas saintes en pays musulman.

D'anciens remparts, qui protégeaient autrefois Sartène contre les attaques des Barbaresques, courent, en ruines, le long des rochers qui supportent la cité, montrant encore des restes de chemins de ronde et des tourelles de guetteurs.

Nous sommes ici en plein pays de vendetta. C'est dans la partie qui commence aux cimes de San Pietro di Verde, englobant Zicavo, Sartène et Porto-Vecchio, pour se terminer aux fantastiques monts de Caña, que la race corse a conservé toutes ses violences et que les inimitiés sont encore aujourd'hui les plus vives.

Un ami que je n'avais plus revu depuis les jours déjà lointains de la jeunesse m'y attendait. En n'acceptant pas l'hospitalité qu'il m'avait offerte avec tant d'insistance et tant de cordialité, je l'aurais sûrement froissé, et, d'autre part, étant son hôte, je ne pouvais chercher à obtenir de lui, pour les publier, des renseignements ayant trait aux mœurs un peu farouches de son propre pays.

Je dois quelques belles heures à mon vieil ami Paul-Louis de Rocca-Serra.

Un jour nous sommes partis en joyeuse cavalcade avec plusieurs de ses parents et amis pour visiter le dolmen et les pierres levées de Cauria, appelées par les Corses *Stazzone del Diavolo* et *Stantare*.

LE DOLMEN DE CAURIA.

En Corse, comme aux Baléares et en Sardaigne, les savants se permettront mille hypothèses pour expliquer l'origine des divers monuments mystérieux qu'on y rencontre, mais aucun d'eux n'est parvenu par des révélations décisives à dissiper le voile qui enveloppe la destination de ces constructions. Les auteurs anciens étaient déjà en contradiction en ce qui concerne les aborigènes, car Pausanias qualifie de Libyens les premiers habitants de la Corse; Sénèque, après avoir vécu en exilé dans l'île, leur prête les mêmes mœurs et les mêmes coutumes que les Ibères; Hérodote parle d'une émigration phocéenne; Diodore de Sicile fait fouler ce sol par des Étrusques.

Il est vraisemblable que les premières populations de la Corse furent hétérogènes, et que plus tard les Celtibères, suivant la croyance de certains auteurs, y passèrent en même temps qu'aux îles Baléares et en Sardaigne.

Telles furent les dissertations savantes auxquelles se livraient quelques-uns d'entre nous.

Nous étions deux ou trois seulement à regarder le joli ruisseau qui jasait le long de la route, à travers les pierres, sous les chênes verts, les pentes douces inondées de soleil, les bergers revenus des sommets du Coscione et dressant leur silhouette sur quelque rocher. Tels j'avais aperçu ces bergers rêveurs près des nuages, tels je les retrouvais sur les basses collines voisines de la mer.

Nous allions ainsi chevauchant par monts et par vaux, l'un cherchant à dompter un cheval ombrageux, l'autre frappant avec une branche quelque mule indolente et têtue, lorsqu'une bruyante cavalcade passa auprès de nous comme un tourbillon, à travers le sentier scabreux que nous suivions après avoir quitté la route.

Bientôt un autre groupe de cavaliers apparut gravissant avec calme une montée. C'était une noce de bergers. L'épousée, vêtue de blanc, la couronne d'oranger sur la tête, montait une jument de couleur blanche; elle était suivie par des cavaliers armés qui, de temps à autre, faisaient retentir les échos des bois d'une fusillade nourrie. Je n'avais pas encore vu une de ces fêtes intéressantes, et le hasard me servait à souhait.

Ceux qui étaient passés à côté de nous, en course folle, s'en allaient par les champs cueillir des fleurs, et, rivalisant ensuite de vitesse, devaient revenir aussitôt sur leurs pas. Le premier arrivé présente *il fiore*, la fleur, à la jeune femme. Cet heureux vainqueur l'embrasse ensuite et lui débite un compliment en vers.

Quelle poésie naïve dans ces mariages!...

Lorsque la chevauchée traverse une rivière ou un ruisseau, l'épousée émiette dans le courant un des gâteaux (*canistroni*) qu'on prépare spécialement pour les jours de fête; elle y lance ensuite un léger rameau d'olivier ou une fleur, symboles d'abondance, de paix et de bonheur pour les rives que cette eau va baigner.

Parfois, descendant de sa blanche monture, elle s'agenouille auprès du flot, et, prenant de l'eau dans ses mains qu'elle élève vers le ciel, elle la laisse ensuite retomber goutte à goutte en murmurant une douce prière, pour demander à cette eau, comme les anciens à l'eau lustrale, la purification et la candeur.

Lorsque l'invocation s'achève, la main ne doit plus contenir de liquide : de fâcheux présages sont ainsi évités. Le cortège, qui s'est tenu à genoux pendant cette cérémonie, remonte à cheval et poursuit la route en chantant des lamenti.

En arrivant à la cabane de l'époux, la jeune femme est accueillie sur le seuil par sa belle-mère, qui lui présente un fuseau et une clef en jetant sur elle des poignées de riz et de blé, signes d'abondance.

Aussitôt la fusillade retentit au milieu des vivats, c'est la *bonaventura* (la bienvenue), et l'épousée est introduite dans sa nouvelle demeure. Le repas de noces dure jusqu'au soir, au son du pipeau rustique, des couples exécutent, par intervalles, des danses du pays. Au dessert, chaque parent ou invité va choquer son verre contre celui des jeunes mariés et les complimente dans une improvisation versifiée.

Quelques-uns de ces toasts ne manquent pas d'originalité, paraît-il, et les règles de la prosodie y sont suffisamment respectées.

Quelquefois le cortège arrivant près de la demeure conjugale se voit arrêté par une barrière (*travata*), que la mariée ne peut franchir seule sans s'exposer à des présages redoutés ; mais un cavalier de l'escorte l'aide à surmonter l'obstacle.

Le consentement mutuel des futurs époux et de leurs familles, l'*abraccio* (les fiançailles), a lieu généralement pendant l'hiver.

Un soir les proches parents de la jeune fille vont chercher le promis et l'amènent dans leur maison. Les jeunes gens aussitôt s'embrassent, s'assoient à côté l'un de l'autre, et les deux familles se mettent à manger ensemble des gâteaux et à boire du vin, tout en établissant les accords du futur mariage. Le jeune homme rentre rarement chez lui ce soir-là.... C'est un usage admis : l'abraccio enchaîne les fiancés l'un à l'autre ; le consentement donné devant l'officier de l'état civil et la bénédiction nuptiale ne font que confirmer l'engagement contracté au sein des familles. Le mariage aura lieu plus tard, et souvent la jeune fille sera enceinte ou viendra d'avoir un nouveau-né.

Si la mort d'un des jeunes gens ainsi unis volontairement survient, les enfants interviennent dans la succession comme s'ils étaient légitimes ; la famille se ferait scrupule de réserver la part qui leur est attribuée. Du reste la jeune fille est considérée comme veuve et prend le deuil.

Lorsque les deux fiancés n'habitent pas le même village, ils partent à cheval, suivis des invités, pour le pays du futur époux. On peut voir réunis parfois, dans ces circonstances, 40 ou 50 cavaliers.

Quand la chevauchée approche du village, les jeunes gens qui font partie du cortège vont en avant de toute la vitesse de leurs chevaux. Le premier arrivé s'empare d'un rameau d'olivier, d'un bouquet et d'un voile blanc préparés dans la maison de l'époux, et revient à toute bride vers la jeune femme, à laquelle il fait hommage de ces objets. La *sposata* (épousée), accompagnée de sa suite, fait son entrée au galop des chevaux, tenant le rameau à la main.

Tandis qu'ils traversent les rues, toutes les fenêtres s'ouvrent pour faire tomber sur eux une pluie de riz, de blé et de fleurs. Ce sont les *grazié* ou bons souhaits, symboles d'abondance et de joie.

Ces usages varient un peu suivant les villages ; ainsi à Ghisonacce, la fiancée se rendant à l'église est munie d'une collection de mouchoirs de poche plus ou moins brodés, suivant son état de fortune, qu'elle distribue à ses amies qui viennent toujours l'embrasser lorsqu'elle passe devant leur maison.

Le prêtre lui-même est l'objet d'attentions touchantes à son entrée dans les ordres. Lorsqu'il célèbre sa première messe, par exemple, dans le pays dont il est originaire, on vient, à la fin de la cérémonie, lui baiser les mains et lui apporter des offrandes en argent. Certains jeunes prêtres réalisent ainsi d'assez fortes sommes.

Aussitôt que l'épousée a mis pied à terre devant la maison, une jeune fille qui l'attendait sur le seuil s'avance, lui offre un bouquet et lui débite un compliment. Lorsqu'elle est entrée et qu'elle s'est assise, on place sur ses genoux un petit garçon, le plus proche parent de son jeune mari. On espère ainsi qu'elle donnera le jour à des mâles.

Une pratique d'autrefois, qui tombe un peu en désuétude, consiste à laver avec du vin le visage de la jeune femme dès son entrée chez son mari.

Quant aux invités, ils devront, pendant les trois soirées qui suivront le mariage, venir tenir compagnie aux époux et les accompagner à l'église pendant trois dimanches consécutifs.

Dans les familles pauvres, la fiancée apporte en dot une quenouille, des fuseaux et un bourrelet (*capitala*) qui aide à porter les fardeaux sur la tête. Après le mariage, la famille de la sposata et les proches parents viennent offrir au nouveau ménage du pain, une part de jambon et de saucisse et des *canistroni*, gâteau national.

Voilà ce que j'apprenais sur les mariages en Corse tout en chevauchant sur la route, au retour de notre visite au dolmen.

Au moment où nous arrivons au couvent de Saints Côme et Damien, tout voisin de Sartène, les derniers rayons du soleil couchant allument comme un incendie dans les vitres des hautes demeures.

Les soirées à Sartène sont tristes. La grande place carrée, dite *Porta*, entourée de maisons monumentales, borde une vallée profonde qui la nuit s'ouvre comme un abîme. Les ruelles de l'ancien quartier, d'un sombre aspect le jour, avec leurs masures noires, deviennent, le soir, tout à fait sinistres.

On éprouve à certaines heures, dans les rues de Sartène, un sentiment d'insécurité. On s'expose du reste, en s'y aventurant, à rencontrer des gens suspects. Je connais quelqu'un qui, passant dans une sombre ruelle, entendit armer un fusil. « Qui va là? » s'écria-t-il. « Passez votre chemin, lui fut-il répondu, ceci ne vous regarde pas. » Une autre fois il aperçut un homme déguisé en femme portant la *faldetta* sur sa tête et armé jusqu'aux dents. Un mois avant mon arrivée, il rentrait chez lui lorsque deux individus dissimulés dans une encoignure s'approchèrent et, après l'avoir dévisagé à la lueur incertaine de la lune, lui dirent : « Vous pouvez vous en aller, ce n'est point vous que nous cherchons. »

Les bandits viennent souvent le soir dans les cafés. Ils sont habituellement déguisés. On y a pu voir des gendarmes assis à une table et un bandit s'entretenant avec plusieurs personnes à la table voisine.

J'aperçus moi-même durant mon court séjour à Sartène, en pleine place publique, un malfaiteur bien connu se promener longuement tout en causant avec un gendarme. Il est vrai de dire que cet homme, qui avait commis deux meurtres, avait été acquitté, attendu que, comme toujours, se prétendant provoqué, il arguait de légitime défense.

Un homme au visage défait se traînait avec peine sur cette place Porta où j'allais quelquefois dans la journée. Une balle destinée à un autre lui avait traversé les deux chevilles.

Cette place, entourée de hautes maisons froides, où s'ouvre comme un autre le grand portail qui donne accès dans l'ancien quartier, où des hommes au sombre visage se promènent sans cesse solitaires ou par petits groupes, a été et est encore, à certains jours, à certaines heures, le théâtre de scènes dramatiques. Elle a vu longtemps les haines des deux quartiers qui composent Sartène, et a retenti longuement du bruit des fusillades. Le bandit Rocchini, ami du redouté Giovanni, que j'avais vu au sommet de l'Incudine, y fut exécuté sur le théâtre, en quelque sorte, de ses crimes.

PÉNITENTS ET MOINES.

Le soir du vendredi saint, son aspect est lugubre. Dès le crépuscule toutes les demeures s'illuminent : aucune famille ne manquerait à ce devoir. Alors cette ville sombre d'habitude voit ses ruelles, ses carrefours, ses plus obscurs dédales s'éclairer d'une lumière inaccoutumée.

La place d'où l'on plonge jusqu'à la mer, par-dessus la profonde vallée, fourmille de monde. Les habitants des villages environnants sont arrivés, et les bergers sont accourus des hauteurs ou des plages.

Subitement la porte de l'église paroissiale s'ouvre toute grande et la confrérie du Saint-Sacrement s'avance. Les pénitents sont revêtus d'une grande tunique blanche descendant jusqu'aux talons, leur tête est couverte d'une cagoule de même couleur et sur leurs épaules s'étale un camail rouge avec un saint-sacrement brodé d'or sur la poitrine. Ils s'avancent sur deux rangs, avec lenteur, de longs cierges à la main. Au milieu de la haie qu'ils forment, marche le *catenaccio*, représentant le Christ.

Ce catenaccio est vêtu d'une longue cape noire, sa tête disparaît sous une cagoule de même couleur percée de deux trous à la hauteur des yeux; il s'en va nu-pieds, traînant à sa jambe droite une grosse chaîne de fer, tandis que ses épaules courbées s'affaissent presque sous le poids d'une énorme croix. Le porteur a fait vœu d'expier ainsi un crime ou quelque faute grave. Souvent des bandits, de connivence avec le prieur des pénitents, sont venus se charger de ce fardeau en expiation de leurs forfaits.

A la suite du catenaccio, des pénitents noirs portent sur un suaire le Christ qui a été enlevé à la grande croix, et dont les membres articulés prennent des attitudes presque naturelles. La lividité des chairs, les plaies ensanglantées, la couronne d'épines d'où le sang paraît couler goutte à goutte, viennent ajouter à cette scène un réalisme saisissant.

Cette lugubre procession déroule ses anneaux à travers les rues tortueuses et se dirige ensuite vers l'oratoire de San Bastiano, où elle s'arrête. Parfois la lune s'élevant derrière les montagnes est venue montrer sa face pâle et agrandie au-dessus de ce cortège fantastique qui va dévalant par les chemins aux lueurs crépusculaires.

La chapelle de San Bastiano, où l'on voit, sur un tombeau, l'image de la Vierge pleurant sur le corps du Christ, est tendue d'étoffes de deuil. Seules les lueurs jaunes et tremblotantes de quelques cierges viennent piquer l'épaisseur des ombres et éclairer vaguement les pénitents fantômes, le Christ dans son suaire et les bras énormes de la croix. Le spectacle est alors effrayant. Puis la procession reprend sa marche lente. Derrière les dignitaires de la confrérie, précédant le Christ exsangue, le clergé de la paroisse suit, psalmodiant le *Miserere*.

Durant ce temps, les pénitents aux camails rouges chantent en italien, sur un ton lugubre, un cantique de la Passion. L'étrange procession, qui revient aussitôt vers son point de départ, est suivie par la population entière, tête nue; elle est terminée par la foule des vieilles femmes et des enfants.

Arrivée devant l'église qui domine la place Porta, dont elle est séparée par un terre-plein, le clergé s'arrête, tandis que sur le mur de cette terrasse, dominant la foule silencieuse et prosternée, un moine, tenant le Christ dans ses bras, se met à prêcher la Passion au peuple assemblé. Cette scène est vraiment d'un grand caractère.

Le christ articulé penche sa tête sur l'épaule du moine, ses bras et ses jambes changent d'attitudes suivant les mouvements de l'orateur. Un profond silence

LE « CATENACCIO » ET LES PÉNITENTS NOIRS.

règne, seule la voix du prédicateur s'élève dans la nuit tandis que son visage est éclairé par les lueurs fauves des torches. Lorsque le prêche est terminé, le moine, saisissant de ses deux mains l'énorme christ, l'élève avec effort et lui fait décrire un grand signe de croix, bénissant ainsi la foule avec la statue elle-même.

Telle est la procession nocturne du vendredi saint à Sartène, j'en tiens les détails de M. Vintura de Rocca-Serra.

Grâce à mes amis, j'ai pu reconstituer en quelque sorte les principaux personnages de ces scènes et les dessiner au couvent des Saints Côme et Damien, voisin de Sartène. Les moines, je dois le dire, apportèrent la plus grande obligeance à me faciliter ma tâche.

Le personnel de ce couvent est composé d'un supérieur et d'une vingtaine de moines de l'ordre des Franciscains. Ceux-là vont quêter dans les maisons, n'acceptant jamais d'argent, mais recevant seulement les produits des récoltes.

En revanche ils font l'aumône et vont secourir à domicile les pauvres honteux. Ils suivent les enterrements, les processions, assistent les moribonds et se rendent utiles aux familles par tous les moyens dont ils peuvent disposer.

De ce couvent, la vue sur Sartène est superbe. Le Coscione, l'Incudine et les aiguilles d'Asiano se distinguent très nettement; les maisons de Sainte-Lucie de Tallano, célèbre par son granit orbiculaire, scintillent, et des yeux on peut suivre la vallée où s'abrite le village de Carbini.

Là prit naissance, vers la fin du XIVe siècle, la secte des Giovannali, excommuniée par le pape Innocent VI, impitoyablement persécutée par les Corses, et massacrée enfin par eux.

Les Giovannali, qui ne reconnaissaient que l'évangile de saint Jean, mettaient tout en commun, terres, argent, femmes, etc. La nuit, ils se réunissaient dans leurs églises; après l'office ils éteignaient les lumières, et se livraient à des orgies monstrueuses.

Après le massacre des membres de cette secte, Carbini, demeuré longtemps désert, fut repeuplé par des familles de Sartène.

Ce village a également une histoire de vendetta, toute récente, dont les détails sont intéressants.

Napoléon Nicolaï, de Carbini, avait enlevé Catherine Lafranchi, et les parents de cette jeune fille refusaient de consentir à leur union. Les Nicolaï étaient de simples cultivateurs; les Lafranchi, au contraire, passent, à Porto-Vecchio, pour de riches propriétaires.

Après un séjour à Bastia, les deux amoureux rentrent à Porto-Vecchio, suppliant les parents de les fiancer.

La famille Lafranchi repoussa encore cette union qu'elle considérait comme une mésalliance, chassa le jeune homme et enferma la jeune fille, qui fut soumise, dit-on, à de mauvais traitements. A quelque temps de là, un des fils Lafranchi, afin de venger l'honneur de sa sœur, tua Nicolaï, de Carbini. Le coup, tiré à bout portant, mit le feu aux vêtements de la victime, qu'on retrouva presque carbonisée. Le jeune frère de Nicolaï, en apprenant ce meurtre, quitte aussitôt sa famille, arrive à Porto-Vecchio, trempe son mouchoir dans la blessure et fait serment de le venger. Il le venge en effet bientôt après en immolant à son tour le meurtrier et gagne le maquis. Pendant deux ans il mène une vie errante.

Le parquet ne lui était point hostile : sa jeunesse, les conditions naturelles du meurtre, étant données les traditions de la Corse, prévenaient en sa faveur. Le procureur de la République de Sartène, M. Gherbant, cherchait à le faire se constituer prisonnier, de façon que, après une condamnation mitigée, il pût, à l'expiration de sa peine, reprendre la vie ordinaire.

Mais les Lafranchi le poursuivaient avec acharnement, ils s'associaient à la gendarmerie, le faisaient traquer, n'hésitaient devant aucune manœuvre pour parvenir à le détruire. Ils apprennent un jour qu'un des amis intimes de Nicolaï se marie, et tout leur fait croire que leur ennemi, jeune et un peu imprudent, assistera à la noce.

Ils ne s'étaient pas trompés. Le soir de ce mariage, tandis que les convives sont tout à la joie, on frappe rudement à la porte. C'est la gendarmerie. On parlemente de l'intérieur pour gagner du temps, mais finalement le brigadier Delbos se présente sur le seuil.

La maison était cernée par les hommes de la brigade. Nicolaï, se sentant perdu, s'était aussitôt revêtu des vêtements de l'épousée, et, payant d'audace, se présentait à la porte au bras du jeune époux. Celui-ci prétendait sortir sous prétexte de laisser le champ libre aux perquisitions. Le brigadier s'y oppose. Nicolaï cherche alors à se sauver par une fenêtre de derrière, mais au moment où il enjambe l'appui, ses bottes le trahissent et deux coups de feu l'étendent raide mort, dans sa parure d'épousée. Quelle triste fatalité a poursuivi ce jeune homme qui avait reçu une certaine éducation, et n'avait fait qu'obéir aux lois d'honneur fatales de sa race !

Dans son existence à travers le maquis, il avait composé des lamenti.

Voici une stance dans laquelle il a exprimé ses douleurs et ses regrets :

Disgraziato	Malheureux
Sono io, per li foreste	Je suis, par les forêts
Tutto l'inverno	Tout l'hiver
Esposto a gli tempeste,	Exposé aux tempêtes,
Sempre errante e pellegrino	Toujours errant
Dite-mi che vita è questa	Dites-moi quelle est cette existence
Una pietra per cuscino	De n'avoir qu'une pierre pour oreiller
La notte sotto alla testa.	La nuit au-dessous de la tête.

LE COUVENT DE LA TRINITÉ.

Quelques jours plus tard, à Bonifacio, je m'entretenais avec son père infortuné qui avait vu mourir ses deux fils de mort violente.

Il avait quitté Carbini et vivait, en proie à la douleur, dans une maison aux fenêtres closes, ne songeant qu'à venger le meurtre de ses enfants.

Les bandits, en général, occupent leurs moments de tranquillité relative, dans le maquis, à composer des poésies et à sculpter avec un couteau des armes, des flûtes et des gourdes.

Nicolaï, de Carbini, est un meurtrier sympathique, et c'est pourquoi j'ai raconté son étrange histoire : mais la plupart sont loin d'être intéressants.

Plusieurs renseignements qui les concernent m'ont été fournis par M. le docteur Kocher, que j'ai eu le plaisir de rencontrer à Ajaccio et qui préparait un ouvrage sur la criminalité en Corse.

Voici, en attendant, ce qu'il pense d'eux, et personne mieux que M. Kocher n'est à même de les juger ; j'extrais le passage suivant d'un opuscule qu'il m'a gracieusement offert :

« Il est temps que la légende dont on s'est plu à entourer le banditisme en Corse cesse : Rocchini, Barittone en sont les produits.

« Quatre ans passés dans le maquis suffisent pour faire d'un homme un dangereux assassin. Ce ne sont plus des combats singuliers inspirés par la vengeance qui se produisent,... ce sont de lâches assassinats. » (Procureur général.)

« A tout prix, il faut que leurs passions soient satisfaites. Aux uns ils demandent de l'or, aux autres l'honneur. Tout tremble devant eux, leur orgueil n'a plus de bornes. Toute espèce de sentiment humain finit par s'atrophier, disparaître. Le bandit passe à l'état d'être brutal, vicieux et rusé. Rocchini, nous l'avons dit déjà, était une brute insensible, son surnom d'ailleurs (et les Corses sont très forts sur ce chapitre) était *animale*. »

Au moment où je parcourais la Corse, plus de six cents bandits, c'est-à-dire d'individus hors la loi, erraient dans les bois et les maquis ! Cette proportion est vraiment effrayante.

Je quittai Sartène au milieu de la nuit : je savais la route monotone, il était inutile de perdre du temps à la parcourir durant le jour. Lorsque nous étions déjà à une certaine distance de la ville, M. Sinibaldi, qui m'accompagnait, fit arrêter un instant la voiture pour me montrer une croix sur le talus, au bord du chemin. Deux gendarmes passaient tranquillement à cet endroit même, lorsque Rocchini et un autre bandit, cachés près d'un rocher qu'il me montra du doigt, tirèrent sur eux dans le seul but d'exercer leur adresse. Un des gendarmes tomba mortellement atteint, l'autre ne dut son salut qu'à un écart de son cheval.

Maintenant, aux lueurs de la lune, la croix projette une grande ombre sinistre en travers du chemin et les arboursiers émaillent de baies sanglantes les broussailles d'alentour.

Plus loin, nous rencontrons les roches de caña toutes fissurées. Ces monts désolés se dressent au milieu d'un paysage désert.

Bientôt, devant nous, la mer s'étale toute scintillante sous les rayons argentés et l'Asinara monte mystérieusement sur l'horizon à travers les vapeurs de la nuit.

Mon compagnon s'était endormi. Je demeurai longtemps éveillé, subissant la tristesse de la nature qui nous entourait, songeant à la Sardaigne inconnue que je devais parcourir bientôt et que j'entrevoyais au loin comme une vague apparition.

Puis je revis à vol d'oiseau, en quelque sorte, cette Corse que j'avais explorée, Zicavo, Corte, Sartène, pleins de choses douces et terribles à la fois. Il me revenait à la mémoire des superstitions, des croyances, des pratiques auxquelles je n'avais plus songé, distrait que j'étais par les beautés nouvelles et les étrangetés qui sans cesse avaient frappé mes yeux. Et le souvenir d'un insecte, le seul animal venimeux de la Corse, me persécuta comme une obsession. Je l'avais vu à Cargèse, cet insecte, le *malmignato* ou *ragno rosso*, qui n'est autre que la tarentule, sorte d'araignée ou de fourmi, car il tient des deux. Son corps est noir, son abdomen moucheté de rouge, sa tête dure et osseuse.

Je savais que cet insecte existe également en Sardaigne, que sa piqûre est dangereuse, et je me demandais si, en cas d'accident, je me soumettrais aux médications bizarres usitées en Corse. Car sitôt qu'une personne est piquée, qu'elle est prise de tremblements convulsifs, d'angoisse, de refroidissement général et d'une agitation extraordinaire, on fait vite chauffer un four où on l'enferme, après l'avoir préalablement enivrée avec des spiritueux. Les bergers de Sartène s'empressent de brûler la partie atteinte avec de l'étoupe enflammée, d'autres la recouvrent d'une couche de terre glaise. A Zicavo j'avais appris, par le curé, que la guérison avait été tentée en plongeant les malades dans de l'eau presque bouillante : mais cette médication empirique avait eu pour résultat de tuer les patients. Je lui préférais le procédé employé autrefois et abandonné aujourd'hui, qui consistait à faire enchanter le mal par des personnes expertes dans l'art de conjurer les maléfices. C'était moins douloureux, dans tous les cas. Enfin je songeais aux fièvres, très dangereuses dans la région que nous traversions à cette heure et que je retrouverais bien plus redoutables en Sardaigne.

Finalement il me sembla que, piqué moi-même par la tarentule, j'étais soumis à l'action de la chaleur d'un four, laquelle me donnait un accès de fièvre intermittente. J'étais en plein délire lorsqu'un rayon de soleil venant frapper mes yeux me réveilla; je m'étais endormi et un cauchemar m'étreignait. La route était d'une blancheur éblouissante; devant nous, à l'extrémité d'une rude montée, s'élevait un massif calcaire bizarre, surmonté d'une croix.

« Nous voici à la Trinité », me dit mon compagnon de voyage en se frottant les yeux.

Je me retournai vers la route parcourue, nous venions de quitter une région triste et déserte où se dressait un haut rocher : l'*uomo de caña*, sorte d'immuable gardien des solitudes.

Adieu, monts austères, sombres ravins, villages graves, mousses d'or qui dormez dans le silence éternel, nous ne verrons plus maintenant, à cette extrémité méridionale de la Corse, que la blancheur du calcaire et l'aridité de plateaux battus par les vents. L'olivier au feuillage tremblant remplacera le chêne robuste et le châtaignier monumental.

Le soleil est monté sur l'horizon tandis que j'adresse ainsi mes adieux à la vraie Corse et que nous gravissons à pied, après avoir quitté la voiture, qui viendra nous reprendre dans la soirée, le chemin de l'ermitage de la Trinité.

LE FRÈRE QUÊTEUR.

Adossé au massif hérissé de roches, le couvent étincelle à travers les grands oliviers. Devant la muraille blanche, le prieur va et vient lentement, un livre d'heures à la main. Je considérais depuis longtemps ce tableau, lorsque, nous ayant aperçus, il s'empresse de venir à nous. C'est un Italien jeune, au fin visage, avec de belles manières. Il vit là avec un autre moine seulement qui remplit les fonctions de frère quêteur. Ce dernier arrive bientôt suivi d'un ânon, jolie petite bête qui porte d'habitude sur son dos le produit des quêtes faites aux environs. Lui, c'est le moine au type connu, le soleil reluit sur son crâne cuivré, le vent fait flotter sa bure et hérisse sa barbe.

La vue est belle de la terrasse du couvent ! Voilà Bonifacio, ses clochers, ses bastions, les roches claires du promontoire où se dresse cette ville originale, la côte rocheuse dont nous suivons des yeux, jusqu'à nos pieds, les sinuosités capricieuses. Puis le détroit où dorment sur l'azur de longues lignes moirées.

Le calme dans les bouches est un spectacle rare. En face s'allonge la Sardaigne, dont on aperçoit nettement les sommets dentelés et des villages blanchissants.

Le frère quêteur répond avec bonne grâce à la demande que je lui adresse de faire son portrait. L'ânon lui-même pose avec une gravité amusante, comme s'il comprenait que je reproduis son image.

La journée est vite passée dans ce doux monastère, sous ces grands oliviers, devant le lumineux décor de l'antique cité, de la mer et des côtes.

Le soleil décline, il faut rejoindre la calèche qui nous attend, là-bas, sur la route poudreuse.

De grandes croix noires se dressent, par instants, au bord du chemin, mais elles indiquent des stations pieuses et non plus des meurtres. Ici la vendetta est inconnue.

Les oliviers tordent leurs branches, qui s'allongent, rampent sur le sol et se relèvent avec des ondulations de serpent, le long des murs qui entourent les enclos et les vergers.

Il y en a partout de ces murs en pierres sèches, élevés avec une patience de bénédictins, dans le but d'abriter la végétation contre la violence du vent.

Cette région est la proie du vent maudit qui souffle presque sans relâche, brûlant et balayant l'aride promontoire. Du soleil, du vent, de la poussière, un sol blanchâtre, rongé, où s'accrochent des touffes d'absinthe pâle, tels sont les environs du rocher de Bonifacio.

Nous arrivons à la ville par une rampe taillée dans le roc, près du port, longue lagune étroite et profonde bordée d'antiques remparts.

Au premier abord, on ne se rend pas compte de la situation extraordinaire de cette ville, la plus curieuse de l'Europe peut-être. La nuit n'est pas encore venue lorsque nous traversons le pont-levis de la porte principale, et, après être descendus de voiture devant l'hôtel, nous allons en hâte sur la terrasse de la citadelle. Un orage éclatait sur la Sardaigne, voilant d'une ombre épaisse une partie de ses rivages.

Le soleil, à son déclin, caché derrière un lourd nuage, projetait dans la mer lointaine, vers l'Asinara, une gloire de rayons de feu qui semblaient mettre en fusion de larges bandes éblouissantes étalées sur l'immensité des flots assombris.

BONIFACIO.

Le spectacle était sinistre vu de ce sol livide, sous des lueurs crépusculaires, à travers les sombres silhouettes des bastions et des canons noirs allongés sur les remparts.

— De l'orage qui la veille grondait sur la Sardaigne, il ne restait plus, le lendemain, que quelques brumes errantes sur un ciel pâle. Des rayons de soleil perçaient par instants ce réseau blafard; la mer était calme. Mettant à profit cette circonstance, nous nous rendons aux grottes marines. Avec une embarcation, nous suivons le long chenal du port. Une légère houle se fait sentir dès la passe, elle est habituelle dans ces parages, et les vagues qui courent le long des corniches des rochers, sous les falaises évidées, à travers les récifs, ont, par ce temps calme, des grondements qui font présager des fureurs terribles aux jours de tourmente.

Bientôt, sous un surplomb de la falaise, s'ouvre un vaste portail précédant un sombre tunnel, et nous pénétrons dans la grotte *Dragonale* qui s'élève pareille à une immense nef. Nous abordons facilement sur des roches.

Par ce ciel voilé, la haute caverne, éclairée seulement par une échancrure ouverte au milieu de la voûte, est baignée d'un jour mystique. A nos pieds, la mer forme un lac dont les eaux aux facettes miroitantes viennent clapoter et mourir sur des blocs épars, tandis que les gémissements des vagues extérieures résonnent contre les parois et dans les sombres antres ouverts sur les côtés. Tout à coup le soleil, dégagé des nuages, verse un flot de lumière par la haute fissure, et placarde contre la roche une éblouissante carte de la Corse.

Chose singulière, les contours de cette ouverture naturelle découpent sur le ciel les rivages de l'île depuis le cap du Nord jusqu'à Bonifacio, et dans les grandes inflexions des lignes s'inscrivent les principaux golfes.

Sous ce flot de lumière la pénombre s'éclaire, le lac devient une moire chatoyante qui ondoie et scintille sur un lit fait de pierreries. Des reflets mordorés flottent en lueurs changeantes sur les roches, la grotte entière devient une tremblante vision faite comme d'arcs-en-ciel qui s'entre-croiseraient à l'infini, tandis qu'à travers l'arceau de l'entrée les flots bleus des Bouches de Bonifacio s'étalent dans une rayonnante lumière.

A ce moment, un jeune homme qui nous avait accompagnés tire un coup de fusil que les échos répercutent et des pigeons ramiers s'envolent à tire-d'aile vers l'ouverture supérieure.

Mais la houle augmente, de puissantes vagues viennent battre la muraille rocheuse, et par instants, l'eau s'engouffrant dans une fissure fait entendre des bruits pareils à des coups de canon. Nous nous hâtons de quitter la caverne, où nous pourrions être, pendant plusieurs jours, prisonniers de la mer. Quelle ville singu-

LA GROTTE « DRAGONALE ».

lière ! Porté par l'embarcation, je la vois maintenant du large, dressée sur les hautes falaises feuilletées dont la base rongée par les flots est percée, par endroits, de cavernes qui pénètrent jusque dans les profondeurs de ses assises.

Le fameux *Torione*, tour massive bâtie vers l'an 840, la domine. Le Torione constitua pendant longtemps la seule défense de Bonifacio contre les pirates barbaresques.

La muraille rocheuse tombant à pic sur la mer est rayée par un escalier creusé dans ses flancs mêmes : c'est l'escalier du roi d'Aragon.

Alphonse V assiégeait la ville, l'artillerie aragonaise avait détruit la principale tour de défense, les maisons étaient incendiées par les bombes ; les assiégés, peu nombreux et affamés, se défendaient pourtant avec énergie et repoussaient avec fureur les assiégeants.

C'est alors qu'Alphonse d'Aragon fit creuser cet escalier sans que les ouvriers aient pu être aperçus de Bonifacio. Il tenta ensuite un dernier assaut, portant l'attaque principale d'un autre côté. Les femmes, les enfants, les prêtres, les religieux même combattirent corps à corps les Aragonais et leur lancèrent du haut des remparts des pierres, de l'huile, de la poix bouillante. Mais, au plus fort de l'action, une femme nommée Marguerite Bobia s'aperçut que les ennemis pénétraient dans la place par l'escalier que les assiégés ne connaissaient pas. La défense se concentra sur la falaise, et les Aragonais furent précipités à la mer.

La barque tantôt suivait le pied de la muraille de pierre où grondaient les flots, et tantôt s'en éloignait. Je pouvais contempler cette ville dans son ensemble, sur son roc vertigineux, et voir tous les détails de sa base avec l'escalier bizarre et les blocs énormes qui se sont écroulés dans quelque nuit d'effroyable tourmente.

Les jours suivants, le vent fut d'une telle violence qu'il semblait ébranler les falaises. Les volets des hautes maisons penchées sur l'abîme battaient furieusement, la mer écumante se brisait avec un bruit formidable, les Bouches de Bonifacio n'étaient plus qu'un ouragan. Appuyé sur une corniche vertigineuse, en surplomb, élevée de plus de 60 mètres sur la mer, je voyais les vagues courroucées se précipiter les unes

LES FALAISES ÉCROULÉES.

sur les autres dans un affolement inouï, tandis que le promontoire semblait osciller comme la proue d'un immense navire battu par les flots. Puis, suivant l'âpre chemin du *campo romanello*, j'aperçus dans l'embrun les silhouettes noires de l'île Lavezzi. C'est sur ce rocher que se brisa, une nuit, la frégate la *Sémillante*. Alphonse Daudet, avec l'art qu'on lui connaît, a fait de cette catastrophe un récit superbe autant qu'émouvant. La mer, à la suite de ce sinistre, rejeta plus de mille cadavres sur la côte, et parmi eux celui du commandant, qui, pour mourir en marin, avait revêtu son grand uniforme.

Les habitants de Bonifacio parlent l'ancien dialecte génois; du reste on ne trouve chez eux aucun point de contact avec les autres Corses. Les Bonifaciens sont extrêmement laborieux et pleins d'initiative, mais prudents à l'excès. Les hommes partent dès le matin, montés sur de tout petits ânes, et s'en vont travailler aux champs. Ils rentrent le soir, au crépuscule, toujours sur les ânons, qui disparaissent sous un chargement de légumes, de branches, de sacs de foin et de petits barils qu'on a eu soin de remplir d'eau, aux portes de la ville. Rien n'est plus amusant que ce départ et cette rentrée des travailleurs. On peut les suivre des yeux longuement tandis qu'ils grimpent une rampe raide qui aboutit à une antique porte fortifiée donnant accès au haut quartier.

Le pont-levis de cette porte est fait avec du bois provenant des épaves de la *Sémillante*.

La légende rapporte que, après la mise à sac de Bonifacio par les Sarrasins, des passants aperçurent un bœuf et un âne agenouillés gravement devant une fontaine nommée *Corcone*. La nouvelle se répandit aussitôt et le clergé se rendit à l'endroit où se passait une chose aussi extraordinaire. Les deux animaux s'y trouvaient toujours dans la même posture. La fontaine, calme d'ordinaire, bouillonnait. Le clergé observa alors un morceau de bois qui tournoyait au fond de l'eau comme pris de vertige. Il fut reconnu pour être un morceau de la vraie croix.

Depuis, par les tempêtes qui fréquemment bouleversent les Bouches de Bonifacio, mettant les navires en grand péril, le clergé, transportant le morceau de la croix, se rend, en grande pompe, sur les hautes falaises, et bénit les vagues courroucées.

Les Bonifaciens sont extrêmement superstitieux, on retrouve chez eux beaucoup des croyances des montagnards corses. Les mères ne laissent jamais dormir leurs enfants les pieds dirigés vers la porte de la demeure, car les cadavres sortent ainsi des maisons.

Lorsqu'un membre de la famille est malade ou absent, sa place n'est jamais occupée, son couvert est mis, mais le côté de la table où il se trouve sera approché du mur afin que personne ne puisse y prendre place.

Lorsque l'heure de midi tinte, les marins en voyage sur terre ramassent quatre petits cailloux. Ils en jettent un devant eux, un autre à droite, un troisième à gauche et le dernier par derrière, faisant de la sorte un signe de croix qui, selon leur croyance, conjure le mauvais sort.

Les feux follets que l'on voit flotter parfois sur le rocher de Lavezzi où sont enterrés les naufragés de la *Sémillante* ont frappé de terreur des vieux marins au point de les rendre très malades.

Les cultivateurs sont, de leur côté, aussi superstitieux. Lorsque les arbres fruitiers se dessèchent, par exemple, ils font appel aux capucins, qui viennent les bénir.

Les Corses en général et surtout ceux de l'arrondissement de Sartène professent un certain dédain pour les gens de Bonifacio. Est-ce le souvenir de l'attachement que cette ville a témoigné autrefois à Gênes, sa patrie d'origine, qui en est cause ? Ou bien n'est-ce point un peu d'envie inavouée pour cette population industrieuse ?

Au commencement du siècle encore, des troupes de Corses armés venaient rôder aux environs, dans le but de leur chercher querelle.

Bonifacio a abrité dans ses vieilles murailles deux grandes figures, Charles-Quint et Napoléon.

Bonaparte y tint garnison pendant huit mois. Les vieillards racontent que, de passage dans cette ville, lors de l'expédition de la Magdalena, il fut assailli un soir dans la montée de la marine par des sans-culottes. Les marins prirent sa défense et lui ouvrirent la porte d'une maison où il se réfugia. Un escalier en pierre, sans rampe, donne accès à cette demeure, qui est aujourd'hui une véritable masure branlante.

Dans la rue où elle est située, s'élève une petite chapelle vénérée des marins et dédiée à saint Roch. C'est là que tomba la dernière victime de la peste qui désola Bonifacio en 1598.

Quelques églises attestent que cette cité fut importante autrefois et témoignent encore de ses richesses et de sa civilisation passée. Le portail de Sainte-Marie-Majeure est précédé d'une vaste *loggia* où se réunissaient les notables pour délibérer des affaires publiques. Le clocher mutilé est très élégant, et les parties d'ornementation conservées encore sont d'un art précieux.

ANTIQUE PORTE.

L'église Saint-Dominique est intéressante. Dans l'intérieur se voient deux châsses énormes, représentant l'une le martyre de saint Barthélemy et l'autre sainte Marie-Madeleine. Leur poids est considérable : aux processions elles sont portées chacune par douze habitants. C'est un honneur très envié, et certains font des sacrifices d'argent pour l'obtenir. Cependant c'est une très grande fatigue que d'être un de ces porteurs, et, durant le transport, certains ne peuvent s'empêcher de blasphémer un peu, malgré leur piété, et on les entend s'écrier de temps à autre, tout ruisselants de sueur : *Sangue di san Bourtoumia!*

— Je quitte un jour Bonifacio et je reprends une dernière fois la route. Maintenant c'est pour rejoindre Ajaccio où je trouverai le vapeur qui doit me porter en Sardaigne. Je revois la Trinité avec ses escarpements bizarres et le couvent à la blanche façade. J'aperçois le golfe d'où émergent les récifs des *Monacci*. Plus loin, sur une sorte de promontoire terminé par une antique tour de guet, s'accroupit le lion de Roccapina.

Il est là, ce monstre de pierre, rigide et comme pensif, veillant sur les côtes, guettant la mer et l'île de Sardaigne, étrange sentinelle immobile dans son éternité. Les vents et les orages ont passé sans entamer sa rude crinière, les vagues ont fouetté avec rage son socle de granit sans l'ébranler, et par les soirs de tempête il apparaît à travers l'embrun comme une vision formidable.

On dirait que la nature a voulu, en taillant cette puissante image dans un bloc de granit de ce département aux sombres énergies, symboliser la patrie française que les ingratitudes et les trahisons n'ont pu troubler dans sa sérénité et qui s'élève plus radieuse, plus forte même, après chaque tourmente.

Les dernières forêts, les dernières roches de notre Corse forte et fière viennent s'avancer en éperon hardi vers les flots italiens, avec ce lion superbe couronné d'une tour crénelée, suprême affirmation du calme et de la force.

LE LION DE ROCCAPINA.

LA SARDAIGNE

LE PONT ROMAIN DE « PORTO TORRES ».

CHAPITRE I

Tempête en mer. — Porto Torres et la basilique de San Gavino. — Sassari la charmante. — Sennori, Sorso, Osilo, mœurs primitives. — Une vendetta sarde.

UN SARDE DU « LOGUDORO ».

Octobre 1890. — Ajaccio dort.

Minuit vient de sonner à tous les clochers : le vapeur *Comte Bacciochi* tourne lentement sur son axe, prend la direction de Porto Torres droit au sud, vers la Sardaigne.

La veille, les côtes de la Corse voilées de sombres nuages étaient battues par la mer en furie ; le golfe semblait bouleversé. Le matin même, les flots, pris d'un accès de fureur, avaient brusquement envahi les quais.

Après cette violente convulsion, la mer s'était mise à sommeiller, et je l'avais longuement contemplée tandis qu'elle frissonnait doucement, à l'heure où le soleil se couchait, gracieuse, murmurante et caressée par des bandes de mouettes folles, tout au long des plages vermeilles. Maintenant, furtive, alanguie, pleine de chuchotements, de soupirs et comme de baisers confus, elle reflète et berce sur son sein les clartés éparses de la ville, les pâleurs des édifices, les lueurs tremblantes des étoiles du firmament. Je suis au nombre des passagers qui, sur le pont du navire, rêvent silencieux devant cette mer enchanteresse s'épanouissant, en quelque sorte, dans sa mystérieuse beauté.

Le *Comte Bacciochi* s'en va dans une atmosphère capiteuse, sur des flots qu'on dirait électrisés, pareil à ces navires légendaires qui, guidés par les antiques constellations, ont vogué sur des mers idéales, vers les rivages inconnus que des explorateurs fabuleux ont vus fleurir devant leurs yeux émerveillés.

« Quelle belle nuit, quelle superbe traversée ! s'écrie tout à coup une voix forte qui nous réveille de nos rêveries.

— Je vous répondrai avant qu'il soit longtemps, dans une heure, lorsque nous doublerons le *cabo di Muro*, réplique ironiquement le commandant, qui monte vivement sur la dunette, enveloppé de fourrures.

« Le commandant plaisante, dis-je à M. Mariani, un ami de Corse dont j'avais reconnu la voix.

— Non, le commandant ne plaisante jamais ; c'est un vieux loup de mer ; le voilà qui s'installe pour la nuit à son poste et voyez comme il secoue la tête en regardant le ciel. Eh! eh! gare à nous! D'ailleurs tournez-vous, je vous prie ! »

Je suivis son regard....

La lune venait de dresser son disque difforme et dardait un grand œil sanglant à travers des nuages blafards. Les nuages montaient à l'horizon comme une épaisse fumée de quelque volcan sous-marin, et couraient ensuite déchirés, dans l'espace, avec une vitesse prodigieuse.

« Adieu les doux rêves, l'espoir d'une nuit pure, me dis-je ; les lueurs d'Ajaccio se voilent déjà, le phare des Sanguinaires pâlit, le ciel devient plus sombre, et voici le pont désert. »

Nous allons quelque temps ainsi vers l'horizon noir, puis le vent se lève, il siffle dans la nuit, et les crêtes des vagues passent avec une éblouissante rapidité de chaque côté du navire.

La houle augmente....

Lorsque nous doublons le cap Muro, les éclairs fendent les nues, la foudre gronde, le vent hurle, le bateau a des sonorités étranges, la mer est comme en folie.

Ah ! commandant, vous aviez deviné !

Les passagers ont depuis longtemps abandonné le pont. Je demeure seul, retenu des deux mains à la rampe de l'entrée des cabines, les yeux vers l'arrière. Les dernières clartés du phare des Sanguinaires ont disparu, le cap s'est évanoui dans les noirceurs du ciel. J'écoute la musique infernale de l'ouragan, ses clameurs, ses grondements, le sourd halètement de la machine, les craquements de la membrure; je vois la fantastique chevauchée des vagues aux croupes blanchissantes, les nuées flottant comme de grands crêpes déchirés, tandis que là-haut, dans la mâture confuse, la sombre silhouette du commandant s'élève démesurément grandie comme une vision dans des éclairs.

Dans l'horreur et l'épouvante de cette nuit, au milieu des rauques imprécations des airs et des flots, sur ce pont désert, je songe à cette île latine où je vais aborder après une tempête presque tragique.

Elle est inconnue de l'Europe, peu connue de l'Italie même. Ne dirait-on pas que les voyageurs l'ont toujours évitée! En traversant la Méditerranée, on a pu, parfois, l'apercevoir, étalant les lignes infinies de ses mornes côtes et les ondulations graves de ses monts.

La Sardaigne me hantait alors comme une sorte de pays maudit, exhalant des fièvres redoutables, peuplé d'hommes de mauvaise mine. Les réminiscences classiques m'apportaient les paroles

UNE ANTIQUE TOUR D'ARAGON.

peu rassurantes de Cicéron à son frère : *Cura, mi frater, ut valeas et quamvis sit hiems Sardiniam istam esse cogites.* Et ce vers d'un poète :

Sed tristis cælo ac multa vitiata palude.

J'avais lu dans le brillant ouvrage de mon ami Onésime Reclus, *la Terre à vol d'oiseau*, que les Romains avaient fait de cette île une Cayenne pour leurs déportés, sachant bien que la fosse y était creusée d'avance. « Tu trouveras la Sardaigne à Tivoli même! » écrivait le poète, c'est-à-dire : « Quoi que tu fasses, tu mourras!... »

Après cette nuit de tempête, une clarté d'aube trembla timidement à l'horizon, le ciel froid se colora lentement de rose pâle, et des silhouettes de montagnes se dessinèrent devant nous. C'était la Sardaigne, que les Pélasges avaient désignée du nom grec d'*Ichnusa* à cause de sa forme de sandale. Vers la droite courait la longue bande rocheuse qui forme l'île d'Asinara, tandis qu'à l'arrière les monts corses noyaient dans des vapeurs lointaines leurs cimes neigeuses.

Porto Torres!... Le premier village sarde est sous nos yeux, triste et pauvre, avec des maisons basses, où l'on voit errer des enfants hâves; son port ressemble à une mare. De grands souvenirs habitent pourtant ses rues silencieuses et planent sur les monuments ruinés des races diverses qui l'emplirent de leur bruit. Les Espagnols, à des époques glorieuses, y plantèrent des tours crénelées qui n'ont cessé de se refléter fièrement dans les eaux du port. Le palais du roi barbare, *Palazzo del re barbaro*, antique temple de la Fortune, construit par les Romains, montre ses murailles écroulées à travers les raquettes des cactus. La basilique de San Gavino, antérieure à l'an 1000, remaniée en 1210 par un seigneur du Logudoro, couronne un monticule.

Par delà les maisons, derrière ces monuments des âges écoulés, des terrains aux lignes grandes et sévères ondulent jusqu'à l'horizon. Et, pendant les manœuvres d'arrivée, je considère ému ce rivage, ce ciel tourmenté, ces ruines et toute cette contrée pâle, misérable et tremblante de fièvre.

Le vent d'ouest souffle avec fracas, les flots venus du large brassent la rade sans abri; au pied des fières tours d'Aragon, des balancelles peintes de couleurs vives s'entre-choquent en gémissant.

« La Sardaigne vous fait peur ou pitié, me dit M. Mariani en me tapant amicalement sur l'épaule. Je comprends qu'après une nuit pareille, et devant Porto Torres, vous soyez attristé; mais n'ayez crainte, je vous prédis de charmantes surprises. » Et prenant mon bras, il m'entraîna dans le salon, où il m'offrit à déjeuner. Là je rencontrai M. Morati, vice-consul de France à Sassari, et notre nouveau consul à Cagliari qui rejoignait son poste.

Le repas, entre compatriotes, fut gai comme on peut croire et bientôt je sentis mes préventions et appréhensions se dissiper, et sous un clair soleil je débarque et me voilà citoyen de Porto Torres. Porto Torres, qui semble se réveiller un peu du long sommeil qui l'endormit à la fin du moyen âge, fut, sous le nom de *Turris Libyssonis*, une grande cité, capitale romaine du nord de la Sardaigne. Les statues mutilées, les divinités de marbre retrouvées dans la boue des marécages, les mosaïques précieuses, les colonnes, les chapiteaux, les armes, les médailles aux effigies rares que heurtent fréquemment le soc de la charrue et le pic ou la pioche, prouvent son antique splendeur, et les ruines éparses de palais et d'aqueducs, et le pont magnifique qui traverse l'ancien *flumen Turritanum*, la proclament.

Le vice-consul de Sassari me suivit dans mon pèlerinage à travers ces ruines d'une grandeur passée, au milieu des herbes et des pierres, dans les chemins défoncés par la tempête de la nuit, le long des vestiges d'une voie romaine. Je m'arrêtais à chaque pas pour admirer les cavaliers sardes qui passaient, pleins d'allure, le *capotu*[1] sur la tête, le profil sévère sur le ciel, les cheveux d'un noir d'ébène flottants, la barbe sauvage. Le consul, qui coudoyait tous les jours des chevaucheurs ou des piétons semblables à ceux-ci, ne prenait pas la peine de les regarder et mon enthousiasme le surprenait singulièrement.

Le pont romain traverse l'embouchure du fleuve ; ses piliers formés de blocs de porphyre s'enfoncent dans les eaux mortes. La nappe d'eau sommeille au milieu des hautes herbes sans un frisson, sans un murmure, reflétant comme un miroir immobile et noir les arceaux et les piliers du pont romain.

Ah! plus tard je ne les rencontrai qu'avec terreur ces eaux des fleuves sardes, ces distillatrices de poisons qui déroulent lentement leurs ondulations de vipères....

Et déjà, dès le premier regard sur leurs flots endormis, j'avais bu la fièvre qu'ils exhalent invisiblement.

La basilique de San Gavino, aujourd'hui simple église paroissiale de village, était à la fin du quinzième siècle un puissant archevêché. Devant ses murailles, déjà au huitième siècle, des rois, des prélats entourés des magnats de Torres, avaient à diverses reprises célébré une grande victoire remportée sur les Sarrasins. Pendant les cérémonies pompeuses, les dépouilles et les armures des infidèles étaient entassées sur les marches extérieures, devant le portail. A l'intérieur les trois nefs pisanes sont séparées par des rangées de colonnes de styles différents en marbre, en granit et en porphyre. Ces piliers, dont plusieurs proviennent des ruines du temple de la Fortune, supportent les poutres de la toiture, qui sont en bois de genévrier. L'un d'eux, paraît-il, est toujours plus ou moins humide, et le peuple s'en émerveille comme d'un perpétuel miracle.

La crypte abrite les ossements de trois martyrs : San Proto, San Giannario et enfin San Gavino. Ce dernier est le saint le plus vénéré du nord de la Sardaigne.

PORTAIL DE SAN GAVINO.

En dehors de l'animation relative occasionnée par l'arrivée des vapeurs, il est des jours où le triste Porto Torres s'anime soudain et se met en fête. Les habitants

---

1. Le *capotu* est un manteau court à capuchon.

des flancs dénudés du Limbara, dans l'âpre Gallura, les gens de maint et maint village accroupi sur un ruisseau fangeux, les hommes de mystérieux *nuraghi*, les voisins de volcans éteints, enfin tout le Logudoro vient en chevauchées éclatantes aux costumes superbes. C'est alors, parmi les ruines, devant l'immense golfe d'azur, sous le ciel transparent, comme une subite floraison d'une richesse inouïe. Ces assemblées ont lieu le lendemain de la Pentecôte, jour de la fête de San Gavino.

Beaucoup de pèlerins accourent dans le seul but de faire à genoux le tour de chaque colonne en les baisant dévotement et de se prosterner devant la statue équestre du saint. San Gavino, nous conte la légende, enleva l'une de ces colonnes du fond de la mer, puis la mit toute droite sur l'arçon de sa selle et l'apporta dans la basilique.

Les fêtes terminées, au moment de quitter Porto Torres, les pèlerins prennent leurs femmes en croupe et s'élancent dans la mer. Lorsque les flots ont atteint le poitrail de leurs chevaux, ils se retirent et piquent des deux pour regagner leurs demeures souvent très éloignées. Les eaux du golfe opèrent ce jour-là des miracles, sanctifiées qu'elles furent jadis par la vertu des martyrs qu'on y précipita. Les cavaliers sont persuadés que cette baignade met leurs chevaux à l'abri des maladies.

La ville de Sassari a un droit de propriété sur la sainte basilique, mais, sous peine de déchéance de son privilège, la municipalité doit se rendre tous les ans à Porto Torres, le jour de la fête de San Gavino, et y manger en corps une... cuisse de veau! — On voit donc arriver alors les membres de la municipalité en grand costume d'apparat, précédés des massiers. Le cortège s'avance gravement, le chanoine vicaire de Porto Torres le reçoit et présente au *sindaco* les clefs de l'église sur un plateau. Celui-ci les prend dans sa main, pour faire acte de propriété, et les restituant aussitôt au chanoine, il le prie d'avoir soin du bien confié à sa garde par la ville de Sassari. Étrange basilique, qui depuis des temps très anciens soutient la foi des gens du Logudoro, éveille un mysticisme rare, abrite des superstitions bizarres et voit se perpétuer de cruelles mortifications!

Les pèlerins venus de Sassari s'y rendaient récemment encore et, dans le mystère des épaisses murailles, dans la sombre nuit de la crypte, se flagellaient jusqu'à éclabousser de sang les saintes parois, en chantant lugubrement le *Miserere*....

Tandis que j'allais foulant aux pieds les ruines des palais, pensif devant les vestiges d'une grandeur évanouie, l'heure de quitter le morne Porto Torres avait déjà sonné.

La durée du trajet jusqu'à Sassari n'est que de trois quarts d'heure en chemin de fer, et la société d'amis au milieu de laquelle je me trouvais le fit paraître encore plus court. Du reste, le paysage n'est pas beau. On traverse une vaste solitude inculte où se penche quelque *nuraghe* ruiné, où s'écroule quelque arche d'un

SARDES DE « PORTO TORRES ».

aqueduc romain. De loin en loin un pâtre profile sa silhouette et des troupeaux de chèvres noires broutent des buissons d'épines sur un sol maigre et désert.

Pas d'arbre grand ou petit pour égayer les yeux de sa verdure et animer la solitude de son ombre mouvante.

Contre la voie passe un Sarde à cheval, triste et fier, les yeux vers les nuages errants. Il porte sa femme en croupe; une besace pend de chaque côté de la monture.

Aux approches de Sassari, l'opuntia et le figuier se montrent, puis les hauteurs se couvrent de forêts, on voit des champs cultivés, on pressent la ville et la ville apparaît.

Le soir vient de bonne heure en cette saison; le vent est tombé, des fumées bleuâtres s'élèvent des toits des maisons et montent droit vers le ciel, quelques rayons du couchant rougissent le sommet des édifices, et un croissant de lune se pose comme un pâle diadème sur le front de la cité.

Dès l'arrivée M. Mariani nous entraîne dans sa demeure, et nous terminons gaiement cette journée par un repas où se mêlent les vins de France et les vins de Sardaigne. J'avoue que si nos crus sont célèbres par leur finesse et leur arome, le vin sarde est parfumé et ardent.

Des villes misérables, sombres, abandonnées, un peuple farouche, voilà ce que dans mes rêveries de France j'attendais de la sauvage Sardaigne. Je fus agréablement déçu par l'aspect de Sassari.

Sassari, la charmante, sorte de deuxième capitale de la Sardaigne, est une ville agréable et policée, dans une situation ravissante. Assise toute blanche au penchant d'une colline ceinturée de vastes forêts frissonnantes qui ondulent aux caresses des brises, elle se penche vers la mer, et l'on dirait qu'elle contemple l'immensité. Mais ce n'est point son aspect seul et son ciel qui enchantent; l'urbanité de ses habitants est proverbiale, ses campagnes sont verdoyantes, ses collines agréables, ses sylves profondes.

Les gens de Sassari se distinguent par les usages et par le langage. Aussi disent-ils, avec une nuance de mépris, en parlant des autres habitants de l'île : Ce sont des Sardes, c'est-à-dire des barbares. Eux sont exclusivement des *Sassaresi*.

Ce qu'il y a dans cette ville d'étrange, de pittoresque, à côté des grandes voies, des places publiques, des magasins luxueux, c'est l'écheveau de ses ruelles étroites, vrai dédale éclairé d'un jour blafard. Là, des cavaliers encapuchonnés de noir, le poing sur la hanche, le calumet aux dents, le fusil en travers de la selle et la femme en croupe, passent crânement et le pavé retentit du sabot de leurs chevaux. Il faut souvent se réfugier sous les portes pour leur livrer passage.

Dans ces ruelles, les boutiques sont basses, sombres, les demeures tristes. Par la porte ouverte on aperçoit, dans l'obscurité et le mystère qu'elles gardent même en plein jour, les lueurs des veilleuses agonisant devant de pâles madones.

On voit, on entrevoit des hommes, des femmes, qui passent vagues comme des ombres dans ces sombres corridors.

Certaines façades contrastent d'une façon singulière avec l'intérieur ténébreux de la demeure. Souvent un drapeau rouge y flotte portant en lettres noires le mot : *vino*. Les hommes du peuple s'arrêtent et boivent, les femmes s'y approvisionnent. La plupart du temps les denrées ou objets dont on commerce au dedans sont représentés par des échantillons suspendus au linteau de la porte : des ficelles balancent un morceau de charbon, une tomate, une chandelle, des figues sèches, des macaronis, des pains, des pommes, des flacons d'huile et de vin, quelquefois les deux ensemble dans la même bouteille. Sur le seuil même et dans l'intérieur sont des amas de magnifiques pommes cirées au joli vert tendre qu'on appelle *melappio*. Des salles basses en sont pleines et leur suave odeur vous suit au loin dans la rue.

Cette ville vraiment intéressante est un heurt d'antithèses.

Avec ses édifices, ses palais, ses institutions, ses magasins, elle est tout ce qu'on appelle moderne, tandis qu'une grande partie de ses *Sassaresi* conserve les coutumes des ancêtres, l'allure un peu farouche d'autrefois. Devant les boutiques luxueuses, de fières guenilles vont et viennent sur le dos de fiers mendiants. Le haillon est ici un ornement, presque une coquetterie. J'ai vu un enfant de Sassari qui aurait pu se

CATHÉDRALE DE SASSARI.

draper dans les plis du manteau absent dont parle Théophile Gautier dans son voyage en Espagne.

Ce qui frappe aussi dans cette ville, c'est l'activité et le travail. La foule y grouille, elle est gaie, chacun vaque lestement à ses affaires. Les cafés (ils sont rares) sont très peu fréquentés, même par les officiers.

Le lendemain de mon arrivée, comme, le soir venu, le ciel sans rayons pâlissait la terre de ce bleu crépusculaire particulier qui baigne avant la nuit les villes blanches des pays méridionaux, je m'en allai rôder par la ville. Dans les ruelles des pauvres quartiers c'était à ce moment comme un fourmillement d'étincelles. Des gerbes de feu d'artifice illuminaient chaque porte, le vent en apportait au loin les flammèches qui flottaient, se balançaient, ou piquaient droit en étoiles filantes. C'étaient les ménagères qui allumaient le charbon de leurs fourneaux, en plein air, pour préparer le repas du soir. On les voyait en silhouettes sombres se pencher vers les brasiers et souffler de toutes leurs forces, rouges d'efforts et des reflets du feu, qu'elles éventaient aussi avec des sortes de paillassons de forme ronde. D'autres avaient laissé au vent le soin d'attiser la flamme. Puis peu à peu les fourneaux rentrèrent et les ruelles redevinrent obscures. Ce spectacle se renouvelle chaque soir, par la raison que les maisons n'ont pas de cheminées.

Les églises sont nombreuses à Sassari et en général assez peu intéressantes. La cathédrale, à la façade peut-être surchargée d'ornements, est d'une grande richesse d'aspect et cette profusion de sculptures sur une pierre d'une belle couleur dorée produit des effets magiques aux rayons du soleil. Certains jours, sous les feux du couchant j'ai vu les hautes corniches flamboyer comme un métal ardent.

Lorsque j'y pénétrai, un soir, un spectacle singulier frappa mes yeux. L'immense nef s'enveloppait d'ombre et de mystère. Devant le chœur une vieille tapisserie était étendue sur les dalles ; le fond en était noir, le dessin jaune. La mort y était représentée sous la forme d'un affreux squelette couronné, assis sur un trône, tenant d'une main un sceptre, de l'autre une faux, tandis qu'à ses pieds gisaient pêle-mêle une tiare, une mitre, une crosse d'évêque, un casque aux larges panaches, des livres entr'ouverts, enfin un oiseau. Des cierges allumés dans des chandeliers gigantesques brûlaient aux quatre coins de cette étrange image.

Sur un des côtés se tenait un prêtre un encensoir à la main, l'autre posée sur le cœur. En face de lui, du côté opposé de la tapisserie funèbre, un officiant debout, très vieux, les besicles sur le nez, tenait une croix d'argent dont la hampe s'appuyait sur les dalles. Entre les deux et sur un troisième côté, trois autres prêtres, en chape noire galonnée de jaune, celui du milieu, un bréviaire à la main, psalmodiait des prières mortuaires.

Longtemps je les écoutai devant l'affreux squelette qui semblait s'animer à travers l'encens dans le demi-jour de cette heure assombrie.

Lorsque les prières lugubres furent terminées, le prêtre qui les avait psalmodiées fit le tour du fantastique tableau en l'aspergeant d'eau bénite, tandis qu'un autre encensait. Puis les cierges s'éteignirent, les chandeliers disparurent, la tapisserie fut repliée et les curés partirent. Il ne resta dans la nef, plongée dans l'ombre et le silence, que des femmes agenouillées sur les dalles, le rosaire aux doigts, tandis que des vapeurs d'encens s'élevaient lentement vers la voûte, et que les murailles de l'église résonnaient comme d'un dernier écho du chant sépulcral.

Je quittai ce lieu. La lumière extérieure m'éblouit malgré l'heure tardive. Quelques coins de ciel d'un bleu pâle brillaient encore à travers les déchirures des nuages, et un rayon cramoisi bordait les hautes corniches de la cathédrale.

C'était l'heure où les *zappatori* (journaliers cultivateurs) rentraient à la ville. On les voyait arriver par les chemins isolés ou en groupes, les uns à cheval, les autres à pied, porteurs d'une besace et chacun tenant en laisse le petit chien qui est chargé, aux champs, de la garde des provisions.

Ils partent le matin, lorsque luit déjà le soleil, pour rentrer aux derniers rayons. Cet usage, qui surprend tout d'abord, s'explique aisément par le désir bien naturel de ces ouvriers des champs d'éviter les miasmes paludéens, si dangereux en Sardaigne, qui s'exhalent surtout avant le lever et après le coucher du soleil.

Si les zappatori y gagnent, les propriétaires y perdent, car les hommes de la *zappa*, c'est-à-dire de la bêche, se gardent bien de rattraper par un travail assidu les heures dépensées à se rendre de la ville à la campagne, puis de la campagne à la ville. C'est bien tout le contraire, ils s'ingénient à augmenter la journée par une série de légers repas, et au total ils bêchent le moins possible.

Les zappatori forment une corporation puissante avec laquelle il faut compter à Sassari, où, depuis plus d'un siècle, existe une sorte de Bourse du travail. Ils se réunissent en certains lieux, sur les places publiques, à l'entrée de la ville généralement, comme les journaliers du temps de Jésus-Christ, ainsi qu'en témoignent quelques paraboles, et là, munis de leur besace et la zappa sur l'épaule, ils attendent, réunis par groupes et debout, qu'on veuille bien les embaucher. L'accord se fait d'habitude pour une semaine, et les zappatori exigent d'avance le payement intégral des journées pour lesquelles ils sont retenus, condition qui date de 1848.

Les zappatori font partie des anciennes corporations connues sous le nom de *gremii* qui subsistent depuis le moyen âge à Sassari, et, à ce titre, ils sont représentés aux processions, principalement à celle des *candellieri*, la plus populaire de toutes.

Pour figurer à cette cérémonie, qui se perpétue à la suite d'un vœu fait pendant la peste qui désola la ville en 1582, les représentants des corporations se revêtent des costumes les plus bizarres ; ils arborent l'habit à la française, le chapeau de don Basile, le tricorne, l'épée d'acier, la culotte courte, le bonnet rouge et autres souvenirs de la domination aragonaise.

A cette procession la Vierge est portée morte, couchée sur un lit ; chaque corporation est munie d'énormes chandeliers ornés de rubans multicolores. Le corps municipal honore de sa présence la pieuse cérémonie.

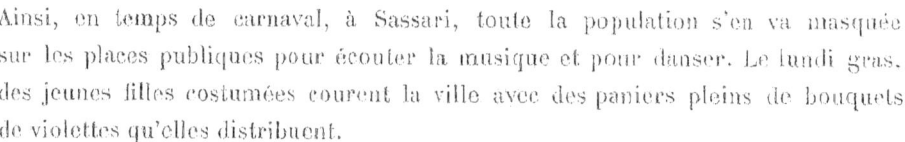

ZAPPATORI.

Dans toute la Sardaigne les habitants des villes se livrent aux fêtes avec un entraînement extraordinaire. Ainsi, en temps de carnaval, à Sassari, toute la population s'en va masquée sur les places publiques pour écouter la musique et pour danser. Le lundi gras, des jeunes filles costumées courent la ville avec des paniers pleins de bouquets de violettes qu'elles distribuent.

Notons qu'en temps de carnaval, tout le monde est ganté, du plus riche et noble au plus pauvre. Certains plaisants se griment à merveille. Il en est qui singent le préfet à s'y tromper, on dirait son visage, c'est sa démarche, ce sont ses vêtements ou plutôt des habits pareils aux siens : d'où quiproquos sans fin. Et de rire !

Le mardi gras, on promène par la ville un gigantesque masque qui est brûlé le soir sur la *piazza Castello*, la place principale de Sassari, au son de la musique, à la lueur des lanternes vénitiennes.

Les Sardes, pendant ce temps, dansent le *douro-douro* national, l'aristocratie valse et polke. Toute la population délire, on peut dire que personne n'échappe alors à la folie.

Les trois derniers jours il se jette dans les rues une telle quantité de dragées que la municipalité doit, bon gré mal gré, convoquer des balayeurs pour nettoyer la ville.

Mais, et c'est là le miracle de ce carnaval, jamais de cris, de colères, de disputes.

Dans tout mon séjour en Sardaigne il ne m'est pas arrivé une seule fois de rencontrer un ivrogne.

Les cérémonies religieuses, en dehors de la procession dont j'ai parlé, sont fort curieuses à Sassari. Elles ont conservé un caractère farouche, qu'elles doivent peut-être aux traditions espagnoles. Il serait intéressant de s'y trouver les jeudi et vendredi saints. Il y a, ces jours-là, des processions lugubres où le Christ décrucifié est porté sur un drap blanc par des pénitents que suivent des hommes habillés en juifs, avec des têtes en carton. L'un transporte l'échelle de la passion, un autre les clous, etc. D'autres promènent sur un drap la tête *décapitée* du Christ. Puis vient la Vierge, en larmes, vêtue de deuil, un mouchoir à la main, le cœur percé de sept glaives.

Pendant la semaine sainte, le saint sépulcre, dans les églises, est orné d'une infinité de vases dans lesquels on a fait pousser du froment. Ce froment, semé quinze jours avant, est considéré, s'il germe sans retard, comme d'un heureux présage pour les récoltes à venir.

En 1848 les processions furent interdites; le choléra de 1855, qui fit de nombreuses victimes à Sassari, fut regardé comme un châtiment infligé à la ville pour son abandon de ces pieux usages: aussi elles ne tardèrent guère à être rétablies.

De Maltzan rapporte qu'un chanoine du nom de Scavo s'était attiré les malédictions de toutes les corporations et confréries (et Dieu sait si elles sont nombreuses à Sassari) pour avoir ordonné la fermeture des églises après le coucher du soleil. Les fidèles bougonnaient, les processions nocturnes avec éclairage aux flambeaux et feux d'artifice étant pour ces braves gens un divertissement auquel ils tenaient passionnément, plus qu'à tout autre.

Il y avait cependant d'excellentes raisons pour interdire les processions nocturnes. Plus d'une fois elles avaient été une occasion de scandale, plus d'une fois aussi une occasion de bataille, car les confréries se détestaient entre elles : celle des tailleurs notamment était de père en fils en délicatesse avec celle des cordonniers.

Un soir, à l'occasion de la fête de saint Crépin, les cordonniers s'acheminèrent en pompeux appareil vers la chapelle de leur patron. Les tailleurs étaient déjà dans l'église, dévotement agenouillés devant saint Antoine qui était représenté avec son cochon. Ce même porc était peint sur la grande bannière de soie blanche de la confrérie, déposée pour l'instant dans un coin de l'église. Pendant que les tailleurs marmottaient les litanies, un jeune cordonnier s'approchant de la dite bannière trouva plaisant de dessiner deux énormes cornes sur la tête de l'animal. Après les litanies l'étendard fut déployé pour être béni devant la statue de saint Antoine, et, à la lueur des cierges, l'épouvantable profanation frappa tous les regards.

Aussitôt la confrérie des tailleurs se précipita sur la confrérie des cordonniers; ce fut un pêle-mêle indescriptible d'où s'élevèrent des malédictions, des vociféra-

LA FONTAINE DE « ROSELLO », A SASSARI.

tions, des cris de douleur, car les couteaux et les stylets s'étaient mis de la partie. Cependant il y eut plus de blessés que de morts, plus de bruit que de mal, mais le scandale fut tel qu'on proscrivit ces réunions nocturnes.

De Maltzan raconte un trait bien amusant.

Une des plus grandes fêtes religieuses de Sassari est celle qui se célèbre le jour de San Gavino, dont les reliques sont conservées dans la crypte de la basilique de Porto Torres, tandis que sa statue décore la cathédrale. Cette statue, haute de trois pieds environ, est en argent massif. En 1793 les troupes françaises débarquèrent sur la côte septentrionale de la Sardaigne. Les habitants, épouvantés, coururent processionnellement à Sassari pour invoquer San Gavino. Ils lui exposèrent leur situation, élevèrent leurs doléances, le prièrent de les sauver de ces ennemis. Et, afin de mettre davantage le saint dans leurs intérêts, ils lui représentèrent que lui-même souffrirait de l'invasion. « Oh! San Gavino! lui disaient-ils, remarque que plus encore pour toi que pour nous-mêmes il est nécessaire que nos ennemis ne conquièrent pas notre patrie. Rappelle-toi, ô saint, que tu es d'un métal précieux, et que bientôt ces Français pilleurs d'églises auraient fait de ta personne sacrée un double boisseau de menue monnaie. Réfléchis, ô Gavino, toi qui es en argent, que tu vas être changé en innombrables *pesos de cincu* (monnaie de cinq *soldi* sarde). »

De Maltzan ajoute : Soit que le saint craignît d'être converti en monnaie, soit qu'un motif quelconque eût détourné les Français, la conquête s'arrêta, ce qui fut attribué à l'influence du bienheureux.

Comme les journées s'écoulaient vite à Sassari! Pourtant, chaque matin, des nuages venus de l'ouest, s'avançant en chaos monstrueux, obscurcissaient le ciel et se roulaient, tout noirs, sur la Sardaigne.

Que de fois je l'ai contemplé d'un œil inquiet, interrogateur, ce ciel de Sassari, si doux, si lumineux d'ordinaire! J'étais malheureusement arrivé en plein hivernage et les pluies menaçaient de se prolonger un mois encore.

Je dérobais cependant quelques bons instants au vent, à l'ondée, à la rafale. Au moindre rayon j'étais dehors. Ce pays comme couvert de deuil devenait alors subitement éblouissant. Quelquefois l'embellie se maintenait des heures entières, puis tout retombait dans l'obscur, l'eau coulait du ciel et se précipitait par les rues en pente. Durant des nuits entières j'entendis ce ruissellement monotone, et, pendant de longues nuits aussi, le vent ne cessa de gémir.

A la moindre accalmie je courais à la fontaine du *Rosello*. C'est un monument en marbre, d'un goût douteux, avec quatre statues aux angles, représentant les saisons. Des masques vomissent l'eau en abondance. Cet édifice est décoré des armoiries de la ville de Sassari, de l'écusson d'Aragon et d'une figure de fleuve.

Il est surmonté d'une statue équestre de San Gavino en costume de guerrier. Sur une des faces du monument on peut lire l'inscription traditionnelle :

Feliciter regnante potentissimo Hispaniarum et Sardini rege Philippo III, etc.

J'étais constamment absorbé par les scènes amusantes que jouaient devant cette fontaine les porteurs d'eau et leurs ânes minuscules. Ces derniers sont bien les animaux les plus petits, les plus minables qu'on puisse voir. Ils s'en vont les oreilles basses, la peau en loques, cherchant sur l'âpre montée qui mène à la ville quelques débris de légumes à happer en passant. Pauvres bêtes ! chargées de trois tonnelets, leur maître assis sur l'arrière, comme si elles n'avaient pas assez du poids de leur chargement, elles traînent leur infortune, du matin au soir dans les rues. Lui, l'homme, le maître, armé d'un bâton, trône sur cette misère, le nez au vent, l'œil fier. Et la bête ruisselle d'eau, et de sueur peut-être. Lorsque l'ânier a chargé sur l'âne le premier des trois tonnelets, il soutient le barillet au moyen d'un petit bâton fourchu fiché en terre. Comme ledit baril tomberait au moindre mouvement de l'animal, l'ânier a imaginé de plier le pied de devant de la pauvre bête et de le tenir en l'air avec une corde fixée au bât.

UN JEUNE ANIER.

La misère n'était point assez pour le malheureux âne, les injures ne suffisaient pas, on le tourne en ridicule, on le traite de *Filomela!* (Philomèle). J'espère que son intelligence obscurcie par les mauvais traitements ne va pas jusqu'à comprendre cette odieuse ironie.

Les cris des porteurs, le va-et-vient des animaux, les femmes et les jeunes filles de la ville venant puiser l'eau, tout concourait à faire de cet endroit un lieu de distraction rare.

Du reste, malgré le mauvais temps, les distractions et surtout les promenades intéressantes ne me manquaient pas à Sassari. M. Mariani, que j'avais eu la bonne fortune de connaître, était pour moi un guide précieux en même temps que le plus agréable des amis. Comme il est fort connu en Sardaigne, qu'on l'y honore d'une grande estime et d'une considération toute particulière, le meilleur accueil m'était partout réservé en sa compagnie, ou sur sa simple recommandation, lorsqu'il ne pouvait me suivre.

Autour de Sassari quelques anciens monastères montrent leurs murailles branlantes. Là, dans le silence et la froide paix des hautes salles, vivent, dans l'oubli, des créatures bénies dont l'existence entière est un sublime dévouement.

M. Mariani me fait visiter un de ces anciens couvents, occupé autrefois par des capucins, et que les sœurs de Saint-Vincent de Paul ont converti en refuge pour les enfants abandonnés.

La pauvreté, presque la détresse, suinte des vieux murs et flotte dans la lueur crépusculaire des couloirs. Dans le jardin quelques rares fleurs élèvent leurs brillants pétales, leurs couleurs paraissent bien plus vives dans ce morne monastère, près des murailles sévères, sous un ciel attristé, dans ce jardin qu'assombrit l'automne.

Mais les enfants que ces saintes femmes ont recueillis mènent une vie de travail, les tout petits s'amusent, comme le veut leur âge; ceux qui ont un peu grandi, tissent au profit du couvent. Plus tard, quand, devenus jeunes hommes, ils quittent le recueillement laborieux de cette demeure, ce qu'on leur a donné d'instruction élémentaire et ce qu'ils ont appris d'un bon métier leur permet de vivre sans tendre la main.

On trouve les religieuses de Saint-Vincent de Paul à la tête de plusieurs établissements importants, à Alghero, Ozieri, Oristano, Iglesias et Cagliari. Quelques-unes sont Françaises, mais toutes ont fait leur stage à la maison mère de Paris.

C'est grâce à elles que la langue française est plus connue en Sardaigne que dans plusieurs autres contrées de l'Italie; grâce à elles que notre pays est sympathique aux Sardes de toutes les classes.

Dans la ville même de Sassari, vingt-cinq de ces religieuses tiennent un établissement d'éducation où l'on enseigne le français.

Nous profitons d'une belle soirée pour faire une charmante promenade au monastère de *San Pietro in Silchi*, perdu dans des bois d'oliviers. Il est occupé par des Franciscains et des sœurs de Saint-Vincent de Paul qui dirigent un asile de vieillards. La supérieure, au doux et gracieux visage, nous fait les honneurs de son établissement. C'est une vraie joie pour elle de converser avec nous en français et de nous parler de Paris, qu'elle a habité, dont elle a gardé le plus attachant souvenir. Nous la suivons ainsi devisant à travers les salles, émus des soins, du dévouement qu'on prodigue aux vieillards. Le jardin du couvent est magnifique; quelques-uns des pauvres vieux de l'asile lui consacrent leurs dernières forces.

On visita ensuite les Franciscains. Je me souviendrai toujours de l'immense sacristie où le supérieur nous reçut, des tableaux vaguement éclairés où les vierges des primitifs flottaient comme des visions, des religieux vêtus de bure, au visage grave, qui écoutaient, les mains jointes sur les genoux, les yeux vers le jour pâlissant qui tombait de la haute fenêtre.

Pour sortir du monastère nous traversâmes l'église humide et sombre et j'entendais nos pas résonner sur les dalles des tombeaux, tandis que les religieux nous regardaient, semblables, en cette nef presque nocturne, à des ombres effacées.

Le crépuscule venait, la route blanchissait vaguement à travers les arbres, nous allions incertains, et je conserve de ces derniers instants dans le demi-jour de l'église des Franciscains un souvenir attendri, mais indécis, vague et lointain comme un rêve.

Les autres édifices de Sassari ne m'ont pas laissé cette charmante incertitude. La préfecture est vaste, les appartements somptueux, la salle des séances des conseillers généraux opulente, mais la décoration en est détestable et l'ameublement prétentieux et faux. Quelques tableaux valent un regard.

A l'hôtel de ville, qui est l'ancien palais du duc de Vallombrosa, je trouvai une collection de peintures intéressante.

L'Université, dont le recteur Gaetano Mariotti me fit les honneurs, est fort importante. Elle est pourvue de chaires de théologie, de jurisprudence, de médecine, etc. Sa bibliothèque renferme 37 000 volumes, et l'on y commence un musée d'antiquités.

Un dimanche matin M. Mariani vint frapper à ma porte.

« Allons-nous à Sennori? me dit-il gaiement.

— Qu'est-ce donc que Sennori? une montagne, une forêt, une ville, un village, un coupe-gorge? Au fait, que m'importe, je vous suis. »

Il pousse les volets, un soleil éblouissant illumine la chambre.

Les gros nuages noirs, chassés par le vent du sud-ouest, avaient cessé de courir effarés dans le ciel de Sardaigne. Deux minutes et nous étions en calèche, M. Mariani, M. Proto Secchi, aimable Sassarese, et moi; un bon vieux cocher tenait les rênes. Le soleil baignait les champs et les grands bois. Depuis mon arrivée en ce pays je ne l'avais vu qu'en apparitions aveuglantes sur le sol étincelant de blancheur des places de Sassari. Maintenant il égayait nos cœurs et charmait nos regards. Nous allions par la route devant les beaux horizons de la mer lointaine, gravissant les coteaux, tombant dans des vallons où frémissaient doucement les hauts palmiers, où se balançaient les panaches ondoyants des roseaux, où brillaient les fruits d'or de l'oranger. Belle nature et superbes cieux.

Quelle fête après tant de journées sombres! On traversa longtemps des bois d'oliviers au doux feuillage, et par moments, des feuilles mouillées encore, les gouttelettes tombaient en tièdes larmes d'argent. Dans les vallons rayés de cultures, des maisonnettes blanches se blottissaient entre des arbres touffus, les mousses humides festonnaient de velours les vieux murs. On s'éleva lentement par cette route charmante, on atteignit le flanc d'une colline plus élevée, et tout au loin, comme un doux mirage, scintillait subitement dans les vapeurs la Corse. Ses cimes neigeuses montaient haut dans le ciel; on eût dit qu'elles voguaient dans l'azur avec les blancs nuages, tandis que les côtes disparaissaient dans un réseau de gaze. Et nous cherchions à reconnaître les cimes.

« Voyez-vous le Monte d'Oro? — Non, c'est l'Incudine avec son arête aiguë, et à côté le Monte Renoso qui étale sa puissante croupe », à vrai dire nous ne savions trop, dans cette brume, qui avait raison et qui avait tort : mais lorsque le soleil eut dissipé quelque peu les vapeurs, nous pûmes donner avec certitude des noms à plus d'une de ces belles montagnes

COIFFURE DES FEMMES DE SENNORI.

couvertes maintenant d'un manteau glacé. A cette distance, l'île merveilleuse semblait un joyau d'opale et de nacre irisée flottant dans un azur idéal.

Et tandis que nous admirions ce spectacle, un son de cloche traversa lentement les airs. « C'est la messe de Sennori », dit M. Proto Secchi.

Au détour du chemin et tout près de nous, Sennori sommeille dans le pli de la montagne. C'est un amas de maisons très pittoresques que domine un clocher. Le pied des demeures trempe dans des verdures qui descendent en moutonnements touffus jusqu'au fond du vallon.

Nous quittons la voiture à l'entrée du village et nous suivons les rues solitaires, à pentes raides, qui mènent à l'église; le village est tout entier à la messe. Des hommes, par petits groupes, se tiennent devant le portail; la plupart sont vêtus de l'antique costume, et leur visage est caractéristique. Ils s'écartent poliment devant nous. L'église est pleine; le prêtre officie; des femmes en grand nombre, vêtues de costumes de velours, sont agenouillées sur le sol, belle et gracieuse jonchée de fleurs sur les dalles de la vieille nef délabrée!

LE COSTUME DE GALA.

Les veuves sortirent les premières, drapées dans leurs grandes jupes plissées ramenées sur la tête. Dans la noirceur de leur costume raide et bouffant, leurs fins visages disparaissaient presque et se voilaient de pâleur. Derrière ces belles veuves au regard triste et doux, aux vêtements sombres, des jeunes femmes et des jeunes filles descendaient les marches du large escalier de pierre qui donne accès à la plate-forme où s'élève l'église. Elles allaient, gracieuses, souriantes, un peu surprises à la vue d'étrangers. La couleur de leurs vêtements, faits de blanc, de rouge et de bleu, leurs corselets d'or, les colliers et les boutons ciselés dont elles étaient ornées, la toile fine qui couvrait leur tête, rappelant les cornettes des sœurs de charité, l'expression chaste de leur visage tandis qu'elles allaient les seins à peine couverts d'une chemise légère, leur donnait un caractère singulier : elles étaient belles d'une beauté pure et troublante à la fois.

Ce flot de brillantes couleurs et de jeunes visages s'écoula trop tôt comme une charmante évocation d'un temps qui n'est plus.

M. Proto Secchi nous amena chez ses parents de Sennori, où le meilleur accueil fut notre lot. Ils sont bien simples, bien modestes, ces intérieurs de villages sardes.

A Sennori c'est la maison de nos hameaux de France avec une grande pièce au rez-de-chaussée ou au premier étage servant de cuisine et de salle de travail, et l'écurie toute voisine. Ce qui m'a frappé là, comme dans les autres villages de Sardaigne que j'ai visités par la suite, c'est l'énorme disproportion entre la richesse des vêtements et la pauvreté de l'habitation.

Le soin de leur toilette préoccupe beaucoup les jeunes filles.

Aussitôt après la première communion, les voilà qui brodent leur costume de

SORTIE DE MESSE A SENNORI.

noce, infiniment plus luxueux encore que celui qu'elles revêtent le dimanche. C'est un travail de plusieurs années. Si l'une d'elles vient à mourir, on l'ensevelit dans ce costume préparé pour un jour de bonheur. A Sennori le costume est fait d'une veste courte en velours cramoisi dont les manches ouvertes par des crevés moyen âge laissent passer la chemise bouffante. Cette manche, ornée de pierreries encastrées dans des broderies, se termine au poignet par une rangée de boutons en filigrane d'argent ou d'or, dont quelques-uns seulement sont boutonnés. Sous la veste on distingue par moments le corselet également brodé d'or, lacé de rouge sur le devant et dont la forme rappelle assez exactement celui des châtelaines d'autrefois. La jupe est faite d'un gros drap noir tissé dans le pays et plissé par les femmes elles-mêmes. Au bas de cette jupe court une large bande de soie blanche brodée de fleurettes aux vives couleurs. Le tablier est de soie bleue brochée, traversé par une frange noire. Enfin, elles portent une sorte de guimpe en toile fine qui rappellerait certaines coiffures du temps de Charles VI.

En temps ordinaire la veste de velours est remplacée par une veste brune dont les manches à crevés sont formées par deux larges bandes, l'une rouge et l'autre bleue.

Ce qui m'a fort surpris, c'est que dans maint et maint canton les femmes portent nos trois couleurs, bleu, blanc, rouge.

Dans la semaine elles voilent souvent leur visage d'un foulard sombre qui cache le bas de la figure. Est-ce là un souvenir des Maures? Ils n'ont guère paru à Sennori. Cette coutume a probablement pour but de protéger la respiration contre l'absorption des miasmes paludéens.

Habituellement les femmes sont nu-pieds, mais quand elles se chaussent, c'est avec de jolis petits souliers élégants.

Cette journée passa trop vite, et quand nous reprîmes le chemin de Sassari, les rayons du couchant incendiaient les vitres des maisons.

J'avais vu Sennori le dimanche et je me disais : Que font donc ces belles princesses pendant la semaine?

Je profitai d'une belle journée et de l'obligeance de mes

SUR LE SEUIL.

amis pour y revenir. Je revis les rues tortueuses, les antiques demeures, la pauvre église. Et dans les rues passaient les princesses la plupart nu-pieds mais toujours vêtues de brillantes couleurs.

Les unes, avec des joncs, tressaient de grands paniers plats, debout, au soleil sur le pas de la porte. C'est une occupation habituelle aux femmes du pays. D'autres travaillaient seules dans quelque chambre blanchie à la chaux, éclairée par la lueur mystérieuse d'une fenêtre grillée.

Parfois aussi, réunies en groupes nombreux, dans une vaste salle, les enfants demi-nus se traînant par terre, elles tressaient les joncs ensemble. Ce n'étaient plus là les graves jeunes filles, les fières princesses. Non, mais d'ardentes travailleuses, un gai sourire aux lèvres, causant avec vivacité et quelquefois psalmodiant quelque antique mélopée. J'entendis réciter à l'une d'elles la poésie suivante :

> *Convertidas sunt in iras*
> *Sas amorosas fiamas,*
> *Isconzas si sunt sas paghes.*
> *Non ti miro, ne mi miras,*
> *Non ti bramo, no mi bramas,*
> *Sa chi ti fatto mi faghes*
> *Non t'aggrado neimi piaghas*
> *Tind' ifadas mind' infado,*
> *No m'aggradas, né t'aggrado*
> *Ambos hamus cumbinadu.*
>
> En colères se sont changées
> Ses amoureuses flammes, etc.

Je trouvai partout le meilleur accueil à Sennori, j'étais l'objet des attentions les plus gracieuses.

A cela rien d'étonnant, car les Sardes sont très hospitaliers. Voici un de leurs proverbes :

> *Sa domo est minore, su coro est manu:*
> La maison est petite, le cœur est grand.

Le docteur Gillebert-d'Hercourt conte le trait suivant :

« Un ingénieur étranger, fatigué par une longue course à cheval à travers bois et montagnes et pressé par la faim, s'arrêta devant la première maison qu'il rencontra et demanda à *acheter du pain*. « Nous ne vendons pas de pain », lui répondit-on. Plus loin il adressa semblable demande aux habitants d'une autre maison, il lui fut fait pareille réponse. Cette identité de langage lui donna à réfléchir. « Mais si vous ne vendez pas de pain, dit-il, vous en donnez peut-être ? « J'ai faim. » Aussitôt et avec le plus vif empressement on lui donna de quoi satisfaire amplement son appétit. »

J'aperçus dans l'intérieur d'une maison une charmante fillette et je la priai de poser pour son portrait. Elle s'y refusa d'abord obstinément, malgré le désir de sa mère. Puis subitement, un peu boudeuse, elle croisa ses bras et me dit en se plaçant devant sa porte : « Voilà, faites mon portrait puisque cela vous plaît tant ». Quand j'eus fini, elle n'eut même pas la curiosité de regarder mon croquis, rentra dans la maison, après m'avoir salué. Je la suivis en hâte avec une pièce de monnaie pour la payer de sa peine, mais elle rougit et haussa les épaules sans daigner même refuser mon présent.

Au bas du village, dans un vallon où gazouillait doucement un ruisselet caché sous les herbes et les feuilles, j'errai parmi des jardins d'orangers. Les fruits jaunissaient et c'était une fête pour mes yeux que ces massifs épais, au vert intense, émaillés d'innombrables petites sphères d'or. Deux Sardes que j'y rencontrai me guidèrent avec une complaisance extrême.

« Pourquoi donc ces cornes accrochées aux branches ? dis-je à l'un d'eux.

— C'est pour préserver les arbres des maléfices qui les rendraient stériles, que nous leur suspendons, comme vous voyez, des cornes de bélier. »

TRAVAIL DE VANNERIE.

Puis les ombres s'allongèrent lentement, les feux qui éclataient dans les bosquets comme des milliers de pierreries s'éteignirent de proche en proche, le mystère enveloppa le vallon. Et bientôt la haute église de Sennori conserva seule un rayon tremblotant qui semblait suspendu à la voûte des cieux, au-dessus de l'obscur village, comme une lampe de sanctuaire.

Le rayon s'évanouit ensuite dans les pâleurs du crépuscule et la nuit vint. Alors seulement je repris le sentier qui mène à Sennori : là je retrouvai mes aimables

LA VILLETTE AU PORTRAIT.

compagnons qui m'attendaient en sommeillant dans la voiture. Par la route monotone, dans le silence de l'heure nocturne, devant la mer lointaine qui reflétait les clartés d'une lune mourante, une voix intérieure me murmura des fragments de la poésie sarde que j'avais entendue :

Convertidas sunt in iras
Sas amorosas flamas.....

Hélas! disais-je, répondant dans ma pensée à cette voix, tout ne change-t-il point ici-bas? Aux sourires d'aujourd'hui, peut-être, demain, succéderont les larmes. — Voyez, tandis que le soleil dore la feuillée, les nuées s'amoncellent et la foudre va gronder.

A cette heure, en retraçant ces souvenirs, je sens au cœur un cruel serrement.

Ma pensée se reporte à ce jour de novembre où, revenant de Sennori, je trouvai sur la table de l'*albergo* une lettre que M. Émile Templier m'avait adressée en Corse et qui m'avait suivi jusqu'en Sardaigne. C'est la dernière que j'ai reçue de lui!

Le *Tour du Monde* a porté le deuil de cet homme d'intelligence si profondément bienveillant et bon. Nous qui l'avons beaucoup connu, beaucoup aimé, nous ne trahirons jamais sa mémoire.

— Pendant que nous vivons ou que nous croyons vivre de deuil en deuil, fatigués, tracassés, souvent tristes jusqu'à la mort, la lumière inonde plaines et monts, les forêts frissonnent aux brises, les nuages voguent dans le ciel bleu, la mer balance harmonieusement ses flots, et la nature entière célèbre ses éternelles amours.

Les derniers jours d'octobre se sont écoulés, novembre est venu. Novembre, froid et noir au nord de la France, mais morose et fantasque en Sardaigne, avec des pluies diluviennes, des coups de vent subits, mêlés d'air calme et de rayons printaniers.

Profitons du beau jour qui se lève, et quittons la ville de Sassari. Aussi bien nous y reviendrons et nous y retrouverons avec bonheur cette excellente albergo *Azuni*, où maître et serviteurs n'ont cessé de combler de prévenances et d'attentions ce voyageur qui passe, qu'ils ne reverront probablement jamais. Que ceux qui me lisent retiennent le nom de cette maison de loyale hospitalité.

Dirigeons-nous aujourd'hui vers Sorso, la distance n'est pas grande; après un long mauvais temps, nous verrons les choses renaître aux caresses du soleil. On dirait que la nature a pris une fraîcheur nouvelle, l'azur du ciel est d'une transparence inaccoutumée, des nuages légers et doux comme de l'ouate flottent avec lenteur. Tout là-bas, des vapeurs tremblantes voilent un peu les fonds, et partout de suaves senteurs s'exhalent de la terre, des arbustes, des plus humbles plantes.

Le tonnerre avait grondé durant la nuit et dans le ciel noir, les éclairs n'avaient cessé de déchirer la nue. Quelle joie que ce jeune soleil du matin qui luit, un peu pâle sur les choses, comme un sourire sur un visage encore mouillé de pleurs.

Devant nos yeux, accompagnant la route et toutes scintillantes de perles de rosée, se balancent de magnifiques euphorbes. Nous voyons s'étaler de grands chardons bigarrés, se dresser des opuntias aux fruits de pourpre, ramper des mûriers sauvages émaillés, en cette saison, de feuilles de carmin et d'or.

Les environs de Sassari sont charmants, avec leurs vallons ombragés d'orangers. Des maisons de campagne blanches ou rosées surgissent à demi de massifs d'arbres un peu jaunis. C'est bien là le *Logudoro* (c'est-à-dire le pays d'or), nom sous lequel on désigne la région septentrionale de la Sardaigne.

Le village de Sorso est voisin de Sennori, et on ne le croirait pas habité par la même race. Ici les femmes sont vêtues de blanc ou de rose, et souvent leur visage est voilé comme celui des Africaines ; on les voit passer, et comme glisser sans bruit dans les rues, pareilles à des ombres diaphanes, étranges sous ce vêtement sans ornements, sans richesses, mais qui les embellit parce qu'il les grandit.

Les hommes du peuple ont souvent un aspect farouche. Leur type offre une ressemblance frappante avec celui de certains montagnards corses.

« Qu'y trouvez-vous d'étonnant? me disait M. Catta, homme important, chez lequel M. Mariani m'avait amené. La côte nord de la Sardaigne a été longtemps le refuge des Corses. Beaucoup s'y établirent autrefois ; certains villages de la Gallura sont aujourd'hui peuplés par les descendants de bandits venus de l'île montagneuse que nous admirons par delà les bouches de Bonifacio. »

Deux vieux étaient assis devant une maison, sur un banc de pierre, encapuchonnés, sombres, se détachant en noir sur la blancheur de la muraille. C'était une véritable évocation de Zurbaran.

Nous passions, leur aspect me frappa. Prenant le bras de M. Catta, je lui dis :

« Voyez-vous ces deux hommes?

— Oui, eh bien?

— Ce sont, bien sûr, des brigands, je serais heureux de les croquer.

— Ces brigands seront enchantés de vous faire plaisir, me répondit-il en souriant. Allez m'attendre à la maison, dans le jardin, je vais vous les envoyer. »

Je considérai du coin de l'œil *il signore Catta* causant avec eux et j'augurai favorablement de sa démarche, car leurs visages s'épanouissaient.

Quelques instants après, j'avais en effet les deux sombres vieux en face de moi, sur un banc de pierre, devant une muraille blanche, tels que je les avais vus en passant.

C'étaient les meilleures gens du monde, n'ayant de commun avec des malfaiteurs que l'aspect, mais, *per Dio!* on n'eût pas aimé à les rencontrer la nuit au coin d'un bois.

M. Catta se multipliait pour nous être agréable. L'accueil que nous recevions, tant dans sa *casa* que chez plusieurs notables du pays, me permit de juger de la cordialité, de la grandeur de l'hospitalité sarde. Il nous présenta à sa femme, ce qui n'est pas dans les usages du pays. Le défaut de présentation n'est pas sans inconvénients pour un étranger, qui peut, parfois, confondre la maîtresse de la maison avec les servantes. Mais Mme Catta était trop distinguée pour que cette confusion fût possible.

VIEUX A SORSO.

Nous conversions en catalan, le dialecte sarde de Sorso ayant la plus grande affinité avec cette langue.

M. Catta est conseiller général. Il combat de toutes ses forces la politique qui sépare l'Italie de la France. Du reste, toute la partie septentrionale de la Sardaigne nous est très attachée, et plus d'une fois j'ai entendu exprimer à ce sujet des sentiments qui surprendraient beaucoup à Rome.

Sorso fut pillé, en 1527, par les troupes françaises, commandées par Benzo Orsini. Le seul souvenir qui reste de cette expédition, c'est le nom de *Strada dei Francesi*, conservé par un sentier dirigé vers la mer. Il est probable que les assaillants avaient suivi ce chemin.

La fontaine que Sorso doit aux Espagnols s'élève dans un bas-fond, toute blanche, entourée d'épais feuillages. Une avenue à pente rapide, ombragée d'une double rangée d'arbres et terminée par des marches faites de larges dalles, y donne accès. Les femmes voilées de blanc, de bleu pâle ou de rose, avec l'amphore ou le tonnelet sur la tête, suivaient cette ombreuse allée où, parfois, des rayons filtrant à travers les feuilles les éclaboussaient d'or. Lorsqu'elles s'arrêtaient, on aurait dit des statues de marbre, tant leur vêtement simple, aux grands plis flottants, leur prêtait un caractère classique. Au fond de l'avenue, du côté opposé à la fontaine, la cathédrale avec son abside à coupoles s'élève, à travers les massifs, comme une haute mosquée.

Au-dessus du village, tout en ruines, sombre et presque funèbre, est le manoir de la famille des Mores, ducs d'Asinara, aujourd'hui de Vallombrosa, dont le nom a récemment retenti à Paris à l'occasion d'un procès politique. Ce château fut ravagé par les paysans sardes en 1793. En face, dans une ruelle en pente, devant la porte d'une maison, se tenait une jeune femme, coiffée d'une sorte de turban, la veste chamarrée d'ornements. Telles j'avais vu des Juives à la casbah d'Alger. La gracieuse créature, minée par la fièvre, s'était parée à son insu d'un costume en harmonie parfaite avec les traits africains de son visage.

Sorso est victime, elle aussi, des fièvres de Sardaigne, encore aggravées ici par le *stagno di Platamona*, situé vers la plage.

Hélas! elles ne frappent pas seulement les hommes et les femmes; elles atteignent également l'enfance, et c'est pitié de voir de pauvres petits pâles et gémissants dans les bras de leur mère.

Le soleil, qui s'est voilé dans l'après-midi, paraît de nouveau. Ses rayons orangés incendient des murailles et de loin on dirait d'un métal en fusion. Nous nous promenons sur la route. Dans les bois mystérieux au feuillage délicat et tremblant qu'elle traverse, des femmes ramassent les olives. Sous cette grise demi-teinte, sans formes précises, on croirait contempler un tableau de Corot à demi effacé. Des hommes nombreux reviennent du travail, les outils sur l'épaule, chargés parfois de fagots: « *Bona sera* », disent-ils en passant. Ah! les braves gens!

Maintenant le soleil allonge les ombres, il borde les silhouettes d'une frange lumineuse; les ornières du chemin serpentent en traînées éblouissantes, les bois lointains s'estompent dans la brume.

L'astre disparaît lentement derrière une bande horizontale de nuages; seuls quelques flocons d'or voguent plus haut dans le ciel lumineux. Puis lentement le crépuscule arrive et la première étoile s'allume, tandis que la vieille voiture roule lourdement vers Sassari, dans la route fangeuse encore des pluies dernières. Le phare de Porto Torres clignote dans l'espace. On s'endort à demi, on rêve, et, lorsque les yeux s'entr'ouvrent, quelques lueurs, pareilles à des étoiles tombées, signalent de loin Sassari.

5 novembre. — Le soleil levant est venu frapper le bord de ma fenêtre, des pigeons roucoulent et s'ébattent joyeux sur les toits des maisons en face de l'albergo Azuni.

Le vent ne souffle plus; tout dans le ciel est d'heureux présage : l'occident, d'où montaient, ces jours derniers, de grandes nuées menaçantes, est d'un bleu pâle, délicat et transparent.

C'est une belle journée pour visiter Osilo, l'un des bourgs les plus importants de la Sardaigne, dont la population dépasse cinq mille âmes. Situé sur une haute montagne, il est à l'abri des fièvres paludéennes, mais aussi le soleil le calcine, la pluie le fouette, l'orage s'y déchire et toujours la foudre le menace.

« Cher monsieur Mariani, vous venez avec moi à Osilo, n'est-ce pas?

— Avec plaisir », me répond-il. Et il hèle aussitôt le vieux cocher qui stationne sur la place.

Bientôt nous voici gravissant les collines dans la forêt d'oliviers qui entoure Sassari comme d'une pâle ceinture.

Les oiselets, revoyant le soleil après tant de tempêtes, semblent croire à la venue du printemps; ils piaillent en voletant de tous côtés, se poursuivent jusque tout près de nous, et par instants j'aperçois quelque grive gloutonne, au vol furtif, maraudant dans les oliviers.

Sur la route on fait de belles rencontres. C'est un prêtre à cheval, le bréviaire à la main, le fusil en travers sur l'arçon de la selle, la bonne en croupe ; puis une nuée de sombres cavaliers au capuchon noir passent et disparaissent bientôt dans un tourbillon de poussière; ensuite deux fiancés balancés au pas doux de la même monture, au bord du chemin, frôlés par les branches des arbres, cheminent amoureusement.

Ils vont s'entretenant tout bas. Elle, enlaçant son ami de son bras, comme pour mieux se tenir en selle, découvrant, dans cette attitude, son corselet d'or, relevant gracieusement la tête afin d'être plus près de son oreille. Lui s'incline un peu, se retourne à demi, penche son visage sur l'épaule et sourit, tandis que la bonne bête qui les porte trotte au hasard, d'un air flâneur, broutant quelque touffe accrochée au mur, flairant le sol, secouant sa crinière, s'arrêtant dans le mystère des feuilles comme pour abriter un instant les amoureux.

Et le soleil s'allume davantage dans le ciel plus bleu, ses rayons dardent en éclats aveuglants sur la route blanche et pétillent à travers les feuilles lustrées des oliviers. Les fleurs élèvent timidement leurs corolles humides dans les talus, les pâquerettes s'éclairent l'une après l'autre, émaillant les fines buées qui baignent la terre.

.... Les douces visions d'amour se sont évanouies avec les bois ombreux; nous venons de quitter le terrain calcaire et nous sommes arrivés sur un plateau volcanique. Seul un grand pin solitaire se dresse dans un paysage nu.

En face de nous, sur le sommet d'une montagne, dominé par les tours sombres d'un castel en ruines, Osilo étincelle au soleil. La montagne est âpre, chauve; des ravines couturent ses flancs de sillons d'outremer.

Nous descendons maintenant; la route capricieuse serpente à grands lacets dans les pâturages. De grands troupeaux paissent en silence. L'horizon est bordé par des collines crénelées de roches pareilles à des forteresses, des vallons se dérobent à demi, des bois jaunissants moutonnent, endormis jusqu'au renouveau d'avril.

Auprès de la route dévale un aride ravin bordé de parois rocheuses où s'ouvrent des ouvertures béantes; ce sont des grottes où vécurent des familles de primitifs.

Nous frôlons une maison isolée, une *cantoniera*, où les passants se rafraîchissent, et qui renferme une écurie et une salle où les voyageurs surpris par le mauvais temps peuvent passer la nuit couchés sur la

UN QUARTIER D'OSILO.

terre battue. Malgré la pauvreté, même la misère de leur installation, ces refuges sont souvent précieux, et aucune des grandes routes de la Sardaigne n'en est entièrement dépourvue.

Nous quittons bientôt le fond du val et nous escaladons le mont d'Osilo.

Pour faire diversion à la monotonie du chemin, M. Mariani déballe les provisions dont il s'est muni en homme prévoyant, et nous déjeunons.

L'air devient frais, nous approchons de la cime, et j'aperçois des groupes de lavandières qui semblent toutes fleuries.

C'est vraiment un spectacle radieux que ces belles jeunes filles rieuses, en groupes épars sur le flanc de ce mont, sous les arbustes, dans les ravins, ou au plein soleil, rayonnantes de lumière sous le ciel bleu, devant la mer infinie.

Les corselets d'or étincellent, les jupes rouges sont éblouissantes; sous la guimpe blanche qui couvre les têtes, les visages ont une fraîcheur et un éclat surprenants. Et ces scènes brillantes ont pour théâtre une pente volcanique à l'aspect sombre, aux lignes sévères. Chaque pli d'où s'écoule quelque ruisselet, d'où filtre un peu d'eau soigneusement recueillie dans des bassins, a sa guirlande de lavandières.

Après des semaines de pluie qui les ont retenues à la maison, elles profitent du retour du soleil, et toutes de laver, de jaser et de rire.

Nous quittons la voiture à l'entrée du village et nous nous perdons dans un dédale de ruelles.

Comme nous cherchons la direction du château, deux hommes se détachent d'un groupe et offrent gracieusement de nous guider à ces ruines d'où nous pourrons contempler les pays d'alentour, car ce nid d'aigle est à près de 700 mètres d'altitude. Sur la cime extrême du mont il dresse deux tours crevassées, faites de blocs de basalte noir tigré de lichen de couleur orange. Les murs d'enceinte sont croulants, le vent siffle dans les pierres disjointes; de toutes parts... l'infini. Le coup d'œil est superbe.

A travers l'espace azuré je revois encore la Corse si belle. De toutes les hautes cimes de la Sardaigne, même les plus éloignées vers le sud, elle apparaît couronnée d'éblouissants diadèmes. De la hauteur où me voici, debout contre les murailles du donjon d'un antique manoir, avec les ondulations d'un sol aride et noir sous les yeux, mes regards la contemplent avec amour.

Là-bas les falaises de Bonifacio palpitent sur le rivage et les monts sublimes se dressent dans un ciel pur avec leurs neiges, leurs roches et ces traînées qui sont des forêts.

L'œil perdu dans cette apparition lumineuse d'une terre française, j'ai revécu pendant quelques instants mes jours de Corse, et je me suis silencieusement enthousiasmé une fois de plus de la beauté du pays et de l'originalité de sa race.

Lorsque ensuite mes regards se sont abaissés sur la Sardaigne, sur la région de l'Anglona étalée à mes pieds, région âpre, empreinte d'une tristesse infinie, sur la Gallura sauvage et lointaine, j'ai senti davantage la splendeur de notre île.

M. Mariani est rentré au village. Les deux Sardes se sont accroupis sur la terre. Le soleil à son déclin allume des rayons de feu sur leur visage rude; le vent, qui souffle toujours sur cette montagne, hérisse leur barbe inculte et démêle les mèches de leurs cheveux. Osilo, dont les bruits montent jusqu'à nous avec une netteté singulière, s'écrase sur un ressaut du mont: on ne voit que des toits de tuile déchirés par les sombres sillons des ruelles.

Le spectacle que j'ai sous les yeux est fait pour captiver longtemps.

L'horizon de la mer disparaît dans l'immensité, un trait égal marque les ondulations de la côte de Sardaigne nue et sans falaises, la triste Nurra dresse au loin ses pics décharnés, les monts de Limbara lèvent leurs cimes âpres, des villages épars blanchissent vaguement, Sassari dort blottie dans les forêts d'où montent des fumées bleuâtres.

LES LAVANDIÈRES D'OVILO.

Deux tours étrangement noires me garent du vent, de l'espace, et j'ai près de moi des hommes de profil et d'allure sauvages. Quelle vision sous un ciel froid, avec cette Corse aux neiges ensanglantées par les rayons de pourpre du couchant !

Je me retourne ému vers mes guides. Le plus âgé me dit :

« Ce manoir qui nous domine, dont vous voyez le donjon calciné par le soleil, brûlé par la foudre, écaillé par les vents qui soufflent et sifflent sur cette montagne, fut celui des Malespina. Il appartint plus tard à Alphonse d'Aragon et aux Doria. Après avoir soutenu plusieurs sièges, après avoir vu des luttes sans pitié, il fut enfin vaincu et on l'oublia, tandis que pierre à pierre ses orgueilleuses murailles tombaient dans l'abîme.

« Au commencement du siècle, les familles Serra et Fadda, d'Osilo, étant en guerre ouverte, l'une d'elles se réfugia ici et soutint un long siège, où les femmes elles-mêmes combattirent d'estoc et de taille, exemple terrible de ces vendettas où s'est longtemps répandu le sang de la Sardaigne. Cette fureur s'est apaisée, mais elle n'est pas encore calmée pour toujours.

« Lorsqu'une famille entre en vendetta, elle commence par couper les oreilles ou la queue, souvent les deux, à un ou à plusieurs chevaux de la famille ennemie. C'est le premier avertissement, la première injure, cruellement ressentie, le cheval étant l'animal aimé des Sardes.

« Pour second avertissement, un coup de couteau et de hache qui coupe les jarrets aux bœufs. Dernier avertissement, on dépose trois balles sur une des fenêtres de la maison.

« La guerre est alors déclarée. Chaque meurtre de n'importe qui par n'importe qui amène des drames épouvantables, dépassant même en violence, en horreur, les plus tragiques des tragédies corses.

« Dans certains villages sardes, les parents se barbouillent le visage avec le sang du cadavre en échangeant des serments terribles. Ils sont là autour de la victime, le fusil au poing, le poignard à la ceinture, jurant de ne plus laver leur visage, de laisser leur barbe inculte, de garder les mêmes vêtements et le même linge jusqu'au jour où ils auront assouvi leur vengeance.

« De même qu'en Corse, le bandit (*banditto*) est plaint au lieu d'être haï, même on l'entoure d'un certain respect, on aime, on vante son courage.

« Certains, tels que Giovanni Tolu, ont rendu de grands services au pays. Tolu purgea toute une région de malfaiteurs à ses risques et périls au milieu de continuels dangers. Il se rendit aussi dans la Nurra, où les habitants étaient en armes ; il éteignit les haines, réconcilia les familles et délivra le pays des brigands qui l'infestaient ; souvent il protégea les volés contre les voleurs, et grâce à lui, plus d'un brave paysan vit revenir à l'étable ou à l'écurie les bêtes dont des mécréants l'avaient « soulagé ».

« On racontait bien que Tolu avait tué quelques carabiniers, mais en cas de légitime défense, et tout le monde lui donnait raison.

« Un cas singulier, c'est celui d'une femme du Nuoro devenue *banditta* après avoir commis un meurtre et qui rôda des années entières dans le maquis et les forêts.

« Une vendetta retentissante fut celle de Giovanni Cano, originaire d'Ozieri, dont nous apercevons d'ici les montagnes », et le doigt du guide pointé vers l'orient me montrait des cimes lointaines.

« Giovanni faisait ses études à l'université de Sassari lorsque son père mourut.

« Sa mère avait quitté ce monde en donnant le jour à sa sœur Adelita qui n'avait plus désormais pour appui que son frère. Giovanni, quittant l'université, se retira auprès d'elle à Ozieri. Il s'occupait des affaires relatives à son patrimoine, lorsque certaines allusions l'inquiétèrent sur la nature des relations de sa sœur avec un de ses amis nommé Luigi, jeune médecin lombard.

« Quoiqu'il attribuât ces bruits à la malveillance, Giovanni s'en ouvrit à son ami : « Je t'en prie, lui dit-il, éloigne-toi : ne nuis pas à la réputation d'Adelita ».

« Luigi partit, mais revint près d'Adelita chaque fois que Giovanni s'éloignait d'Ozieri.

« Un soir, Giovanni arrive à l'improviste et surprend le séducteur, lui laisse la vie sauve à condition qu'il disparaîtra du pays pour toujours; et lui-même il quitte Ozieri pour s'établir à Oschiri chez son aïeul.

« Puis un jour il partit pour Sassari, après avoir chargé son berger Antonio de bien veiller sur sa sœur, et plus que cela, de la surveiller et de guetter le jeune médecin.

« Il était en convalescence d'une maladie grave, lorsque Antonio le prévint des nombreuses visites de Luigi.

« Il partit, à cheval, malgré sa faiblesse extrême, et arriva de nuit à Oschiri.

« Antonio était sur le chemin. Le jeune étudiant et le berger attendirent le jour.

« Aux premières lueurs de l'aube, Luigi sortit de la maison. Giovanni s'élança sur lui, mais, ne voulant pas l'assassiner, il le prit au collet et l'entraîna sur le bord d'un précipice. « Nous nous battrons à armes égales, dit-il, et l'un de nous « deux roulera dans l'abîme; Antonio nous servira de témoin dans ce duel sans « merci. »

« Il n'avait pas fini que Luigi faisait feu et prenait la fuite; alors deux coups retentirent, Luigi tombait mort : le pistolet de Giovanni, qu'il avait manqué, lui, Luigi, et le fusil d'Antonio ne l'avaient pas manqué. La pauvre Adelita, qui avait assisté de loin à cette fusillade, se jeta en sanglotant sur le cadavre du Lombard.

TISSAGE DE L'ORRAGE A OSILO.

« La ville s'éveillait, des carabiniers qui passaient à cheval entendent ces coups de feu, ils accourent. A la vue du cadavre, ils mettent en joue les deux hommes et, au nom du roi, les somment de se rendre. Pour toute réponse, Antonio tire sur l'un d'eux et le blesse. Le second carabinier fait feu sur le berger et l'étend raide mort. Mais Giovanni, prompt comme l'éclair, a déjà vengé Antonio : le carabinier, percé d'une balle, tombe sans vie sur la croupe de son cheval, et la bête, folle de terreur, s'enfuit avec son lugubre fardeau.

« Adelita, couverte du sang de Luigi, s'est évanouie. Giovanni la prend dans ses bras, la rapporte à la maison, monte à cheval et fuit.... Le voilà bandit; triste et misérable il erre au plus dru des forêts du Limbara.

« Un jour la nostalgie le prend, il veut revoir le pays, s'informer de sa sœur, qu'il aime malgré tout. Il s'approche d'Oschiri.

« C'est au crépuscule. Un vieillard qu'il ne connaît pas suit le chemin. Il lui parle de Giovanni. Le vieillard soupire : « Voyez, lui dit-il, sa maison est là-bas ; « vous n'y verrez aucune lumière, parce que personne plus ne l'habite. Giovanni « est un grand et noble cœur, pourtant le voilà condamné à mort par les juges de « Sassari, et sa pauvre sœur est morte de chagrin ces jours derniers. »

« Ayant dit, le vieillard reprend lentement le chemin du village.

« Giovanni, que cette nouvelle a désespéré, remonte sur son cheval, il se lance comme un fou par les champs et les plaines et va se précipiter dans un abîme. Des bergers ont dit l'avoir vu passer comme un fantôme, tout pâle et les cheveux au vent, les éperons dans le ventre d'un cheval épouvanté.

« Par un sort miraculeux, la bête seule s'écrase. Lui, gît inanimé au fond du précipice. Le bandit Gian Domenico Porqueddu, amené là par le hasard, étanche son sang, le ranime, l'emporte dans une grotte sauvage et le soigne avec obstination.

« Gian est bandit depuis vingt-cinq ans, il s'attache à son malade dont il connaît l'infortune : il est du reste le compagnon, l'ami des hors-la-loi qui rôdent, toujours poursuivis, dans la Gallura, l'Anglona et le Monte Acuto.

« Quelquefois, en Sardaigne comme en Corse, le clergé, les autorités civiles ou militaires réussissent à conclure un traité de paix entre deux familles longtemps divisées : sans cela les vendettas dureraient jusqu'à la fin du monde.

« Giovanni profita d'une de ces paix bienfaisantes. Déjà fatigué par la rude vie du bandit dans la solitude des bois, par la faim, l'intempérie et le perpétuel qui-vive, il prit sa part de la paix de Tempio, obtenue par l'entremise de l'évêque Varesini, et, muni du sauf-conduit que reçoit alors chaque homme de la « brousse » venant témoigner, un beau jour on put le voir à la même table que le carabinier blessé par Antonio dans cette prompte bataille où lui, Giovanni, avait tué son homme.

« A la vue du meurtrier de son camarade, le carabinier se sentit la haine au cœur ; il jura de venger son ami, et il traqua tant et tant le frère d'Adelita que le bandit dut fuir l'abri des monts de Limbara.

« Un jour que Giovanni s'en allait à Macomer pour y vendre sa chasse, le carabinier, qui le guettait, tira sur lui et le manqua ; sur quoi Giovanni, lui, ne le manqua pas.

« Après ce nouveau meurtre la vie lui fut plus dure et plus misérable encore. Il travailla dans les mines de Sulcis, il se fit laboureur, berger, sans trouver jamais le repos.

« Toujours inquiet, puisqu'il était toujours poursuivi, de près ou de loin, il traversa l'île et arriva dans la Nurra avec une recommandation pour la famille Marras, qui habitait le domaine de *la Poneda*.

« Un jour, comme le soir tombait, il s'arrêta, presque mort de fatigue, au bord d'une fontaine en même temps qu'une jeune fille merveilleusement belle y venait remplir sa cruche.

« Bonne et douce autant que superbement jolie, elle parla bonnement et doucement au proscrit, et voici, c'était justement la fille du *signore* Marras, du maître de la Poneda ; elle conduisit Giovanni chez son père. Et déjà Giovanni l'aimait avec tout l'emportement de sa fière et sauvage nature.

« Mais quoi ! la délicieuse Mimmia était fiancée, et le mariage approchait. Giovanni, fou de douleur, s'enfuit et, recommençant à saigner des pieds sur la voie douloureuse, il alla de-çà de-là, ne tenant plus à la vie par aucune racine.

« Il défiait le sort de l'atteindre encore, et le sort l'atteignit plus cruellement, quand, le choléra décimant la Sardaigne, Mimmia mourut en quelques heures dans tout l'éclat de sa jeunesse et de sa beauté.

« Ce fut la fin. Giovanni revint à Oschiri, pour prier et pleurer tous les soirs sur la tombe de sa sœur.

« C'est là, couvert de la boue du cimetière, le visage inondé de larmes, les pieds meurtris par les ronces du chemin, que les carabiniers le saisirent un soir. Il ne résista pas. Il en avait assez de vivre. Condamné au dernier supplice, il mourut avec sérénité. »

Le vieux guide s'est levé. Tandis que nous l'écoutons la nuit est venue. Nous reprenons derrière lui le sentier périlleux, nous pénétrons dans les ruelles sombres d'Osilo, et, quelques instants après, nous sommes à l'auberge, si l'on peut donner ce nom à un misérable taudis. Un triste dîner nous attend dans ce mauvais gîte. Mais le lendemain on s'éveille joyeux et l'on trotte encore dans le village.

Partout dans les rues retentit le bruit des métiers primitifs. Chaque maison a le sien. Osilo est renommé pour son étoffe, qu'on nomme *orbace* et qui est tissée par les femmes.

Par les portes entr'ouvertes elles apparaissaient éblouissantes sous le rayon qui frappait la pourpre de leur vêtement ou brillait en éclats furtifs sur les boutons d'argent ou d'or de leurs manches.

Devant les portes, au soleil, les matrones filaient ou dévidaient la laine. D'autres préparaient la teinture dans de grands chaudrons de cuivre emplis de garance cueillie aux environs.

Les hommes étaient soit aux champs, soit au bois. Les vieux se chauffaient au soleil le long des masures.

Depuis longtemps l'existence des gens d'Osilo n'a guère changé. Ils continuent à se nourrir de la chair et du lait de leurs chèvres et de leurs brebis dont le poil et la laine sont tissés par les femmes. Ils cultivent le blé, le réduisent en farine sur la meule antique, au fur et à mesure des besoins. Ils tirent le vin des raisins de leurs vignes, l'huile de leurs oliviers. Nulle industrie, point de commerce, aucune ambition. Mais aussi quelle vie calme chez les hommes, quelle sérénité dans le visage de ces femmes qui vivent selon le vœu de la nature!

Elles se disent qu'à chaque jour suffit sa peine; tout à leurs humbles travaux, rien ne les passionne que leurs enfants courant demi-nus et roses dans les sentiers pleins de lumière. Puis, après une longue vieillesse, elles s'endorment, et on les couche vêtues d'un costume magnifique dans une fosse creusée sur le penchant du mont d'Osilo.

Les belles et chastes créatures dont la vie paisible s'écoule sur ce sommet, gardent dans leurs grands yeux comme un reflet limpide des horizons infinis de la mer et des espaces qui s'étalent de toutes parts.

En les contemplant je songeais aux femmes de nos villes, à l'existence fausse et étroite à laquelle la civilisation à outrance les a condamnées. Je me disais : quels plus beaux spectacles pourraient donc rêver les femmes d'Osilo ? De leurs fenêtres ouvertes n'ont-elles pas sous les yeux les plus merveilleuses et les plus changeantes scènes ? Elles voient passer les tempêtes aux Bouches de Bonifacio, les nuées naître et s'amonceler sur les cimes de la Corse. Elles planent, en quelque sorte au-dessus des rivages et, depuis l'aube jusqu'au crépuscule, la nature renouvelle devant elles ses féeries.

Lorsque je les voyais toutes vêtues de pourpre et d'or, le profil perdu, les regards dans l'azur, je croyais voir les figures légendaires du moyen âge, les châtelaines rêvant aux accords lointains d'un troubadour passant.

Je quittai le village à l'heure incertaine où le crépuscule est peu à peu dévoré par la nuit. Je vis les lueurs des âtres illuminer les maisons, j'entendis la cloche de l'église tinter l'angélus.

La voiture roula bientôt plus vite.

Je regardai une fois encore ce beau village, habité par une population douce et charmante, qui, finie la journée, fini le travail, commençait à s'endormir, sous la voûte merveilleuse du ciel.

JEUNE FEMME D'OSILO.

LA CITÉ D'ALGHERO.

CHAPITRE II

LA CITÉ ESPAGNOLE D'ALGHERO. — TEMPIO ET LES MONTS DE LIMBARA. — A TRAVERS LA SARDAIGNE. — LES *nuraghi*. CAGLIARI. — LE CHATEAU D'UGOLIN.

Cinq novembre. — Allons maintenant visiter une ville espagnole, catalane plutôt ; les îles de la Méditerranée réservent de ces surprises. En Corse j'avais rencontré une cité génoise et un village grec, aux Baléares j'avais parcouru Ibiza peuplée d'Arabes, mais nulle part qu'à Alghero la personnalité d'un peuple ne s'est conservée malgré les siècles et dans une autre patrie.

La locomotive court dans un vallon, quelques *nuraghi* vêtus d'arbustes montrent leurs flancs ruinés. Puis la région devient stérile : partout, à travers la pierraille, l'arbousier rabougri ou le lentisque grelottent au vent, partout aussi des touffes de palmier nain. Semblables à des miroirs, des flaques d'eau stagnante reflètent le ciel nuageux. Sur la gauche un triste village a groupé ses misères sur un monticule osseux : c'est Olmedo. Une religieuse, toute rose sous son voile blanc, le considère avec effroi. Il y a là, m'apprend-elle, de fort vilaines gens qui ont assassiné leur curé, et qui s'entrelardent de coups de couteau.

FEMME DE QUARTU.

Deux carabiniers descendent à la station : « Voyez, me dit-elle, c'est encore quelque meurtre ; la force armée et la justice connaissent trop le chemin d'Olmedo. »

Aux abords d'Alghero je retrouve déjà l'Espagne : des maisonnettes pittoresques avec un palmier élevant son plumet par-dessus les murailles blanches, des abris de roseaux, des norias, des vérandas, des figuiers, des champs, des jardins. Mais le pays est fort pauvre. La misère, grande dans toute la Sardaigne, est encore plus affreuse ici qu'ailleurs.

L'aspect d'Alghero est charmant. L'empereur Charles-Quint s'était écrié à la vue de cette petite ville fortifiée : « *Bonita, per ma fé, y bien asestada!* » (Gracieuse, par ma foi, et bien assise!)

— J'ai traversé Alghero, j'ai vu son petit port, sa cathédrale bâtie par les Doria, son théâtre construit avec les deniers des chanoines dont la ville fourmille. On les voit, dit-on, assister aux représentations de la *Traviata*, avec componction, le libretto à la main.

Je me suis arrêté devant la maison qu'habita Charles-Quint. A la suite du séjour de ce grand monarque, la fenêtre à laquelle il s'était accoudé fut murée, pour qu'elle ne fût point profanée par un autre mortel, et cette demeure jouit pendant des siècles du droit d'asile.

Vraiment je ne suis plus en Sardaigne, j'ai la pleine illusion de la Catalogne : mêmes visages, mêmes rues et maisons, même accent, même idiome. Je vois des *manolas* avec l'accroche-cœur provocant, les cheveux d'un noir de jais à reflets bleus, l'œil chargé d'étincelles, un œillet rouge piqué au corsage; et aussi des vieilles édentées, vrais types de la duègne. Des hommes passent, d'allure un peu hautaine, une main vers la hanche comme pour tenir un pommeau de rapière.

Je m'adresse à ces gens dans leur propre langue, le catalan; et tous me comprennent et je les comprends tous.

Les enfants m'entourent et m'escortent partout. Ils sont aussi loqueteux, aussi turbulents et insolents qu'en Catalogne. Certains croquent à belles dents la racine ou bulbe du palmier nain, dont ils semblent faire un vrai régal.

Ces racines, qu'on nomme *margaillons*, sont estimées comme aliment à Alghero et à Sorso. J'en avais vu vendre au marché de Sassari sans y prêter grande attention. La bulbe du palmier nain atteint dans ces régions une grosseur inconnue en Afrique même. On prétend que les Maures l'employaient comme aliment et que c'est depuis eux qu'on en fait communément usage.

Afin de me débarrasser des enfants qui m'importunent, je fais le tour de la ville, par le chemin de ronde, et je vais m'isoler sur la côte rocheuse.

Là, du rivage, cette antique cité serrée de remparts montre, par-dessus ses murs, des rochers gothiques, des campaniles, des dômes, les bastions d'une citadelle et des cimes de maisons blanches.

Un jour mourant colore vaguement le ciel, l'air est calme, la terre assoupie, seuls, à intervalles réguliers, les flots résonnent, ils mugissent, ils se brisent en écume sur la dentelure des écueils.

Cette ville espagnole se profilant dans une lueur pâle du couchant, le vol lent de quelque oiseau de mer, la poésie de l'heure indécise, les harmonies du flot, tout prête des ailes à mon imagination. Et doucement mon esprit s'en retourne à Barcelone, aux Baléares enchanteresses, et je surprends en rêve les sourires d'amis déjà anciens, étonnés et charmés de me revoir.

Puis Alghero s'assombrit peu à peu, je n'en distingue plus que la masse confuse : une bande rouge traverse le ciel, les clochers aux pointes aiguës deviennent menaçants, des fumées violâtres s'élèvent de la ville comme des haleines brûlantes ; à travers les clameurs de la mer semblent monter des voix plaintives.

Dans la forme des silhouettes, dans les sanglots du ressac, n'y aurait-il pas comme un triste souvenir et comme un sourd écho des luttes passées, et cette nuée sanglante qui plane sur Alghero n'est-elle pas le reflet de la lueur funèbre qui a traversé le sombre crépuscule de son histoire?

Qui peut dire si les choses n'ont pas aussi quelquefois leur langage, et si la nature, cette grande, cette éternelle impassible, ne garde pas comme une impression d'actes qui l'ont épouvantée?

Le roi don Pietro II, *il Ceremonioso*, assiège la ville, occupée par les Génois. Après une résistance héroïque, les assaillants s'en emparent et passent au fil de l'épée tous les Algherese, sans épargner ni femme ni petit enfant.

Serait-ce l'appel désespéré de ces victimes que j'entends se mêler aux grondements de la mer?...

Les Génois sont morts, pas un n'a survécu à cet effroyable carnage, Alghero est désert. Mais des vaisseaux amènent une colonie de Catalans qui relèvent la ville de ses ruines, font bourdonner la guitare et dansent le joyeux fandango sur la terre où sont couchés tant de cadavres italiens!

Puis la lueur sanglante qui planait sur le ciel d'Alghero s'éteint, la nuit vient et toujours la sourde rumeur des vagues monte de la mer inquiète.

Et je reviens lentement en ville.

La colonie aragonaise d'Alghero ne cessa de combattre l'indépendance de la Sardaigne. Autrefois, à la fête de la ville, on célébrait le souvenir de la victoire remportée sur les Sardes, alors qu'ils étaient commandés par un lieutenant du vicomte de Narbonne. On finissait les réjouissances par l'incendie d'un mannequin de paille habillé en soldat sarde et en chantant des strophes injurieuses pour les Sassarais et les ennemis.

Cet usage se perpétua; longtemps les habitants de Sassari furent en guerre ouverte avec ceux d'Alghero et l'on n'oserait dire que toute haine soit encore éteinte.

Je quittai Alghero sans visiter la fameuse grotte de Neptune, qui s'ouvre sur la mer, au bas d'une haute falaise éloignée de la ville. Il faut une chance exceptionnelle pour y pénétrer et bien des visiteurs ont vainement tenté d'y pénétrer. L'entrée en est fort basse, presque au niveau des flots, et si la mer gonfle pendant qu'on la parcourt, la sortie est périlleuse, parfois même impossible ou mortelle.

La visiter utilement, c'est tout une affaire : on s'assemble, on se compte, on se cotise, on apporte des provisions, des chandelles et bougies en très grand nombre ; un bateau plat est mis à flot dans un lac de la caverne.

On dit que ces grottes sont toujours belles malgré les dégradations stupides qu'elles ont subies. Il paraîtrait qu'un ancien commandant de frégate sarde abattit à coups de canon les colonnes naturelles qui paraient la grande salle d'entrée, pour en orner sa villa des environs de Nice. Un capitaine de la marine royale anglaise imita ce genre d'exploit dont, comme on sait, les fils d'Albion sont assez coutumiers.

7 novembre. — Comme les journées passent vite ! En cette saison le soleil se lève tard, se dégage à grand'peine des nuages, et, après avoir montré pendant quelques heures son disque pâli, avec de courts intervalles d'un fugitif éclat, il s'enfonce derrière un épais rideau de brumes.

Ce soir, au moment où nous approchions de la ville, qu'on apercevait blanchissante au milieu des forêts, avec ses dômes, ses clochetons élevés, et le décor surprenant du village d'Osilo sommeillant sur sa lointaine cime, avec deux tours féodales au front, j'ai tourné mes regards vers l'ouest. A l'horizon surgissaient des nuages livides semblables aux nues sinistres qui s'amassent dans le ciel avant les éclairs et les tonnerres d'un orage d'été. Le couchant, coloré comme par des reflets de foyers mourants, bordait de festons de feu leurs contours. En dehors de cette vision sanglante l'immense ciel était d'un gris blafard qui faisait froid à l'âme. Ce matin même j'ai quitté Sassari en compagnie de M. Muzi, un Corse de bonne marque, originaire de Zonza, que ses affaires appellent quelquefois en Sardaigne.

On ne peut sortir de la ville sans traverser de grands bois d'oliviers qui couvrent ensemble un bon demi-million d'hectares. Je suis, comme toujours, charmé du mystère et de la diversité de leurs aspects, car, suivant la qualité du terrain, la direction ou l'inclinaison des pentes, les arbres prennent une allure différente, se resserrent ou s'espacent, sont grêles ou touffus. On voit souvent des femmes ramasser les olives, et les costumes aux vives couleurs chatoient ou scintillent comme des pierreries dans ce jour crépusculaire des bois, parmi ce vert si tendre, ce duvet en quelque sorte qui tremble de toutes parts, dans les branches et sur le sol même, où ne s'affirme que la couleur d'or des plaques de mousse, où ne se précise que le dessin de quelque tronc convulsé.

Subitement, sans transition, après les bois mystérieux, nous arrivons au bord d'une profonde gorge, et de vastes horizons se déroulent sous nos yeux éblouis. C'est la *scala di Giocca*, escalier de colimaçon, en sarde. La route dévale capricieusement à travers des arbres jusqu'au fond de la gorge et remonte sur la falaise opposée, pour disparaître dans un tournant.

On compte mainte histoire sur les bandits, les coupe-jarrets, les ennemis des carabiniers qui rôdèrent longtemps par ici.

Un bandit d'Osilo en fit souvent le théâtre de ses exploits, homme d'excellente réputation dans le pays et d'une honorabilité parfaite, assurent les Sardes, mais il avait délibérément poignardé un prêtre qui avait compromis sa femme.

Il serait dix fois trop long de raconter par le menu comment, condamné aux galères et transporté à Gênes, il s'évada et regagna la Sardaigne. Son retour se manifesta aussitôt dans tout ce pays d'Osilo par le meurtre d'au moins vingt personnes, il ne voulut épargner aucun des témoins qui avaient déposé contre lui. Sa réputation grandit en même temps que la terreur qu'il inspirait. Les paysans lui servaient d'espions par crainte, et pendant vingt années il brava toutes les recherches de la justice. On le rencontrait à Sassari, dans les rues, à l'église, au théâtre même. L'amour, qui perdit Troie, fut la perte de ce bandit *di primo cartello*, qui mourut les armes à la main après avoir vendu chèrement sa vie.

Tout au fond de la *scala di Giocca* l'eau d'une petite rivière écume à travers les roues d'un moulin et va s'endormir un peu plus bas sous l'ombrage des saules pleureurs. On aimerait à se reposer dans la fraîcheur et le calme de ces coins perdus, mais l'eucalyptus inquiète aussitôt le passant; la présence de cet arbre montre que la fièvre rôde entre les gracieux méandres de ces rives. Du commencement de l'été aux derniers jours de l'automne on n'y séjournerait pas sans un prompt châtiment.

Nous gravissons une colline. Notre regard se perd maintenant dans des chaos de roches, au milieu de ravins tourmentés, ou se lève vers les cimes que bordent de hautes parois de pierres. Sur les pentes rapides se penchent d'énormes blocs éboulés, qu'on craint de voir se détacher incessamment pour rouler jusqu'au fond des précipices.

Puis l'aspect du pays change, nous pénétrons dans un vallon charmant que colorent les rayons du soleil à son déclin : tout au fond, l'élégant clocher d'Ossi monte légèrement dans le ciel.

Nous traversons ce grand village. De même qu'à Osilo, les femmes, vêtues de costumes superbes, tissent du drap sur des métiers primitifs. Ce vêtement, de même que celui de Tissi, peut compter parmi les plus beaux de ceux qui parent les femmes de Sardaigne.

Nous montons, nous montons toujours, nous atteignons le plateau que portent

LE VALLON D'OSSI.

les falaises, nous contemplions l'espace, la Nurra sévère; sur la droite les bois veloutent les pentes, Sassari blanchit à travers sa forêt d'oliviers, des vallons descendent lentement jusqu'à la mer.

Le haut clocher de Tissi s'élève devant nous. Nous brûlons Tissi, puis Usini. Nous n'avons plus le temps de nous attarder, il faut gagner la ville avant la nuit, car la route est mauvaise et la terre va dégager de pernicieuses fièvres.

— Un matin, à l'aube, qui se lève très pâle dans un ciel bas et brumeux, je quitte Sassari. Les herbes sont mouillées, le sol trempé. La Sardaigne me semble livide. La route suit une vallée, je retrouve l'*escala di Giocca* et le ruisseau grossi dont les eaux, comme très denses, glissent et ne murmurent point.

Puis ce sont des montées sur des terrains volcaniques, des églises bâties de lave, qui toutes noires contemplent de sombres villages.

Maintenant des montagnes lointaines profilent leur silhouette grave, des étendues s'ouvrent à l'infini : c'est le pays des grandes lignes, des vastes horizons tristes.

Dans la plaine monotone, sans arbres, sans vergers, sans cultures, paissent de loin en loin des troupeaux gardés par des bergers vêtus de l'antique *mastrucca*.

Nous nous arrêtons devant un village dominé par le cratère d'un volcan éteint : devant Ploaghe, patrie de l'illustre archéologue et patriote sarde le chanoine Spano, que mon ami le peintre A. Regnier eut la bonne fortune de connaître dans ses

COSTUME DES FEMMES D'OSSI ET DE TISSI.

excursions à travers la Sardaigne. Le costume des *contadine* (paysannes) est d'une grande richesse. Son originalité tient à la coiffure, qui se compose d'un carré de laine bleue orné en arrière d'une grande croix jaune. Je quitte le train à la station de Chilivani dont la gare fut quelque temps après le théâtre d'un grave attentat nocturne comme il s'en produit plus que de coutume en Sardaigne. Il me faut attendre une heure le train de Tempio, j'ai donc le temps de patienter dans une sorte de buffet, le seul de toute la ligne. Le menu est peu varié : c'est l'éternelle *minestra* (potage de pâte) et l'*arrosto di vitello* (rôti de veau).

Je reprends le train, je revois Ozieri, et je songe un instant à l'histoire funèbre que m'a contée le vieillard au manoir d'Osilo.

Puis des pays, et encore des pays de peu d'intérêt.

Quand j'arrive à Tempio, il fait déjà noir.

Cette ville est la plus peuplée de toute la Gallura. Les maisons en sont étranges. Construites en blocs réguliers de granit liés par de l'argile, hautes généralement, elles auraient l'aspect sinistre de forteresses sans les énormes balcons en bois qui s'y suspendent à chaque étage. Ces balcons projettent sur les rues des ombres capricieuses.

C'est sur eux plutôt que dans les chambres que les femmes travaillent et babillent le long du jour.

Les larges dalles sonores dont la ville est pavée retentissent sous le sabot des chevaux. Les hommes passent vêtus de noir, encapuchonnés; seule la vue de quelque jeune *serva* (servante), l'amphore

« CONTADINA » DE PLOAGHE.

sur la tête, dissipe le sentiment de mélancolie dont on se sent pris à Tempio malgré la beauté d'un ciel presque constamment limpide.

Non loin de cette cité s'élève la chaîne granitique des monts Limbara dont la plus haute cime, *il Giugantinu*, atteint 1 800 mètres au-dessus du niveau de la mer. Cette masse rocheuse a très grand caractère; la partie qui regarde Tempio faisant face au nord ne reçoit le soleil qu'au déclin ; c'est pourquoi le climat y est relativement froid. La ville elle-même, située à 600 mètres environ d'altitude, jouit d'un air salubre, frais, vivifiant. Les environs sont parsemés de cabanes de bergers (*stazzi*), sorte de gourbis africains, aux murs grossièrement construits en

LES MONTS LIMBARA VUS DE TEMPIO.

pierres sèches dans le bas, tandis que le haut de la cahute est fait de branches et de feuillages entrelacés. Quelques centaines de familles groupées en une sorte de fédération naturelle que l'on appelle *cussorgia* vivent là, d'une vie pastorale, et s'adonnent aux arts du laitage, aux fromages de chèvres et de brebis. Ces bergers passent pour de très habiles chasseurs.

L'aurore revenue, je jette un dernier regard sur les grandioses Limbara, et je repars. Je vois au loin la basilique d'Ardara, qui date de l'an 1000, près d'un chétif village qui fut autrefois la capitale du Logudoro et résidence des juges de Torres.

De retour à Chilivani, un train m'emporte vers la région méridionale de la Sardaigne à travers des mamelons ravinés et pierreux. Nous passons à Torralba, village d'une tristesse infinie, bâti de pierres volcaniques noires ou sanglantes, dans le pays des nuraghi, monuments mystérieux, constructions cyclopéennes, propres à la Sardaigne, qui sont encore une énigme pour les savants.

« Leur intérieur se compose d'une, de deux et quelquefois de trois chambres superposées; le dernier cas est très rare, dit le docteur Gillebert d'Hercourt. La chambre inférieure est la plus élevée, et naturellement la plus large; elle a ordinairement, d'après La Marmora, 5 mètres de diamètre et 7 mètres de hauteur; sa forme est à peu près conique.

« Dans leur partie supérieure, les nuraghi se terminaient par une terrasse. On pénètre dans leur intérieur par une ouverture pratiquée au bas du monument et si peu haute, que, pour la franchir, il faut se coucher à plat ventre. Un corridor en spirale, pratiqué dans l'épaisseur du mur et ayant son entrée dans l'étroit couloir qui va de la porte extérieure à la chambre inférieure, conduit par une pente assez raide ou par un escalier à la chambre supérieure; il aboutissait à la terrasse qui, en général, est détruite aujourd'hui. Dans chaque chambre existent deux ou trois niches pouvant loger un homme assis. A la porte d'entrée, qui se fermait en dedans à l'aide d'un gros rocher, dans le couloir qui fait suite à cette porte, il y a une excavation en forme de guérite dans laquelle pouvait se blottir l'homme préposé

NURAGHE DE TORRALBA.

sans doute à la garde du monument. L'intérieur de celui-ci est obscur, et les visiteurs sont obligés de se munir de bougies.

« Les nuraghi n'étaient pas toujours isolés; dans beaucoup de lieux ils formaient un groupe de trois ou de cinq, réunis dans une double ou triple enceinte de murs. A côté d'eux, on rencontre souvent des ruines de tombeaux dits « de géants ». Mais, élevés seuls ou en groupes, ces monuments étaient placés en vue les uns des autres et suivant des lignes stratégiques, ce qui permettait d'établir des communications entre eux au moyen de signaux.

« Il semble que, pour leur construction, on recherchât spécialement les points élevés, plutôt que les terrains cultivés, car ils sont édifiés en plus grand nombre sur des sols rocailleux, loin des terres propres à la culture.

« Autour du haut plateau de la Giara, on en compte une vingtaine, constituant en quelque sorte une enceinte fortifiée. On a émis des opinions plus ou moins diverses sur leur construction. Mais on ne s'accorde pas sur l'origine des nuraghi.

« Diodore de Sicile l'attribuait à Dédale appelé en Sardaigne par Iolas; d'autres l'ont attribuée à Norax, chef des Ibères.

« Petit-Radel la rapporte aux Tyrrhéniens de l'âge héroïque, et Antoine de Tharros aux Égyptiens; pour l'abbé Arri, la construction des nuraghi est due aux Chananéens et aux Phrygiens, et il en fixe l'époque au temps de Josué. Quant à la destination de ces édifices, le désaccord des auteurs est aussi grand. »

Le beau nuraghe de Torralba n'a pas encore disparu, qu'un autre se montre et bientôt nous ne les comptons plus. Certains d'entre eux servent de maison; on voit devant l'entrée des visages farouches, comme il convient à un pareil logis. Au pied d'un nuraghe, à travers des amoncellements de blocs de lave qui sont comme rongés, un petit torrent court, en flots écumants d'une blancheur de neige, sur un lit noir, puis s'enfuit dans les sinuosités du plateau.

Vers Bonorva, la voie ferrée contourne la paroi d'un cratère de volcan éteint.

Ici noir, là verdâtre, ailleurs sanglant, ce sol est d'allure sauvage, on dirait tragique; on contemple avec surprise des murailles de clôture en pierre d'une couleur vert pâle ultrasingulière.

Puis la pierraille reprend, une vallée nuancée de cultures passe vivement; c'est toujours, sous un ciel bas, l'immense table de pierre et les débris volcaniques où frissonnent quelques chênes rabougris, maigres, convulsés, devant des étangs immobiles ou des marécages qui réfléchissent tristement les nues. Quelques vaches à la robe veloutée paissent par endroits, une silhouette de lointaines montagnes s'allonge, quelque ruisseau glisse sans bruit entre des bords arides, sans arbres, sans buissons, sans fleurs.

A l'extrémité de ce plateau que les Sardes cultivent tant bien que mal entre les blocs de rochers, Macomer regarde du haut de ses basaltes; il voit la pente des collines, la plaine sans bornes et au loin le Gennargentu, cime blanche de neige dans l'immensité de la terre et du ciel.

Macomer, antique bourg fait de débris de lave, s'est blotti sur une terre tellement âpre et rude, que les arbres n'osent s'y accrocher.

Autour de l'amas de ses maisons basses on n'a sous les yeux que nuraghi en ruines, tombes de géants, plateaux déserts, plaines désolées, d'où s'élancent l'aride mont *Santo Padre* et le morne *Lussurghi*. Au fond de la plaine bornée de contreforts élevés, le géant de la Sardaigne, le *Gennargentu*, lève majestueusement son front chauve souvent argenté par la neige, et presque toujours couronné de nuées.

Les vents sifflent en toute saison, ils hurlent et sanglotent autour de Macomer que le mistral maudit exaspère des semaines et encore des semaines.

Puis quand cet ouragan s'apaise, le soleil vient, qui brûle les basaltes; après quoi de l'échauffement des marais, des étangs, des rivières, naît une fièvre dangereuse.

L'automne, je le vois, fouette ce triste sol de pluies glaciales. De ces collines, j'assiste maintenant à des courses échevelées des brumes.

C'est bien le morne pays qui convenait à de longues luttes, puis à la défaite où succomba la liberté des Sardes.

« Notre climat n'est pas malsain, disent les gens de par ici; mais c'est à la condition d'éviter les refroidissements. »

Cependant beaucoup de Macomériens meurent de la pneumonie ou des fièvres rhumatismales ayant une double cause : d'abord, passage subit du chaud au froid, ensuite l'empoisonnement miasmatique.

Fuyons donc ces plateaux auxquels des flaques d'eau sans nombre, semblables à de grands yeux clignotants, donnent un aspect sinistre, où quelques opuntias rachitiques tremblent au vent, où frissonne l'asphodèle maigre. Suivons ces chemins creusés dans la lave, sous cet éternel ciel blafard, entre ces landes pierreuses. Partout des nuraghi ruinés et des villages écrasés contre le sol avec une coupole d'église dominant leurs murailles. Vers le pic de Lussurghi, entouré d'une auréole jaunissante, comme si quelque aube inattendue s'était levée dans la tristesse de cette journée, de longues traînées raient le ciel : c'est qu'il pleut au loin devant ou derrière nous.

A Abbasanta, le chêne-liège étale les plaies de ses troncs rouges et convulsés. Une église avenante nous sourit gaiement parmi toute cette désolation, elle contemple de vastes horizons et des monts bleus. Des hommes se font leurs adieux à la station, ils s'embrassent sur la bouche avant de se quitter, singulière coutume chez les Sardes. Après un arrêt de quelques minutes le train repart.

Deux nuraghi se montrent : l'un est en lave noire incrustée de lichen orangé, l'autre est ruiné; des nuées de corbeaux volent silencieusement alentour.

Ici la Sardaigne a toujours un aspect funèbre, qu'on la traverse aux rayons du soleil ou par une journée grise, ou par la lune, ou sous les étoiles. On croirait le sol brûlé; il est comme strié de tons violacés, livides, noirs et violents; point d'arbres, mais des horizons mornes, des oiseaux inquiets et funèbres, des croupes arides, des laves sanglantes.

Là-bas, derrière les basaltes, derrière les rochers, les collines, il y a pourtant, à l'abri des vents, une oasis admirable, Milis, dont les jardins d'orangers comptent, dit-on, plus de cinq cent mille arbres, parmi lesquels il en est de sept fois centenaires.

Au printemps la brise y embaume, les oiseaux y chantent, la source y murmure, les pieds des voyageurs y foulent la « neige odorante » du poète.

Verrons-nous ce jardin des Hespérides? Aurons-nous le bonheur, lors du retour, de nous reposer, à la faveur d'un ciel meilleur, sous ces merveilleux ombrages.

Devant nos yeux, à cette heure, s'étale sur la gauche une plaine morne d'une tristesse infinie. Au bout de cette plaine les maisons d'Oristano blanchissent près de la mer.

Une figure de femme domine l'histoire de cette ville qui fut considérable. La célébrité d'Éléonore d'Arborée ne tient pas seulement à sa valeur militaire et à son patriotisme, « et si, comme le dit Valery[1], son nom a passé à la postérité, c'est qu'elle réunissait diverses gloires de la souveraineté, puisqu'elle termina une révolution, fut législatrice et victorieuse des Aragonais.

« Le vaste code de la princesse d'Arborée, chef-d'œuvre de raison, de sagesse, offre une disposition charmante qui relève la femme, et qu'une femme seule a pu trouver. Une amende de vingt-cinq livres est infligée à celui qui donnera à l'homme marié le titre ridicule employé par Molière et La Fontaine, alors usuel même à la cour, et que l'usage a proscrit; mais, le croira-t-on? si devant la justice le coupable ne prouve point le fait, l'amende n'est plus que de quinze livres : l'honneur des dames est ainsi protégé par l'intérêt, et le mensonge devient plus innocent que la vérité. Les chambres françaises ont montré bien de l'esprit, mais est-il un amendement plus ingénieux, plus fin, plus délicat, que le statut sarde du xive siècle? La civilisation a pu se perfectionner, l'intelligence humaine ne s'est point étendue. »

Aujourd'hui les vieilles murailles et le château fort d'Oristano tombent en ruines, et son peuple n'est plus que de 7000 personnes.

Des marais funèbres entourent de tous côtés la ville, ils en font un hôpital de fiévreux. Un médecin de Cagliari m'affirme qu'il ne sait pas d'exemple d'un étranger non sarde qui ait habité quelque temps Oristano sans mourir.

Dans les faubourgs, où s'allongent des rues longues et monotones aux maisons basses, couleur de terre, pauvres d'aspect, construites avec des briques d'argile séchées au soleil, les potiers (*congiolarius*) exercent leur industrie.

Oristano approvisionne la Sardaigne entière de ses amphores, qui ont conservé les belles formes antiques, soit grecques, soit romaines. La couleur en est parfois superbe, un vernis spécial leur donne une patine rare. Il m'est arrivé, tant ce vernis trompe, de les croire en bronze ou en cuivre bruni.

---

1. *Voyages en Corse et en Sardaigne.*

A une certaine distance d'Oristano sont les ruines de l'antique cité de Tharros, dont les habitants avaient voué un culte aux divinités égyptiennes.

L'origine de cette ville, ses destinées, sont restées mystérieuses, à l'exception de sa ruine. Un seul historien, Antoine de Tharros, prisonnier en Palestine, nous parle d'elle.

« O grande douleur ! Tharros ! ô ma pauvre patrie ! tu es la troisième ville qui a souffert plusieurs destructions. O la ville la plus belle et riche, fondée par la fameuse Tarrha, femme d'Inova qui régnait sur ces peuples phéniciens et égyptiens », etc.

Les Sarrasins détruisirent Tharros vers l'an 1000.

Des fouilles récentes y ont fait découvrir des hypogées où l'on a recueilli des vases, une foule d'objets divers et deux mille scarabées en grande partie égyptiens montés en or. Ces trouvailles ont mis tous le pays en révolution et le terrain a été bouleversé par les habitants dans tous les environs.

« On peut dire, a écrit La Marmora [1], que chaque maison de paysan était devenue une espèce de *museum* d'antiquités, à cause de la quantité d'objets qu'on voyait étalés dans leurs humbles demeures, urnes, vases en verre et en terre cuite, lampes sépulcrales, plats, figures, idoles, amulettes, scarabées, armes, etc. »

A Oristano la température est plus douce qu'ailleurs; nous sommes dans le midi de la Sardaigne, dans un pays d'oliviers, de palmiers et de cactus; plus de laves, plus de rocs noirs troués comme des éponges. Vers Cagliari, dans le *Campidano*, vers Iglesias, une nuée noire encore barre le ciel. Le soleil brille un instant sur les monts couleur d'or, et soudain l'orage éclate, mais il ne dure pas longtemps.

On s'arrête à Sanluri, qui dort à l'ombre d'une église à coupoles et d'une forteresse massive où fut signé en 1345 un traité de paix entre les Aragonais et les juges d'Arborée. C'est à Sanluri que la princesse Éléonore battit les Espagnols, c'est à Sanluri qu'en 1409 le roi don Martin de Sicile, de la maison d'Aragon, défit dans une sanglante bataille le vicomte de Narbonne, qui était neveu d'Éléonore, et Doria, qui en avait été le mari.

Les annales du patriotisme sarde célèbrent une singulière Judith : la *bella di Sanluri*, qui jura la mort du roi don Martin.

Comme cette étrange héroïne avait horreur du sang, c'est avec les flèches de Cupidon qu'elle essaya d'en débarrasser le pays et qu'elle y réussit. Don Martin mourut dans ses bras d'amour et d'épuisement.

Aux environs miroitait un étang maintenant désséché. Au temps jadis le procureur du fisc enjoignait, de gré, de force aux paysans des villages voisins, d'aller

---

[1]. *Itinéraire de l'île de Sardaigne.*

chacun à son tour fouler aux pieds des bœufs et des chevaux la croûte de sel que l'évaporation laissait à la fin de l'été, chaque année, sur la vase durcie : ainsi se détruisait à mesure qu'elle se reformait la couche de sel dont ces pauvres gens auraient pu profiter au détriment du monopole.

Aux approches de la nuit, après de longs arrêts à diverses stations, quelques lueurs indiquent Cagliari. Nous sommes bientôt en gare. A la sortie les portefaix, ces malencontreux *facchini*, se précipitent sur nos bagages et il faut nous défendre des poings et des pieds contre ces hurleurs. Enfin je choisis dans le nombre celui qui me paraît le plus calme de tous et je lui désigne le *ristorante della Scala di ferro*, qu'on m'a recommandé comme le meilleur de la ville. Ici point d'omnibus, pas de fiacres ou même de simples brouettes. Le « faquin » prend son mouchoir à carreaux, le roule en corde, attache à l'une des extrémités ma valise et à l'autre les parapluies et les menus objets, met ce double paquet en travers de son épaule, charge ma malle sur l'autre et s'en va dans la nuit pluvieuse. D'autres « faquins » le suivent et, sous prétexte de l'aider, le soulagent peu à peu de la valise, de la malle et finalement ne lui laissent qu'un parasol.

Nous grimpons des ruelles en pente rapide qui n'en finissent jamais, puis, après avoir franchi un porche, nous escaladons enfin les marches étroites de la *Scala di ferro*. Hélas! toutes les chambres en sont occupées.

Nous reprenons notre course nocturne et descendons jusqu'à l'*albergo dei Quattro Mori*, où j'ai le bonheur de trouver asile dans une haute et vaste salle. Je discute longuement avec les facchini : il faut à ces messieurs 15 francs, ni plus ni moins.

Après des cris, des gestes, voire des demi-menaces, je me délivre de cette horde avec cent sous, en me promettant bien de faire à l'avenir prix d'avance avec messeigneurs les portefaix.

Par malheur ce n'est point seulement avec les facchini qu'il faut discuter préalablement ses prix en Sardaigne, c'est aussi avec les hôteliers, les muletiers, voituriers et toute la foule des exploiteurs d'étrangers, tourbe qui n'a d'ailleurs rien de commun avec les vrais Sardes.

Cagliari, antique *Caralis*, est bâtie en amphithéâtre au penchant d'une colline isolée; les rues aux balcons en fer forgé qu'elle tient des Espagnols, ses maisons à coupoles, ses tours antiques, ses vieux remparts, ses clochetons, ses hauts quartiers assis sur la pierre volcanique, en font une cité digne de visite; elle ressemble de loin à une ville d'Orient. On la peut comparer à un oiseau gigantesque prenant son vol vers la Tunisie. Des marais immenses l'entourent, et le golfe des Anges, *degli Angeli*, berce ses jours radieux et ses belles nuits du murmure harmonieux de ses flots.

CAGLIARI.

LE PORT DE CAGLIARI.

L'origine de Cagliari remonte à une époque fabuleuse. Les Carthaginois l'agrandirent, les Romains l'occupèrent longtemps, elle subit l'invasion des Vandales, elle tomba au pouvoir des Goths, elle fut mise à feu et à sang par les Sarrasins. Pisans, Génois, Aragonais, Espagnols y apportèrent tour à tour leurs arts, leurs lois et leurs coutumes.

L'empreinte de ces peuples divers se retrouve lorsqu'on parcourt la ville, non seulement dans les édifices, mais aussi dans les croyances, dans les cérémonies du culte et dans quelques particularités du vêtement des jours de fête.

La rue de Barcelone, étroite, et sur laquelle surplombent un nombre infini de lourds balcons en fer artistement ouvragés, a surtout conservé l'aspect espagnol. De temps immémorial les rues de Cagliari sont traversées à la hauteur des divers étages par quantité de cordes tendues d'un balcon à l'autre, et sur ces cordes le linge est à sécher.

Spectacle singulier que cette multitude de draps blancs qui flottent au vent; à première vue, on croirait la ville en fête.

J'avais une lettre de recommandation pour le R. P. Fondacci, supérieur du couvent des Dominicains.

Un soir, un peu sur le tard, je gravis les rues montueuses et j'arrive au monastère. Le portail ouvert donne accès dans une galerie de cloître. Cette galerie déserte, faiblement éclairée, est entourée de hautes grilles en fer forgé, à travers lesquelles reluisent vaguement les ornementations de chapelles latérales. Au fond du cloître, sous les arceaux même, un grand tableau m'arrête.

Il représente un chevalier mort, bardé de fer, les mains jointes sur la poitrine. Dominant son éternel sommeil, son arbre généalogique étend au loin ses branches;

j'y vois des moines, des évêques, des prélats, des guerriers farouches, des philosophes pensifs, des nonnes mystiques, de jeunes femmes toutes pâles et transparentes.

Dans ce cloître antique sous une clarté vacillante venue je ne sais d'où, les figures semblent vivre à demi, tandis que des prières murmurées, des froissements lointains de lames d'épée, semblent passer avec le souffle du vent dans les galeries désertes. La lueur incertaine allume un éclair sur une rapière, elle illumine un regard, elle miroite sur un reliquaire, et je ressens comme un frisson devant ce tableau dont il me semble que la brise nocturne fait palpiter doucement les visages et donne une apparence de vie à ces figures d'autrefois.

Je pénètre dans l'église, dont le portail est grand ouvert. La nef est plongée dans les ténèbres. Quelques lueurs de cierges seulement tremblent et s'éteignent. L'air, un peu lourd, est encore imprégné d'une vague odeur d'encens.

J'entends des prières tout bas chuchotées par des voix douces dans l'ombre. Un homme est auprès de l'autel; je m'adresse à lui, et tandis qu'il va prévenir le supérieur on me fait attendre dans la sacristie, haute et vaste salle, aux boiseries sculptées, où se tordent les volutes d'immenses cadres de vieil or.

La lumière d'une lampe de sanctuaire suspendue à la voûte accroche des luisants jusque dans l'épaisseur des demi-ténèbres baignées de silence et d'onction. Les formes vaguement entrevues dans les scènes que représentent les tableaux prennent dans ce milieu mystique une grandeur singulière.

Bientôt un religieux vêtu d'une robe blanche et flottante s'avance à travers l'ombre : c'est le révérend père. Il me prend les mains, les garde longtemps dans les siennes et longuement nous causons à voix basse, dans la haute salle, où la lampe religieuse verse de pâles rayons.

Quand je quittai le couvent des Dominicains, les rues du quartier de Villanova où il est situé étaient désertes; seuls les bourdonnements lointains de quelques guitares traversaient la nuit.

Le lendemain, dès la première heure, je retrouvais le révérend père. Une tourmente avait passé sur la ville, un vent violent soufflait encore, il agitait la soutane blanche du dominicain, et son manteau brun, qu'il essayait de retenir, flottait à grands plis autour de son visage : tel Virgile dans un des chefs-d'œuvre de notre grand Delacroix.

Nous allons par les rues, visitant un peu la ville, pénétrant dans l'antique cité pisane aux maisons hautes, aux longues enfilades des rues étroites, et nous sortons par une des portes de l'enceinte qui s'ouvre dans la tour de l'Éléphant. Deux tours carrées dominent ce haut quartier de Cagliari; leur construction date de l'an 1300, superbement, admirablement conservées; on les voit plus belles que jamais et dorées par le temps se lever dans les airs au-dessus de la ville blanche.

LA PORTE DE L'ÉLÉPHANT.

La tour que j'avais sous les yeux doit sans doute son nom à l'éléphant en pierre sculpté sur une saillie de l'édifice. Le portail s'ouvrait béant et noir. Longtemps la tour a servi de prison aux condamnés à mort. Tandis que je considérais ce monument grandiose d'un autre âge, des Sardes étrangers à Cagliari sortirent brusquement de l'ombre, le soleil frappa leurs visages puissants et leurs vêtements aux pourpoints de velours, et je me crus un instant en plein moyen âge. Mais cette vision fugitive

L'AMPHITHÉÂTRE ROMAIN.

s'évanouit, et nous arrivâmes bientôt au vieux monument que nous cherchions, à l'amphithéâtre romain.

Il occupe le milieu d'un grand ravin, et contenait, prétend-on, jusqu'à 20 000 spectateurs. De fait, ses dimensions sont énormes. Les vomitoires et gradins ont été *creusés* dans la pierre, ces derniers jusqu'au sommet de la colline, l'amphithéâtre a été complété par de la maçonnerie, du côté de la plaine, à partir de l'endroit où les talus opposés du ravin commencent à s'éloigner l'un de l'autre. Au niveau de l'arène se trouve l'entrée des souterrains, où se voient encore les anneaux pour attacher les animaux féroces. Une immense citerne du voisinage datant de la même époque donne à penser que des naumachies y étaient représentées.

Je retrouvai le révérend père, le soir, dans la haute sacristie du couvent, à l'heure où je l'avais rencontré la première fois.

Dans le calme du moment, dans le silence du lieu, nous causons longtemps. Il est Corse, il connaît à fond les mœurs, les croyances, les légendes, les superstitions de son île natale.

Pour lui, les Sardes sont aussi superstitieux que les Corses, et à son dire certains pratiquent toutes les espèces de sortilèges. D'aucuns exercent la sorcellerie, dans le seul but d'abuser de l'innocence, de la crédulité du pauvre monde. Laissons parler le révérend père :

« J'ai connu deux hommes qui avaient avancé plusieurs centaines de francs à une prétendue sorcière et fait mille extravagances d'après ses conseils en vue d'obtenir la réussite d'une affaire quelconque. Ladite sorcière leur avait donné des amulettes qu'ils devaient porter constamment sur eux ; elle leur recommandait surtout de ne point les ouvrir, sous peine de voir le charme se rompre et de grands malheurs survenir. J'ai eu ces amulettes en ma possession et moi j'ai eu la curiosité de voir, et qu'ai-je eu sous les yeux ? Quelques brins d'herbes et des morceaux de feuilles de palmier.

« Il n'est pas rare qu'on nous demande, à nous aussi, les prêtres et moines, *uno scritticellu*, c'est-à-dire un papier sur lequel sont écrits des mots mystérieux, ou bien une image à porter bonheur.

« Voici un fait qui dénote à quel point les Sardes croient aux pratiques cabalistiques : un homme que j'ai beaucoup connu passait pour grand devin, il était surtout renommé pour la faculté qu'on lui prêtait de désigner exactement les endroits où sont cachées des sommes d'argent. Un jour, trois individus vinrent le consulter, ils prétendaient connaître un champ renfermant un trésor, mais ils ignoraient la place exacte de la cachette. Notre devin exigea une somme assez forte et le payement d'avance.

« On se met en route, on arrive. Notre magicien à l'aide de sa baguette décrit des courbes cabalistiques, il murmure des mots bizarres, il se plonge dans des méditations profondes ; il a l'air du plus grand philosophe du monde. « Oui, dit-il enfin d'une voix grave, le trésor est là, mais on ne peut encore s'en emparer. — Pourquoi ? » demandèrent les hommes. Le sorcier détourna tristement la tête. Ils insistèrent. « Eh bien, puisque vous tenez tant à le savoir, apprenez que le trésor ne peut bouger de place que si l'un de vous trois, n'importe lequel, meurt avant l'angélus. » Et là-dessus les trois Sardes de se sauver et ils courent encore.

« Le révérend père oublia de me dire si le devin avait rendu l'argent.

« Les Sardes croient fermement aux songes. Un jour une vieille femme d'un village des environs me fit demander. J'allai la voir. Elle me conta que son mari avait eu un songe et que dans ce rêve il avait vu un trésor dans un champ. A son réveil il en avait fait part à sa femme, et tous deux étaient persuadés que le ciel leur envoyait enfin la fortune.

« L'homme, sans perdre de temps, part pour l'endroit désigné, voit le trésor, il le touche avec les mains. C'est un lingot d'or massif, fort lourd, bien enfoncé et il faut une pioche. Revenu chez lui, rayonnant de joie, il retourne au champ muni de l'outil nécessaire. Hélas ! plus de lingot, plus rien, pas même la place qu'il ne peut retrouver. Aussitôt la pauvre femme de venir à Cagliari me demander un objet quelconque ayant la vertu de lui faire retrouver l'endroit, car il existait bien là, ce trésor, dix fois plutôt qu'une, son mari l'avait vu et touché. Elle ne comprenait pas que l'homme, tout pénétré de son rêve, avait agi sous l'empire d'une hallucination.

« Comment la désabuser, pauvre créature que la misère dévorait et qui était sûre, bien sûre qu'on lui donnerait la richesse ? Car les gens du peuple à Cagliari, et surtout les campagnards, ont une entière confiance dans les prêtres, encore plus dans les religieux, qu'ils croient capables, par le fait de leur seule volonté, d'apporter ou d'emporter la richesse ou le bonheur. Ils sont tellement pauvres que leur préoccupation constante est de découvrir des trésors. D'ailleurs ils sont dominés par des superstitions sans nombre, ils croient à la *jettatura*, aux *streghe*, aux présages. Souvent, après la messe, les mères apportent aux prêtres les petits enfants qui font leurs dents et les prient de toucher les gencives pour apaiser la douleur.

« S'ils souffrent de maux de tête, ils demandent aux prêtres de leur imposer les mains et de dire des évangiles. Si le mal ne se calme pas, ils s'en prennent aux saints : « Ils sont sourds ou ils ne m'écoutent pas, et pourtant j'ai récité bien des « neuvaines ! »

Le lendemain, nous remontons au quartier du château et nous visitons la cathédrale, qui est sous le patronage de sainte Cécile. Ce monument fut construit à une époque de décadence par les Espagnols, à la place d'une église qu'avaient bâtie les Pisans et qui menaçait ruine. Deux portes latérales encore debout et en place témoignent de la beauté du premier édifice. Dans l'une d'elles ont été encastrés des fragments de construction plus ancienne, et son architrave est formée par un sarcophage romain. La façade de l'église, toute en marbre, d'une grande richesse, est d'une architecture lourde.

Le marbre rouge de Sicile a été trop prodigué dans l'intérieur. Orné d'un grand bas-relief, d'un superbe crucifix et de quatre chandeliers en argent ciselé, le maître autel est d'une incomparable beauté. Le tabernacle d'argent massif, haut de

LA CATHÉDRALE.

3 mètres, est également fort précieux, non pas en raison du noble métal qui le compose, mais par sa perfection artistique rare.

Le sanctuaire souterrain, tout en marbre, comprend trois chapelles. Dans l'une d'elles, dédiée à *saint Lucifer* qui est fort révéré en Sardaigne, s'élève le tombeau de la femme du roi de France Louis XVIII, morte à Londres en 1810. Ses restes furent transportés dans l'île et son frère, Charles-Félix, roi de Piémont et de Sardaigne, restaura plus tard ce mausolée. C'est lui, sans doute, qui fit sculpter en marbre le génie en pleurs qui le surmonte.

Quelle différence entre cette sépulture et celles que je contemplais ce même jour au *campo santo* où le dominicain m'avait conduit !

Ici les monuments funéraires sont d'une richesse rare. De blanches statues symboliques apparaissent à travers les cyprès noirs, et les énormes bouquets de fleurs, les couronnes, apportés à l'occasion des récentes fêtes des morts, ont gardé une partie de leur fraîcheur. Rien n'est funèbre dans cet asile. Même on peut croire que le culte excessif dont on honore les défunts a pour véritable cause la passion du luxe et l'orgueil de l'étalage. Les statues sont maniérées : telle, par exemple, cette jeune femme, vêtue avec la plus extrême recherche, qui s'élance, les mains jointes, à la rencontre d'un mort regretté, figuré par un buste.

Les inscriptions funéraires, d'un style ampoulé, sont gravées en lettres d'or ou en rouge sur des pancartes de marbre blanc. Et tout cela profane la paix des tombeaux.

On n'a point le cœur serré parmi tout ce clinquant dans ce milieu superficiel par la pensée de l'heure des séparations dernières. Le plus humble, le plus solitaire des cimetières de villages convient davantage aux amères pensées de déchirement brusque, d'éternelle séparation, et pour tout dire en un mot : à la mort.

Je quitte un matin Cagliari pour aller visiter le château d'Acquafredda. Il est nuit encore, nous côtoyons des étangs assoupis, que nous quittons bientôt, aux clartés de l'aube. A Decimomannu, je monte dans le train d'Iglesias et le soleil frappe de lueurs roses les murailles ruinées du château d'Acquafredda lorsque je descends du wagon au village de Siliqua, situé dans une plaine nue, parsemée çà et là de caroubiers au sombre feuillage. Rien de saillant ne l'impose à l'attention du voyageur.

Les habitants de Siliqua possèdent en indivis un vaste verger où chaque famille a la jouissance d'un certain nombre d'arbres fruitiers, et respecte religieusement la part affectée aux autres. Cette communauté n'entraîne ni discussions ni combats, et ces gens pacifiques ont réalisé simplement, sans phrases, les théories qui ont fait ailleurs couler des flots d'encre et souvent des flots de sang. C'est qu'aucune basse ambition ne les agite, et ils ne rêvent pas de vivre en paresseux aux dépens des autres ; ce qu'ils veulent, c'est peu de chose et c'est tout : ils demandent leur droit, respectent le droit des autres, et *souhaitent* le travail et la paix.

Au milieu de la plaine, sur un rocher de porphyre isolé, de près de 300 mètres de hauteur, dont le pied est baigné par les eaux mortes du *Sixerro*, s'écroulent les murailles de l'antique manoir. La montée est rude, même dangereuse par endroits, mais la vue sur le Campidano est magnifique.

Dans la morne solitude de ce sommet aride, je revoyais l'image affamée de l'infortuné Ugolin, qui posséda ce château fort

PORTAIL PISAN.

et toute la vallée qui s'étendait à mes pieds ; je relisais là les pages de l'*Enfer* de Dante au moment où, rongeant la nuque de son bourreau, l'archevêque Ruggieri, Ugolin essuie ses lèvres aux cheveux de cette tête et dit au funèbre visiteur : « Tu veux que je renouvelle une douleur désespérée dont le seul souvenir m'oppresse le cœur avant que j'en parle ».

Je revoyais le cachot, j'entendais ce cri d'un des enfants :

« *Padre mio, che non m'aiuti?* »
Quivi mori.

« Tu ne m'aides pas, mon père ? »
Là il mourut.

Et pendant trois jours, d'une voix lamentable, le malheureux père appela ses enfants *poi che fu morti*, alors qu'ils étaient morts.

Si les pages immortelles de Dante font trembler à la simple lecture, on frissonne encore plus quand on a le privilège de les lire dans les ruines mêmes du château d'un des sombres acteurs de son drame, sur une cime décharnée, solitaire, où seules des choses mortes rappellent ce qui a vécu. Et quelquefois il semblerait que la nature veut ajouter à notre émotion ou à nos douleurs en quittant un habit de fête pour un habit de deuil.

Le soleil brillait ce matin sur le Campidano, les édifices lointains de Cagliari scintillaient, vers le Gennargentu les monts se trempaient dans des buées légères du plus transparent azur. Maintenant des nuées livides courent dans le ciel ; le vent, qui s'est levé, siffle et pleure dans les ruines, la plaine assombrie est d'une infinie tristesse. Je ne sais quelle angoisse, quel dénuement passent dans mon âme.... Je reprends le chemin à travers les pierres roulantes et je quitte les ruines de ce manoir désolé de si dramatique histoire où Vanni Gubetta, présumé complice de l'archevêque, fut écartelé ; ses membres furent précipités du haut des rochers et laissés en pâture aux oiseaux de proie.

C'est à Domusnovas, bourg que j'aperçois sur ma gauche, que La Marmora fit une rencontre lugubre :

« Au moment d'entrer à Domusnovas, dit-il, je poussai mon cheval vers une barrière en pensant que c'était réellement la porte d'entrée du village, quand, arrivé sous l'architrave que je touchais avec mon chapeau, je sentis sur mon visage quelque chose d'inconnu qui enveloppa en quelque sorte toute ma figure ; je me retournai soudainement en levant les yeux, et quelle ne fut pas ma stupeur en voyant plantée sur cette poutre une tête humaine, dont la longue et ample chevelure de femme tombait et s'agitait au gré des vents. C'était précisément cette chevelure qui était venue battre contre ma face. En ce moment un éclair vint projeter une vive lumière sur cette hideuse tête, qui se trouvait à un demi-pied

RETOUR DE FÊTE DANS LE CAMPIDANO.

de distance de la mienne ; aussi je pus distinguer, pour une demi-seconde, ces joues défaites et tombantes, ces yeux enfoncés et cette bouche ouverte, qui me faisaient une épouvantable grimace. Tout cela fut l'affaire d'un instant, d'un véritable éclair, après lequel tout devint de nouveau confus. Je donnai alors un bon coup d'éperon à ma monture pour fuir un pareil spectacle et un pareil contact, tandis que le fidèle compagnon qui me suivait ne s'aperçut de rien, en passant comme moi sous cette fourche caudine de nouvelle espèce.

« J'avais donc pris pour une barrière un instrument de mort que l'on plantait ordinairement aux entrées les plus fréquentées des villages. La tête qui était clouée sur l'architrave de la potence était réellement celle d'une femme qu'on avait exécutée un mois à peu près avant cette aventure, et, selon un usage maintenant abandonné, cette tête avait été coupée et clouée ainsi pour servir de spectacle aux passants. »

Après les terribles visions de l'Enfer de Dante que les ruines du manoir d'Ugolin avaient évoquées dans mon esprit et l'aventure lugubre de La Marmora, je retrouvais des impressions douces dans le lumineux Campidano. Le vent avait chassé les nuées qui ternissaient le ciel, et le soleil brillait de nouveau. J'allais, par le chemin, regardant les villages qui scintillaient sur les pentes lointaines, écoutant le chant des oiseaux dans l'épais feuillage des caroubiers, la mélopée grave de quelque laboureur, lorsqu'une musique charmante me fit détourner la tête. Un tableau superbe était devant mes yeux.

Sur un grand char traîné par deux buffles aux cornes démesurées, à la robe couleur de feu, se tenaient des femmes aux vêtements brodés d'or et des hommes en pourpoint de velours, le bonnet phrygien sur la tête et les maîtres pêle-mêle avec leurs domestiques. L'une des femmes jouait du tambour de basque en accompagnant un joueur de *launedda* : c'est-à-dire de la flûte à trois branches, le *tibia impares* des anciens.

Le char s'arrêta ; à l'exception des musiciens, les beaux voyageurs descendirent lestement et se mirent à danser sur la route une ronde singulière fort gracieuse.

Ainsi que je l'appris plus tard, c'était la danse sarde nommée *ballo tondo*. Les danseurs vont en cadence, la mesure est sévère et, m'a-t-on dit, très difficile à apprendre.

Après quelques instants de ce divertissement, les joyeux couples remontèrent sur le char. Les buffles repartirent lentement, le bruit des roues alla s'affaiblissant, les coups du tambour de basque devinrent plus sourds et je n'entendis plus bientôt que des notes aiguës de la flûte. Plus tard et déjà loin de nous, le char s'arrêta de nouveau, nous distinguâmes vaguement une danse, puis cette scène charmante disparut sans retour.

N'est-ce point ainsi que Léopold Robert avait contemplé le retour des moissonneurs dans la campagne de Rome? Au lieu de la toile magistrale mais un peu froide qu'il a peinte, j'avais vu, de mes yeux vu, la réalité vivante et chaude en pleine lumière, dans toute sa beauté, dans toute sa couleur.

Dans le Campidano on peut faire souvent la rencontre de chars semblables, où prennent place des habitants de la ville qui se rendent à quelque fête ou qui en reviennent. Le char est pourvu de matelas, de caisses de provisions, d'ustensiles de cuisine. Les voyageurs couchent à la belle étoile par les douces nuits du printemps ou de l'été et préparent leurs repas en plein air. Toute la maisonnée y vit au complet, jusqu'aux enfants et aux serviteurs. On passe ainsi des journées en chantant, en dansant, en récitant des vers, en se reposant à l'ombre des arbres. Qu'ils sont simples, gracieux et purs, ces divertissements des Sardes!

Je regagnai Siliqua, tandis que le soleil baissant à l'horizon disparaissait derrière les monts du Sulcis, et la nuit était venue lorsque je pénétrai dans la ville.

Cagliari renferme plusieurs couvents et un certain nombre de monastères. Ces maisons conventuelles, maintenant presque désertes ou même entièrement abandonnées, ont eu leurs jours de grandeur, leurs siècles de prospérité.

L'empereur Charles-Quint avait conféré le titre de couvent royal à ce monastère de Saint-Dominique, où j'allais rendre visite au R. P. Fondacci, et l'avait doté de privilèges nombreux. Trois religieux l'ont quitté pour occuper des sièges archiépiscopaux.

L'église des Dominicains est actuellement une des plus fréquentées de la ville. On y conserve les reliques de saint Blaise, et le 3 février on y célèbre sa fête, l'une des plus populaires de Cagliari. Pendant vingt-quatre heures la foule se presse autour des reliques pour les baiser. A côté du prêtre sont des paniers remplis de *bistoquellus*, sorte de petits biscuits ronds de la grosseur d'une noisette, dont on donne une petite poignée aux fidèles, tandis qu'ils versent leur offrande. Ces biscuits bénits sont emportés pieusement dans les maisons, qu'ils doivent préserver de tous les malheurs.

C'est aussi dans cette église qu'on célèbre, avec plus de solennité que partout ailleurs, la neuvaine de Noël, que les Sardes appellent *la novena de la speranza*. Durant ces neuf jours il y a non seulement sermon et salut solennel tous les soirs, mais aussi une grand'messe suivie d'un salut le matin, une heure avant le jour. Les Cagliaritains, qui pendant toute l'année, et l'été même, se lèvent assez tard, se gardent bien de manquer cette messe. Avant l'aube, l'église est pleine, et le menu peuple y coudoie la bourgeoisie riche et la fière noblesse.

La veille de Noël, l'église, la sacristie, le cloître même sont envahis dès dix heures du soir par la foule, qui attend avec impatience la messe de minuit. Un diacre monte en chaire et chante la généalogie de Notre-Seigneur, de saint Mathieu. Un sous-diacre, les acolytes, les thuriféraires et le porte-croix l'accompagnent et se placent en face de lui au-dessous de la chaire. A minuit on célèbre la messe. Au moment où le prêtre entonne le *Gloria in excelsis*, un rideau qui cachait la crèche est tiré, et le *Bambino* paraît, couché sur la paille, au-dessus de l'autel, entre la sainte Vierge et saint Joseph. En même temps un ange, guidé par un fil, descend de la voûte de l'église, du côté opposé au maître-autel, et vient s'arrêter au-dessus de la crèche. Il porte à la main une oriflamme sur laquelle on lit : l'Ange aux bergers de Bethléem, *Gloria in excelsis Deo*.

A ce moment se produit parmi les assistants une sorte de houle involontaire, on entend des exclamations et même des cris de joie.

Le R. P. Fondacci me disait à ce sujet : « On ne saurait comprendre dans vos pays du nord, à Paris par exemple, ces démonstrations de foi qu'on voit dans notre Sardaigne, où l'Espagne a laissé beaucoup de ses usages religieux. Chez nous, comme en Espagne et autres contrées méridionales, on raffole des cérémonies bruyantes, des cris et des acclamations, des couleurs vives, des tapisseries éclatantes, des chants sonores, et aussi des sermons ronflants à « grand orchestre », ajouta-t-il en souriant.

Dans le quartier de Villanova, où est le couvent des Dominicains, les pauvres gens, et Dieu sait s'il y en a, donnent 5 centimes par semaine à des sociétés dont ils font partie. A la fin de l'année, chacune d'elles a fini par recueillir une somme plus ou moins importante, qui sert à payer des fêtes où l'on s'amuse fort et ferme entre sociétaires. S'affilier à plusieurs associations de ce genre, c'est se préparer de nombreuses occasions de réjouissance, et ces braves gens n'y manquent pas, bons enfants comme ils sont, et qu'un rien distrait.

Les dames du *Castello*, c'est-à-dire de l'ancienne cité pisane, font aussi leur fête dans l'église des Dominicains, fête *della buona sorte e della buona morte*, de Notre-Dame du bon sort et de la bonne mort. Il faut être noble pour entrer dans cette société, laquelle appartient à toute la haute aristocratie.

On s'étonnera de ce vocable de Notre-Dame du bon sort et de la bonne mort, mais il y en a de plus étranges encore. On y trouve les fêtes : de Notre-Dame des abandonnés, *degli abbandonati*; de *Nostra Signora de sa defensa*, etc.

Toutes ces fêtes furent introduites par les Espagnols. Récemment encore, dans l'église des Dominicains, on chantait en espagnol les *Goccins*, louanges de Notre-Dame des Grâces, de saint Vincent Février, de sainte Marie-Magdeleine, etc., et jusqu'au commencement du siècle, à Cagliari, les actes de baptême étaient écrits en cette langue.

Les sociétés ou confréries sont innombrables; la plus célèbre et la plus ancienne de toutes, la confrérie du Rosaire, date de l'année 1334, époque de la fondation du couvent des Dominicains. Cette confrérie posséderait, dit-on, le drapeau sous lequel combattirent en 1571, à bord du vaisseau amiral *Don Juan d'Autriche*, les quatre cents soldats sardes qui prirent part à la bataille de Lépante. Des historiens racontent même que ce furent les Sardes qui tuèrent le général turc Ali-Pacha, et contribuèrent ainsi puissamment à la défaite des mécréants.

Les églises de Cagliari sont au nombre de cinquante environ, sans compter les oratoires et une quantité de chapelles. Plusieurs de ces églises valent d'être visitées, celle de *San Francisco*, par exemple, dont l'extérieur est un bel exemple de gothique, et celle de *San Efisio*, dont le style est fort ordinaire, mais qui a l'honneur de conserver incrustés dans sa façade quelques boulets et autres projectiles lancés par les Français en 1793. L'insuccès de cette expédition fut attribué par les gens du peuple à l'intervention du saint, et la vénération dont il est l'objet, depuis la grande peste qui désola la Sardaigne en 1656, s'accrut dès lors considérablement.

En compagnie du révérend père dominicain je visitai une sorte de cave située sous l'église, et qu'on prétend être la prison où fut jadis enfermé san Efisio. Nous en remontâmes, couverts de poussière et de toiles d'araignée, sans y avoir rien vu de curieux.

La Marmora fait observer que les murs de ce réduit sont revêtus, de tous côtés, de ciment romain et de fragments de cette poterie pilée qu'on employait pour les réservoirs hydrauliques, ce qui ne laisse aucun doute sur son ancienne destination de citerne.

Depuis la fameuse peste, on porte tous les ans en grande cérémonie la statue de san Efisio au cap Pula, où on lui a bâti une petite chapelle. Cette statue, peinte de vives couleurs, le représente revêtu d'une cuirasse et coiffé d'un casque orné de plumes d'autruche. Un manteau espagnol couvre ses épaules. Une de ses mains se pose sur son cœur, l'autre tient la palme du martyre.

D'après la tradition, c'est près du cap Pula qu'il fut décapité par ordre de Dioclétien, dont il était général. Le 1ᵉʳ mai de chaque année, on met la statue dans une sorte de petite châsse vitrée, ornée de banderoles, on pose le tout sur un char bleu et or, attelé de bœufs noirs, soignés et engraissés depuis toute une année pour la circonstance. Leurs cornes sont ornées d'oranges, de touffes de laine aux vives couleurs, de miroirs, de colliers et de grelots. A leur cou pend une grosse sonnette.

La procession de san Efisio se célèbre avec une pompe extraordinaire. On y accourt de toutes les villes et bourgs et des villages du pays de Cagliari, et même de tous les lieux de la Sardaigne, bref, c'est un concours extraordinaire.

Le cortège est étonnant. Il est suivi par les membres de la confrérie du saint, montés sur des chevaux magnifiquement caparaçonnés dont les crinières et la queue tressées sont ornées de rubans aux plus vives couleurs. Des dévots, récitant à haute voix des prières, entourent le char qui porte la statue. Les ecclésiastiques suivent les fervents, après quoi viennent des joueurs de launedda qui s'essoufflent sur leurs instruments. Puis, c'est la foule des hommes, portant les vêtements caractéristiques de leur village, et tous de la plus grande originalité, d'une rare beauté même. Les femmes ferment la marche. Les unes ont fait vœu de faire le chemin nu-pieds, d'autres portent des cierges et récitent les litanies.

A cette procession prennent part plus de vingt mille personnes : c'est bien l'une des plus surprenantes de toute l'Italie.

Autrefois on la célébrait avec plus de magnificence encore : le vice-roi la suivait non moins que toutes les autorités militaires et religieuses.

On conte que les habitants de Pula, où san Efisio fut décapité, eurent la douleur de voir la ville de Cagliari s'emparer des reliques, mais que plus tard, à force de persévérance, ils obtinrent le bienheureux privilège de rentrer en possession des restes du saint pendant trois jours de l'année. C'est après cet accord que la fameuse procession fut instituée. Mais longtemps on veilla nuit et jour sur les reliques pendant leur

LE CHAR DE « SAN EFISIO ».

voyage de Pula à Cagliari, et réciproquement : les gens de Cagliari soupçonnaient véhémentement ceux de Pula de vouloir les reprendre en leur substituant un squelette quelconque.

San Efisio n'est pas le seul saint de Sardaigne qui ait été condamné à une promenade annuelle. Au moyen âge, les reliques de *san Antioco* se trouvaient dans la ville du Sulcis qui porte son nom. Mais comme la situation de cette ville au bord de la mer l'exposait aux incursions des pirates, on les mit à l'abri à Iglesias.

Pendant longtemps les reliques furent transportées processionnellement, tous les ans, à San Antioco, d'où après une journée de séjour elles reprenaient le chemin d'Iglesias.

Mais les Sarrasins saccagèrent un jour cette ville, et les habitants, épouvantés, abandonnèrent leur saint aux suppôts de Mahomet. Quand plus tard des personnes pieuses se mirent à la recherche de la châsse, elles ne la retrouvèrent plus ; sur quoi (dit-on) elles ramassèrent des ossements quelconques dans un amas de squelettes et les apportèrent triomphalement à San Antioco, où on les vénère autant que s'ils étaient véritablement ceux du saint homme.

Les curiosités religieuses ne manquent pas à Cagliari. Entre autres lieux consacrés par la tradition les étrangers vont visiter dans l'église Saint-Augustin, très vénérée des fidèles, un coin de derrière l'autel où le corps du grand évêque d'Hippone demeura pendant deux siècles, après qu'il eut été apporté d'Afrique par saint Fulgence.

Les Arabes, quand ils descendirent en Sardaigne, firent main basse sur la relique, puis la vendirent à beaux deniers à Luitprand, roi des Lombards, qui voulait lui faire un asile dans la ville de Pavie.

Ne voulant se séparer du saint évêque, les Sardes tombèrent à main armée sur le convoi et sur les Musulmans et les Lombards qui l'accompagnaient. Les Sardes vaincus ne réussirent qu'à arracher les vêtements de saint Augustin, qu'ils ont conservés depuis religieusement, et les reliques partirent enfin tranquillement pour le Nord.

L'éminent, le tant aimable sénateur de la Loire, M. Brossard, qui m'avait valu, en Corse, l'hospitalité précieuse de Ghisoni, m'avait muni de lettres de recommandation pour des Français habitant la Sardaigne. MM. Chapelle frères, de Cagliari, auxquels il m'avait adressé me réservaient un accueil fraternel. Quels excellents cœurs! Quelles mains cordiales!

M. Georges Chapelle, grand chasseur, miné par la fièvre, contre laquelle il lutte par d'énormes doses de quinine, par des marches forcées à la poursuite du mouflon, du cerf et du sanglier, ne pourrait plus d'ailleurs se faire à la vie un peu étroite de notre pays. Des quinze jours de suite il s'en va, là-bas, le fusil sur l'épaule, à travers les solitudes, suivi de ses beaux chiens, couchant sur le sol nu, vivant au hasard, intrépide chasseur aimé des Sardes, qui admirent ses allures guerrières. Il n'est pas un village de la *Barbagia*, de l'*Ogliastra*, de régions presque inaccessibles, où son nom ne

UNE ÉPOUSÉE DE QUARTU.

soit familier à tous. Comme ils aiment la France, comme ils sont fiers d'elle ces braves Français contraints par le cours de leur vie à une sorte de lointain exil. Une sympathie réciproque nous entraîna à première vue l'un vers l'autre, et à partir de ce moment nous vécûmes ensemble presque tout le temps que je passai encore à Cagliari.

Le supérieur des Dominicains m'avait fait visiter les monuments. M. Chapelle devint mon guide à travers les quartiers pauvres et mon protecteur dans mes excursions en montagne. Grâce à lui, et profitant de sa connaissance profonde des choses de Sardaigne, je notai bien des détails qui m'eussent échappé. Il me fit admirer les panoramas magnifiques qu'on découvre du haut quartier; avec lui je visitai l'hôtel de ville, le palais du roi, le musée, qui est du plus grand intérêt pour un archéologue.

NOUVEAUX ÉPOUX A PIRRI.

Nous errâmes des après-midi entiers dans le faubourg Saint-Avendrace, où se trouve la grotte de la vipère, reste curieux de l'ère phénicienne.

Dans ces faubourgs on peut embrasser d'un seul coup d'œil, en passant, toute la vie domestique, car les maisons se composent habituellement d'une seule pièce, recevant l'air et la lumière par la porte. Je fus frappé de l'extraordinaire propreté de ces logis. Dans ces pièces qui servent tout à la fois de chambre, de cuisine et de salle de travail, je pus voir tant et plus l'antique moulin, toujours en usage en Sardaigne, mis en mouvement par un tout petit âne, qui tourne bravement pendant des heures entières, les yeux bandés et la muselière au museau, car il est fort gourmand, et lorsqu'on oublie de la lui mettre il ne se prive pas de happer d'un coup de langue une lampée de farine.

Un auteur rappelle, à ce sujet, que Pittacus de Mitylène tournait, en guise de passe-temps, le moulin de sa maison et qu'il trouvait cette occupation très favorable au recueillement : alors les ânes sardes doivent être de grands philosophes, car ils font tourner la meule jusqu'à dix-sept heures sur vingt-quatre !

Un dimanche, dans l'après-midi, nous allâmes visiter Quartu, le plus fort des villages de la région. Il est séparé de la ville par l'étang de *Molentargiu*, qu'il faut longer pendant 6 kilomètres. De la bourgade, pavée dans certaines rues, à cause des affreuses boues de l'hiver, il n'y a rien à dire, mais les costumes des femmes sont vraiment superbes. On dansait sur la place publique et je fus émerveillé de la richesse et de l'originalité de leurs atours, les couleurs les plus vives étincelaient parmi les brocarts et les dentelles ; les bijoux les plus rares couvraient leurs poitrines. Nous eûmes la bonne fortune de rencontrer une noce qui passait au son des launeddas, et d'admirer le costume éblouissant de la mariée. Continuant notre promenade, nous traversâmes d'autres villages : Quartuccio, où l'on dansait également ; Selargius, entouré de jardins ; Pauli-Pirri, et enfin Pirri, notre dernière station avant de rentrer à Cagliari, dont nous n'étions plus qu'à 2 kilomètres.

M. Chapelle savait qu'on célébrait à Pirri un mariage important et il avait voulu m'en ménager la surprise. Le costume de l'époux était de la plus grande originalité, et celui de l'épousée rappelait ceux que j'avais vus à Quartu.

Je ne cessais de songer, en voyant la merveille de ces costumes, à la fièvre qui décime ces pauvres contadini. Toute la région est empoisonnée par les étangs et je voyais, sous les plus pompeux atours, des visages bien abattus, bien pâles qui portaient les stigmates de la malaria.

UN HOMME D'IGLESIAS.

J'avais encore à visiter le monastère de Bonaria, tout voisin de Cagliari ; j'y fus accompagné par le R. P. Fondacci.

Ce couvent et le château qui l'avoisine furent bâtis, en l'an 1323, par le roi Alphonse d'Aragon, qui le donna aux Mercédaires, moines jouissant du double privilège de porter, suspendu à leur cou, dans une cassolette d'argent, l'écu aragonais, et d'assister aux cérémonies avec l'épée au côté.

Aujourd'hui le château est en ruine ; seule l'ancienne église du monastère est debout encore. A la voûte de la nef est suspendue une nacelle miraculeuse en ivoire apportée autrefois par une pèlerine inconnue. On prétend, que ne prétend-on pas

PÊCHE AU THON : LA CHAMBRE DE MORT.

en Sardaigne! que cette barque sait tourner sa proue dans la direction du vent qui souffle sur le golfe.

Au retour de cette visite à Bonaria, nous rencontrons à l'entrée de la ville un homme vêtu d'un costume singulier, différant totalement de ceux que j'avais vus jusqu'alors en Sardaigne : c'était un habitant d'Iglesias, où le caractère espagnol semble s'être conservé dans les costumes comme dans les visages. Derrière les montagnes du Sulcis, où est située la ville d'Iglesias, a lieu, au mois de mai, la fameuse *mattanza* des thons, à laquelle je ne pus assister, mais dont je trouvai une photographie à Cagliari.

Les thons, pressés dans un espace resserré qu'on appelle la « chambre de mort », assaillis de toutes parts avec des harpons, agitent la mer avec une violence inouïe : elle devient toute rouge du sang échappé à leurs blessures. Autrefois on prenait de la sorte jusqu'à trente mille thons par année, dont plusieurs pesaient mille ou douze cents livres. Aujourd'hui l'on en pêche infiniment moins.

Cagliari m'intéressait de plus en plus, je passais des journées à errer dans les rues, observant toujours quelque scène imprévue, quelque nouvel aspect des hommes ou des choses.

Les quartiers de la ville ne se ressemblent pas entre eux, on dirait autant de cités, ayant chacune son caractère propre, sa population distincte. Celui de la marine, avec ses maisons basses aux toits en terrasse, n'a aucun rapport avec Stampace, quartier commercial, et Villanova, qui porte l'empreinte espagnole, se distingue de Saint-Avendrace.

UNE « PANATTARA ».

Dans n'importe lequel de ces quartiers, de ces faubourgs, on retrouve en foule les traditions du passé, des costumes, des mœurs du temps jadis.

Les *panattare*, nom sous lequel on désignait autrefois les boulangères et qui s'applique aujourd'hui aux femmes du peuple en général, s'habillent de rouge les jours de fête. Une grande mantille de soie galonnée de brocart couvre leur tête et leurs épaules, la jupe est de dentelle blanche, le cou est paré de colliers et la poitrine de bijoux.

Les *rigattieri* ou gens du peuple, en général revendeurs de légumes, les *pescatori*, pêcheurs, les *carretieri*, charretiers, portent un singulier accoutrement composé d'un justaucorps (*corpetto*) écarlate, orné de grands boutons aux manches, de la fustanelle, de guêtres de laine ou de cuir et d'un bonnet droit également écarlate. Les pêcheurs ont des pantalons rouges un peu collants, et leur taille est ceinturée d'une écharpe multicolore.

Souvent je gravissais des rues et ruelles en pente jusqu'à la petite place située aux portes du haut quartier. A l'ombre des pins maritimes et des poivriers, je passais là des heures entières, admirant le panorama qui se déroulait sous mes yeux.

Je dominais la basse ville, le port, les quais, des barques, des navires et au delà l'immense golfe. Des voiliers et des vapeurs allaient et venaient dans son flot d'azur, ceux-ci partis pour Palerme ou Syracuse ou Naples, ceux-là rentrant à Cagliari de l'un quelconque des grands ports d'Italie.

Sur cette place j'assistais quelquefois à des soleils couchants magnifiques. Le *Monte Santo* et la chaîne d'Iglesias se baignaient dans une buée violâtre où les plans s'estompaient, le ciel d'or rayonnait, quelques clartés ardentes frappaient une cime, et glissaient comme des traînées de métal en fusion sur le Campidano. Les grands étangs reflétaient l'éblouissante lumière. Puis peu à peu tout s'éteignait, une couleur grise tombait sur la mer, les nappes d'eau s'endormaient dans l'ombre, le ciel seul conservait un vague reflet des gloires du soleil couchant.

UN « RIGATTIERE ».

ARITZO.

CHAPITRE III

La Barbagia. — Danses à Belvi. — Le rythme sarde. — Aritzo et les canéphores. — Les *grassazione*. Ascension du Gennargentu.

LA « MASTRUCCA ».

Nous avons traversé maintenant une grande partie de l'île de Sardaigne, nous avons vu des rivages divers, des rivières d'une eau qui sommeille, des vallons perdus, des sommets couronnés de villages, des manoirs en ruine, des plateaux déserts, des monuments énigmatiques, des cités aux mœurs originales, des plaines dont les émanations sont mortelles; nous avons rencontré des Espagnols, des Corses, des Italiens dans les villes, et à Sorso et Osilo des Sardes doux et bons menant la vie pastorale.

La capitale de la Sardaigne, où les Aragonais ont laissé une empreinte si forte que les Italiens n'ont encore pu l'effacer après des siècles, nous a retenus longtemps avec ses coutumes, ses croyances, sa foi passionnée, sa crédulité, ses superstitions.

Mais la vraie Sardaigne, celle qui conserve depuis les aurores nébuleuses de son histoire le caractère, les mœurs, les costumes, nous ne l'avons pas rencontrée sur notre route.

En Sardaigne, de même qu'aux Baléares et en Corse, il faut s'enfoncer au loin dans la montagne pour la retrouver, mais aussi que de surprises pour celui qui s'y aventure.

Et pourrait-il en être autrement. Sans doute ces îles latines ont connu les invasions, les immigrations, les conquêtes à main armée, les influences pacifiques ; plus que cela même, elles furent dès avant l'aurore de l'histoire un rendez-vous des peuples du pourtour de la mer intérieure. Mais ce n'est que sur le rivage marin, le bas des vallées et dans les plaines que les éléments étrangers ont incessamment renouvelé le Sarde primitif, la montagne n'a reçu de cette longue tempête que quelques éclaboussures, et ce que furent les montagnards dans le lointain des premiers âges, ils le sont encore aujourd'hui, sous nos yeux.

Dans le massif granitique aux croupes robustes, couvertes par endroits de forêts, qui s'élève au centre même de la Sardaigne, dans un pays de pâture, de plateaux pierreux, de gorges profondes où se précipitent des torrents impétueux, vit une race peu connue, forte et sévère, qui a conservé à peu près intacts, à travers les âges, ses mœurs et ses vêtements. C'est celle des *Iliesi* et des *Barbaracini*. La région qu'elle habite porte, depuis l'antiquité, le nom de *Barbagia*, c'est-à-dire pays des barbares.

Après la ruine de Troie, des Troyens, nous dit la tradition, rôdèrent longtemps dans les mers et vinrent s'échouer en Sardaigne, où ils occupèrent, sous le nom d'Iliesi, une partie de la Barbagia.

Lorsque Genséric, roi des Vandales, qui avait saccagé l'Afrique, envahit la Sardaigne, où il versa le sang à torrent, il amena avec lui (ce dit-on) une horde de Numides, et leur fit cadeau de la région du Gennargentu ; c'était bien là le pays qu'il fallait à ces sauvages. Les monts inaccessibles, les gorges profondes, les défilés, les forêts, conviennent aux bandits.

Longtemps les fils de ces Numides portèrent la terreur et la désolation dans la Sardaigne. Si le Vandale Genséric avait voulu déchaîner un fléau, il avait réussi dans son vœu.

Cette horde cuivrée au soleil d'Afrique, puis livrée aux morsures d'un rude et froid climat, dans un pays pauvre, abandonné, conserva pieusement les traditions de son culte et les costumes éclatants de son pays natal, de même qu'elle demeura fidèle aux ardeurs et aux violences de sa race.

En proie à toutes les tristesses d'une région sombre où les nuages rampent lourdement, étreints par la misère sur un sol rocheux, ils restèrent brigands. Leur existence fut une lutte sans fin, car les Sardes, terrorisés d'abord, s'armèrent ensuite pour les combattre.

Enfin, après bien des vicissitudes, réduits par les armes, confinés dans les épaisses forêts du Gennargentu, ils devinrent pasteurs et s'accoutumèrent à demander à la terre la vie que ne pouvaient plus leur donner les rapines. L'empereur Justinien avait cantonné des troupes au pied de la montagne pour tenir les Barbaracini en respect.

En l'an 594, la paix fut enfin conclue entre eux et le reste des Sardes; ils consentirent à renoncer à leur idolâtrie et à recevoir le baptême, mais n'en persévérèrent pas moins dans leurs usages païens : longtemps encore ils consultèrent les aruspices et pratiquèrent les sortilèges.

Les femmes de la Barbagia avaient la réputation d'être peu chastes. Dans la *Divine Comédie*, Dante a dit en parlant d'elles :

> *Che la Barbagia di Sardinia assai*
> *Nelle femine sue è più pudica*
> *Che la Barbagia dov'io la lasciai.*

Ce texte pourtant a laissé un doute à quelques commentateurs : ils ont prétendu que Dante, en comparant les femmes de Florence, qui aimaient

> *L'andar mostrando colle poppe il petto,*

à celles de la Barbagia, avait voulu dire que ces dernières étaient moins éhontées.

Encore aujourd'hui, les femmes de cette région montagneuse de Sardaigne recouvrent à peine leurs seins d'une chemise légère, et il est peu probable qu'elles aient modifié le costume qu'elles avaient dans l'antiquité, puisque les hommes revêtent toujours la *mastrucca* qu'ils portaient du temps de Cicéron. La mastrucca est toujours le vêtement national. Privée de manches, elle se compose de quatre peaux de chèvres cousues ensemble, avec deux ouvertures par lesquelles passent les bras. Lorsqu'on voit ces montagnards, coiffés du bonnet phrygien, vêtus de cette toison à longs poils, les jambes dans des guêtres brunes, on se croirait en face de barbares des anciens jours.

M. A. Périvier, le très aimable et bienveillant directeur du supplément littéraire du *Figaro*, a bien voulu m'autoriser à reproduire une partie de l'article sur la Sardaigne que j'ai publié dans le supplément du 21 mars 1891.

J'emprunterai donc des fragments à ce récit, et je les compléterai par des développements qui n'étaient pas possibles dans un article où la place est mesurée.

Un matin, je quittai Cagliari pour me diriger vers le *Gennargentu*, la plus haute montagne de l'île, dont j'avais bien des fois aperçu de loin le front neigeux. Gennargentu, ce nom sarde veut dire : Porte d'Argent.

Au sortir de la ville la voie longe des marais dont les eaux mortes reflètent les pâleurs de l'aube; ils fuient au loin, jusqu'à l'horizon morne et muet; au bord sommeillent des flamants roses, et par endroits de petits bois de palmiers balancent leurs fines dentelures. Et la ville orientale dont les premiers rayons du soleil levant rougissent les blanches coupoles, les clochers, les belvédères sur la roche ardente qui lui sert de piédestal, Cagliari disparaît bientôt comme une vision lumineuse.

A mesure qu'on s'élève, la nature du pays change insensiblement. Après la tristesse des marais sans fin, où flottent des brouillards délétères, après la longue monotonie des plaines aux mornes ondulations, nous suivons, à travers la pierraille, une route montueuse et nue. De temps à autre nous voyons des processions d'hommes et de femmes qui s'en vont gravement, sur le flanc des coteaux, à la suite de grands bœufs aux cornes démesurées. C'est le tableau des semailles d'automne.

Elles nous rappellent de très près les images bibliques des primitifs italiens, ces tableaux où toutes les silhouettes des personnages se découpent sur un fond d'or.

Maintenant, de vastes panoramas se déroulent; sur les hauteurs, des pasteurs noirs, vêtus de peaux de bêtes, immobiles, contemplent l'infini de la mer et l'infini du ciel, penchés sur leur bâton.

Des arbres se montrent, clairsemés, rabougris, et, sur quelques rocs, des chapelles ruinées laissent tristement passer le jour à travers les ouvertures béantes des clochetons.

Près de Fontanamela nous frôlons des gorges sauvages aux falaises rouges où pendent, sur des abîmes, d'épaisses chevelures de feuillage, tandis que des forêts de hêtres et de châtaigniers veloutent les collines. Le soleil voilé perce par instants les nuages, et deux fois, de la croupe du Gennargentu, dont nous gravissons lentement les contreforts, nous contemplons d'ondulation en ondulation tout le pays jusqu'à la Méditerranée, qu'une ligne indécise et tremblante nous fait seule deviner.

PASTEUR SARDE.

Les nuages errants, restes des tempêtes dernières, flottent dans l'atmosphère lumineuse; ils projettent sur l'immensité de grandes ombres mouvantes qui donnent à la contrée l'apparence d'un océan aux vagues monstrueuses.

Nous côtoyons le vaste plateau du *Sarcidano*, jadis couvert d'épaisses forêts de chênes, maintenant aride et désolé par-ci par-là. A l'occident, une coupure verticale de 100 mètres de hauteur fend le plateau, et le village de Laconi, bâti en amphithéâtre, s'accroche au bas de la falaise entre les cascades et cascatelles de torrents tombant du Sarcidano.

Laconi, dans ce paysage alpestre, est le rendez-vous des chasseurs. Le cerf, le daim, le sanglier abondent sur le plateau, et le mouflon que la neige hivernale, et quelquefois printanière, chasse des cimes du Gennargentu, vient s'y réfugier quelquefois.

M. Georges Chapelle, qui n'avait pu m'accompagner, avait imaginé de fêter mon retour par une grande chasse chez le marquis de Laconi, grand seigneur sarde, avec lequel il entretient des relations amicales.

UNE RUE DE BELVI.

En Sardaigne, les chasses sont magnifiques. Elles attirent parfois tant et tant de Nemrods, qu'on chauffe un train spécial pour messieurs les chasseurs, leurs suivants, leurs piqueurs et les meutes.

C'est le paradis des disciples de saint Hubert. M. Estancelin, député du second Empire, qui est resté jeune si longtemps, se rend tous les ans en Sardaigne pour s'y livrer à sa passion favorite.

Après avoir quitté Laconi, ce sont des forêts dans lesquelles on s'enfonce, puis une vallée tortueuse aux pentes raides, dont on suit les capricieux détours, et le train s'arrête un instant à Belvi, où je descends. Me voilà dans un pli du Gennargentu, dans l'antique Barbagia. Un Français me salue, ma surprise est grande. C'est un pauvre garçon abandonné par son père, en Sardaigne, il y a quelques années, et qui, de misère en misère, a fini par devenir homme d'équipe dans cette pauvre station de Belvi.

Il me raconte son histoire tristement, tandis que nous gravissons le sentier qui mène à Aritzo. Nous traversons Belvi, dont les maisons singulières rappellent celles de certaines régions des Alpes françaises. Des femmes vêtues de rouge, les seins très saillants à peine cachés par une chemise légère, vaquent à leurs travaux; les hommes passent en pourpoint de velours bleu, en veste de peau de mouton, dont le cuir est tourné en dehors.

Bientôt, adossé contre la montagne, dans une haute gorge, Aritzo, qu'environnent des forêts jaunissantes, profile son clocher pisan et ses maisons roses, jaunes ou noirâtres, ornées de vieux balcons en bois ouvragé. Qu'il est charmant ce village sous ce soleil de printemps, dans ces colorations d'automne!

Ce village, c'est un rêve d'artiste réalisé. Les maisons, bâties de lamelles de schiste ardoisé, sont comme pailletées d'argent, le soleil y allume des éclats diamantés, la tuile rouge des toits étincelle, des balcons en bois s'y accrochent comme des nids; on y entend de jolis gazouillements de jeunes mères et de petits enfants. Des escaliers à demi ruinés, retenus par quelque morceau de bois, forment des espèces de vérandas suspendues extrêmement simples, mais tout de même pittoresques et charmantes, surtout quand un beau visage y paraît, gracieux et doux. Parfois aussi quelque silhouette s'y dresse toute rouge, avec les manches à crevés moyen âge, et un rayon vient, à travers quelque fissure, galonner d'or un corsage de velours.

UN BALCON A ARITZO.

Si vous voulez jouir d'un beau spectacle, veuillez assister à la sortie de la grand'messe d'Aritzo. Vous verrez les femmes en costume pourpre, oriental et moyen âge tout à la fois, d'une richesse surprenante, s'avancer toutes scintillantes de brocart. Elles descendent le perron, des chapelets de nacre et d'argent et des reliquaires ciselés à la main, et disparaissent ensuite lentement dans l'ombre diaphane des ruelles; puis les veuves, habillées de noir, passent d'un air attristé.

C'est à croire que la cour de quelque prince des *Mille et une Nuits* habite ce « fabuleux » village.

Dans l'après-midi de ce même dimanche, vous pourrez voir danser à Belvi, comme c'est l'habitude.

Pour ma part, j'eus l'heur d'y entendre quatre chanteurs sur la place, et leur rythme, le rythme sarde, est bien la musique la plus étonnante qu'il y ait au monde : qui l'a ouï ne l'oublie jamais. Ce n'est plus le son de la voix humaine, c'est un bourdonnement musical qui s'enfle, décroît, pour s'enfler encore. Parfois une note domine, sonore et pure, puis la basse prend à son tour le dessus. Par instants les voix donnent à l'unisson, tandis qu'à travers l'harmonie sourde, un chanteur égrène des phrases de mélopée. Ce rythme particulier, étrange, qu'il est difficile de comprendre, pourrait se comparer à des cantilènes

LE RYTHME SARDE ET LA DANSE DU « BOURO-DOURO ».

arabes, accompagnées par les bourdonnements graves de quelque chant sacré.

Aux sons de cette musique singulière, jetée aux vents du soir par ces musiciens des montagnes, les jeunes hommes et les jeunes filles se sont arrondis en un grand cercle autour des chanteurs. Puis les jeunes filles, se tenant par la main, ont formé un groupe charmant, et les jeunes gens un autre groupe en tout semblable ; après quoi les deux « jeunesses » se sont réunies par un côté, et, doucement, cette sorte de ronde a tourné, avançant, reculant, réglant la cadence à la mélodie des voix.

Tels sont le rythme sarde et la danse du *douro-douro*. La musique en est grave et belle, grave aussi la danse, qui est plutôt un ondoiement.

La richesse des costumes, le caractère ou la beauté des visages, les derniers rayons d'un beau soir d'automne, les colorations de vitrail des grands bois, les vallons noyés dans une brume bleuâtre, les rues tortueuses, les maisons aux antiques boiseries, tout concourait à donner à cette scène le caractère d'une kermesse en plein moyen âge.

Quittons la place et laissons le cercle des danseurs se nouer et se renouer en cadence, remontons à Aritzo par une belle route, avec des forêts d'or sous nos yeux, pendant qu'un frais torrent bondit avec fracas, ou qu'il gazouille et murmure à nos oreilles.

A petits pas, je suis monté jusqu'au village, j'ai traversé les rues assombries par le crépuscule. Que faire seul à l'auberge, à cette heure douteuse? Songeant aux choses vues dans cette courte journée, j'entre dans un sentier baigné d'ombre et traversé par un ruisseau qui s'enfonce aussitôt sous des arbres que l'automne a dépouillés.

COSTUME DE GALA.

Quelques femmes revenaient de la fontaine, pareilles à des canéphores antiques ou même à des déesses dans un bois sacré, elles allaient devant elles, et les feuilles froissées criaient sous leurs pas.

Dans une clairière, tout auprès, une chapelle ruinée. Le toit s'est effondré, quelques boiseries sculptées indiquent l'autel qui est vide, sans un crucifix, sans un objet du culte. Le sol est encombré des débris de pans de murailles écroulées et de poutres noircies. Les dernières lueurs crépusculaires en éclairent vaguement l'intérieur, et je me laisse aller aux rêveries, seul dans ce bois, devant ces ruines que les voiles de la nuit enveloppent de mystère et presque d'horreur. Tout à coup je frissonne, un bruit a frappé mon oreille ! Quelque chose rampe à travers les décombres, tout auprès de moi. On dirait des guenilles vivantes.... Un homme est là, prosterné, son rosaire à la main, marmottant des prières, il se glisse lentement sur ses genoux, vers l'autel, à travers les pierres qui l'écorchent et l'ensanglantent.

Je m'éloigne en frémissant. La nuit est sombre et froide, quelques étoiles s'allument au ciel ; guidé par ces lueurs incertaines, je reprends le sentier pour rentrer à l'auberge.

UNE VEUVE.

En dînant avec l'hôte, les pieds dans un brasero, le macaroni traditionnel fumant devant nous, je lui raconte la scène entrevue dans la chapelle ruinée.

« Cet homme, me dit-il, fait une neuvaine. Neuf jours de suite il viendra ramper dans les décombres de ce sanctuaire vénéré, pour expier quelque forfait sans doute.

« Ils sont ainsi dans la contrée : ils s'arment une fois ou l'autre, la nuit, comme ils l'ont fait à Belvi, et une centaine d'entre eux se ruent sur une bourgade quelconque ; à coups de fusil ils épouvantent les villageois subitement réveillés ; et chacun des contadini se tenant coi dans sa chaumière, ils envahissent la maison du curé ou d'un notable ; ils lui tiennent les pieds sur un brasier, ils l'égorgent peut-être et mettent la maison en feu. Ils viendront ensuite dévotement se traîner au pied des autels.

« Le malheureux curé de Belvi est mort d'épouvante l'an dernier, à la suite d'une agression de ce genre ; son agonie a duré plusieurs mois, elle a été terrible, long délire, hallucinations, et nuit et jour le cauchemar. Toujours et partout il voyait, il entendait ses assassins. »

Et tandis que mon hôte me racontait ces forfaits, je pensais à ce charmant village si poétiquement ensoleillé, à cette cure toute blanche enfouie dans un nid de verdure où les oiseaux chantaient éperdument, je revoyais les beaux visages,

LES CANÉPHORES D'ARITZO.

les costumes éclatants, les sourires du ciel, la danse ondoyante, et j'entendais le rythme étrange et grave des chanteurs.

« Ainsi, dis-je à l'aubergiste, vous croyez vraiment que plusieurs de ces gracieux jeunes hommes que j'ai vus danser la ronde faisaient partie des assassins?

— C'est fort possible et même probable, me répondit-il. En tous cas il est rare qu'une *grassazione* — c'est le nom qu'on donne à ces assauts nocturnes — ait lieu sans que des habitants du village de Fonni y soient mêlés. »

Ceux-ci, qui sont pour la plupart des bergers, descendent au Campidano[1] vers le mois de mai, pour y faire paître leurs brebis, et ils se mettent en rapport avec les domestiques des familles riches.

Au moment favorable, sous promesse d'une part de butin, ces domestiques, ces traîtres, conseillent l'attentat, ils le facilitent en indiquant les précautions à prendre, le chemin à suivre, la nuit propice quand leur maître a reçu quelque grosse somme d'argent.

Les grassazione sont rares en été, vu la brièveté des nuits : les assaillants n'auraient pas le temps de regagner leur domicile avant l'aube ; puis la misère ne les malconseille pas aussi impérieusement qu'en hiver.

On peut dire de la grassazione, qu'elle ait pour but le vol ou la vengeance, que c'est une expédition militaire soigneusement préparée, prudemment conduite, puis brusquement, vigoureusement terminée.

Les chefs qui la commandent, car il y en a plusieurs, ne se connaissent pas entre eux : chacun amène des hommes à lui, bien choisis, sûrs.

Ces chefs se réunissent en conseil de guerre au Moellone, près de Tetti et du signal trigonométrique établi autrefois par La Marmora.

A la minute fixée, les hommes arrivent, le visage barbouillé de suie ou caché sous une cagoule noire. Il est alors minuit ou une heure du matin environ. Puis, la troupe réunie, des éclaireurs prennent les devants, et si rien n'inquiète et ne fait reculer les chefs, les assaillants se précipitent poussant des cris sauvages ; ils hurlent de toutes leurs forces : *Niscinuo besseda!...* (que nul ne sorte !) Puis ils fusillent et fusillent encore, visant surtout les fenêtres, qu'ils criblent de balles.

Pendant que les uns vocifèrent et font parler la poudre, d'autres, ayant haches, leviers et piques, attaquent la porte de la maison. On entend alors des cris lamentables, des appels désespérés : *Adjutorio! adjutorio!* (Au secours! au secours!). La porte vole en éclats, on assassine ou l'on n'assassine pas, mais on n'a garde de ne pas fouiller la maison de la cave au grenier et de voler tout ce qui vaut d'être pris.

---

1. Les *campidani* sont de vastes plaines cultivées, en général, qui s'étendent au sud et à l'ouest de la Sardaigne.

Lorsque le chef de famille refuse de désigner l'endroit de la cachette ou s'il arguë de sa pauvreté, les grassatori, qui ne sont ni accommodants ni crédules, allument un brasier et y « fument » les pieds du propriétaire; s'il continue à se taire, on l'assied dans la braise.

Les gendarmes ne préservent pas toujours de la grassazione: on a vu les carabiniers de Busachi, de San Vero Milis bloqués dans leur caserne pendant que les grassatori « travaillaient » de bons riches.

L'opération n'est pas toujours facile, et les brigands rencontrent quelquefois de la résistance. Cette année même, à Lei, pauvre village situé sur une hauteur au delà du fleuve Tirso, les grassatori avaient cerné la maison du curé pendant que la brigade des carabiniers faisait une tournée. Le moment était donc propice, mais il restait deux gendarmes, dont Picardi, homme vaillant, l'autre étant presque un enfant.

Les brigands essayèrent d'abord d'écarter Picardi; on l'invita à une partie fine à quelque distance du bourg, mais avec tant d'insistance qu'il conçut un soupçon et, sous prétexte de fatigue, n'abandonna pas sa caserne. Au contraire, tout habillé sur son lit, il veilla, l'oreille aux aguets.

Vers le milieu de la nuit, le crépitement d'une lointaine fusillade retentit. Il se lève en toute hâte, quitte son pantalon d'ordonnance et ne garde que son caleçon, qui la nuit aura quelque ressemblance avec les pantalons des gens du pays; il endosse sa tunique à l'envers, ceint la cartouchière, empoigne le mousquet et sort nu-tête par une porte dérobée, suivi de son jeune camarade, qui l'a imité de point en point. Ils se glissent tous deux le long des maisons, courent de ruelle en ruelle et, guidés par les clameurs et la fusillade, arrivent au presbytère assiégé par une quarantaine de grassatori.

Le curé, l'épieu au poing, se défend bravement derrière sa porte à demi brisée.

A la faveur de son travestissement, Picardi se jette dans la mêlée et tire à bout portant sur les assaillants avec son fusil chargé à mitraille, tandis que son camarade vise méthodiquement les grassatori disséminés.

Quelques-uns des brigands tombent, la peur prend les autres, ils se croient trahis, les voilà qui se débandent, et que Picardi crie d'une voix tonnante : « En avant, mes enfants, par ici, brigadier, feu là-bas! — Malédiction! ce sont les carabinieri! » Et les scélérats de fuir à toutes jambes....

Ainsi se termina cette grassazione qui était d'une espèce rare, étant une tentative des habitants du village contre leur propre curé, qui passait pour riche et qu'ils voulaient débarrasser du souci de la fortune.

En général les grassatori viennent de loin, ils prennent bien soin de se forger, n'importe par quelle ruse, un alibi quelconque pour dérouter la justice.

Quand des grassatori sont tués pendant l'action, les camarades leur tranchent aussitôt la tête : de la sorte on ne reconnaîtra pas le cadavre.

Lorsque la grassazione est terminée, que la maison a été saccagée, ruinée, que les victimes râlent dans un coin, que les habitants du village tremblent de male peur derrière leurs portes et fenêtres closes, les bandits se dispersent : il faut à tout prix regagner son hameau, son village avant le jour.

Le partage du butin ne se fait pas immédiatement, on confie l'argent à un *bugone*, recéleur, et les grains sont enfouis dans la terre. Plus tard les chefs distribuent à leurs hommes la part qui revient à chacun.

Les grassazione sont très fréquentes en Sardaigne, l'autorité renonce presque à les prévenir, rarement la justice parvient à s'emparer des coupables.

Lorsqu'on arrive à les découvrir, on est surpris d'y trouver maint noble qu'on n'aurait jamais osé soupçonner.

« Pauvre Sardaigne, disait mon hôte en terminant, aussi délaissée par l'Italie aujourd'hui qu'autrefois, pauvre terre de misère et de malaria dont le sol exhale des souffles mortels : les rayons mêmes du soleil y sont empoisonnés. »

Je gagnai ma chambre. La nuit était claire, les étoiles scintillaient au ciel, la lune éclairait de ses doux rayons les montagnes et les vallées.

Je m'endormis lentement, ce soir-là, au son lointain du rythme sarde, dont les accents mélancoliques s'élevaient comme une plainte dans le calme de la nuit étoilée.

Le 24 juin dernier, ce village de Belvi, qui m'avait tant charmé et dont le curé avait été victime d'un cruel attentat, a vu de nouveau couler du sang.

L'*Avvenire de Sardegna* raconte qu'une bande de malfaiteurs a attaqué à minuit la maison de Casula Oro Antonio, dit Craeddu, et fusillé, deux heures durant, le village.

Au moment où les bandits arrivaient, un jeune homme revenant de fêter *San Giovanni* rentrait chez lui en chantant. Il fut tué par les grassatori. Le sacristain, qui sonnait les cloches pour appeler au secours, réveiller les habitants et les exciter à la résistance, devint le point de mire des carabines. Parmi les projectiles retrouvés le lendemain, certains provenaient d'armes à percussion centrale.

Le 5 juillet de cette même année, la gare de Chilivani, où je m'étais arrêté lors de mon excursion à Tempio, a été assaillie à son tour par une cinquantaine de brutes. Les employés se sont défendus une heure, mais, ayant épuisé leurs munitions, se sont sauvés au petit bonheur.

Je ne soupçonnais pas cette plaie profonde de la Sardaigne. Comme artiste j'avais été séduit par le caractère ou la beauté des visages, l'originalité, la richesse et la variété des costumes, l'urbanité parfaite de tous les habitants. La fièvre est pour ce malheureux pays un fléau trop redoutable sans qu'il vienne s'en ajouter un plus grand encore : le brigandage. Je m'informai des causes d'une si terrible situation. Il y en a plus d'une.

Dans la partie de la Barbagia où se recrutent d'habitude les grassatori, l'on pourrait dire que le mal est héréditaire.

Les historiens anciens, parlant des Sardes, les désignaient sous le nom de *Sardi*, auquel ils ajoutaient les dénominations de *pelliti* et de *latrunculi*. Strabon nous raconte que les plaines de l'île étaient continuellement exposées aux incursions des montagnards, qui vivaient en sauvages dans le creux des rochers.

Mais les Sardes n'étaient point alors les seuls à s'adonner au brigandage; d'après Thucydide il florissait dans toute la Grèce, et « cette industrie », loin d'être ignominieuse, faisait honneur à son homme. L'habitude qu'ont gardée jusqu'à ce jour Corses et Sardes de ne jamais aller sans leurs armes, est probablement un reste des mœurs antiques.

Une cause qui ravive le mal parce qu'elle réveille les instincts de rapine que les Barbaracini tiennent de leurs aïeux c'est tout bonnement la misère.

Les impôts écrasent la Sardaigne : on m'affirme qu'un tiers du territoire de l'île est actuellement saisi par le Domaine. L'administration des finances offre en vain des facilités de payement, on voit tous les jours des propriétaires abandonner leurs terrains, le produit des cultures ne suffisant même pas à payer les impôts. Un huissier, qui ne trouvait rien à saisir dans une maison du village de Tetti, a arraché violemment les boucles d'oreilles d'une pauvre femme.

Sur les confins de la Barbagia et du Nuoro, aux villages de Tetti, de Tiana, d'Ovoda, les contadini se nourrissent, Dieu sait comme, d'un pain de glands, d'orge et d'argile, d'un peu de fromage de *Gadoni* et quelquefois de fèves bouillies. Ces pauvres gens récoltent bien des pommes de terre, mais ils vont les vendre à Cagliari pour acheter en retour les quelques objets dont il leur est impossible de se passer. Qu'on ne s'étonne donc plus des grassazione pendant les mois noirs, les jours durs de l'hiver, alors que l'homme de la Barbagia, du Nuoro, meurt de faim et de froid dans son taudis.

Quant aux gens de Fonni, ils sont brigands par nature, ayant conservé dans le sang la violence et la sauvagerie de leur race. C'est eux qui organisent les grassazione, eux qui font appel pour la nuit du crime aux pauvres gens d'alentour.

Fonni se trouve à 1000 mètres d'altitude environ : c'est le village le plus élevé de la Sardaigne. Les hivers y sont extrêmement rigoureux, des forêts l'entourent, et le Taloro, qui prend sa source dans le Gennargentu, gronde en passant à ses pieds dans une gorge sauvage et va se mêler, après un cours torrentueux, aux eaux mortes du Tirso, qui contribuent à l'empoisonnement d'Oristano.

TYPES D'HOMMES DE FONNI.

Les habitants de cette « Sibérie sarde » élèvent du bétail et font des fromages. Les bestiaux y paissent en liberté et demeurent nuit et jour dehors.

Ce village perdu sur les hauteurs, dans un chaos de monts sauvages, peuplé d'hommes à demi barbares, dont le type farouche m'a plus d'une fois rappelé des visages marocains, Fonni, possède une église du XIIIe siècle et aussi un beau cloître.

Ce n'est pas seulement le Taloro qui mugit devant Fonni, d'autres torrents bondissent dans son voisinage et de beaux ruisseaux y gazouillent. De jolis moulins s'accrochent çà et là aux aspérités du roc.

En présence de l'abandon où l'Italie laisse la Sardaigne, on se demande si la « jeune et ambitieuse nation » ne ferait pas mieux de guérir les plaies de cette malheureuse province que de se saigner elle-même des quatre veines pour aider au triomphe d'un César étranger qui peut-être ne triomphera jamais.

La Sardaigne, qu'on appelle le *granajo d'Italia*, ne produit même pas assez de blé pour sa consommation : le complément lui arrive de Russie. Pourtant les campidani se prêteraient admirablement à cette culture, mais les impôts sont là qui pèsent lourdement sur la propriété.

Naguère, à l'époque des bonnes relations avec la France, la Sardaigne était relativement prospère : elle exportait des vins à Cette, des huiles et des bestiaux à Marseille. Aujourd'hui c'est le pays d'Italie le plus atteint de tous par la rupture des relations commerciales entre les deux « sœurs latines ».

Revenons aux grassazione, ce n'est pas un sujet qui s'épuise facilement.

Un soir vers onze heures, une bande d'une vingtaine de brigands entre soudain dans le bourg d'Arroli aux cris de : *Avanti Garibaldi!* et tire à pleines volées contre la maison du notaire Ghiani ; tandis que les fusils crépitent, quatre autres bandits attaquent la porte à coups de hache. On entendait à travers le vacarme les cris déchirants de la fille du notaire.

En vain le tabellion visait les assaillants à travers les fentes, la porte allait céder quand tout à coup, la jeune fille saisit un revolver et le braquant sur la canaille en décharge précipitamment les six coups. Surprise, hésitation, cris et plaintes, fuite des assassins, ce fut l'affaire d'un instant. Des traces de sang retrouvées le lendemain témoignèrent que les coups avaient porté. Mais hélas ! l'héroïne de ce drame ne connut pas la joie du triomphe : cette nuit même, dans sa terreur, elle avait perdu la raison.

Quelquefois les grassazione sont un terrible carnage. Je traduis dans l'*Avvenire de Sardegna* l'histoire suivante :

« Sorradile, 6 novembre. — Un étrange et épouvantable fracas réveille en sursaut les habitants ; tout tremblants ils écoutent : une fusillade continue ébranle l'air, des hurlements féroces mêlés de plaintes se font entendre et les cris : *Fuoco! avanti! et morte!* (feu! en avant! mort!)...

« Une voix douloureuse s'élève désespérément dans ce fracas : *Aiuto! aiuto!* (à l'aide! à l'aide!)...

« Après avoir bloqué le poste de carabiniers, une nombreuse bande de grassatori venait de prendre d'assaut la maison du curé, Bachisio Angelo Mariello. Ils avaient brisé la porte d'entrée à coups de hache et s'étaient précipités dans l'intérieur comme des bêtes fauves. La voix lamentable qu'on entendait du dedans était la voix de la victime. Cependant, au bruit de la fusillade, cinq hommes du village avaient saisi leurs armes, ils attaquent les sentinelles des grassatori, qui prennent la fuite. Ils arrivent au lieu de l'attentat. Un carabinier et le maire, qui étaient parmi ces braves, tombent sur le seuil même, la poitrine trouée de balles : *Coraggio, Sorradile!* Courage, gens de Sorradile! crie le maire, qui rend aussitôt le dernier soupir. Le curé, étendu sur des meubles brisés, la face livide et sanguinolente, agonisait. Mais la mort de ces braves est vengée. Les rues de Sorradile et les champs d'alentour sont trempés du sang de ces bêtes sauvages à figure humaine. »

M. Georges Chapelle m'a conté qu'au cours d'une chasse il reçut, en même temps qu'un de ses amis, l'hospitalité dans une maison de je ne sais plus quel village de la montagne. Au milieu de la nuit ils sont réveillés en sursaut par la fusillade. Habitués aux choses de Sardaigne, ils comprennent aussitôt ce qui se passe, ils s'habillent en hâte et sautent sur leurs fusils. Tandis qu'ils cherchent la porte pour aller au secours de la maison assiégée, l'hôte s'approche, il les supplie de ne pas courir au-devant d'une mort certaine. Voyant que malgré ses prières les deux chasseurs vont sortir, il appelle sa femme, ses enfants, qui viennent, eux aussi, les prier à deux genoux de rester cois. « Comment, vous ne comprenez donc pas, disait l'hôte, qu'on va vous tuer, et que votre mort ne servira de rien et que dès demain, dès après-demain peut-être, les grassatori furieux viendront saccager ma maison, assassiner ma femme et mes enfants!... » Et toujours la femme et les enfants se roulaient à leurs pieds. « Ah! continuait-il en s'arrachant les cheveux, maudit le jour où nous vous avons reçus sous notre toit! maudite l'hospitalité que nous vous avons donnée! »

M. Chapelle et son ami pleuraient de rage en entendant les cris lamentables des victimes : *Adjutorio! adjutorio!* Les enfants gémissaient, la femme en pleurs s'était accrochée à leurs vêtements. « Et pendant deux mortelles heures, me contait mon ami, j'entendis les cris de détresse de gens qu'on égorgeait.

« Je me débattais, nous nous débattions tous deux pour aller à leur secours, mais nous ne pûmes nous arracher aux étreintes furieuses de la famille de notre hôte. »

AVENTURE D'UN MAJOR.

Le comte Spada, major des carabiniers de la province de Sassari, s'était publiquement vanté de débarrasser à bref délai le pays des grassazione. Il fit savoir par-dessous main que si les bandits se constituaient prisonniers de bonne grâce, il les mettrait en liberté après une condamnation légère qu'on leur infligerait pour la forme. Quelques-uns se laissèrent prendre à ces paroles dorées : sur quoi ils furent impitoyablement condamnés.

Un soir à table, à l'auberge de Nuoro, le major se louait de la sécurité qui, grâce à lui, régnait dans la région.

« Plus de grassazione, disait-il en se frottant les mains : nous sommes plus tranquilles dans ces montagnes mal famées de tout temps que sur la place Azuni de Sassari. Ah! les temps sont changés! »

Ce soir-là même, 4 mai 1886, il montait dans la voiture de Macomer, avec un notable de Nuoro et le syndic de Bolotana. La conversation continuait : le major montrait complaisamment les montagnes dont la crête sauvage se découpait toute noire sur le ciel.

« Voyez, disait-il, il fait nuit comme dans un four, nous sommes en pleine montagne, en pleine solitude. Eh bien, messieurs, rien à craindre ; sécurité complète. »

Il n'avait pas fini, qu'une grêle de balles faisait voler en éclats les vitres de la voiture. Les chevaux tombaient foudroyés, les quatre fers en l'air, le conducteur était blessé et les voyageurs n'échappaient à la mort que par miracle.

Aussitôt la troupe de malfaiteurs entoure la voiture, elle ouvre les portières : le conducteur, le major et les deux autres voyageurs, mis en joue, sont sommés de descendre.

Ces bandits portaient le costume d'Orgosolo, ils étaient chaussés de sandales en peau de sanglier, leurs mains et leur visage étaient barbouillés de noir. Le chef donnait ses ordres en italien, avec quelques paroles d'un jargon tout à fait inconnu des voyageurs.

Au major il fut enjoint de se déshabiller et de se coucher ensuite à plat ventre sur la terre. Une bague brillait à son doigt. Lui couperait-on ce doigt pour emporter la bague avec, ou la lui arracherait-on, tout simplement ? Voilà ce qu'on disputait devant lui. Ce qu'il avait à faire, il le fit, il tendit aussitôt le bijou. Puis les bandits lui administrèrent une effroyable « volée ».

La boîte du courrier était brisée, et les « fra diavolo » s'emparaient des valeurs, les voyageurs furent soulagés de leurs bagages et le notable de son portefeuille et de sa bourse, des boutons en or qu'il portait aux poignets, triple opération faite en trois temps, le revolver du notable sur la tempe du notable. La montre, scrupuleusement examinée, lui fut rendue, car elle portait son chiffre.

Quant au major, on lui restitua ses habits après en avoir extrait le porte-monnaie, mais on emporta son fusil en souvenir de cette nuit mémorable.

Le cocher alla chercher des chevaux à la cantoniera la plus rapprochée, la voiture roula jusqu'à Silanus, et le major Spada, abominablement meurtri, voire mort aux trois quarts, se coucha pour quinze jours bien comptés.

L'innocente vantardise du major et sa prompte punition, tout ce récit a l'air d'être fait à plaisir; il n'y en a pas de plus exact : qu'on lise le numéro du 5 mai 1886 de l'*Avvenire de Sardegna*, journal de Cagliari. Spada devint l'objet de tant de plaisanteries qu'il finit par en être ridicule, et qu'on le mit soit en disponibilité, soit en retrait d'emploi, je ne sais plus au juste.

Quelquefois les bandits sardes travaillent en grand.

De grosses bandes d'hommes armés s'en vont à cheval, battant la campagne; elles arrêtent les gens sur les chemins et leur extorquent, le poignard sur la gorge, des renseignements sûrs, précis, détaillés, sur les plus riches des bourgeois et châtelains, et tout le pays alors est sur le qui-vive et des hommes résolus, quelquefois au nombre de cinquante, veillent nuit et jour sur tel ou tel village.

Le bourg Arbus étant menacé, en décembre 1886, par une de ces bandes, le maire choisit cent hommes parmi les anciens militaires et les chasseurs renommés, et cette petite troupe, suivie de la population tout entière, les femmes comprises, armée d'épieux, de fourches, etc., se mit aux trousses des malfaiteurs.

Dans les premières pages de ce récit, à propos des aventures du bandit Giovanni Cano, j'ai dit quelques mots de scènes empreintes de grandeur quand les autorités sardes ont le rare bonheur de rétablir la paix entre des familles longtemps divisées par la vendetta.

Un traité de ce genre a mis fin à la guerre entre Bitti et Orune, long, sanglant démêlé qui commença par la lutte entre deux familles, puis se continua pendant des années par des batailles entre deux grands villages.

Ces villages sont perchés dans le Nuoro, sur le haut plateau granitique de Bodduso, non loin des sources du fleuve Tirso.

En 1887 — le fait est récent, comme on voit — les notables de l'un et de l'autre, cédant aux longues prières des autorités religieuses, militaires, civiles, conclurent solennellement un pacte d'amitié.

Dans la plaine austère de San Giovanni, par une sombre journée de décembre, se trouvèrent réunis six cent soixante-six hommes, représentant les familles les plus considérables de Bitti et d'Orune. Dix mille personnes étaient accourues des villages du Nuoro pour assister à la réconciliation. La cérémonie se fit en présence de l'évêque du diocèse, du préfet, du major des carabiniers royaux, du maire, du recteur de l'université de Sassari, de plusieurs conseillers généraux, du colonel de Sant'Elia, du contre-amiral Luni, des représentants de la presse sarde, d'un correspondant de l'*Illustration* italienne et de bien d'autres personnages encore.

La pauvre église de San Giovanni était bien trop petite pour donner place aux six cent soixante-six contractants, encore moins à la foule des curieux.

L'évêque était assisté d'archiprêtres et de chanoines ; la messe célébrée, il prononça un discours en sarde et fit un chaleureux appel aux bons sentiments de ces hommes, dont plusieurs, encore peut-être irrésolus, se jetaient des regards farouches.

Spectacle singulièrement émouvant que celui de ces six cent soixante-six ennemis, que des flots de sang séparaient, cédant enfin aux exhortations d'un évêque, dans une pauvre église perdue dans les monts de Sardaigne !

Lorsqu'ils s'avancèrent vers le crucifix un à un en prononçant le serment de pardon et d'oubli, les larmes coulaient des yeux des assistants et des sanglots s'élevèrent dans la foule.

Au dehors, la pluie tombait froide et continue, elle fouettait les vitres, le ciel était tout noir et l'église assombrie.

Dans l'après-midi, le ciel se rasséréna et tout ce peuple s'assit au banquet qu'on lui avait préparé. La fin de la journée fut consacrée aux chants, aux danses.

Un témoin oculaire écrivait, le lendemain, d'Orune, à un journal sarde :

« Nous sommes encore enveloppés d'une atmosphère de fête. Non point une fête tapageuse à travers les trophées et les illuminations, mais une simple et chère fête des cœurs. Un profond sentiment de joie a envahi le peuple. Il paraît qu'à San Giovanni le doux langage du pardon que leur tenait l'évêque, éveillait chez quelques-uns un sentiment indéfini de douleur et de tristesse, dernier souvenir des féroces mais nobles haines qui les avaient possédés. »

— L'auberge d'Aritzo, où je m'étais présenté muni d'une lettre de recommandation de M. Bellegrandi, de Cagliari, beau-père de M. Chapelle aîné, a pour hôte un Piémontais, un brave homme, fort intelligent, qui fit des pieds et des mains pour m'aider dans mes projets, mais qui me punit de ses bons offices par du cabri gluant et de la minestra le matin ; et le soir de la minestra et du cabri plus gluant encore que celui du déjeuner. Tels furent ici mes repas de Lucullus.

Enfin, grâce à ses bons soins, je me vis à la tête de deux guides sûrs, qui, au besoin, devaient me servir de gardes du corps, dans l'excursion que je méditais au Gennargentu.

En route donc pour le père des monts sardes ! Un beau matin, j'enfourche ma monture. On s'en va grimpant à travers les ruelles du village au pavé glissant, frôlant de la tête les balcons ruinés, saluant à droite et à gauche les braves Sardes, qui se rangent contre les murs, les femmes infatigables qui préparent la trame du drap, et souhaitent journée heureuse au cavalier qui passe. Après les dernières maisons, c'est en quelque sorte le lit d'un torrent qu'il faut suivre. Puis le sentier profond, encaissé, devient pierreux; on dirait qu'il s'est creusé à la longue sous le pas des chevaux; le schiste bleuté qui en forme le fond est par instants glissant, même dangereux. On monte, on monte encore; toujours on passe sous la feuillée d'or des châtaigniers où le soleil pique ses premiers rayons. En ce pays les feuilles jaunies persistent longtemps, les grands arbres ont comme des diadèmes de rois. Pourtant quelques-unes de ces feuilles sont tombées sur le sol, elles ont, de la sorte, dégagé les branches basses et donné aux arbres une singulière élégance lorsque des souffles passent et agitent les cimes; puis, plus un seul arbre et pas un arbuste; rien qu'épaisses bruyères au fin feuillage, veloutant de grands espaces. Et après, rien que la roche ardue, la rocaille, et la montagne nue qui se dresse de plus en plus aride dans le ciel bleu. Quelle tristesse! un seul oiseau de proie tout noir plane dans le silence auguste du grand Gennargentu. Les guides sont muets, ils vont du pas des montagnards, sans hâte mais sans fatigue et comme inconsciemment. Devant nous une cime pelée, le chemin n'existe plus, il s'est perdu dans la lande où viennent, au hasard, brouter les chèvres.

DANS UNE RUE D'ARITZO.

Derrière cette cime que nous touchons monte lentement dans sa majesté le pic du Gennargentu couvert de neige. Bientôt il se déroule sous nos yeux avec ses ravins, ses croupes puissantes d'où tombent des cascades d'herbes et des buissons. Entre lui et nous descend une vallée sauvage couverte de forêts. Sous nos pieds la pierraille et les plaques de neige, à nos oreilles un vent glacé.

Les guides me montrent la *Fontana congiada*, la font gelée, où les habitants d'Aritzo et de Belvi recueillent la neige que dans tous les pays de l'île on leur achète en été.

Après quelques instants de repos à l'abri d'une roche, nous commençons à descendre la vallée qui nous sépare du géant. Nous traversons des forêts, sans rencontrer même un pâtre, et, après une longue chevauchée, vers le soir, nous campons au pied de la montagne sous de grands hêtres, et nous passons la nuit tant bien que mal sur un lit de feuilles sèches, les pieds devant un brasier, une couverture sur les épaules.

Au matin, avant l'aube, transis par le froid très vif à cette hauteur, nous reprenons le sentier du sommet. Pendant que nous montons, le soleil se lève tout pâle, des nuées rampent autour de nous et gravissent les ravins du Gennargentu.

LE SOMMET DU GENNARGENTU.

La cime hautaine est voilée; plus nous approchons du dôme, plus le vent nous glace.

Une heure de chemin tout au plus nous sépare du bout de notre peine, et nous voici forcés de nous arrêter. Comment continuer l'ascension dans la neige, parmi des brouillards épais, avec mille chances de nous perdre pour une d'arriver.

Et nous redescendons, le soleil par instants nous adresse quelques rayons à travers les nuages; un des guides me montre tout à coup du doigt, au loin, un troupeau de mouflons. La bande est considérable, elle fuit avec une vitesse inouïe, disparaît bientôt dans une gorge en nous laissant tout penauds de n'avoir pu lui envoyer quelque balle. Dans cette région du Gennargentu les cerfs, les sangliers et les mouflons abondent, et nous n'avons vu, l'espace de deux journées, que cette vision plus que fugitive hors de la portée de nos fusils.

Vers le soir, nous retrouvons l'arête d'où la veille nous avions contemplé la montagne neigeuse. L'heure presse, car la nuit vient de bonne heure. Le ciel s'est dégagé, le soleil à son déclin brille, et sous nos yeux s'étale, en décor immense, une grande moitié de la Sardaigne. Les contreforts du Gennargentu vont se dégradant en lignes simples et sévères jusqu'au loin, mes regards se perdent à la mer d'Oristano dont les marais se dessinent vaguement dans la buée lointaine. On distingue sur cette côte occidentale les monts d'Iglesias et la vaste région minière de l'île, dont il faudra des siècles pour connaître toutes les richesses; vers San Giovanni, quelques cimes dentelées et claires signalent Masua et ses mines de plomb argentifère.

Plus avant, non très loin de nous, la Giara montre son vaste plateau où quelques étangs brillent comme des plaques de métal en fusion. Là vivent en troupeaux nombreux des chevaux sauvages qu'on prend au lazo comme dans les pampas américaines.

Les buées qui flottent sur l'horizon et dont j'admire la coloration rose ou violette sont chargées de poisons miasmatiques. Elles vont et viennent semant la mort sur les longues ondulations de cette grande terre de Sardaigne. Prises par les vents d'ouest sur ces marais où elles sommeillent, elles s'élèvent jusque sur les hautes

DANS LA RÉGION MINIÈRE : MASUA.

montagnes qui sont empoisonnées par la malaria flottant avec elles à travers l'air pur et frais des régions supérieures.

Le soleil décline ; les schistes argentés du chemin reçoivent les rayons obliques, ils ont des éclats aveuglants. Nous retrouvons les châtaigniers, dont le couchant brode la cime de festons d'or. Le sentier noir reparaît, tandis que les ombres s'allongent au loin, que les fumées du village montent en fines vapeurs, et nous entrons dans Aritzo au moment même où, dans le ciel jaunissant, s'allume la première étoile.

— L'automne était passé, novembre allait bientôt finir, et le temps favorisait toujours mon excursion dans la Barbagia. Le soleil ne cessait de briller d'un vif éclat dans un ciel d'une incomparable pureté. Les journées étaient tièdes encore, les rayons ardents, mais les matinées étaient très fraîches, les soirées aussi, on ne dînait plus sans un *brasero* sous la table, et un grand feu de branches luisait dans la chambre à coucher.

Je compris alors pourquoi les Sardes, habitants d'un pays méridional, ne portent de vêtements légers qu'en été, pourquoi dès le commencement de l'automne et jusqu'au printemps ils sont chaudement vêtus. Il ne leur faut pas seulement se préserver des ardeurs du soleil, ils ont aussi à se garer soigneusement de l'extrême fraîcheur de l'ombre, de la froidure et de l'impétuosité des vents.

LES CONTREFORTS DU GENNARGENTU.

Les deux chaînes de montagnes qui longent les côtes de la Sardaigne étant dirigées du nord au sud, l'île est balayée par les vents froids sous son très ardent soleil. En se couvrant pour ainsi dire avec excès, les Sardes évitent les refroidissements subits auxquels ils seraient sans cesse exposés, et qui engendrent l'*intemperia*, nom sous lequel on désigne les fièvres d'accès en Sardaigne.

Les jours étant devenus très courts, je ne sortais plus après le soleil couché, et je passais les longues heures de la soirée à causer avec mon Piémontais, de qui j'apprenais à éviter tout ce qui aurait pu froisser la susceptibilité des montagnards.

D'ailleurs je me gardais bien d'oublier ce que M. Chapelle m'avait déjà dit là-dessus à Cagliari : je savais très bien, par exemple, qu'il est inconvenant de donner des poignées de main aux femmes ou de plaisanter avec elles. Les Sardes sont extrêmement jaloux. Une innocente familiarité peut leur paraître une injure et l'on s'expose facilement à recevoir un coup de poignard dans le dos sans avertissement préalable.

Ces femmes de Sardaigne, parfois si grandement belles et chastement distinguées, n'assistent pas aux réunions d'hommes, et l'on n'a pas l'habitude de les montrer aux étrangers.

UN MONTAGNARD.

A Cagliari, à Sassari, dans les autres villes, elles ne vont pas aux provisions, comme les ménagères de presque tous les autres pays; ce sont les servantes ou les hommes qui sont chargés de ce soin. Aussi les abords des marchés sont-ils encombrés de petits garçons ayant sur la tête une large corbeille. Pour quelques centimes, ces gamins suivent l'acheteur et portent ses provisions; on les appelle *picciocus de crobi*, petits des corbeilles.

Un soir, j'entendis une sourde rumeur mêlée d'éclats de voix monter d'une salle basse de l'auberge. Par instants le calme renaissait, le rythme sarde emplissait alors la maison de ses étranges sonorités. Je descendis et regardai curieusement par la porte entre-bâillée. A travers l'épaisse fumée des calumets, des hommes se tenaient debout autour d'une table. Ils jouaient à la *morra*, jeu en usage chez les Espagnols, qui l'introduisirent, je suppose, en Sardaigne au temps de leur domination. Les joueurs ne cessaient de taper du poing sur la table. Le rythme avait cessé, le jeu devenait furieux et les cris de plus en plus stridents.

Scène étrange, même sauvage; ces hommes à l'aspect rude, au front plissé, aux yeux brillants, vêtus de peaux de bêtes, grondaient rauquement, pareils à des fauves, avec des mouvements, des gestes crispés, dans une épaisse fumée où les uns transparaissaient à demi, et les autres à peine visibles s'agitaient comme des ombres fantastiques.

L'aubergiste intervint et, d'une voix tonnante : « Cessez! » cria-t-il; puis s'adressant à moi : « Ne voyez-vous pas briller la lame du couteau qu'ils planteront quelque part dans le corps d'un voisin ou d'un vis-à-vis. Si je ne les arrête, le sang coulera : j'ai vu plus d'une fois un poignard clouer une main sur la table. »

Je ne sais si la haute stature du Piémontais leur en imposait, mais le jeu fut abandonné aussitôt, et je n'entendis plus, jusque bien avant dans la nuit, que les sons du rythme mélancolique.

Je ne me serais pas lassé de vivre sur ces monts et de parcourir et parcourir encore les environs du village, de m'entretenir avec les pâtres, d'écouter les psalmodies des femmes qui, sous la feuillée d'or, ramassaient les noix et les châtaignes. Ces chants, empreints d'une douce mélancolie, vont au cœur. Beaucoup furent composés par un poète d'Aritzo qui fut épris d'un amour sans espoir et mourut assassiné, à l'heure des vêpres, dans une ruelle, victime des haines qui ensanglantaient le village.

En écoutant les plaintes musicales murmurées par les femmes, j'évoquais la figure de ce barde des montagnes, dont j'avais entendu raconter l'existence douloureuse et la mort tragique. Sa mémoire est toujours chère aux gens d'Aritzo.

Longtemps encore les femmes réciteront ses poésies dans les sentiers et berceront leurs travaux et le sommeil de leurs enfants au rythme de ses vers. Le voyageur, lassé par une longue route, s'arrêtera charmé dans une clairière pour écouter les douces mélodies apportées par la brise à travers les grondements du torrent et les harmonies des grands bois.

Un après-midi de dimanche, le jeune Français qui m'avait salué à mon arrivée à Belvi vint me voir, et j'ai gardé des heures passées avec lui le plus agréable souvenir. Nous suivîmes ensemble la rue principale du village. Aux dernières maisons, un ruisseau se précipite en cascatelles dans l'étroite fissure d'un ravin. A travers les feuilles jaunies où filtre la lumière nous nous émerveillons devant un essaim de jeunes filles, vêtues de rouge, lavant du linge dans l'eau écumante d'une blancheur de neige. C'est un tableau d'une richesse de couleurs et d'une originalité charmantes.

Nous prenons ensuite un sentier sous de hauts châtaigniers. Le soleil à son déclin semble se consumer en flammes d'or à travers les éclaircies du bois, il verse des flots ardents sur les collines jonchées de feuilles mortes. En nous retournant nous apercevons par instants le village, dont les maisons blanches et roses, d'où s'échappent des fumées légères, paraissent éclairées par des reflets de fournaise.

Près de nous, les oiseaux gazouillent dans les branches, et du fond de la vallée l'ombre monte lentement, lentement, comme une gaze mouvante.

Descendus dans la profondeur de la gorge où bondit le ruisseau, nous nous absorbâmes dans nos pensées : le jeune homme songeait sans doute à son père disparu, à la Provence, sa patrie lointaine, et moi je me sentais doucement envahi par la beauté de ce soir d'automne dont le charme mélancolique m'endormait presque d'une vague langueur.

Pendant que nous errions ainsi au fond du ravin, le son des cloches traversa lentement les airs. Nous étions un peu loin du village, et nous pressâmes le pas afin de voir la procession qui était déjà sortie de l'église.

Au tournant du chemin je la vis déroulant ses anneaux à travers les masures, dans les rues tortueuses. Par instants elle disparaissait pour reparaître encore, et dans ces ruelles au sol un peu sombre, devant les façades de schiste bleuâtre, les pénitents blancs avaient l'air de fantômes. Les étendards flottants, les hautes croix de cuivre, les bannières ondoyantes, le prêtre, les femmes toutes rouges, les veuves toutes noires, les cloches tintantes, l'harmonie des cantiques, donnaient à cette procession, dans le village cerclé de forêts, sur la pente d'un mont, aux derniers rayons du jour, un charme étrange, indicible. Mais peu à peu l'ombre de la montagne éteignit les éclats des vitres, les blancheurs violentes des maisons, les dernières robes rouges de la procession. Le crépuscule puis la nuit endormirent la nature, après cette scène inoubliable, dans les vagues harmonies du silence.

Le jeune homme voulut me suivre le lendemain à Desulo. Il y connaissait du monde, et certainement sa compagnie pouvait m'être très utile en même temps qu'elle m'était agréable.

PRÉPARATION DE LA TRAME DU DRAP.

L'ANTIQUE CHAR A ROUES PLEINES.

CHAPITRE IV

Desulo. — Les poésies sardes. — San Mauro. — La naissance, le mariage et la mort. — Tonara. Le Flumendosa. — Le roi de Tavolara. — Les fièvres sardes.

Quel charme de s'en aller, par une belle matinée d'automne, par les sentiers d'un pays inconnu, parmi des monts aux gorges profondes! Le soleil rougit à peine les hauteurs, les bois jaunis moutonnent sur les collines baignées d'ombres transparentes, et dans le fond des vallées, une mer de brouillards ondule indolemment au souffle de la brise. Le village d'Aritzo s'éveille à peine, quelques fumées montent en haute spirale vers le ciel, et le tintement des cloches de l'église pisane annonce la première messe.

Que de joies, dès l'aube, dans cette nature! Comment passer indifférents devant les beautés du mont, de la sylve et du ciel et des nues! Pour moi, ces joies ne finiront que le soir, quand l'astre magnifique aura disparu dans sa pompeuse gloire après avoir ébloui la terre par les féeries de la lumière et de la couleur, dans le splendide incendie des cieux.

FEMME DE DESULO.

J'aurai vu l'aube mystérieuse et pâle, timide réveil du jour, le soleil ruisseler dans les vallées, le crépuscule envelopper les monts de mystère et les étoiles scintiller au firmament.

Eh bien, devant ces merveilles qui malgré leur perpétuel renouvellement restent toujours pour moi merveilleuses, je ne sais quelle fatigue m'envahit sourdement. Allons toujours! Le soleil ne luit-il pas qui, bientôt au sortir du bois, inondera notre sentier, et sa lumière, sa chaleur détendront mes membres engourdis!

Nous dépassons Belvi, puis nous continuons à remonter la vallée, que la tradition prétend avoir été habitée par les premiers Barbaraccini, du temps du roi vandale.

Quelques voyageurs, gens de Busachi, près du Tirso, passent sur la route, dans les anciens chars à roues pleines, en usage chez les Romains; ils vont je ne sais où, portant des étoffes qu'ils tissent eux-mêmes.

Puis se montrent des femmes d'Atzara, village voisin; leur costume plein de caractère est une fidèle relique des siècles passés, comme tous ceux de cette montagne où l'on persiste à se vêtir des beaux et fiers vêtements d'autrefois.

La Sardaigne compte environ 200 villages, et l'on peut dire que les costumes de tous ces villages diffèrent les uns des autres, mais la variété n'est nulle part aussi grande qu'ici.

De Maltzan dit que les femmes de Dorgali, bourgade située sur la côte orientale, sont vêtues comme les Albanaises. « Leur jupe étroite est faite d'une étoffe raide et forte. La ceinture est large, le corset très court et peu apparent. Le corsage, ouvert sur le devant, a de longues manches qui, serrées de l'épaule au coude, s'élargissent à l'avant-bras et se boutonnent au poignet; des crevés laissent bouffer une chemise blanche. Une étoffe lourde aux vives couleurs couvre leur tête, encadre leur visage et retombe sur les épaules. »

Dans le Nuoro, de même qu'à Osilo, les femmes se distinguent par une coiffure qui leur donnerait l'apparence de religieuses si leur vêtement n'était pas d'une si grande richesse.

Nous avons vu les costumes de Sennori, Osilo, Tissi, Ossi, Cagliari, Quartu, Pirri, Belvi et Aritzo.

Le plus étrange est, peut-être, celui des femmes de Tortoli, avec le corsage étroit singulièrement décolleté et la chaîne, sorte de jugulaire, qui, passant sous le menton, retient le voile qui couvre la tête.

Si les vêtements des femmes sardes sont en général d'une grande beauté, d'une magnificence rare, le corset, souvent tout brodé d'or, est fait suivant le vœu de la nature. Des lacets en retiennent les parties égales et similaires dans le dos, formant ainsi de la ceinture jusqu'au niveau des épaules une sorte de plastron rigide. A partir des creux axillaires, les bords s'abaissent en se courbant jusqu'au-dessous des seins, qui, par ce fait, sont soutenus et non comprimés. Une chemise légère les voile sans en dissimuler la forme.

C'est à ce corset, fait comme il doit l'être, que les seins des femmes sardes, célèbres déjà dans l'antiquité, doivent leur développement harmonieux, grâce à lui qu'il n'est guère de mauvaise nourrice en Sardaigne.

Ainsi donc voilà un tout petit peuple qu'on traite de barbare dont les femmes font elles-mêmes leurs vêtements avec une plus grande beauté dans la forme et un plus grand respect des lois de l'hygiène que nos couturières les plus renommées de Paris, ces frivoles dispensatrices de la désharmonie du buste.

Du reste, on dirait que ces peuples primitifs ont deviné quelques-unes des lois de l'hygiène.

A Oristano, sur les bords du Tirso, d'où s'exhale la fièvre, les femmes, quand elles vont puiser de l'eau, ramènent sur le bas de leur visage le voile qui entoure leur tête, afin d'éviter de respirer directement le mauvais air.

FEMMES D'ATZARA.

Nous avons vu que les Sardes ont aussi la prudente habitude de n'aller à leurs travaux qu'une heure après le lever du soleil, et de rentrer chez eux avant son coucher.

Reprenons le chemin de Desulo, sous les beaux noyers de la vallée d'Isera.

Deux bonnes heures de chevauchée, et nous arrivons dans une gorge au fond de laquelle un torrent gronde sous des chênes et des châtaigniers séculaires, et la blanche église de Desulo est devant nos yeux; comme une mosquée elle se bombe en coupoles. Des forêts épaisses descendent en sombres cascades le long des pentes abruptes où le village accroche les trois quartiers qui le composent. Des sentiers serpentent dans les plis du mont, côtoyant des précipices, escaladant les roches: les montagnards suivent ces chemins périlleux, tenant leurs chevaux par la bride.

Ces hommes-là sont d'un aspect austère comme la nature qui les entoure. J'aperçois des femmes dont la coiffure rappelle le casque des paladins.

Tandis que nous montons et montons, des troupeaux guidés par des pasteurs descendent en soulevant des nuages de poussière. On entend le bêlement des brebis, le tintement des clochettes, les aboiements des chiens et de temps à autre les appels des gardiens. C'est que l'hiver va venir et que les bergers quittent leur village, où le froid sévit, pour mener leurs moutons dans le Campidano; ils reviendront au printemps avec les hirondelles.

Nous pénétrons bientôt dans les rues tortueuses de Desulo, et mon jeune compagnon me conduit dans une maison où nous sommes attendus. Le chef de la famille nous accueille avec une extrême cordialité. Nous sommes dans notre propre demeure, il le dit du moins, et j'avoue qu'il tient parole : son hospitalité est grande et généreuse.

Les maisons d'ici sont plus hautes que celles d'Aritzo, mais c'est le même enchevêtrement de ruelles, avec balcons surplombants; quelques façades sont blanches, et des écorces d'arbres, des morceaux de bois remplacent à peu près partout les tuiles, que les gelées ont la male habitude de fendre, car Desulo est à 900 mètres d'altitude. Notre hôte nous mène à l'église, où j'admire un ornement sacerdotal en brocart lamé d'or apporté, ce dit-on, d'une église de Paris par un Français fuyant la révolution en 1793.

Je vais maintenant détacher quelques feuillets du cahier où je notais mes impressions au jour le jour.

20 novembre, au matin. — Un œil entr'ouvert,... un rayon se joue dans le volet, un tout petit rayon, un peu pâle, mais joyeux : c'est bien le soleil qui vient sourire encore au voyageur, comme pour lui faire oublier les journées grises, les heures venteuses, les bourrasques et les abats d'eau qui frappaient les vitres de l'hôtel des Quatro-Mori, et ruisselaient dans les rues en pente de Cagliari et de Sassari.

Le village s'est réveillé, les maisons fument, car ici, comme en Corse, la fumée s'exhale par les interstices des toitures.

Les montagnes et les forêts, les vallées et les lointains se baignent dans un brouillard léger, et les rayons du soleil, filtrant à travers cette buée, accrochent au passage une veste rouge, un visage gracieux, le poil d'une mastrucca, les cornes démesurées des grands bœufs traînant un chariot.

Quelques femmes à demi voilées passent vivement, elles frôlent les murs comme des spectres, dans l'ombre diaphane. Elles se rendent à l'église.

Là-haut, les grands bois s'inondent de flots de pourpre et d'or. Et bientôt des torrents de lumière ruissellent jusqu'au fond des vallées, tandis que le soleil, qu'on dirait enivré, tournoie et flamboie dans un ciel éblouissant.

DESULO.

Je rassemble mes souvenirs.... Hier au soir, il y a eu grande fête chez ce brave Sarde qui nous a si gracieusement accueillis; ce n'est ni un paysan, ni un bourgeois, ni un lettré; mais il a de l'aisance, et son esprit est largement ouvert sur tout. D'ailleurs pas de montagnard sarde qui n'aime la poésie.

Au coin de l'âtre, dans la longue soirée, tandis que les femmes filaient la laine, j'ai entendu des vers transmis dès longtemps d'âge en âge, et pénétrés d'un grand sentiment poétique.

Quel tableau charmant sous nos yeux, lorsqu'une femme, cédant à nos instances, a abandonné sa quenouille pour murmurer doucement le sonnet de Madao, le célèbre poète sarde :

De sa rosa impares humana bellesa	Que la rose t'enseigne, ô beauté humaine
Tantu presumida, superba et altera ;	Si présomptueuse, superbe et altière ;
In ipsa ti mira, in ipsa considera	Contemple-toi en elle, regarde-la comme le portrait,
De bellas retractu, figura e primisa.	La figure et l'image des belles.
O cantu innamorat cun sa gentilesa,	— Comme elle charme par sa grâce
Su tempus chi durat, una rosa vera!	Tant qu'elle dure, une vraie rose !
Ipsa sola regnat in sa primavera,	Elle seule règne dans le printemps,
Inter sos flores, una pompa et grandesa.	Parmi les fleurs, magnifique et fière.
Pero o disingannu pro dogn' hermosura!	— Mais, ô désillusion pour la beauté !
Sa bella reinu mudamenti narat,	La belle reine raconte en son muet langage
Chi, o bellesa umana, sed de pagu dura :	Que tu dures peu, ô beauté humaine.
Sa caduca sua purpura e cultura	— Sa pourpre périssable,
Su breve regnare florida imparat	Son court règne fleuri l'apprennent
Ch'has in d'una die pompa et sepultura.	Qu'un seul jour voit ta splendeur et ta mort.

Quelle affinité entre l'idiome sarde et la langue latine !

« De tous les idiomes d'origine latine, le sarde, a dit Élisée Reclus, ressemble le plus à la langue des Romains, non par la grammaire, qui diffère beaucoup, mais par les mots eux-mêmes : plus de cinq cents termes sont absolument identiques. Des phrases nombreuses du langage usuel sont à la fois latines et sardes ; même des rimailleurs ont pris à tâche d'écrire des poèmes entiers appartenant à l'une et l'autre langue. Quelques mots grecs qui ne se trouvent pas dans les autres idiomes latins se sont aussi maintenus dans le sarde, soit depuis le temps des anciennes colonies grecques, soit depuis l'époque byzantine, enfin on cite deux ou trois mots usités en Sardaigne et qui ne peuvent se rattacher à aucun radical des langues européennes : ce sont peut-être des restes de l'ancienne langue des autochtones. »

Ah ! les beaux vers que j'entends, moi l'étranger lointain venu de la grand'ville, dans l'antique demeure de mon hôte, les pieds devant la braise, entouré d'hommes sévères de visage, au fond d'une ravine perdue dans les flancs du grandiose Gennargentu !

Je n'ai pu noter les improvisations auxquelles donna lieu la présence de deux étrangers : leur mérite ne serait pas grand sans doute, mais elles témoigneraient de l'âme poétique des Sardes.

Les plus anciennes de leurs poésies, transmises de génération en génération, furent inspirées par la Bible; elles racontent la Passion et des légendes merveilleuses de saints. Ce sont œuvres de prêtres ou de chanoines. Dans la bouche des gens du peuple on peut entendre encore des hymnes à san Antioco et à san Giorgo, saints vénérés, et une prière implorant la pluie, qu'on chante dans les processions une fois par an dans le fort de la saison sèche.

Naturellement l'amour est le thème favori des poésies profanes; elles exhalent longuement les plaintes ou les lamentations d'un cœur jaloux, d'un amour malheureux.

La poésie héroïque a laissé moins de traces dans les souvenirs du peuple. On doit pourtant croire que la muse de l'épopée ne resta pas muette au temps des juges d'Arborée, quand le patriotisme sarde fut si vivement surexcité.

Dans cette soirée à Desulo, je fus régalé du plat national : le cochon de lait. Pas de banquet, de fête de famille, de fête locale, de réjouissance quelconque, où ce mets ne soit servi. On le fait rôtir, comme la plupart des viandes, par un procédé spécial éminemment sarde, appelé *furia-furia*, qui exige de l'opérateur une habileté consommée.

Pour commencer, l'animal a été enfilé à la pointe d'un épieu, une vieille femme l'a tenu rapproché de la braise, à la toucher presque, et l'a tourné dans tous les sens avec une rapidité extraordinaire, afin qu'il fût également cuit sur tous ses côtés. Procédé des plus expéditifs; en peu de temps rôti, cuit à point et d'une saveur exquise.

Les bergers ont la réputation d'être les meilleurs rôtisseurs en fait de furia-furia. Mais ils usent d'une autre méthode excellente en ses résultats. Ils creusent d'abord un grand trou dans la terre, ils en garnissent soigneusement les parois de branches et de feuilles et y couchent un animal entier, auquel ils n'ont point enlevé la peau. Cet animal, à son tour, est recouvert de feuillage et d'une bonne couche de terre qu'on piétine un peu; puis, sur la terre foulée on allume un grand feu qu'on entretient quelquefois fort longtemps : cela dépend de la grosseur de l'animal, qui mijote ainsi, comme le charbon dans la charbonnière.

On prétend que cette méthode fut inaugurée par les voleurs de bestiaux, nombreux en Sardaigne, et que souvent le propriétaire d'un animal volé, courant à sa recherche, s'est réchauffé à ce feu sans se douter qu'il assistait à la cuisson de sa bête, car dans la haute montagne pâtres et voyageurs allument souvent de grands feux en hiver.

Aux jours de fête, ou dans les grandes occasions, la cuisine est plus compliquée. On peut voir alors les Sardes éventrer un bœuf, auquel ils enlèvent en partie les intestins, puis mettre dans ce bœuf une brebis également vidée, enfin dans la brebis un cochon de lait.

L'ÉGLISE DE SAN MAURO.

Le feu dure alors une journée entière, ou même davantage.

22 novembre. — J'ai quitté Desulo, j'ai vu Sorgono, d'où par un chemin à travers des bois de chênes verts j'ai mis le cap sur San Mauro.

A la pente d'un mont semé de bouquets de chênes l'église de San Mauro couronne une éminence; des hangars, quelques maisons l'environnent. Au loin ondulent doucement, d'horizon en horizon, les collines boisées.

C'est là que se tient, au mois de mai de chaque année, la plus importante des trois grandes foires de Sardaigne, en même temps que s'y célèbre une fête religieuse. Ce jour-là, pendant la messe et au moment de l'élévation, on met en branle une roue munie de clochettes. Aussitôt résonne autour de l'église un grand vacarme de pétards, de fusées, de coups de fusil, en même temps qu'on fait faire aux bœufs et aux chevaux une sorte de parade autour de la place, devant le portail. Les bœufs ont les cornes ornées d'oranges, de rubans, de petits miroirs, et des fleurs sont suspendues à leur front; leur cou est agrémenté de foulards en soie, de scapulaires, d'amulettes. Les chevaux portent des selles en velours aux vives couleurs enrichies d'arabesques, leur crinière est nattée ainsi que leur queue.

Aussitôt après la messe, la procession. Un cavalier, le plus fameux des environs, précède la foule en inclinant l'étendard de San Mauro. Il pousse du mors son cheval à reculons et de temps à autre le fait mettre à genoux tandis que lui-même salue avec l'étendard. Les bœufs ornés suivent la procession, qui fait le tour de l'église. Les hommes vont tête nue, leur bonnet phrygien sur l'épaule.

L'intervention des bœufs dans les processions est commune à plusieurs villages de Sardaigne. A la fête de Quartu, ils ouvrent la marche. On y compte parfois 200 paires de ces animaux, lustrés pour la circonstance, recouverts de housses magnifiques, enguirlandés de fleurs, affublés d'oripeaux, de miroirs encadrés de papiers dorés et de touffes de laine; des grelots pendent à leur cou ainsi qu'une grosse sonnette, et, toujours comme à la procession de San Efisio à Cagliari, des oranges agrémentent leurs cornes.

En Sardaigne les processions sont des espèces de concours régionaux. Les propriétaires se piquant d'émulation y exposent leurs animaux les plus beaux et les mieux soignés.

A Quartu le cavalier qui porte la bannière force également sa monture à marcher à reculons.

Dans ces fêtes se perpétuent des usages bien singuliers. A certaines d'entre elles on choisit une *patronesa*, patronnesse, qu'on désigne en sarde sous le nom de *sa guardiana*. Celle-ci, habituellement une « jeunesse », a le privilège de placer tous ses bijoux sur la sainte ou le saint transporté processionnellement.

Avant la fête, la patronesa, portant à la main une petite statuette du saint, fait la quête dans toutes les maisons du village. Elle présente la statuette à baiser et tend aussitôt un petit sac dans lequel on met l'offrande. Un homme l'accompagne, porteur d'une besace, où les pauvres déposent un don en nature, presque toujours du blé. Ce privilège de patronesa ne se donne pas deux ans de suite à la même personne.

L'église de San Mauro et les petites maisons qui l'environnent sont désertes toute l'année sauf au beau mois de mai, au temps de la fête; alors l'affluence y est considérable; non seulement les Sardes y accourent de toutes les parties de l'île, mais les Siciliens y viennent en grand nombre pour acheter des montures. Ils choisissent de préférence les chevaux sauvages du plateau de la Giarra.

MARCHANDE DE TISSUS.

Dans les boutiques installées en plein vent on rencontre les femmes de Busachi avec leurs tissus, les hommes de Gavoi et de Santo Lussurgio, fabricants de mors et d'éperons renommés, les Desulesi avec leurs ustensiles en bois (*talleri*), cuillers, planches à hacher, et mille autres objets. De Milis arrivent les grands chars pleins d'oranges magnifiques; d'Oristano et de Solarussa, les marchands de *vernaccia*, vin blanc spécial à ces pays et fort populaire en Sardaigne.

Beaucoup de Sardes y viennent pour accomplir tel ou tel vœu fait pendant la maladie de quelque enfant ou telle ou telle autre circonstance. Ils apportent à l'église des cierges enguirlandés, des pieds et des mains, même des seins en cire et des tresses de cheveux. J'avais déjà constaté cette singulière coutume dans le Logudoro, où la basilique de San Gavino, l'église de Sorso, la chapelle de Bonaria montrent également des ex-voto de ce genre.

Plusieurs enfants sont amenés vêtus en religieux dominicains, en capucins, etc. C'est à la suite d'un vœu, au cours d'une maladie, que ces enfants ont été voués à ces vêtements, et ils les gardent jusque vers huit ou dix ans. J'avais eu l'occasion d'en rencontrer quelquefois dans les rues même de Cagliari ainsi costumés en moines de différents ordres; mais quoi : chaque pays a ses étrangetés.

En fait de mariage ce n'est point le jeune homme qui va demander la main de sa prétendue, mais son père à lui prétendant. Ce père-là un beau jour se présente dans la maison de la belle, et s'adressant au maître de céans :

« Je deviens vieux, dit-il, et pour charmer, consoler ma vieillesse, je cherche une colombe d'une blancheur immaculée qui est blottie, je pense, dans la maison où je viens d'entrer. »

Le père de la belle feint de ne rien comprendre à ce que vient de lui conter le père du jeune homme, il répond qu'il n'y a point de colombe dans sa maison, qu'elle est chez quelque voisin sans doute, ou peut-être au fond des bois. Le demandeur insiste longuement et le défenseur finit par céder ; il passe dans une chambrette du logis et revient avec la plus âgée des femmes en disant : « Est-ce bien cette colombe-ci que vous désirez ? »

Enfin, après bien des allées et venues, et quand toutes les femmes de la maison, vieilles et jeunes, ont été présentées, il amène la jeune fille qu'il sait avoir été distinguée. Celle-ci résiste de tous ses efforts, c'est la tradition, mais enfin elle arrive, et le père du jeune homme s'écrie : « Oui ! c'est bien cette blanche colombe que je cherchais ! »

BOUTIQUE EN PLEIN VENT A SAN MAURO.

Colombe, c'est le nom le plus beau, mais il n'est pas le seul et souvent le père du futur époux vient chercher non pas une tourterelle, mais une génisse, une jument, une brebis, une chèvre dans la maison de la fiancée.

Puis la jeune fille se retire, les deux hommes discutent et fixent un jour pour l'échange des cadeaux.

Ce jour-là, vêtu de ses plus beaux habits, le père se rend en grande cérémonie chez la belle future, suivi de ses amis, qui prennent pour la circonstance le nom de *paralimpos*. Arrivé devant la porte, le cortège s'arrête. On frappe, et personne ne répond. On frappe encore et longtemps, les convenances le veulent ainsi. Enfin une voix s'élève : « Que voulez-vous ? » dit-elle. Et les paralimpos s'écrient en chœur : « Honneur et vertu ! »

La porte s'ouvre, le cortège entre, l'hôte s'excuse, il prétend qu'il n'a pas entendu frapper. Les paralimpos étalent alors les cadeaux du père du fiancé, et le maître de la maison les siens. La soirée se termine par un grand banquet, où les futurs époux n'assistent point; ce n'est que la fête des fiançailles.

Une semaine avant la célébration du mariage, si les futurs appartiennent à des villages différents, un cortège magnifique et merveilleusement original va chercher le mobilier chez les parents pour le porter à la demeure des futurs époux. Dans ce cortège mémorable ce qu'on voit d'abord, c'est la plus belle fille du village portant sur un coussin de velours brodé d'or la cruche en métal vénérée dans chaque famille en Sardaigne : cruche où l'épousée devra puiser de l'eau pour la première fois le jour de ses noces. Puis des enfants trottinent en tenant sur leur tête les objets les plus fragiles. Le fiancé paraît ensuite, richement vêtu, sur le plus beau cheval du pays, en avant d'une escorte de parents et d'amis. Viennent ensuite les chars contenant le mobilier et que tirent des bœufs blancs parés, comme dans les processions des Campidani, d'oranges aux cornes, de touffes de laine aux brillantes couleurs, de fleurs, de rubans, de miroirs, d'amulettes, de clochettes et de foulards. A la fin du cortège marche, en toute modestie, l'animal qui moudra philosophiquement le blé des conjoints, avec la meule traditionnelle qui fait partie du mobilier. Maître baudet est ce jour-là paré comme une châsse. Des gaines de velours écarlate brodées d'or enveloppent ses oreilles, des sonnettes tintent joyeusement à son cou, et parfois, si de Maltzan ne nous en conte pas, une virginale couronne de myrte est posée sur sa tête. Cette fête est véritablement l'apothéose de messire Aliboron.

MARCHAND DE « TALLERI » DE DUSELO.

Il est d'usage que le fiancé prenne lui-même dans le char et porte dans la maison le premier matelas de la couche nuptiale. Les amis chargés des autres matelas cherchent alors à lui barrer le chemin : d'où une bataille plus amusante pour la galerie que pour lui, car il finit par disparaître sous un amas confus d'objets de literie.

Le jour des noces arrivé, l'époux, le curé du village et les paralimpos vont chercher la jeune fille chez elle. Aussitôt vus, elle se précipite aux pieds de sa mère, elle verse des torrents de larmes, elle implore sa bénédiction.

Sa mère la console, lui impose solennellement les mains et la confie au curé. Quant au fiancé, il s'approche du curé de sa paroisse, qui est présent, et les deux cortèges partent séparément pour l'église. La cérémonie terminée, les époux s'en vont ensemble chez le syndic. Au banquet nuptial ils mangent dans la même assiette, avec la même cuiller : ainsi l'a codifié l'usage.

L'épousée monte enfin sur un cheval blanc richement caparaçonné dont un des parents tient les guides, et, suivie de ses amies, prend le chemin de sa nouvelle demeure, tandis que l'époux cavalcade précédé par des joueurs de launedda.

Sur le seuil de sa maison, la mère du mari, les bras étendus, bénit sa bru; elle lui offre un vase de forme antique semblable à celui qui chez les Romains et les Étrusques servait aux libations et recevait le sang des victimes des holocaustes, puis elle lui lance des grains de froment.

Le soir, nouveau banquet, et après le banquet la danse.

J'emprunte une partie de ces renseignements à l'ouvrage de de Maltzan sur la Sardaigne. Personnellement, je ne fus le témoin d'aucune noce de ce genre.

Les épousés que j'entrevis à Quartu et à Pirri étaient du même village et allaient tout simplement de maison à maison avec leurs invités précédés de joueurs de flûte.

A Cagliari, lorsqu'il se fait un mariage, les *picciocus de crobi* ornent leurs corbeilles de rubans et de fleurs et vont en chantant chez les parents et les amis de la famille, qui leur donnent du blé et du sel. On attache un certain prix « contemplatif » à ces cadeaux, qui signifient abondance, hospitalité.

Dans les familles pauvres, les futurs vivent ensemble dès les fiançailles. Le mariage a lieu quand on peut.

Dans les familles riches, le mariage est régulier, comme ailleurs. C'est une occasion de luxe et de somptuosité. On le célèbre par de grandes réjouissances, voire par l'égorgement du plus beau poulain de la famille, qu'on mange bel et bien, en laissant le reste aux pauvres. Autrefois en Sardaigne on ne mangeait de viande de cheval qu'aux repas de noce, mais aujourd'hui Cagliari a des boucheries spéciales où l'on trouve du cheval au prix de 20 centimes la livre, soit 50 centimes le kilogramme, la livre sarde étant de 400 grammes.

A Cagliari et dans les villages voisins les jeunes gens font, de la rue même, la cour aux jeunes filles, qui les écoutent de la croisée ou du balcon. Le couple futur passe quelquefois des années à se contempler ainsi à cette distance, ne disant rien qui ne puisse être entendu des voisins ou des passants. Cette coutume est aussi celle de Minorque. Dès que l'époque du mariage est fixée, le fiancé est reçu dans la maison de celle qui va devenir sa femme.

A l'occasion d'une noce, les parents des futurs, les invités, la fiancée elle-même, s'habillent de rouge dans les quartiers pauvres. J'ai vu passer un de ces étranges cortèges dans le quartier de Villanova qui a conservé quelque peu l'empreinte espagnole et où le soir, dans les rues, on peut entendre des accords de sérénades sous la fenêtre des dulcinées.

La mort, en Sardaigne, de même qu'en Corse, est accompagnée dans certains villages par des scènes dramatiques.

A Samugheo, bourgade fameuse par le château de *Medusa*, que l'on dit avoir été construit par les Étrusques, on célèbre encore la lugubre cérémonie païenne de la veillée des morts.

Le cadavre, revêtu de beaux vêtements, est exposé sur une couche que des cierges éclairent. La famille est rangée en cercle tout autour. Une vocératrice, *attitadora*, louée pour la circonstance, improvise un hymne de douleur. Par instants, elle s'arrache les cheveux, elle égratigne son visage, d'où le sang ruisselle. Puis elle reprend sa morne cantilène, dont certaines strophes sont accompagnées en chœur par la famille et les assistants.

Les parents ne suivent jamais le corps au cimetière; à Cagliari même, ce sont les amis de la famille qui accomplissent ce pieux devoir. Au retour des funérailles, ces mêmes amis entrent dans la maison mortuaire et s'en retournent aussitôt après avoir adressé au plus proche parent ces simples paroles : *Faiddi coraggio!* Fais-toi courageux !

La Sardaigne a conservé longtemps un antique usage des Romains, qui était de payer des femmes suivant l'enterrement en pleurant et en hurlant. Naguère encore, ces pleureuses jouaient dans la chambre mortuaire une tragédie lugubre mêlée d'improvisations et de chants.

La naissance du premier-né est également marquée par des coutumes bizarres. Pendant une semaine, ce ne sont, jour et nuit, dans la maison, que repas, jeux et chants, jusque dans la chambre même de l'accouchée.

Des groupes viennent remplacer ceux qui sont fatigués. Le malheureux époux trouve à peine le temps de prendre un peu de repos. Pour se conformer aux usages, il doit bien accueillir les visiteurs et veiller à leur nourriture.

Une coutume singulière veut aussi que, dans ces occasions, le mari se couche, tous présents, dans le lit avec sa femme, et mange dans la même assiette et avec la même cuiller. Dans certaines régions du Campidano, m'assure-t-on, il est tenu de se coucher au lieu et place de sa femme et d'y recevoir pour elle les visites et les félicitations des parents et des amis. Strabon a signalé cette coutume en Espagne.

On a prétendu que les Sardes emploient des femmes, surnommées les *accabaduras*, c'est-à-dire les acheveuses, à hâter la fin des moribonds, qui, du reste, les imploreraient eux-mêmes pour échapper à leurs souffrances. Cette pratique barbare a peut-être existé dans l'antiquité, mais aujourd'hui rien de semblable.

Soyons bref sur une excursion à Tonara, village escaladant une crête au voisinage de Desulo. Nous suivons le sentier qui serpente sur la montagne rocheuse, sous les chênes obscurs; nous donnons en passant un regard à la cascade dite la *fontana di Monsignore* et aux jolis moulins dressés comme des ermitages sur les pointes des rochers.

La vue dont on jouit de Tonara est charmante.

Passons vite à Gadoni, renommé pour ses fromages de chèvres, ses toiles de lin, aux gracieux ornements, tissées par les femmes, qui font également des couvertures de laine nommées *fressadas* ou *burras* et les teignent de couleurs variées, elles tissent aussi des couvertures en coton décorées d'animaux et de fleurs étranges : les *fànugas*.

Voici le Flumendosa, dont on estime truite et anguille. Il coule ou plutôt il court sous un pont singulier fait de troncs jetés sur trois brèches du rocher rapprochées à leur voûte, brèche formant presque un cintre : c'est donc une sorte de pont naturel, des trois brèches sautent trois cascades.

On conte qu'un voleur qui venait d'*annexer* une vache, la dépeçait tranquillement à ce pont du Flumendosa, quand il aperçut les carabiniers, qui battaient l'estrade à sa poursuite. Aussitôt, chargeant sur l'épaule un quartier de l'animal, il bondit par bonds de douze à quinze pieds, par-dessus les trois gouffres, qui n'avaient alors ni troncs, ni branches en manière de pont. La force armée n'en fit pas autant.

Les monts sardes se dressent en brusques escarpements dans cette région. « On peut dire, a écrit l'illustre géographe Élisée Reclus, que, par suite de cette disposition des montagnes, la Sardaigne tourne le dos à l'Italie; elle ne lui montre que ses côtes les plus abruptes, ses districts les plus sauvages.

« Dans son ensemble, le pays s'incline à l'ouest vers le vaste bassin maritime, relativement solitaire, qui le sépare des côtes d'Espagne. Le maintien du pouvoir espagnol dans l'île aurait donc été justifié par des arguments géographiques de quelque valeur. »

Dans cette chaîne cristalline qui longe la côte orientale, des vallées sauvages s'enfoncent dans des forêts longtemps inviolées. Des escarpements de plusieurs centaines de mètres de hauteur s'y dressent en vertigineuses murailles. Des crevasses livrent passage à des cascades écumantes qui tombent en pluie sur des abîmes entre des rochers. Le gypaète et la corneille noire, aux pattes de corail, tournoient autour des hautes cimes.

Cette région si belle est maudite : la fièvre y décime les habitants des villages.

Un seul port naturel, le golfe Aranci, s'ouvre en face de l'Italie, et deux mauvaises baies échancrent la côte, celle de Terranova, semée d'écueils, et celle de Tortoli, trop petite.

L'îlot de Tavolara, voisin de Terranova, était encore au commencement du siècle une sorte de royaume. Un berger de la Maddalena, nommé Giuseppe, à la suite de quelques différends avec la justice, qui ne voulait pas le laisser vivre tranquillement en état de bigamie, prit possession de cette île inhabitée. Il y établit une de ses femmes, dont il espérait sans doute une dynastie, tandis que l'autre, qu'il allait visiter souvent, vivait dans l'îlot désert de Maria, au nord de la Maddalena.

Ce berger, qu'on appela par dérision le roi de Tavolara, devint fort riche.

Son fils et successeur sur ce trône qu'on eût pu croire inébranlable, puisqu'il était fait de blocs de rochers, continua cette famille régnante. Ses sujets furent des troupeaux nombreux de chèvres devenues sauvages à la longue.

J'avoue que, malgré le vif désir que j'avais de visiter cette côte orientale, je n'osais m'y aventurer.

Le rapt de l'ingénieur anglais, Ch. Wood, l'année d'avant, n'était pas fait pour m'encourager à visiter une région presque déserte et dont les rares habitants ne jouissent pas d'une réputation sans tache.

M. Ch. Wood faisait des recherches sur les gisements miniers du voisinage de Villagrande. Il avait quitté le bourg de Lanusei en compagnie d'un jeune garçon, lorsqu'il fut appréhendé au corps par des brigands qui l'obligèrent, le poignard sur la gorge, de demander à sa femme une somme de 30 000 francs pour sa rançon. L'ingénieur discuta longuement avec les bandits, qui, finalement, se contentèrent de 12 000.

UN HOMME DE VILLAGRANDE.

Le jeune garçon chargé d'apporter la lettre à Mme Wood arriva, tout en larmes, à Lanusei, où le hasard le fit rencontrer, le jour même, avec le secrétaire du procureur du roi; il raconta l'aventure, et Mme Wood, appelée par le procureur, montra la lettre qu'elle venait de recevoir de son mari.

Aussitôt carabiniers et soldats reçurent l'ordre d'aller cerner les brigands.

Mme Wood, affolée, craignant pour la vie de son mari, qui devait être mis à mort en cas de trahison, envoya l'enfant vers les bandits avec les 12 000 francs demandés pour la rançon du prisonnier; il arriva dans leur repaire en même

UN DIMANCHE A DOSULU.

temps que la force armée. Par le fait de je ne sais plus quelle circonstance imprévue, les brigands, surpris, perdirent la tête et, ne songeant plus à leur prisonnier, s'enfuirent précipitamment.

Mais l'appréhension des brigands ne m'aurait sans doute pas empêché de tenter mon sort. La vérité vraie, c'est que je me sentais atteint. La fatigue ressentie dans les derniers jours de mon excursion augmentait; ma tête était comme serrée dans un cercle de fer et mes membres de plus en plus endoloris. Mon jeune compagnon, obligé de reprendre son service, m'avait quitté.

Je rentrai à Desulo.

Tout le village était dehors, devant les maisons, sous les châtaigniers. Après le travail de la semaine c'était la journée du repos, douce et calme pour ces braves « primitifs » contents de peu.

Mon hôte témoigna une grande joie en me voyant tenir ma promesse de ne pas quitter la Barbagia sans le revoir. Sa maison était en joie par suite de l'arrivée de parents habitant Sarrule. Il me regarda avec tristesse, s'inquiéta de ma pâleur, me fit mille recommandations, me pressa vivement d'accepter pour quelques jours l'hospitalité chez lui, parce que le froid allait devenir vif et que j'avais un grand besoin de repos. Je le remerciai. « Partez, me dit-il enfin, puisque vous le voulez à toute force, et que Dieu vous garde! »

Je repassai par Belvi. Les derniers montagnards que je croisai sur la route furent deux cavaliers de Busachi, portant leurs femmes en croupe, qui m'adressèrent, en passant, leurs meilleurs souhaits de voyage.

FEMME DE SARRULE.

Le lendemain, j'étais couché au *ristorante de la Escala di ferru*, à Cagliari, et le docteur diagnostiquait une fièvre larvée, avec menace d'un prochain accès pernicieux.

D'énergiques remèdes conjurèrent ce danger redoutable, mais je restai couché huit longs jours devant le golfe *degli Angeli*, que je voyais calme ou mouvant et brillant sous mes yeux.

Georges Chapelle ne me quitta pas un instant, et je ne puis songer sans émotion aux soins affectueux dont son amitié m'entoura.

Vingt et cent fois je lui témoignai mon regret de ne pouvoir assister à la grande chasse qu'il avait projetée chez le marquis de Laconi, et de renoncer de force à visiter la région minière où m'attendaient le directeur de la mine française de Malfidano et un vieil ami de ma famille.

Les Sardes, très attachés à leur pays, comme tous les insulaires, détestent qu'on parle de l'insalubrité de leur île; et à vrai dire ils souffrent moins des fièvres que les étrangers. En été ceux-ci ne peuvent respirer, sans tomber malades et mourir,

BUSACHI EN VOYAGE.

l'air de certaines régions empoisonnées. Dès la mi-juin, les propriétaires du Campidano fuient la campagne pour s'aller mettre à l'abri des murailles des villes, et les soins que tous les Sardes mettent à se bien couvrir, même lorsqu'il fait chaud, témoignent assez combien ils redoutent l'intemperia.

Un grand nombre de leurs proverbes ont trait à la fièvre. Ils disent :

Sa frebbe continua finit sos meuddos.
La fièvre continue consume la moelle.

Sa frebbe terziana non est toccu de campana.
La fièvre tierce n'est pas son de cloche, c'est-à-dire ne fait pas sonner le glas de cloches, ne tue pas.

VISION DERNIÈRE DE LA SARDAIGNE.

Sa frebbe quartana sos bezzos bocchit et sos jovanos sanat.
La fièvre quarte tue les vieux et laisse sains les jeunes.

Sa frebbe attunzale o est longa o est mortale.
La fièvre d'automne est ou longue ou mortelle.

Sa frebbe senza sidis, malu signale.
La fièvre sans soif, mauvais signe.

Sa frebbe atterat finza su leone.
La fièvre atterre même le lion.

Après avoir écarté tout danger par huit jours de traitement, le docteur m'enjoignit de m'enfuir de Sardaigne au plus tôt. « Sauvez-vous, sauvez-vous : en cette saison l'île est empoisonnée, mais en avril et mai vous pourrez la parcourir tout entière impunément si le cœur vous en dit. »

MM. Chapelle passèrent avec moi la dernière soirée.

La main que je pressai au moment du départ fut celle de M. Cesare Cugia, un Sarde charmant qui avait tenu à m'accompagner malgré l'heure matinale.

Je revis un instant le morne où se dressent les murailles démantelées du château d'Ugolin, je traversai le Campidano. Les monts qui avoisinent Iglesias, « la fleur du monde », s'allongeaient à l'occident dans les brouillards. Au loin, à perte de vue, les étangs d'Oristano miroitaient, ces eaux mortes exhalaient des vapeurs tièdes qui montaient dans le ciel et le voilaient d'un linceul blême. Un instant j'aperçus un joueur de launedda appuyé contre un tronc d'arbre, un gazouillement joyeux comme un chant d'alouette s'échappait de son antique instrument. A ce même moment un son rauque traversait les airs. Venait-il de ces marais du Campidano Maggiore dont nous étions voisins et qui font entendre parfois des bruits pareils au beuglement des taureaux? Je ne sais, la vapeur m'emportait.

Ces accords joyeux mêlés d'un cri lamentable, n'est-ce pas là toute la Sardaigne?...

Enfin je quittai l'île Tyrrhénienne, terre douce et maudite à la fois.

J'ai gardé de ses monts perdus, de ses villages ignorés, comme le souvenir d'un étrange et beau rêve.

J'ai toujours comme la vague sensation de longs voyages à travers des pays fabuleux peuplés de reîtres farouches et de routiers du moyen âge, avec châtelaines au doux visage et chastes madones.

HABITANT DE SARRULE.

Je me demande aussi, parfois, si je n'ai point passé ce temps d'absence à feuilleter un de ces vieux missels où quelque moine visionnaire a peint jadis, à travers la vapeur des encensoirs, les figures légendaires d'un vitrail merveilleux.

Est-il bien vrai que j'ai vu cette île gémissante et mélancolique en hiver, fiévreuse en automne et belle en tous temps? Est-il bien sûr que je ne la reverrai jamais?

LE JOUEUR DE LAUNEDDA.

TABLE DES CHAPITRES

ILES BALÉARES

CHAPITRE I

Une nuit en mer. — *Palma de Mallorca.* — *Gran Corrida.* — *San Alonso.* — L'*Ayuntamiento.* — Visite au cadavre d'un roi. — La cathédrale. — Églises de *San Francisco* et de *Monte Sion.* — Souvenirs de Ramon Lull. — La *Lonja.* — Le climat. — Les Moncade. — Bellver. — Raxa. — Demeures des chevaliers majorquins... 1

CHAPITRE II

Les oliviers monstres. — La chartreuse de Valldemosa. — Souvenirs de George Sand et de Chopin. — L'*hospederia.* — Miramar. — L'archiduc Louis Salvator. — Une côte enchantée. — La *Foredada.* — Le jardin des Hespérides. — Soller... 37

CHAPITRE III

De Palma à Pollensa. — Inca et les majoliques. — Pollensa. — Le *campo santo.* — Don Sebastian. — Le *castillo dels reys.* — Danses majorquines et *malaguenas.* — Les canéphores de Pollensa. — Le sanctuaire de Lluch. — *Adios, pirata!*... 61

CHAPITRE IV

Manacor. — Les cavernes du Drach. — *El lago negro.* — *Lasciate ogni speranza...* — Perdus dans la nuit.... — Un lac enchanté. — La descente du purgatoire. — Les cavernes d'Artá. — L'enfer. — La mort d'un roi d'Aragon... 83

CHAPITRE V

Mahon. — Une ville blanche. — Les sérénades. — Les fêtes de Noël. — Anciennes coutumes. — Le *monte Toro.* — Les *talayots.* — Les escarbots de l'*Ave Maria.* — Les cordonniers mélomanes................ 109

CHAPITRE VI

L'alcade de Ferrarias. — Les arbres convulsés. — Le *barranco* d'Algendar. — Une noce à Subervei. — Ciudadella. — Le soufflet du diable. — Retour à Majorque. — Lugubres souvenirs à Cabrera............ 141

CHAPITRE VII

Le *Jayme Segundo.* — Le *Cojo.* — Lo *canónigo.* — La cité d'Ibiza. — Les *aguadores.* — Les femmes d'Ibiza. — Les mendiants. — Scènes de la rue. — Les *pescadores*....................................... 167

CHAPITRE VIII

San Antonio. — *Flores de la Virgen.* — *Es caramelles de Natividad.* — Le costume. — Santa Eulalia. — Le coup de tromblon. — Les danses. — Les appels lugubres. — Les meurtres. — *El joch del gall.* — Lou *fasteig.* — Adieu, Ibiza!... 193

# CORSE

CHAPITRE I

Ajaccio. — Souvenirs de Napoléon. — Le château de Pozzo di Borgo. — Suarella. — Sampiero Corso. — Zicavo. — La cascade de Camera. — Étranges superstitions. — Les châtaigniers géants. — Incendies des forêts. — *Schiopetto, stiletto, strada*. — La vendetta. — Le vocero et les voceratrices. — Lugubre chevauchée. — L'Incudine. — Rencontre de bandits. — Le Taravo. — Le pacte sanglant............ 224

CHAPITRE II

Une sorcière. — Encore les bandits. — Le Monte d'Oro. — Corte. — L'Inzecca. — L'*Escala de Santa Regina*. — Le Niolo. — Un village de géants. — Le bandit Capa. — Une vendetta. — Evisa. — L'abîme. — La Spelunca. — La forêt d'Aïtone. — Un village grec. — Le pope et le bandit........................ 281

CHAPITRE III

Sartène. — Les mariages. — Procession nocturne. — Le *catenaccio* et les pénitents noirs. — Une vendetta. — La Trinité. — Bonifacio. — Une grotte d'azur. — Le lion de Roccapina....................... 333

SARDAIGNE

CHAPITRE I

Tempête en mer. — Porto Torres et la basilique de San Gavino. — Sassari la Charmante. — Sennori. — Sorso, Osilo, mœurs primitives. — Une vendetta.. 363

CHAPITRE II

La cité espagnole d'Alghero. — Tempio et les monts de Limbara. — A travers la Sardaigne. — Les *nuraghi*. — Cagliari. — Le château d'Ugolin.. 407

CHAPITRE III

La *Barbagia*. — Danses à Belvi. — Le rythme sarde. — Aritzo et les canéphores. — Les *grassazione*. — Ascension du Gennargentu.. 445

CHAPITRE IV

Desulo. — Les poésies sardes. — San Mauro. — La naissance, le mariage et la mort. — Tonara. — Le Flumendosa — Le roi de Tavolara. — Les fièvres sardes.................................... 475

TABLE DES GRAVURES

ILES BALÉARES

CHAPITRE I

Frontispice. Pages d'album.
Palma de Mallorca........................... 1
Majorquine.................................. 4
Les *Maceros del Ayuntamiento*.............. 5
Une dame de Palma........................... 8
L'*Ayuntamiento* ou *Casa Consistorial*..... 9
Un *tamborero*.............................. 10
Visite nocturne au cadavre du roi Jayme..... 12
La cathédrale et le *Palacio Real*.......... 13
Le portail de la mer........................ 16
Portail de l'église de *Monte Sion*......... 17
Tombeau de Ramon Lull....................... 18
Cloître de *San Francisco*.................. 19
Portail de *San Francisco*.................. 21
La *Lonja*.................................. 23
Intérieur de la Lonja....................... 24
Le *Castillo de Bellver* et le *Terreno*.... 25
Escalier de *Rosa*.......................... 31
Bains arabes................................ 33
Patio Sollerich............................. 34
Patio Olezza................................ 35
Vieille Majorquine.......................... 36

CHAPITRE II

Paysage de Soller........................... 37
A Miramar................................... 37
Les oliviers monstres....................... 39
Cartuja de Valldemosa..................... 41
La côte du Nord............................. 43
Entrée de Miramar........................... 45
La petite anse de l'*Estaca*................ 49
La *Foradada*............................... 51
Le chemin de la mer......................... 53
Une travailleuse de Miramar................. 55
Un coin de Soller........................... 56
Un *pages* et sa femme...................... 57
L'ermite de Miramar......................... 60

CHAPITRE III

Le torrent de Pollensa...................... 61

Le *rebosillo*.............................. 61
Pont romain à Pollensa...................... 65
Rue de Pollensa............................. 68
Au Campo Santo de Pollensa.................. 69
Cascade de la *cala de Molins*.............. 71
Castillo dels Reys........................ 72
Cascade sur le chemin....................... 73
Les canéphores de Pollensa.................. 77
Sortie de l'église.......................... 79
Une *jota* majorquine....................... 80
Le sanctuaire de *Lluch*.................... 81
Adios, Pirata!............................ 82

CHAPITRE IV

El Predio son Moro.......................... 83
Une fileuse du *Predio*..................... 85
La Palmera.................................. 87
Entrée des grottes du Drach : le vestibule.. 89
Las *Arañas*................................ 91
El *Lago Negro*............................. 92
El *Dosel de la Virgen del Pilar*........... 93
El *Teatro*................................. 95
Cueva del descanso de los extraviados..... 96
Lago de las Delicias...................... 97
Bajada del Purgatorio..................... 101
Entrée des cavernes d'Artá.................. 103
Sala de las Columnas...................... 105
Ouverture sur la mer aux cavernes du Drach.. 108

CHAPITRE V

Entrée du port de Mahon : le *Castillo de San Felipe* 109
Petite Mahonaise............................ 109
La porte romaine d'Alcudia.................. 112
Le samedi au faubourg de *San Clemente*..... 113
Port-Mahon.................................. 115
La porte Barberousse........................ 118
L'*Ayuntamiento*............................ 119
Porteur de vin.............................. 120
Une sérénade à Mahon........................ 121
El carro dels xuchs....................... 123
Un *talayot*................................ 128

TABLE DES GRAVURES.

Coup d'œil sur Minorque, des hauteurs du *Monte Toro*	129
Naveta des Tudons	133
Taula de Talati di Dalt	135
Taula en trepucó	137
Un oratoire	140

CHAPITRE VI

La route à *Beni Dudnis*	141
Au *barranco* d'Algendar	144
Intérieur du *patio* de Subervei	144
Cette végétation souffrante et rageuse lutte, se tord	145
La falaise du barranco	147
Le *rio* du *barranco* d'Algendar	148
Arrivée de la chevauchée nuptiale	149
Habitations du barranco	151
Ciudadella	153
La *calle mayor*	155
Église du *Rosario* à Ciudadella	158
Port et forteresse de Cabrera	161
Sépulture des captifs	166

CHAPITRE VII

Sur une roche ardue se dresse Ibiza	167
Pescador	167

La cité d'Ibiza	169
Vincenta	172
Ventana Comasema	174
L'antique *Almudaina* et le palais épiscopal	175
L'antique *Curia*	176
Une rue de la *Marina*	179
Les *aguadores*	181
Le vieil aguador	183
Départ de Pepita	185
Plumbago	188
Matansa du porc	188
Fabrication des boudins	189
Pescador raccommodant un filet	191
El notario	191
Lévriers d'Ibiza	192

CHAPITRE VIII

Église fortifiée de *San Antonio*	193
Un *cantado*	193
Pagesos en costume de gala	198
Retour de la messe à *Santa Eulalia*	201
Le coup de tromblon	204
Maison de pagès	207
Les danses à Santa Eulalia	209
Lou fasteig (le fliel)	214
El joch del gall (le jeu du coq)	215
Une ferme fortifiée	218

CORSE

CHAPITRE I

La place du Diamant à Ajaccio	221
La maison Bonaparte	221
La tour de *Capitello*	224
Ajaccio	225
Grotte de Napoléon	227
Château Pozzo di Borgo	229
Pêcheurs retirant la *reta*	231
Suarella	233
Maison de Vanina d'Ornano	235
Cascade de Camera	237
Jeune fille de Zicavo	239
Les châtaigniers géants	243
Gorge de Siccia Porco	247
La baignade	249
Sophia	250
Un Corse de Zicavo	251
La veuve	253
Le *vocero*	257
Transport du cadavre	259
Les porcs au carcan	260
Bergeries de Frauletto	263
Les masures des bergers	264
Un berger	265
Les bergeries de Palaghiole	266
Lugubre chevauchée	269
Sommet de l'Incudine	271

Gorges du Taravo	275
Pont sur le Taravo	277
Les bergers émigrants	278
Jeune fille allant à la fontaine	280

CHAPITRE II

L'abîme	281
Moulin du Niolo	281
La sorcière	283
Le Monte d'Oro	287
La citadelle de Corte	289
La maison Gaffori	290
Entrée des gorges de la Restonica	293
Le Christe-Eleison	294
Les défilés de l'Inzecca	297
L'escala de Santa Regina	301
Calacuccia et le Monte Cinto	304
Une fileuse à Calasima	306
Un géant de Calasima	307
Un vieux Niolain	308
La femme corse	311
Evisa	318
La forêt d'Aïtone	319
Dans la forêt d'Aïtone	322
Moulin primitif	323
La route des Calanches	324

… TABLE DES GRAVURES.

Les Calanches au clair de lune............. 325
Cascade de Porto........................... 327
Le rivage au-dessous des Calanches........ 328
Un vieux Grec de Cargèse.................. 329
Le pope de Cargèse......................... 332

CHAPITRE III

Sartène..................................... 333
Pénitents blancs........................... 333

Le dolmen de Cauria........................ 335
Pénitents et moines........................ 339
Le *catenaccio* et les pénitents noirs..... 341
Le couvent de la Trinité................... 345
Le frère quêteur........................... 349
Bonifacio.................................. 351
La grotte *Dragonale*...................... 354
Les falaises écroulées..................... 355
Antique porte.............................. 357
Le lion de Roccapina....................... 358

SARDAIGNE

CHAPITRE I

Le pont romain de *Porto Torres*........... 361
Un Sarde du *Logudoro*..................... 361
Une antique tour d'Aragon.................. 363
Portail de San Gavino...................... 365
Sardes de Porto Torres..................... 367
Cathédrale de Sassari...................... 369
Zappatori................................ 373
La fontaine du *Rosello*, à Sassari........ 375
Un jeune ânier............................. 378
Coiffure des femmes de Sennori............. 381
Le costume de gala......................... 382
Sortie de messe à Sennori.................. 383
Sur le seuil............................... 385
Travail de vannerie........................ 387
La fillette au portrait.................... 388
Vieux à Sorso.............................. 390
Un quartier d'Osilo........................ 393
Les lavandières d'Osilo.................... 395
Tissage de l'*orbace* à Osilo.............. 399
Jeune femme d'Osilo........................ 404

CHAPITRE II

La cité d'Alghero.......................... 405
Femme de Quarta............................ 405
Le vallon d'Ossi........................... 410
Costume des femmes d'Ossi et de Tissi...... 411
Contadina de Ploaghe..................... 413
Les monts Limbara vus de Tempio............ 414
Nuraghe de Torralba........................ 415
Le port de Cagliari........................ 421
La porte de l'Éléphant..................... 423
L'amphithéâtre romain...................... 425
La cathédrale.............................. 428
Portail pisan.............................. 429
Retour de fête dans le *Campidano*......... 431
Le char de *San Efisio*.................... 437
Une épousée de Quarta...................... 438
Nouveaux époux à Pirri..................... 439

Un homme d'Iglesias........................ 440
Pêche au thon : la chambre de mort......... 441
Une *punattara*............................ 443
Un *rigattiere*............................ 444

CHAPITRE III

Aritzo..................................... 445
La *mastrucca*............................. 445
Pasteur sarde.............................. 448
Une rue de Belvi........................... 449
Un balcon à Aritzo......................... 450
Le rythme sarde et la danse du *douro-douro*.... 451
Costume de gala............................ 453
Une veuve.................................. 454
Les canéphores d'Aritzo.................... 455
Types d'hommes de Fonni.................... 461
Dans une rue d'Aritzo...................... 468
Le sommet du Gennargentu................... 469
Dans la région minière : Masua............. 470
Les contreforts du Gennargentu............. 471
Un montagnard.............................. 472
Préparation de la trame du drap............ 474

CHAPITRE IV

L'antique char à roues pleines............. 475
Femme de Desulo............................ 475
Femmes d'Atzara............................ 477
Desulo..................................... 479
L'église de *San Mauro*.................... 483
Marchande de tissus........................ 486
Boutique en plein vent à San Mauro......... 487
Marchand de *talteri* de Desulo............ 488
Un homme de Villagrande.................... 492
Un dimanche à Desulo....................... 493
Femme de *Sarrule*......................... 495
Rusachi en voyage.......................... 496
Habitant de Sarrule........................ 497
Le joueur de *launedda*.................... 498

150-91. — CORBEIL. Imprimerie E. CRÉTÉ.

www.ingramcontent.com/pod-product-compliance
Lightning Source LLC
Chambersburg PA
CBHW071710230426
43670CB00008B/960